Plöger · Unterrichtsplanung

Wilfried Plöger

Unterrichtsplanung

Ein Lehr- und Arbeitsbuch
für Studium und Seminar

KSV · Kölner Studien Verlag

Umschlagabbildung:
Grundschul-Experimentierkiste
© picture-alliance/dpa/dpaweb

Bibliografische Information der Deutschen Nationalbibliothek

Die Deutsche Nationalbibliothek verzeichnet diese Publikation in der
Deutschen Nationalbibliografie; detaillierte bibliografische Daten sind
im Internet über http//dnb.d-nb.de abrufbar.

Gedruckt auf umweltfreundlichem, chlorfrei gebleichtem
und alterungsbeständigem Papier

© 2008 KSV · Kölner Studien Verlag GmbH, Gaußstr. 9 · 51063 Köln
e-mail: info@koelnerstudienverlag.de

ISBN 978-3-936010-10-2

Herstellung: Kölner Studien Verlag

Besuchen Sie uns im Internet: www.koelnerstudienverlag.de

Inhaltsverzeichnis

Vorwort

Planung, Durchführung und Analyse von Unterricht stellen für Berufseinsteiger im Studium wie Referendariat eine besondere Herausforderung dar. Die meisten von ihnen sind der Ansicht, in erster Linie Reflexionshilfen für die *methodische* Gestaltung des Unterrichts erhalten zu müssen. Die Erfahrungen in der Durchführung von Seminaren zur Unterrichtsplanung und von Praktika zeigen allerdings, dass in dieser Hinsicht gar kein großes Defizit besteht, weil die Kreativität und der Einfallsreichtum der Studierenden eine erstaunliche Fülle methodischer Ideen zu Tage fördert.

Im Vergleich zu dieser Unterschätzung ihrer methodischen Qualifikation haben Berufsanfänger allerdings große Schwierigkeiten, sich die *sachlichen* Gesichtspunkte des Unterrichtsinhaltes klar zu machen. Sie glauben das »Thema« im Griff und hinreichend durchdacht zu haben. Aber die Präsentation der Planungsergebnisse zeigt dann oft eine mangelnde Durchdringung der thematischen Aspekte. Als Folge bleibt die tatsächliche Durchführung der geplanten Stunde – z.B. im Praktikum – hinter dem erhofften Erfolg zurück. Jeder Dozent, der Praktika betreut, kann diese Erfahrung machen. So berichtet etwa Wolfgang Klafki schon vor mehr als drei Jahrzehnten darüber, dass die Analyse von Unterrichtsstunden, die Studenten im Rahmen von Praktika gehalten hatten, ihm gezeigt haben, „daß der Kern des Gelingens oder des Mißlingens in guter oder mangelnder Strukturierung" (Klafki 1976, S. 104) der Unterrichtsinhalte gelegen habe.

Die Erfahrung zeigt allerdings auch, dass sich diese Probleme schon nach kurzer Zeit mindern. Denn die in der Unterrichtssituation erfahrenen Schwierigkeiten (»lästige« Nachfragen von Schülerinnen und Schülern; eine Aufgabenstellung ist unklar oder unvollständig und führt in der Gruppenarbeitsphase deshalb zu Disziplinproblemen) lassen den Berufsanfänger unmittelbar die Grenzen seiner thematischen Planungssorgfalt und den Druck der Planungskorrektur spüren. Durch eigenständige Reflexion der Ursache oder im Beratungsgespräch mit Mentor, Dozent oder Fachleiter wird dann die Notwendigkeit der differenzierten Analyse des Themas schnell einsichtig.

Das vorliegende Lehr- und Arbeitsbuch versucht, diesen Erfahrungen mit einer »Logik« der Kapitelreihenfolge gerecht zu werden, indem zunächst die Frage der didaktischen Entscheidungen und dann erst die der methodischen behandelt werden. *Didaktische* Entscheidungen sollen eine Antwort auf die Frage geben: *Welche* Inhalte sollen *warum* gelehrt werden? Sie zielen also auf die begründete Auswahl von Inhalten. *Methodische* Entscheidungen beziehen sich dagegen auf die Frage: *Wie* kann Unterricht *gestaltet* werden, um Lernprozesse optimal zu unterstützen und zu fördern. Hier steht also die Frage der Unterrichtsgestaltung im Vordergrund.

Inhaltlich gesehen sind die einzelnen Kapitel an *Standardsituationen* orientiert, die sich bei der täglichen Planung von Unterricht immer wieder stellen: Inhalte auswählen und klären, Lernziele formulieren, geeignete Beispiele aussuchen, Lernvoraussetzungen der Schüler einschätzen, Medien einsetzen, Sozialformen und Methoden wählen, Unterrichtsreihen konzipieren und die Schüler an der Planung beteiligen.

Der gewählte Darstellungsmodus findet seinen Ausgangspunkt nicht in der expliziten Erläuterung didaktischer Theorien, sondern in konkreten Planungsbeispielen. Als Vertreter des Faches Schulpädagogik und als jemand, dessen spezielles Interessengebiet die Allgemeine Didaktik (einschließlich ihrer Verbindungen zur Fachdidaktik) ist, ergibt sich im Hinblick auf diese Art der Gestaltung aber ein ambivalentes Bild: Man möchte die Materie gerade für Berufseinsteiger möglichst anschaulich präsentieren, aber darunter dürfen die strukturellen Zusammenhänge und theoretischen Begriffe nicht leiden. Deshalb gehen die einzelnen Kapitel zwar von Unterrichtsbeispielen aus, an ihnen werden aber durchgehend allgemein- und fachdidaktische Theorieelemente eingeführt. Abschließende Übungen sollen zum selbsttätigen und kreativen Transfer der erarbeiteten Planungskompetenzen anleiten.

Wilfried Plöger

Kapitel 1

Unterrichtsinhalte auswählen

Für Studierende und Berufseinsteiger könnte die Frage nach der Auswahl geeigneter Unterrichtsinhalte bei der alltäglichen Unterrichtsplanung gegenüber Fragen der methodischen Gestaltung von Unterricht eine nachrangige Bedeutung haben. Zunächst scheinen nämlich die amtlichen Bestimmungen in den Richtlinien und Lehrplänen und die Orientierung am jeweils eingesetzten Schülerbuch den notwendigen Rückhalt zu bieten. Sie stellen unzweifelhaft einen inhaltlichen Rahmen dar, der allgemeine Vorgaben und deren mögliche Umsetzung in ein stimmiges Verhältnis zueinander setzt. Warum steht dann dennoch die Frage nach der Auswahl geeigneter Unterrichtsinhalte in dieser Einführung an erster Stelle? Für diese Präferenz sprechen zwei wichtige Argumente, (1) ein theoretisches und (2) ein praktisches.

(1) Bereits ein flüchtiger Blick in Richtlinien und Lehrpläne zeigt, dass darin keine konkreten Anleitungen für die Planung und Durchführung von Unterricht zu finden sind. *Richtlinien* formulieren *allgemeine* Reflexionshilfen, die den übergreifenden Sinn schulischen Unterrichts bestimmen sollen. Die Richtlinien des Landes NRW, die allen Fachlehrplänen als identischer Text vorangestellt sind, bestimmen ihn z.B. als Entwicklung zur »mündigen und sozial verantwortlichen Persönlichkeit« (Physik, S I 2005, S. 12). Über dieses oberste Ziel hinaus werden allgemeine didaktisch-methodische Prinzipien der Unterrichtsgestaltung eingefordert. In den *Lehrplänen* werden diese Vorgaben dann zwar in *fachliche* Ziele umgesetzt. Aber auch diese Umschreibungen sind zunächst noch sehr allgemein. Der Erdkundeunterricht soll etwa die raumbezogene Handlungskompetenz von Schülerinnen und Schülern fördern (Erdkunde, S I, S. 32), der Philosophieunterricht soll »dem menschlichen Grundbedürfnis nach der diskursiv-argumentativen Beantwortung von Fragen« (Philosophie, S II, S. 5) entsprechen, »die aus dem Zweifel am Selbstverständlichen erwachsen«, und im Geschichtsunterricht geht es um eine »rationale und erfahrungsbezogene Auseinandersetzung« mit Geschichte (Ge-

schichte, S II, S. 5), die dem Zwecke der historisch-politischen Aufklärung dient (s. dazu die im Literaturverzeichnis aufgeführten Richtlinien und Lehrpläne für die Sekundarstufe I und II des Landes NRW). Solche fachlichen Leitziele werden in den Lehrplänen dann durch weitere untergeordnete Zielbestimmungen erläutert und schließlich auf jahrgangsbezogene Themenfelder ausgelegt, innerhalb derer schließlich auch obligatorische *Unterrichtsinhalte* vorgegeben werden.

Direkte Anleitungen für die Planung und Durchführung für den Unterricht am »nächsten Tag« beinhalten Richtlinien und Lehrpläne also nicht. Sie sollen Lehrerinnen und Lehrer mit dem umfassenden Sinn von Unterricht vertraut machen und den Beitrag der einzelnen Fächer im Fächerkanon transparent werden lassen. Das Einlesen in diese Texte stellt deshalb – so darf man zusammenfassend sagen – eine *theoretische* Besinnung auf die *mittel- und langfristigen Zielsetzungen* schulischen Unterrichts dar, von denen her dann die tägliche Unterrichtsplanung und -durchführung ihren Sinn gewinnt. Insofern fordern auch Richtlinien und Lehrpläne selbstverständlich Konsequenzen für die Auswahl konkreter Unterrichtsinhalte ein. Letztere müssen in der Spur jener allgemeinen Überlegungen und Zielsetzungen stehen und dazu einen entsprechenden Beitrag leisten.

(2) Gegenüber diesem theoretischen zielt das *praktische* Argument auf eine schlichte Voraussetzung, ohne die man keine Planungsüberlegungen anstellen kann. Sie liefen sozusagen »ins Leere«, wären sie nicht an konkreten *inhaltlichen* Perspektiven orientiert. Es gibt keinen Unterricht »an sich«, sondern immer nur einen themen- und zielbezogenen. Deshalb werden wir in diesem Buch immer wieder auf konkrete Unterrichtsinhalte zurückgreifen müssen, um uns die notwendigen Planungsaufgaben daran veranschaulichen zu können. Im Gegensatz zum dritten Kapitel, in dem der Zusammenhang von Zielen einzelner Unterrichtsstunden und -einheiten mit den übergreifenden Zielsetzungen schulischen Unterrichts thematisiert wird, beschränken wir uns in diesem Kapitel auf die Aufgabe, einzelne Unterrichtsinhalte auszuwählen.

Zu diesem Zweck wollen wir von einer durchaus üblichen Alltagssituation von Lehrerinnen und Lehrern ausgehen:

Als Deutschlehrer an einem Gymnasium ist man auf der Suche nach »geeigneten« Kurzgeschichten für ein 10. Schuljahr. Beim Durchsuchen des eingesetzten Lesebuches und entsprechender Ausgaben von Erzählsammlungen findet man eine Reihe von Kurzgeschichten, die von namhaften Autorinnen und Autoren verfasst wurden und aus vielerlei Gründen zur Behandlung im

Unterricht in Frage kommen könnten. Früher oder später wird man zwangsläufig auch auf die Erzählung »Saisonbeginn« von Elisabeth Langgässer stoßen (1947 erstmals veröffentlicht), denn diese Erzählung zählt zweifelsohne zu den »Klassikern« der Kurzgeschichten. Man liest diese Kurzgeschichte, kann sich sehr bald dem Kontrast der literarisch-ästhetischen Sprachlichkeit einerseits und dem abrupten und aufrüttelnden Ende andererseits nicht entziehen und kommt zu dem – momentan noch nicht tiefer rational begründbaren – Beschluss, diesen Text in die engere Auswahl zu ziehen.

Saisonbeginn (Elisabeth Langgässer)

Die Arbeiter kamen mit ihrem Schild und einem hölzernen Pfosten, auf den es genagelt werden sollte, zu dem Eingang der Ortschaft, die hoch in den Bergen an der letzten Paßkehre lag. Es war ein heißer Spätfrühlingstag, die Schneegrenze hatte sich schon hinauf zu den Gletscherwänden gezogen. Überall standen die Wiesen wieder in Saft und Kraft; die Wucherblume verschwendete sich, der Löwenzahn strotzte und blähte sein Haupt über den milchigen Stengeln; Trollblumen, welche wie eingefettet mit gelber Sahne waren, platzten vor Glück, und in strahlenden Tümpeln kleinblütiger Enziane spiegelte sich ein Himmel von unwahrscheinlichem Blau. Auch die Häuser und Gasthöfe waren wie neu: ihre Fensterläden frisch angestrichen, die Schindeldächer gut ausgebessert, die Scherenzäune ergänzt. Ein Atemzug noch: dann würden die Fremden, die Sommergäste kommen – die Lehrerinnen, die mutigen Sachsen, die Kinderreichen, die Alpinisten, aber vor allem die Autobesitzer in ihren großen Wagen ... Röhr und Mercedes, Fiat und Opel, blitzend von Chrom und Glas. Das Geld würde anrollen. Alles war darauf vorbereitet. Ein Schild kam zum andern, die Haarnadelkurve zu dem Totenkopf, Kilometerschilder und Schilder für Fußgänger: Zwei Minuten zum Café Alpenrose. An der Stelle, wo die Männer den Pfosten in die Erde einrammen wollten, stand ein Holzkreuz, über dem Kopf des Christus war auch ein Schild angebracht. Seine Inschrift war bis heute die gleiche, wie sie Pilatus entworfen hatte: J.N.R.J. – die Enttäuschung darüber, daß es im Grunde hätte heißen

sollen: er *behauptet* nur, dieser König zu sein, hatte im Lauf der Jahr-
hunderte an Heftigkeit eingebüßt. Die beiden Männer, welche den Pfosten, das Schild und die große Schaufel, um den Pfosten in die Erde
zu graben, auf ihren Schultern trugen, setzten alles unter dem Wegekreuz ab; der dritte stellte den Werkzeugkasten, Hammer, Zange und
Nägel daneben und spuckte ermunternd aus.

Nun beratschlagten die drei Männer, an welcher Stelle die Inschrift
des Schildes am besten zur Geltung käme; sie sollte für alle, welche
das Dorf auf dem breiten Paßweg betraten, besser: befuhren, als Blick-
fang dienen und nicht zu verfehlen sein. Man kam also überein, das
Schild kurz vor dem Wegekreuz anzubringen, gewissermaßen als
Gruß, den die Ortschaft jedem Fremden entgegenschickte. Leider
stellte sich aber heraus, daß der Pfosten dann in den Pflasterbelag
einer Tankstelle hätte gesetzt werden müssen – eine Sache, die sich
von selbst verbot, da die Wagen, besonders die größeren, dann am
Wenden behindert waren. Die Männer schleppten also den Pfosten
noch ein Stück weiter hinaus bis zu der Gemeindewiese und wollten
schon mit der Arbeit beginnen, als ihnen auffiel, daß diese Stelle bereits
zu weit von dem Ortsschild entfernt war, das den Namen angab und die
Gemeinde, zu welcher der Flecken gehörte. Wenn also das Dorf den
Vorzug dieses Schildes und seiner Inschrift für sich beanspruchen
wollte, mußte das Schild wieder näherrücken – am besten gerade dem
Kreuz gegenüber, so daß Wagen und Fußgänger zwischen beiden hätten passieren müssen.

Dieser Vorschlag, von dem Mann mit den Nägeln und dem Hammer gemacht, fand Beifall. Die beiden anderen luden von neuem den
Pfosten auf ihre Schultern und schleppten ihn vor das Kreuz. Nun
sollte also das Schild mit der Inschrift zu dem Wegekreuz senkrecht
stehen; doch zeigte es sich, daß die uralte Buche, welche gerade hier
ihre Äste mit riesiger Spanne nach beiden Seiten wie eine Mantelma-
donna ihren Umhang entfaltete, die Inschrift im Sommer verdeckt und
ihr Schattenspiel deren Bedeutung verwischt, aber mindestens abge-
schwächt hätte.

Es blieb daher nur noch die andere Seite neben dem Herrenkreuz,
und da die erste, die in das Pflaster der Tankstelle überging, gewissermaßen den Platz des Schächers zur Linken bezeichnet hätte, wurde
jetzt der Platz zur Rechten gewählt und endgültig beibehalten. Zwei
Männer hoben die Erde aus, der dritte nagelte rasch das Schild mit

wuchtigen Schlägen auf; dann stellten sie den Pfosten gemeinsam in die Grube und rammten ihn rings von allen Seiten mit größeren Feldsteinen an.

Ihre Tätigkeit blieb nicht unbeachtet. Schulkinder machten sich gegenseitig die Ehre streitig, dabei zu helfen, den Hammer, die Nägel hinzureichen und passende Steine zu suchen; auch einige Frauen blieben stehen, um die Inschrift genau zu studieren. Zwei Nonnen, welche die Blumenvase zu Füßen des Kreuzes aufs neue füllten, blickten einander unsicher an, bevor sie weitergingen. Bei den Männern, die von der Holzarbeit oder vom Acker kamen, war die Wirkung verschieden: einige lachten, andere schüttelten den Kopf, ohne etwas zu sagen; die Mehrzahl blieb davon unberührt und gab weder Beifall, noch Ablehnung kund, sondern war gleichgültig, wie sich die Sache auch immer entwickeln würde. Im ganzen genommen konnten die Männer mit der Wirkung zufrieden sein. Der Pfosten, kerzengerade, trug das Schild mit der weithin sichtbaren Inschrift, die Nachmittagssonne glitt wie ein Finger über die zollgroßen Buchstaben hin und fuhr jeden einzelnen langsam nach wie den Richtspruch auf einer Tafel …

Auch der sterbende Christus, dessen blasses, blutüberronnenes Haupt im Tod nach der rechten Seite geneigt war, schien sich mit letzter Kraft zu bemühen, die Inschrift aufzunehmen: man merkte, sie ging ihn gleichfalls an, welcher bisher von den Leuten als einer der ihren betrachtet und wohl gelitten war. Unerbittlich und dauerhaft wie sein Leiden, würde sie ihm nun für lange Zeit schwarz auf weiß gegenüberstehen.

Als die Männer den Kreuzigungsort verließen und ihr Handwerkszeug wieder zusammenpackten, blickten alle drei noch einmal befriedigt zu dem Schild mit der Inschrift auf. Sie lautete: »In diesem Kurort sind Juden unerwünscht«.

Aus: Ausgewählte Erzählungen © 1964, 1979 Claasen Verlag in der Ullstein Buchverlage GmbH, Berlin.

Bei der Bemühung der Sekundärliteratur findet man entsprechende Interpretationshilfen und wertvolle didaktisch-methodische Hilfestellungen, so dass man sich nun bereits mehr oder weniger klar die Konturen des möglichen Unterrichtsverlaufes vorstellen kann. Störend und verunsichernd bei all diesen Recherchen und Planungsüberlegungen könnte aber ein Essay von Bernd Seiler wirken, weil er die spontane Meinung, hier handle es sich um einen für Schülerinnen und Schüler lesenswerten Text, erheblich irritiert. Seiler argumentiert für die These, dass über eine lange Zeit präferierte und mit großer Selbstverständlichkeit behandelte Unterrichtsinhalte irgendwann ihre Berechtigung verlieren, weil sie im Hinblick auf die (heutige) Lebenswelt und die Lernvoraussetzungen von Schülerinnen und Schülern schlicht und einfach veraltet sind:

»Literatur kann auch veralten

[...]

Aus der Tatsache, dass das Unterrichtsgespräch über Literatur öffentliche Verständigung ist, darf allerdings nicht geschlossen werden, dass sich der Literaturdidaktiker für das private, das naive Verstehen nicht zu interessieren brauchte. [...] Dabei sind es vor allem zwei Komplikationen, auf die er sich einzustellen und die er nach Möglichkeit zu vermeiden hat:

1. dass die Texte dem naiven Leseinteresse zu wenig Anknüpfungspunkte bieten, weil sie nur noch in Anbindung an bestimmte historische Sachverhalte verständlich und interessant sind,

2. dass das naive Verstehen von einem qualifizierten historischen Verstehen so weit abirren könnte, dass es als ein Missverstehen zurückgewiesen werden müsste. [...]

Was zunächst den ersten Fall angeht, das Angebot einer nur noch historisch interessanten Literatur, so wäre die Folge ein rein literaturgeschichtlicher Belehrungsunterricht, bei dem die besonderen Wirkungsmöglichkeiten literarischer Texte gerade nicht genutzt wären, nämlich den Einzelnen über sein Angesprochensein allmählich in ein Verhältnis zu den kulturellen Traditionen zu bringen, in denen er lebt. Von Nachteil wäre das auch für die Entwicklung der privaten Lesebereitschaft. Und nicht zu vergessen: da Lernen Arbeit ist, gebietet es überdies die Moral, an das naive Leseinteresse nach Möglichkeit anzuknüpfen, damit nicht dem Jugendlichen diese Arbeit unnötig erschwert wird. [...] Vor kommt es allenfalls, dass einzelne Texte noch im Lektürekanon mitgeschleppt werden, obwohl man sehen kann, dass sie ihre appellative Kraft längst eingebüßt haben. [...]

Ein [...] Beispiel wäre die in kaum einem Mittelstufenlesebuch fehlende Langgässer-Kurzgeschichte Saisonbeginn. Alles, was sie in der Konfrontierung der normal-christlichen Alltagswirklichkeit mit dem untergründig Bösen, der Erklärung, Juden seien hier unerwünscht, an Betroffenheit bei den ursprünglich Betroffenen einmal ausgelöst haben mag – auf Jugendliche von heute, denen die Judenverfolgung insgesamt eine historisch ›gesicherte‹ Tatsache von ähnlicher Bedeutung ist wie die Christenverfolgung im alten Rom oder die Hugenottenverfolgung in Frankreich, macht die symbolisch vermittelte Anklage dieses Textes kaum mehr einen Eindruck. Wie an Schulaufsätzen einer 8. Klasse beobachtet werden konnte, verstehen die Schüler mitunter nicht einmal mehr die Pointe – also die Aufstellung eines Schildes gegen Juden unmittelbar neben einem Kruzifix – und suchen sich den Sinn des Textes unsicher darin, dass unsere schönen Landschaften heute (!) immer mehr mit Verbotsschildern verunstaltet werden. Es käme auf einen Versuch an, aber man kann sich vorstellen, dass diese Geschichte für Schüler dieses Alters sofort einen wesentlich stärkeren emotionalen Appell bekäme, wenn man die Aufschrift des Schildes umänderte in ›In diesem Kurort sind Kinder unerwünscht‹. Wenn aber das ursprünglich beabsichtigte Erschrecken nur noch über solche Verdeutlichungen bewusst gemacht werden kann – was z.B. auch für etliche Tucholsky-Satiren gilt, bei denen man irrtümlich immer noch auf spontanes Einverständnis rechnet –, dann ist eben der beste Teil der Wirkung verloren. Allen Theorien zum Trotz, die von der Zeitlosigkeit der Kunstwirkungen ausgehen, sei gesagt: Literatur kann auch veralten.«

(aus: Bernd Seiler [1982], Vom Recht des naiven und von der Notwendigkeit des historischen Verstehens literarischer Texte, in: Diskussion Deutsch 13, S. 25f., leicht gekürzt)

Unterbrechen Sie bitte die Lektüre dieses Kapitels an dieser Stelle zugunsten einer kurzen Reflexionspause. Verschaffen Sie sich zunächst Klarheit über den Standpunkt Seilers und prüfen Sie seine Argumente!

Aufgabe

1. Welche Argumente sind es im einzelnen, die Seiler im Hinblick auf die mögliche Veralterung von Unterrichtsinhalten (hier Literatur) ins Feld führt?

2. Inwiefern könnten die vorgebrachten Argumente auf die Erzählung »Saisonbeginn« zutreffen?

3. Gibt es entgegen den Einwänden Seilers evtl. auch Möglichkeiten einer positiven Rechtfertigung? Welche Gründe ließen sich dann für die Behandlung dieser Kurzgeschichte im *heutigen* Unterricht ins Feld führen?

Die folgenden Gedanken sind keine »Lösungen« zu der gestellten Aufgabe, sondern sollen lediglich die Funktion haben, die von Ihnen vorgetragenen Argumente und Aspekte möglicherweise um einige weitere zu bereichern.

Gegen Seiler könnte man z.b. einwenden:

- Um mit dem vielleicht Wichtigsten zu beginnen: Diese Literatur wird nicht »mitgeschleppt«, sondern könnte gerade deshalb »klassisch« sein, weil auf vielen Stellen der Erde immer noch Menschen wegen ihrer politischen und religiösen Überzeugungen verfolgt werden. Gegenwärtige Ereignisse, die durch die Medien entsprechend inszeniert werden, bilden dann das notwendige Aktualisierungspotential, das das Interesse der Schülerinnen und Schüler für die Thematik wecken kann. Unter dieser Annahme hätte diese Kurzgeschichte *exemplarischen* Bildungswert mit *Gegenwarts-* und *Zukunftsbedeutung.*
- Die Aussage Seilers, dass die Judenverfolgung heutigen Jugendlichen als eine historisch gesicherte Tatsache gelte, hat hypothetischen Charakter. Empirische Untersuchungen attestieren Schülerinnen und Schülern kein allzu großes Geschichtsbewusstsein, was gerade die neuere deutsche und europäische Geschichte anbetrifft (s. dazu die empirischen Belege bei Bodo von Borries 1995). Von der damit zusammenhängenden Unkenntnis historischer Tatbestände einmal abgesehen handelt es sich bei der im Text stilisierten Problematik doch auch um das Wachhalten eines Bewusstseins, in das die deutsche Kriegs- und Nachkriegspolitik bis auf den heutigen Tag verstrickt sind. Einem zukunftsfähigen und realistischen Engagement für den Frieden im Nahen Osten würde ohne dieses Bewusstsein eine wesentliche Dimension rationaler Begründbarkeit fehlen.
- Gerade weil ein größerer Teil der Schülerinnen und Schüler nicht (mehr) mit Grundaussagen und der historischen Genese der christlichen Glaubens- und Lebenswelt vertraut sind, könnte die im Text verwendete Symbolik und die durch sie konstruierte Hintergründigkeit des Geschehens eine geistige Herausforderung darstellen. Sie ist möglicherweise (schon) fremd genug oder nur noch rudimentär zugänglich und stellt deshalb erst eine Herausforderung dar, sich mit dieser Symbolik zu befassen; umgekehrt würde eine allseits bekannte und geteilte, aber in einen habitualisierten Automatismus abgesunkene Symbolik die Motivation der Schülerinnen und Schüler weitaus stärker hemmen.

Und über diesen spezifischen Text hinaus dürfte man unter langfristigen Gesichtspunkten für die Praxis des Literaturunterrichts z.B. auch herausstellen:

- Die subtile Natursymbolik, die Schülerinnen und Schüler sich an diesem Text sehr gut veranschaulichen können, aber keineswegs für ihr eigenes Naturempfinden übernehmen müssen, ist in gewissem Sinne »transferierbar«. Denn dieser phänomenorientierte, unverstellte, also nicht vorab theoretisierend festgelegte Zugang zur Natur – vermittelt durch Sprache – findet in der Naturlyrik große Verbreitung. Freilich gilt dieses *formale* Argument nur, wenn man auch von der Bildungswürdigkeit des *Inhaltes* überzeugt ist. Diese Einschränkung bezieht sich dann aber nicht nur auf diesen Text, sondern z.b. auch auf die Behandlung von Naturlyrik oder sogar auf die Beschäftigung mit Literatur insgesamt.
- Bei der Interpretation von Texten muss die inhaltliche Ebene (Semantik des Textes) mit der formalen Ebene (Aufbau, Stilmittel, Reimmuster etc.) zur Deckung gebracht werden. Gerade die Analyse der formalen Aspekte darf kein Selbstzweck sein, sie muss die inhaltlichen Aussagen stützen können; diese Inbeziehungsetzung von inhaltlicher und formaler Ebene ist in der Erzählung von Langgässer leicht nachweisbar (weitere Beispiele hierfür: Ingeborg Bachmann (Reklame); das Sonett in der Tradition des Barock, aber auch in modernen Versionen; Form und Inhalt des klassischen und epischen Dramas usw.).

Die von Ihnen aufgeführten Argumente oder Einwände haben Sie vermutlich mit aller Vorsicht formuliert. Die Vieldeutigkeit der Erzählung verbietet nämlich Argumentationen, die glatt aufgehen. Abgesehen davon bleiben Ihre Begründungen letztlich fiktiv, weil sie sich an der Unterrichtsrealität abgleichen lassen müssten, denn die Schülerinnen und Schüler könnten ja nur auf der Basis ihres Entwicklungsstandes und ihrer individuellen Lernvoraussetzungen einen Zugang zum Text finden. Unterricht ist in dieser Hinsicht immer auch ein Ereignis mit einem offenen Verlauf und Ausgang.

Die gewählte Erzählung Langgässers und die Kritik Seilers sollten hier lediglich als *Anlass* genommen werden, in einen Problem- und Aufgabenkreis der Unterrichtsplanung einzudringen, der für jede Planung von Unterricht von großer Bedeutung ist:

Wie wählt man Unterrichtsinhalte begründet aus?

Die Argumentationssituation, in die Seiler den Adressaten versetzt, ist also eine für Lehrerinnen und Lehrer ständig wiederkehrende, so dass es unerlässlich erscheint, sich ein *theoretisches Begründungsmuster* anzueignen, von dem aus man die künftig immer wieder zu leistende *Auswahl* und *Legitimation von Unterrichtsinhalten* angehen könnte.

Eine sehr hilfreiche Begründungsmöglichkeit finden wir z.B. in der von
Wolfgang Klafki vertretenen bildungstheoretischen Didaktik. Klafki hat aus
seinen theoretischen Überlegungen immer auch Konsequenzen für die tägliche Unterrichtsplanung abgeleitet. Die wesentliche Aufgabe der Unterrichtsplanung bekommt nach Klafki ihren Sinn aus der besonderen Situation des
Lehrers, die wir eingangs schon beschrieben haben. Die im Unterricht zu verhandelnden Themen sind nämlich in aller Regel durch den jeweils gültigen
Lehrplan vorgegeben. Selbst dort, wo der Lehrplan als Rahmenplan dem Lehrer Freiheitsraum für besondere Themen offen lässt, sind durch die Vorgabe
von bestimmten Themenfeldern entsprechende Vorentscheidungen gefallen.
Aus dieser Situation heraus fällt dem Lehrer nun die Aufgabe zu, »die in den
Lehrplaninhalten verborgene pädagogische Vorentscheidung der Lehrplangestalter gleichsam noch einmal« (Klafki [10]1969, S. 8) nachzuvollziehen. Diese
Aufgabe bezeichnet Klafki als »didaktische Analyse«; sie »soll ermitteln,
worin der allgemeine Bildungsgehalt des jeweils besonderen Bildungsinhaltes liegt.« (ebd., S. 14)

Diese Aufgabe, also die Ermittlung des *allgemeinen* Bildungsgehaltes
eines jeweils *besonderen* Bildungsinhaltes, konkretisiert Klafki durch fünf didaktische Grundfragen (und z.T. durch weitere Unterfragen; ebd., S. 15-22),
von denen hier aber vorerst nur die zweite und dritte genannt seien; die anderen drei Fragen werden in den nächsten Kapiteln eine zentrale Rolle spielen:

II. Welche Bedeutung hat der betreffende Inhalt bzw. die an diesem
Thema zu gewinnende Erfahrung, Erkenntnis, Fähigkeit oder Fertigkeit bereits im geistigen Leben der Kinder meiner Klasse, welche Bedeutung sollte er – vom pädagogischen Gesichtspunkt aus gesehen –
darin haben?

III. Worin liegt die Bedeutung des Themas für die Zukunft der Kinder?

(Aus: Klafki, W. ([10]1969): Didaktische Analyse als Kern der Unterrichtsvorbereitung. In: Klafki, W. u.a.: Didaktische Analyse, Hannover, S. 5-34.)

Für die Grundfragen der didaktischen Analyse hat Klafki selbst knappe und
aussagekräftige Kennzeichnungen eingeführt, die dann vor allem auch in der
Sekundärliteratur als einschlägige Begriffe Verbreitung fanden. Die beiden
hier aufgeführten Fragen werden prägnant mit der *Gegenwarts- und Zukunftsbedeutung* eines Inhaltes bezeichnet.

Systematisierung

Weil sich die vorangegangenen Überlegungen nicht in den Details eines Beispiels (hier die Erzählung Langgässers) und einer darauf konkret abgestimmten Argumentation verlieren dürfen, sondern auch eine systematische Verankerung im didaktischen Denken des Lesers finden müssen, sei hier abschließend noch ein weiterführender Blick in die didaktische Theorie Klafkis geworfen, die er selbst als bildungstheoretische Didaktik bezeichnet.

Den Anlass zur Konzeption dieser bildungstheoretischen Didaktik bildeten für Klafki zwei Probleme, für die es seinerzeit keine zufriedenstellenden Lösungen gab. Einmal sei es die einseitige Betonung von Methodenfragen im Rahmen der Reformpädagogik gewesen, die ein entsprechendes Korrektiv erfordere. Zum anderen habe die Analyse von Unterrichtsstunden, die Studenten im Rahmen von Praktika gehalten hatten, gezeigt, »dass der Kern des Gelingens oder des Misslingens in guter oder mangelnder Strukturierung« (Klafki 1976, S. 104) der Unterrichtsinhalte gelegen habe. Die didaktische Forschung könne diese beiden Probleme, die Überbetonung der Methodenfrage und die Frage der Strukturierung von Unterrichtsinhalten, nur dann lösen, wenn sie an die sich immer deutlicher abzeichnende Entwicklung pädagogischen Denkens anknüpfe, durch die »die inhaltlichen Fragen der Bildung und Erziehung in den Mittelpunkt« (Klafki 1963, S. 22) gerückt werden.

Die Akzentuierung der *inhaltlichen* Fragen von Bildung und Erziehung verweist auf die Frage: »Was soll gelehrt (gelernt) werden?« Diese Frage macht nach Klafki das eigentliche Problem der Didaktik aus (ebd., S. 28). Zu ihrer Klärung dient als »zentrierende Kategorie« (ebd.) der Begriff »Bildung«. Er ist notwendig, um die facettenreiche Unterrichtswirklichkeit unter einem spezifischen Blickwinkel zu betrachten: Bildung als Inbegriff des »vielfältig gestuften und differenzierten, letztlich aber doch einheitlichen Gesamtauftrages« des Unterrichts ermöglicht die »Integration aller unterrichtlichen Bemühungen« und die »Verantwortung aller didaktischen Entscheidungen vor dem jungen Menschen«. (Ebd., S. 29) Mit anderen Worten: Wer von der These ausgeht »Professionelles didaktisches Handeln ist rational begründbares Handeln« (Peterßen 1983, S. 12), der hat im Sinne der bildungstheoretischen Didaktik alle Entscheidungen daraufhin auszurichten, ob sie Bildung ermöglichen.

Will man Klafkis Verständnis von Bildung allgemein umreißen, dann eröffnet die von ihm geprägte Formel des »gebildeten Laien« dazu einen ersten Zugang: »Es ist die Perspektive des aufgeklärten Zeitgenossen, des sich politisch mitverantwortlich fühlenden Bürgers, des Laien in der kirchlichen Gemeinde, die Perspektive, die wir als Konsumenten eines riesigen Waren- und

Kulturangebotes, als Mütter und Väter, als Verkehrsteilnehmer oder als Nachbarn tagtäglich sachlich und menschlich zu erfüllen versuchen. Diese *Perspektive des Laien*, des *common man*, mit den in ihr gelegenen positiven Möglichkeiten ist *im Hinblick auf die Zukunft des jungen Menschen der für die Didaktik maßgebliche Horizont.*« (Klafki 1963, S. 45) Man könnte diese zweifache Aufgabe von Didaktik und Unterricht daher auch so zusammenfassen: Unterricht kann *gegenwärtig* immer nur an die jeweiligen Handlungs- und Verstehensmöglichkeiten von Schülerinnen und Schülern anknüpfen, muss aber zugleich auch auf die *zukünftigen* Aufgaben und Möglichkeiten vorbereiten, die sich im späteren Leben stellen.

Wenn man von diesem Verständnis des »gebildeten Laien« aus noch einmal einen Bezug zum Essay Seilers herstellt, dann wird klar, dass er mit seiner Argumentation prinzipiell auf der Linie Klafkis liegt. Denn auch Seiler versucht, die Frage der Inhalte des Unterrichts von einem primär *pädagogischen* bzw. *didaktischen* Standpunkt aus zu denken: Literaturunterricht soll dazu beitragen,»den Einzelnen über sein Angesprochensein allmählich in ein Verhältnis zu den kulturellen Traditionen zu bringen, in denen er lebt«. Indem sich Schülerinnen und Schüler zu den im Unterricht behandelten Texten in ein selbst-reflexives Verhältnis setzen, gewinnen sie Möglichkeiten individueller Selbstbestimmung und gesellschaftlicher Partizipation. Unterricht soll Schülern also Bildungsmöglichkeiten eröffnen. Unterrichtsplanung hat danach u.a. die Funktion, diese Bildungsmöglichkeiten didaktisch zu begründen und methodisch zu antizipieren. Und genau darauf zielen die Fragen der Gegenwarts- und Zukunftsbedeutung (auf die Seiler aber im Falle der Erzählung Langgässers eine negative Antwort gibt).

Konkret würde das also bedeuten: Im Lernbereich »Chemie – Physik« wäre beispielsweise zu fragen, inwiefern Probleme der Umweltverschmutzung, der Speicherungsmöglichkeiten von Energie o.ä. zum einen im gegenwärtigen Interessenbereich des Schülers liegen und zum anderen auch noch für sein künftiges Leben als Erwachsener von Belang sind. Oder: Können durch die Behandlung des Romans »Homo faber«, in dem Max Frisch den Leser mit der Frage nach dem Sinn menschlicher Lebensführung konfrontiert, bereits die gegenwärtigen Nöte und Ängste des Schülers angesprochen und aufgenommen werden, darüber hinaus aber auch solche Anstöße gegeben werden, die für das gesamte Leben des späteren Erwachsenen von ihm als Bereicherung empfunden werden? Welche Impulse vermag also der Unterricht mit diesem Roman für die Gegenwart und Zukunft des Schülers zu geben, wenn darin die anfangs so unerschütterliche Zuversicht des Protagonisten in das mathematisch-naturwissenschaftliche Kalkül zerbricht, weil dadurch nämlich auf die entscheidenden Sinnfragen menschlichen Lebens (Fragen nach dem Sinn von Natur, Liebe, Sexualität, Ehe oder Tod) keine Antworten zu finden sind?

Diese Beispiele machen deutlich, wie wichtig es ist zu prüfen, ob tradierte Inhalte noch mit Fug und Recht die Forderung nach Gegenwarts- und Zukunftsbedeutung erfüllen können. Deshalb fordert Klafki eine *geschichtliche* Erforschung der Bildungsinhalte, der Lehrpläne, der Schülerbücher und sogar der didaktischen Theorien selbst, »um die politischen, sozialen, geistes- und bildungsgeschichtlichen Hintergründe zahlreicher, bis heute wie selbstverständlich tradierter Bestände und Wertungen zu erkennen und damit ihnen gegenüber zu kritischer Prüfung frei zu werden«. (Klafki 1963, S. 41)

Übung

1. Wenn Sie sich Schülerbücher aus verschiedenen Jahrzehnten beschaffen, können sie den permanenten Wandel von Unterrichtsinhalten anschaulich nachvollziehen. Er ist allerdings auch sehr stark abhängig vom jeweiligen Unterrichtsfach. Selbstverständlich sind die Themen in den mathematisch-naturwissenschaftlichen Fächern von größerer Konstanz gekennzeichnet. Augenfällige Änderungen wird man hier also eher in den Anwendungsbereichen (neue technische Entwicklungen) oder im Alltagsbezug von Aufgabenstellungen (z.B. Vergleich von »Sonderangeboten« von Handyverträgen) feststellen können. In denjenigen Fächern, die aber geistes- und sozialwissenschaftlich ausgerichtet sind, lassen sich sehr schnell markante Unterschiede in der *Auswahl (und Begründung) von Unterrichtsinhalten* feststellen.

2. Ein Vergleich heutiger Lehrpläne mit solchen aus zurückliegenden Zeiten wird Sie zu dem gleichen Ergebnis kommen lassen: Unterrichtsinhalte sind *geschichtlich* bedingt und geprägt. Was jeweils gegenwarts- und zukunftsbedeutsam sein sollte, wurde zu verschiedenen Zeiten höchst unterschiedlich definiert.

Kapitel 2

Inhalte klären

Im ersten Kapitel haben wir die Notwendigkeit erörtert, dass Unterrichtsinhalte nach dem Prinzip der Gegenwarts- und Zukunftsbedeutung auszuwählen sind. Diese Orientierung an der lebensweltlichen Perspektive des Schülers muss *ergänzt* werden durch die sachliche Perspektive auf den Gegenstand. Denn die Bedeutung des Gegenstandes wird dem Schüler nur einsichtig über die Erschließung der notwendigen Sachaspekte. Insofern sind *Schüler-* und *Sachorientierung* zwei sich gegenseitig ergänzende Prinzipien der begründeten Auswahl von Bildungsinhalten. In diesem Kapitel soll nun primär die »Sache« im Vordergrund unserer Überlegungen stehen, ohne freilich dabei die Gegenwarts- und Zukunftsbedeutung des Gegenstandes aus dem Blick zu verlieren.

Zu diesem Zweck schließen wir wieder an die »Didaktische Analyse« Klafkis an und wenden uns ihrer vierten Frage (einschließlich ihrer Teilfragen) zu. Diese vierte Grundfrage der Didaktischen Analyse wollen wir auf Bildungsinhalte aus verschiedenen Schulfächern anwenden. Dabei werden wir uns vor allem auf die ersten vier Teilfragen konzentrieren, da die letzten beiden nicht ausschließlich der Klärung der Sache dienen. Sie stützen die Sachklärung allerdings von zwei Seiten her, indem zum einen die möglichen Verständnisschwierigkeiten der Schülerinnen und Schüler als *Voraussetzungen* und zum anderen die Frage der Lernresultate und ihrer möglichen Überprüfung als *Folgen* der Auseinandersetzung mit der Sache zusätzlich ins Kalkül gezogen werden.

Unsere Beispiele können natürlich nur eine sehr begrenzte Auswahl darstellen, sollen aber dennoch zeigen, dass die allgemeindidaktischen Fragen Klafkis letztlich auf alle Schulfächer und Unterrichtsinhalte anwendbar sind. Sie beziehen sich auf den Deutsch-, Physik- und Geschichtsunterricht, also auf Schulfächer, in denen die »Sache« in sehr unterschiedlicher Weise geklärt wird; sie sind zudem so gewählt, dass sie sich in der Komplexität der Sache unterscheiden und dass damit im Hinblick auf die Schüler die Fragen der

IV. Welches ist die Struktur des Inhaltes?

1. Welches sind die einzelnen Momente des Inhaltes als eines Sinnzusammenhanges?
2. In welchem Zusammenhang stehen diese einzelnen Momente?
3. Ist der betreffende Inhalt geschichtet? Hat er verschiedene Sinn- und Bedeutungsschichten?
4. In welchem größeren sachlichen Zusammenhang steht dieser Inhalt? Was muss sachlich vorausgegangen sein?
5. Welche Eigentümlichkeiten des Inhaltes werden den Kindern den Zugang zur Sache vermutlich schwer machen?
6. Was hat als notwendiger, festzuhaltender Wissensbesitz (›Mindestwissen‹) zu gelten, wenn der im Vorangegangenen bestimmte Bildungsinhalt als angeeignet, als ›lebendiger‹, ›arbeitender‹ geistiger Besitz gelten soll?

(Aus: Klafki, W. ([10]1969): Didaktische Analyse als Kern der Unterrichtsvorbereitung. In: Klafki, W. u.a.: Didaktische Analyse, Hannover, S. 5-34.)

Lernvoraussetzungen und der Überprüfbarkeit der Leistungen (s. oben die 5. und 6. Teilfrage) spezifisch beantwortet werden müssen; schließlich unterscheiden sich die zu klärenden Inhalte auch hinsichtlich des zeitlichen Umfanges, der zu ihrer Erschließung aufgewendet werden muss (eine einzelne Unterrichtsstunde, eine Doppelstunde und eine Unterrichtsreihe).

Eine solche Auswahl hat den prinzipiellen Nachteil, dass dadurch eine Reihe von Unterrichtsfächern nicht zum Zuge kommen kann. Dennoch sollte der »fachfremde« Leser die folgenden Beispiele aufmerksam zur Kenntnis nehmen, um daran zu sehen, wie die vierte Grundfrage der »Didaktischen Analyse« konkret zu beantworten ist. In den abschließenden Übungen dieses Kapitels soll er nämlich selbst eine Analyse der »Struktur eines Inhaltes« durchführen, also das, was ihm hier exemplarisch vorgeführt wurde, selbstständig auf seine Unterrichtsfächer übertragen können.

Beispiel 1: Deutschunterricht (8. Schuljahr)

Der propre Ganter (von James Thurber)

Es war einmal – und sehr lange ist das noch gar nicht her – ein wunderschöner Ganter. Er war groß und stark, glatt und sauber und beschäftigte sich vorwiegend damit, für seine Frau und die Kinder zu singen. »Was für ein propper Ganter«, bemerkte jemand, der ihn singend im Hof auf und ab stolzieren sah. Das hörte eine alte Henne, und sie erzählte es abends auf der Hühnerstange ihrem Gemahl. »Von Propaganda war die Rede«, zischelte sie.

»Ich habe dem Burschen nie getraut«, versetzte der Hahn, und tags drauf ging er im Hof umher und sagte jedem, der es hören wollte, der schöne Ganter sei ein höchst gefährlicher Vogel, aller Wahrscheinlichkeit nach ein Habicht im Gänserichgewand.

Eine kleine braune Henne erinnerte sich, dass sie einmal von weitem beobachtet hatte, wie der Ganter im Walde mit einigen Habichten sprach. »Die führten irgendwas im Schilde«, versicherte sie. Eine Ente berichtete, der Ganter habe einmal zu ihr gesagt, er glaube an gar nichts. »Und er hat auch gesagt, dass er Fahnen hasst«, fügte die Ente hinzu. Das Perlhuhn entsann sich, einmal gesehen zu haben, wie jemand, der dem Ganter auffallend ähnelte, etwas warf, was einer Bombe auffallend ähnelte. Schließlich bewaffneten sich alle mit Stöcken und Steinen und zogen vor des Ganters Haus. Er stolzierte gerade im Vorgarten auf und ab und sang für Weib und Kinder. »Da ist er!«, schrien alle. »Habichtfreund! Atheist! Fahnenhasser! Bombenwerfer!«. Damit fielen sie über ihn her und jagten ihn aus dem Lande.

Moral: Jeder, den du und deine Frau für einen Landesverräter halten, ist selbstverständlich auch einer.

(aus: James Thurber, 75 Fabeln für Zeitgenossen. Deutsche Übersetzung von Ulla Hengst, Hans Reisiger, H.M. Ledig-Rowohlt.
Copyright © 1967 by Rowohlt Verlag GmbH, Reinbek bei Hamburg

Gattungspoetisch gesehen stellen Fabeln eine scharf konturierte Kurzform der Epik dar. Sie strukturieren ein Geschehen in der Abfolge von actio und reactio (zum Teil in mehrfacher Aneinanderreihung) und verdichten ihre Aussage auf voran- oder nachgestellte Lehrsätze (»Moral«). Spieler und Gegenspieler treten meistens in Tiergestalt auf und stehen für charakteristische menschliche Eigenschaften. Liegt der Fokus eher auf den individuellen Eigenschaften der Handlungsträger, so will die Fabel gleichsam als Spiegel menschlicher Unzulänglichkeit und Fehlbarkeit die Selbstreflexion anregen. Werden dagegen vorrangig die sozialen Beziehungen der Handelnden gezeichnet, steht die aufklärerische und sozialkritische Funktion im Vordergrund. In der vorliegenden Fabel mischen sich beide Akzentuierungen.

Spieler und Gegenspieler werden hier von einer »Einzelperson«, dem Ganter, und einer Gruppe »Gleichgesinnter« (allesamt gefiederte Vertreter) gestellt. Welche einzelnen Momente bestimmen das Handlungsgeschehen und inwiefern schließen sie sich zu einem sinnvollen Ganzen zusammen? – Die beiden ersten Sätze der Fabel bestimmen die *tatsächlichen* Merkmale des Ganters: »Er war groß und stark, glatt und sauber und beschäftigte sich vorwiegend damit, für seine Frau und die Kinder zu singen.« Das sind stereotype Merkmale, mit denen sich Menschen offensichtlich gerne zu identifizieren wissen (wer möchte schon als klein, schwach oder dreckig etikettiert werden?) und die ihnen Bewunderung durch andere sichern. Neben diesen äußeren Merkmalen ist der Ganter durch seine Uneigennützigkeit gekennzeichnet, denn er ist »vorwiegend« damit beschäftigt, »für seine Frau und die Kinder zu singen«. Für beide Tatsachen – für das makellose Äußere und sein Engagement für Andere – gibt es einen Augenzeugen, der den Ganter im Hof singend auf und ab stolzieren gesehen hat und der die positiven Eigenschaften mit voller Bewunderung auf den Punkt bringt: »Was für ein propper Ganter« (propper = ordentlich, sauber, nett). Dieser Augenzeuge ist die einzige Figur, die nicht personifiziert auftritt und nicht in die Vorgänge involviert ist; sie steht als »jemand« für eine objektive Instanz, die lediglich nach Fakten urteilt.

Thurber zeichnet mit den Charaktereigenschaften des Ganters eine Figur, in der sich Menschen zwar gerne gespiegelt sehen würden, von der sie aber auch wissen, dass sie von diesem Idealbild doch mehr oder weniger abweichen. Diese erfahrene Diskrepanz von Ideal und Selbstwahrnehmung ist oft die Ursache für große Unzufriedenheit, die sich im Extremfall bis zum Minderwertigkeitsgefühl steigern kann. Minderwertigkeitsgefühle führen nicht selten – so lehrt es die Psychoanalyse – zu sogenannten »Projektionen«; man richtet die Unzufriedenheit mit den eigenen (körperlichen, geistigen oder sozialen) Mängeln stellvertretend auf andere, sucht also »Sündenböcke« für etwas, was eigentlich in einem selbst liegt. Das beschädigte Selbstbild wird aufgewertet, indem andere mit Zuspruch entsprechender negativer Eigenschaften erniedrigt, verspottet, diskriminiert oder sogar politisch verfolgt werden. Dieser ursächliche Mechanismus wird in der Fabel nicht direkt thematisiert und ist deshalb nicht leicht für die Schülerinnen und Schüler zu erschließen. Abgesehen davon steht für Thurber auch nicht die individuelle Seite der Verarbeitung von Selbsterfahrung im Vordergrund, sondern die damit zusammenhängende sozialpsychologisch relevante Perspektive: In dieser Fabel schließen sich »Gleichgesinnte« zu einer Gruppe zusammen und projizieren alle möglichen negativen Eigenschaften auf eine einzelne Person. Da diese Eigenschaften nicht existieren oder zumindest nicht real nachweisbar sind, handelt es sich um *Vorurteile*. Sie halten sich hartnäckig und sind trotz gegenteiliger Erfahrungsdaten sehr *veränderungsresistent*.

Diese Diskrepanz von sich entwickelnden und bestehenden Vorurteilen einerseits und die aus ihnen möglicherweise resultierenden Emotionen und Aggressionen andererseits beherrschen den weiteren Gang der Handlung. Denn bereits mit dem vierten Satz wird die Ebene des Faktischen verlassen; Sinnestäuschungen, schwache Erinnerungen, aus dem Zusammenhang gerissene Äußerungen und Handlungen, Vermutungen, Unterstellungen, Verallgemeinerungen und höchst ungenaue Beschreibungen bestimmen den Verlauf des Geschehens. Alles beginnt mit dem »Hörfehler« einer alten Henne (sie ist im Gegensatz zum Ganter nicht jung und evtl. auch nicht schön!). Sie hat die Aussage des Augenzeugen vernommen, gibt sie aber erst mit größerer zeitlicher Verzögerung (abends) an ihren Gemahl weiter: »Von Propaganda war da die Rede«. Der Hahn aktiviert gleich darauf sein pauschales Wahrnehmungsmuster (»Ich habe dem Burschen nie getraut.«) und erklärt schon am nächsten Tage den Ganter zur Gefahr für alle (»ein Habicht im Gänserichgewand«).

Auf solche Mutmaßungen scheinen die anderen Handlungsteilnehmer nur gewartet zu haben. Thurber stellt die Reaktionskette minutiös im dritten Absatz dar. Zunächst wird das Erinnerungsvermögen strapaziert (»eine kleine braune Henne erinnerte sich«); alles, was gegen den Ganter verwendet wird, ist weder zeitlich (siehe die vielfache Verwendung des temporalen Adverbs »einmal«) noch inhaltlich fest zu machen. Da er es wagt, sich mit »Andersartigen« (den Habichten) zu treffen, muss er »irgendwas« im Schilde führen. Aus dem Kontext herausgerissene Aussagen (»er glaube an gar nichts« und hasse Fahnen) werden zu negativ belegten weltanschaulichen und politischen Standpunkten verallgemeinert. Und schließlich geht von dem vermeintlich anders Denkenden eine potentielle Gefahr für die Allgemeinheit aus, deren Existenz nur durch höchst ungenaue und konstruierte Angaben gedeckt ist. Denn das Perlhuhn konnte sich lediglich entsinnen, »einmal gesehen zu haben, wie jemand, der dem Ganter auffallend ähnelte, etwas warf, was einer Bombe auffallend ähnelte«. Aus der unterstellten Bedrohung entwickelt sich Hysterie, die Emotionen schaukeln sich auf und geraten außer Kontrolle. Man bewaffnet sich mit »Stöcken und Steinen« und zieht vor das Haus des Ganters.

Eine letzte Chance wäre der aufgebrachten Masse noch zum Abbau ihres Vorurteils geblieben, denn vor dem abschließenden Angriff hätte sie sich noch einmal von der faktischen Lage überzeugen können. Sie treffen den Ganter nämlich bei seiner gewohnten Tätigkeit an: »Er stolzierte gerade im Vorgarten auf und ab und sang für Weib und Kinder.« Aber das entstandene und laufend geschürte *Vorurteil* macht die Gegenspieler blind gegenüber dieser Realität, so dass sie den Ganter aus dem Lande jagen.

Der Zusammenhang der einzelnen Handlungselemente dieser Fabel bildet die Eigenschaften von Vorurteilen ab. Er beschreibt die (mögliche) Entstehung von Vorurteilen, ihre Verbreitung, Verhärtung und die daraus möglicherweise resultierenden Emotionen und Aggressionen gegenüber den Betroffenen. Die Definitionselemente, die man z.B. in Meyers Grossem Taschenlexikon findet, decken sich ausnahmslos mit den in der Fabel erkennbaren Momenten:

»Vorurteil, kritiklos, ohne persönl. Urteilsbildung oder Erfahrung übernommene Meinung, die einer sachl. Argumentation nicht standhalten kann. V. dienen der psych. Entlastung des Urteilenden in Angstsituationen mangels Orientierung und dem Abbau von Unsicherheit in sozialen Handlungsfeldern. Gruppen-V., mit denen eigenes Unvermögen dadurch kompensiert wird, dass dieses u.a. auf fremde Völker oder nat. Minderheiten und/oder deren Wertsysteme übertragen wird, werden oft durch Manipulation vermittelt oder bestärkt.«

(Aus: Meyers Grosses Taschenlexikon in 26 Bänden, Band 25, S. 8130, Mannheim 2003)

Schülerinnen und Schülern des 8. Schuljahres sind die in der Fabel auftretenden Motive, Emotionen, Handlungen und Reaktionen aus dem eigenen Alltag, aber auch aus entsprechenden Darstellungen und Berichten in den Medien durchaus vertraut. Insofern stellen sich hier keine grundsätzlichen Schwierigkeiten, die den Schülern den Zugang zur Sache erschweren könnten. Die

Kürze des Textes erfordert allerdings ein genaues Hinsehen. Deshalb müsste die Analyse eine Reihe von Fragen beantworten, die den Schülern möglichst nicht vorgegeben, sondern von ihnen selbst aufgeworfen werden sollten. Als Alternative zu einem lehrerzentrierten Unterrichtsgespräch ließe sich der Inhalt der Fabel auch in Gruppenarbeit erschließen. Diese Arbeitsweise bedürfte – je nach Leistungsvermögen der Gruppen – einer Vorstrukturierung durch Leitfragen bzw. Arbeitsaufträge, die die Schüler dann selbstständig zur Texterschließung verwenden und die sich u.a. auf folgende Aspekte beziehen können:

1. Teilt die Fabel in Sinnabschnitte ein und formuliert dazu jeweils eine treffende Überschrift!
2. Ihr kennt aus den bereits behandelten Fabeln das Begriffspaar »Spieler – Gegenspieler«. Wofür stehen Spieler und Gegenspieler in dieser Fabel?
3. Was haltet Ihr von den Beurteilungen des Ganters durch die anderen Tiere?
4. Bis auf eine Ausnahme sind im Text alle Tiere personifiziert (z.B. Henne, Hahn, Perlhuhn, …). Ist das eine Unachtsamkeit des Autors?
5. Wie erklärt Ihr Euch die einhellige Meinung der Tiere und das gemeinsame, entschlossene Vorgehen gegen den Ganter?
6. Hätte sich die Empörung und Vertreibung des Ganters verhindern lassen?
7. »Der propre Ganter« – Lediglich eine Fabel oder Sinnbild für bittere Realität?

Über Vorurteile redet's sich leicht. Das hängt u.a. mit dem Mechanismus ihrer Entstehung zusammen (Minderwertigkeitserfahrung und Projektion) und mit der verbreiteten Einstellung, dass man selbst keine habe. Deshalb wäre es wichtig, das Verständnis der Sache nicht im Gespräch, sondern *schriftlich* zu überprüfen. Zu diesem Zweck sollen die Schülerinnen und Schüler als Hausaufgabe einen kleinen Text verfassen. Zur Wahl könnten die folgenden oder von den Schülerinnen und Schülern selbst eingebrachten Vorschläge stehen:

– Welche Vorurteile haben Männer gegenüber Frauen oder Frauen gegenüber Männern? Entwickle eine klischeehafte Gesprächsszene für ein Rollenspiel (Männer beim Stammtisch, Frauen beim Kaffeklatsch)!
– »Die Aussageabsicht Thurbers kommt mir doch allzu bekannt vor. Ich erinnere mich z.B. an …«
– Es ist schwierig, Vorurteile abzubauen. Welche Möglichkeiten siehst Du?
– Stell Dir vor, der Ganter hätte unmittelbar vor der Verjagung eine Chance gehabt, sich zu verteidigen. Mit welchen sachlichen Argumenten könnte er die gegen ihn gehegten Vorurteile zu entkräften suchen?

Beispiel 2: Physikunterricht (10. Schuljahr)

Der Gleichstrommotor

Gleichstrommotoren bestehen aus einem *Rotor*, einem *Stato*r und einem *Kommutator* (Abbildung 1). Der *Rotor* (auch Anker genannt) besteht aus einer *drehbar* gelagerten Spule, deren Enden bei Stromdurchfluss einen Nord- und Südpol bilden.

Der Stator bildet den *unbeweglichen* äußeren Teil, der die Rotorspule oben und unten umgibt. Er besteht bei konventionellen Ausführungen aus einer Elektrospule und bei kleineren Maschinen aus einem Permanentmagneten (wie im hier gewählten Beispiel). In dieser letzteren Variante (mit Permanentmagnet) ist er den Schülern möglicherweise aus handelsüblichen Technikbaukästen bekannt.

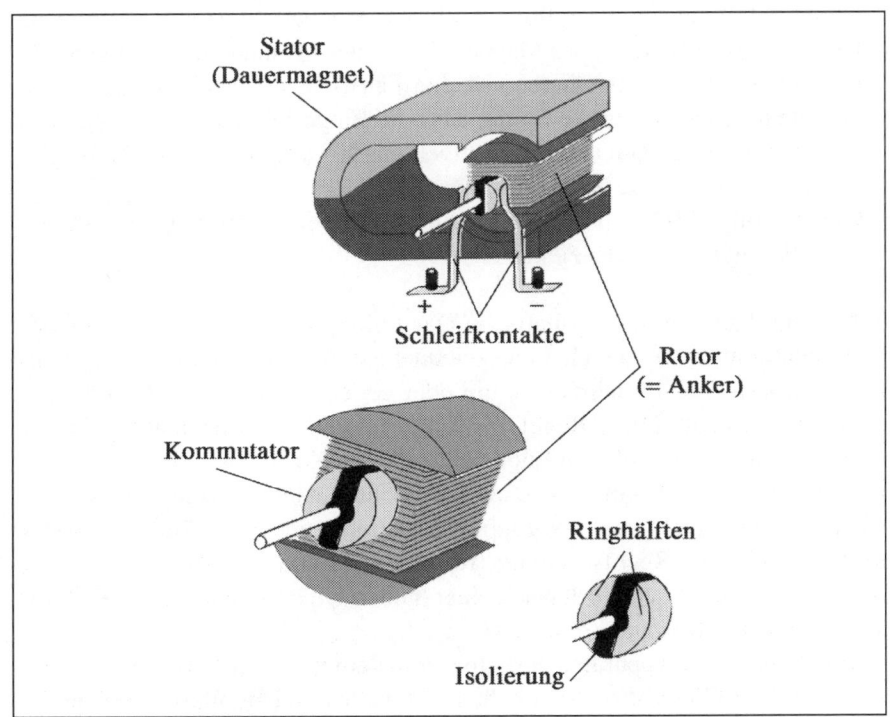

Abbildung 1: Bau und Bestandteile eines Gleichstrommotors

Der *Kommutator* besteht aus zwei gegeneinander *isolierten* Ringhälften, an denen die beiden Enden der Rotorspule angeschlossen sind. Beide Ringhälften sind durch Schleifkontakte mit der Stromquelle verbunden. Die Isolierung zwischen den Ringhälften des Kommutators hat die entscheidende Funktion, die Magnetpole des Rotors permanent zu wechseln. Sie unterbricht also in regelmäßigen Abständen kurz den Stromfluss im Rotor, so dass sein Magnetfeld zusammenbricht, und kehrt unmittelbar danach die Stromrichtung im Rotor und damit den jeweiligen Nord- und Südpol um. Diese Vorgänge im Rotor verursachen eine zeitlich abgestimmte Abstoßung bzw. Anziehung zwischen den (Dauer-)Magnetpolen des *Stators* und den (Elektro-)Magnetpolen des *Rotors* und damit einen gleichförmigen Lauf des Motors.

Zum Verständnis seiner Funktionsweise müssen die Schülerinnen und Schüler auf ihr bereits erworbenes Wissen zurückgreifen. Dazu gehört u.a.:

- In einem Gleichstromkreis fließt der Strom vom Plus- zum Minuspol (technische Stromrichtung).
- Eine von Strom durchflossene Spule bildet an ihren Enden Magnetpole aus. Unterbricht man den Stromfluss, bricht das Magnetfeld wieder zusammen.
- Die Nord-Süd-Richtung des Magnetfeldes einer stromdurchflossenen Spule kann man mit der sogenannten »Rechte-Faust-Regel« ermitteln: Legt man die rechte Hand so um die Spule, dass die Fingerkuppen in Richtung des Stromverlaufes zeigen und der Daumen um 90° abgespreizt ist, dann zeigt die Daumenspitze die Nordrichtung an.
- Gleichnamige Magnetpole (das gilt für Dauer- wie Elektromagnete) stoßen sich ab, ungleichnamige ziehen sich an.

Abbildung 2 zeigt eine schematische Darstellung der Motorteile, in die der Kommutator absichtlich nicht eingezeichnet ist; die Spule (= Rotor) ist so gelagert, dass sie sich im Uhrzeigersinn oder gegen den Uhrzeigersinn drehen kann. Die »Rechte-Faust-Regel« (s. eingezeichnete Stromrichtung in der Spule) ergibt, dass am oberen Ende der Spule ein Nord-, am unteren ein Südpol entstehen wird. Da die Spule auf »5 Minuten nach 6« steht, ihr Nordpol also etwas nach rechts vom Nordpol des Dauermagneten (= Stator) versetzt ist, wird sich eine Rechtsdrehung (im Uhrzeigersinn) ergeben, sobald der Stromkreis geschlossen wird. Nach einer halben Umdrehung würde der Rotor allerdings zum Stillstand kommen.

Man kann diese Apparatur deshalb nur als einen ersten Versuch der Konstruktion eines Gleichstrommotors betrachten, dessen Unvollkommenheit die Schüler schnell erkennen werden. Die Problemstellung für den weiteren Unterrichtsverlauf heißt deshalb: Wie kann man die Drehbewegung der Spule in

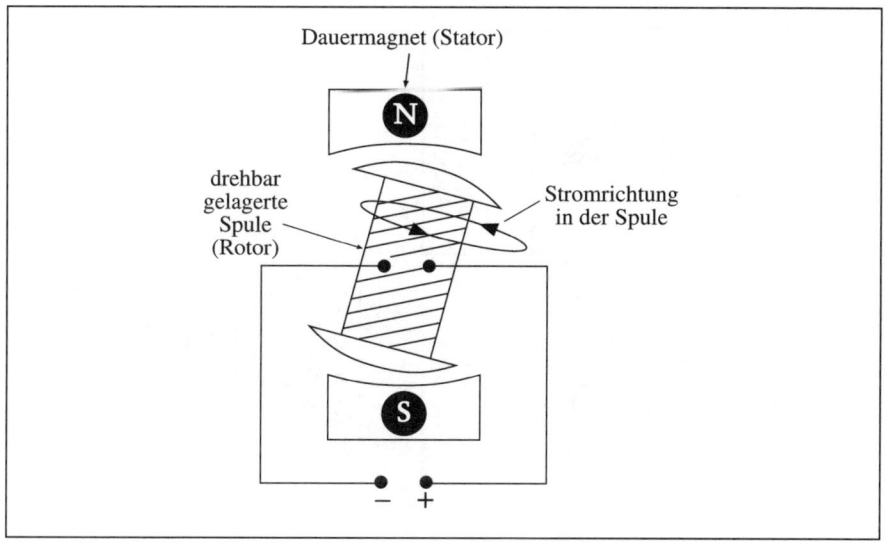

Abbildung 2: Schematische Darstellung der Motorteile (ohne Kommutator)

Gang halten? Möglicherweise werden die Schüler darauf verweisen, dass man jedes Mal den Stromkreis unterbrechen könnte, kurz bevor sich die gleichnamigen Pole von Dauer- und Elektromagnet gegenüberstehen, und ihn nach etwa einer weiteren Vierteldrehung wieder schließen müsste, so dass sich dann wieder die ungleichnamigen Pole anziehen usw. Diesen Vorschlag können sie sogar sehr einfach überprüfen, indem sie einen Schalter in den Stromkreis einbauen und damit den Stromfluss zum geeigneten Zeitpunkt unterbrechen bzw. schließen. Die weitere technische Verbesserung ist nun eine Frage der zur Verfügung stehenden Zeit. Man kann den Schülern die Aufgabe der technischen Weiterentwicklung in Gruppenarbeit überlassen, man kann sich mit ihnen aber auch im Handel erhältliche Gleichstrommotoren anschauen und deren Aufbau analysieren. Auf jeden Fall muss die Notwendigkeit und Funktion des *Kommutators* erkannt werden, der die *automatische* Unterbrechung des Stromkreises und die Vertauschung der Magnetpole in regelmäßigen Zeitabständen ermöglicht.

Zum Abschluss der Doppelstunde soll die Funktionsweise des Gleichstrommotors im Überblick mit Hilfe eines Arbeitsblattes dargestellt werden (Abbildung 3). Die Schüler verdichten mit knappen Formulierungen die komplexen Vorgänge auf den wesentlichen Wirkungszusammenhang. Insofern

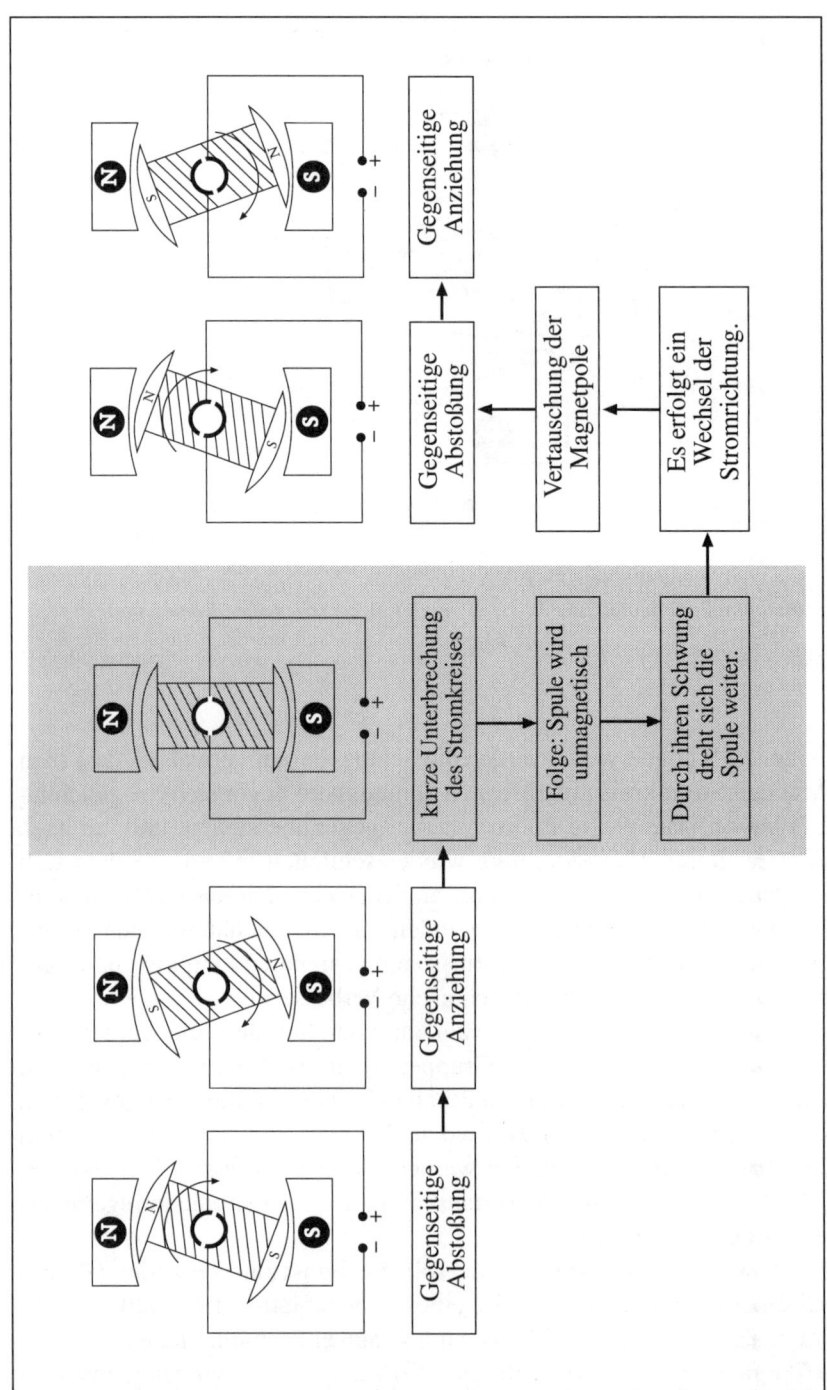

Abbildung 3: Die wesentlichen physikalischen Vorgänge im Gleichstrommotor

kondensiert das ausgefüllte Arbeitsblatt zugleich das Basiswissen, das die Schüler befähigt, alle möglichen Bauformen von Gleichstrommotoren auf ihre grundsätzliche Funktionsweise zurückführen zu können.

3. Beispiel: Geschichtsunterricht (10. Schuljahr)

Woran scheiterte Weimar?

Die Beschäftigung mit der Weimarer Republik trifft bei Schülerinnen und Schülern im Vergleich zu vielen anderen Themen des Geschichtsunterrichts erfahrungsgemäß auf größeres Interesse, weil sie unschwer Parallelen zwischen den damaligen und heutigen geschichtlichen und politischen Bedingungen erkennen können. Die »Lehren aus Weimar« bestimmen nämlich zweifelsohne direkt und indirekt unser heutiges Demokratie- und Staatsverständnis. Aber über die Ähnlichkeiten hinaus sind es doch gravierende Unterschiede, die sich bei näherem Hinsehen zeigen und die in einer umfangreicheren Unterrichtsreihe herausgearbeitet werden müssten. Gerade diese Unterschiede sind es, die das Scheitern der Weimarer Republik erkennen lassen. Umgekehrt bedeutet das: Die Gründe für den Niedergang Weimars sind Faktoren, die in entsprechend starker Ausprägung und im systemischen Zusammenwirken mit anderen Faktoren auch heutige Demokratien gefährden *könnten.* Insofern soll die Behandlung der Zeit zwischen 1918 und 1933 nicht bloß eine Summe von historischen Einzelereignissen spiegeln, sondern unter der Leitfrage »Woran scheiterte Weimar?« strukturelle Eigenschaften des Gelingens und Misslingens gegenwärtiger und künftiger demokratischer Politik in den Blick bringen.

Die Faktoren, die den Niedergang Weimars beeinflussten, sind vielfältig und werden in der Geschichtswissenschaft uneinheitlich gewichtet (s. hierzu ausführlich Kolb, 1988, S. 143-216). Zu unterschiedlich sind die Motive der damals verantwortlich Agierenden, zu groß die gesellschaftlichen und politischen Gegensätze und zu vielfältig die Ereignisse jener Zeit, als dass man die jeweiligen Folgen, die sich über Jahre hinzogen und ihrerseits wiederum den Gang des Geschehens mit bestimmten, im Grad der Wirkung einhellig bestimmen könnte. Gerade die Jahre zwischen 1920 und 1923 waren besonders hektisch; die Ereignisse in der »Außen-, Innen- und Wirtschaftspolitik überstürzten sich, verknüpften sich in ihren Auswirkungen oder blockierten wechselseitig die Handlungsmöglichkeiten«. (Peukert 1987, S. 61) Insofern ist es wichtig, dass die Schülerinnen und Schüler auch ein Bewusstsein von der Komplexität der Situation und ihrer Entwicklung gewinnen, um so die Schwierigkeit und Unabschließbarkeit der Beurteilung zu erkennen. Im Unterricht sollte deshalb die Frage der Gewichtung eine eher sekundäre Stellung einnehmen. Wichtiger ist die klare Bestimmung der einzelnen Faktoren, ihre Wechselwirkungen mit anderen und die Reflexion darauf, welchen Stellenwert sie möglicherweise für unsere heutige Situation bei Wiederauftreten haben könnten. Die Frage »Woran scheiterte Weimar?« wird somit zugleich zur Frage nach dem Gelingen moderner Demokratie.

Diese leitende Frage ermöglicht die für die Durchführung dieser Unterrichtsreihe notwendige didaktische Reduktion. Unverzichtbar erscheint die Thematisierung von besonders wirkmächtigen Faktoren:

- Außenpolitische Belastungen
- Schwächen der Verfassung
- Antidemokratisches Denken und Handeln
- Wirtschaftliche Belastungen
- Politische Radikalisierung
- Persönliches Versagen

Diese Faktoren durchziehen die gesamte Weimarer Zeit; um ihre Bedeutung zu verstehen, müssen die Schülerinnen und Schüler auch eine Vorstellung von der Chronologie der Ereignisse gewinnen. Die folgende Sachanalyse *beschränkt sich auf die Jahre von 1918 bis 1923.*

Ausgangssituation
Von der »Logik« der Entwicklung ist zunächst die *Ausgangssituation* darzulegen. Im Frühjahr 1918 scheiterte die deutsche Offensive im Westen, die Gegenoffensive der Alliierten setzte erfolgreich im Sommer ein, im September brach die bulgarische Front ein, so dass der Verlust des Zugangs zum rumänischen Erdöl den Kriegserfolg gänzlich in Frage stellte. Auf Ludendorffs Drängen, die Regierung zu erweitern, ernannte Wilhelm II. den liberal eingestellten Prinz Max von Baden zum Reichskanzler. Die von ihm geführte Reichsregierung verhandelte mit dem amerikanischen Präsidenten Wilson, der die militärische Kapitulation und die Abschaffung der Monarchie forderte. Aber noch vor Eintritt in den Waffenstillstand beschlossen die Admiräle der deutschen Hochseeflotte, die Engländer anzugreifen, um so das Heer an der Westfront zu entlasten. Doch die Matrosen sahen die Aussichtslosigkeit dieses Unterfangens und traten in den Streik. Der Aufruhr verbreitete sich schnell in

allen großen Städten West-, Mittel- und Süddeutschlands. Besonders nachhaltig wirkten die Ereignisse in Berlin: Während Prinz Max von Baden am 9. November 1918 die Abdankung des Kaisers verkündete, waren Arbeitermassen im Anmarsch auf das Regierungsviertel. Die in Berlin anwesenden Soldaten und Offiziere stellten sich ihnen nicht entgegen. In dieser Situation dankte der Prinz ab und legte die Verantwortung in die Hände des »Rates der Volksbeauftragten«, dem u.a. Friedrich Ebert und Philipp Scheidemann angehörten. Scheidemann begab sich zum Reichtstagsgebäude, sprach zu den aufgebrachten Arbeitern und Soldaten und rief die deutsche Republik aus. Zwei Stunden später rief Karl Liebknecht im Lustgarten vor dem Berliner Schloss ein zweites Mal die Republik aus, dieses Mal als »Sozialistische Republik« mit der Parole »Alle Macht den Arbeiter- und Soldatenräten!«.

Liebknecht hatte dem äußersten linken Flügel der Unabhängigen Sozialdemokratischen Partei (USPD) angehört. Nach Austritt der USPD aus dem Rat der Volksbeauftragten entwickelte sich aus ihr der Spartakusbund; er setzte sich aus einer kleinen Zahl von radikalen Marxisten zusammen, die die Räterepublik nach sowjetischem Muster forderte und ggf. durch bewaffnete Revolution durchsetzen wollte. Im Dezember 1918 organisierte sich der Spartakusbund als Kommunistische Partei Deutschlands (KPD); es war der Beginn der Spaltung der Arbeiterbewegung. Im Januar 1919 entwickelten sich neue Unruhen; der sogenannte »Spartakusaufstand« wurde jedoch mit Hilfe von Freiwilligenverbänden, die sich aus Schülern, Studenten und ehemaligen Soldaten zusammensetzten und aus denen später die Freikorps hervorgingen, niedergeschlagen. Bald nach diesen Unruhen wurden Karl Liebknecht und Rosa Luxemburg, die bekanntesten Führungskräfte des Spartakusbundes, ermordet. Die dadurch ausgelöste Empörung der linksradikalen Kräfte trug erheblich zur Steigerung der politischen Gegensätze bei. Im Gefolge der Berliner Ereignisse wurden u.a. in Bremen, Braunschweig und München Räterepubliken ausgerufen; mit Billigung und Unterstützung der Reichsregierung griffen abermals Freiwilligenverbände ein, um die legalen Regierungen wieder herzustellen.

Schon diese Ausgangssituation macht einige markante Aspekte deutlich, die das weitere Schicksal der Weimarer Republik bis zu ihrem Ende begleiten sollten. Das Drängen des Westens, insbesondere der USA, auf Auflösung der Monarchie und Einführung der Demokratie ist von den Nationalsozialisten später immer wieder dazu benutzt worden, die demokratische Republik als ein Werk des Westens zu verteufeln und dadurch antirepublikanische Kräfte zu mobilisieren. Der zweimalige Ausruf der Republik einerseits und das erste Auftreten der Freiwilligenverbände andererseits zeigen bereits in dieser Situation unversöhnliche politische Gegensätze auf. In den Folgejahren schafft es die linksradikale Szene immer wieder, die Arbeiterschaft aufzuwiegeln, und Freiwilligenverbände sowie Reichswehr – letztere hatte mit Ebert eine geheime Absprache zur Bekämpfung des »Radikalismus und Bolschewismus« getroffen – werden künftig gegen die Linken unerbittert mit allen Mitteln kämpfen und so indirekt die rechtsradikalen Tendenzen stärken. Über diese Wurzeln *antidemokratischen Denkens und Handelns* hinaus stellt das Kriegsende Deutschland vor große *wirtschaftliche Probleme*. Der Rat der Volksbeauftragten hatte die große Aufgabe der Demobilisierung zu bewältigen; er musste die aus der Armee entlassenen Soldaten wieder in das Berufsleben eingliedern, für eine angemessene Entschädigung der Kriegsopfer sorgen und die gesamte Wirtschaft auf Friedensproduktion umstellen. Die ehemalige Reichsregierung hatte schon zu Kriegszeiten darauf verzichtet, die Kriegskosten durch Sondersteuern oder höhere Steuern von den Vermögenderen zu finanzieren. Kriegsanleihen, die man nach dem erhofften Sieg zurückzahlen wollte, und die Erhöhung des Geldvolumens bewirkten eine gewisse Entkopplung vom Goldpreis. Konsumgüter waren knapp und trieben die Preise in die Höhe, schon in den Kriegsjahren hatte sich der Wert der Mark halbiert. Mit dieser schleichenden Inflation konnten deutsche Politiker auch nach Beendigung des Krieges offensichtlich nicht umgehen (s. Peukert, S. 71f.).

Am 19. Januar 1919 wurden die Wahlen zur verfassungsgebenden Nationalversammlung durchgeführt. Die SPD errang als stärkste Partei 163 von 421 Sitzen; zusammen mit dem Zentrum (Z; 91 Sitze) und der Deutschen Demokratischen Partei (DDP; 75 Sitze) bildete sie die »Weimarer Koalition«. Diese Mehrheit (329 Sitze) ging allerdings schon im Sommer 1920 verloren. Maßgeblich dafür sind die Belastungen durch den Versailler Vertrag und die Folgen des Kapp-Putsches gewesen (s. unten).

Weimarer Verfassung
Da die Sicherheitsverhältnisse Anfang 1919 in Berlin immer noch ungewiss waren, trat die Nationalversammlung am 6. Februar in Weimar zusammen. Ebert gab sein bisheriges, im Rahmen des Volksbeauftragtenrates ausgeübtes Mandat an die Nationalversammlung zurück, die ihn am 10. Februar für eine Übergangszeit zum vorläufigen Reichspräsidenten wählte. Er hatte schon 1918 den Staatsrechtler Hugo Preuß mit der Ausarbeitung einer Verfassung betraut. Nach kontroversen Diskussionen um diesen Entwurf und entsprechenden Änderungen wurde die Weimarer Verfassung schließlich am 31.7. 1919 von der Nationalversammlung angenommen und am 11.8. von Ebert unterzeichnet. Sie gliederte sich in zwei Teile.

Der erste Teil beschrieb »Aufbau und Aufgaben des Reiches«. Die Reichsregierung wird vom Reichskanzler und den Reichsministern gebildet. Der

Reichstag hat die Legislative inne. Die Abgeordneten sind in unmittelbarer, geheimer Wahl von den über zwanzigjährigen Männern und Frauen nach den Grundsätzen der Verhältniswahl auf vier Jahre zu wählen. Der Reichssrat wird von den Vertretern der 18 Länder gestellt; er hat lediglich beratende Funktion und ein eingeschränktes Einspruchsrecht. Stark ist dagegen die Stellung des Reichspräsidenten. Er wird direkt vom Volk auf sieben Jahre Amtszeit (mit Möglichkeit unbeschränkter Wiederwahl) gewählt. Zu seinen Befugnissen zählen: Ernennung und Entlassung des Reichskanzlers, der Reichsminister und Offiziere; Exekutive zusammen mit der Reichsregierung; Oberbefehl über die Reichswehr; Auflösung des Reichstages. Aufgrund des Artikels 48 (Verhängung des Ausnahmezustandes) hat er *diktatorische* Vollmachten: In besonderen Lagen (Gefährdung der öffentlichen Sicherheit und Ordnung) kann er, wenn notwendig mit Waffengewalt, die entsprechenden Maßnahmen einleiten, Grundrechte außer Kraft setzen und Notverordnungen erlassen.

Der zweite Teil der Weimarer Verfassung beschreibt ausführlich die »Grundrechte und Grundpflichten«: Gleichheit vor dem Gesetz, Gleichberechtigung von Mann und Frau, Freiheit der Person, Recht der freien Meinungsäußerung, Glaubens- und Gewissensfreiheit, Recht der freien Religionsausübung, Vereins- und Versammlungsfreiheit, Unverletzlichkeit der Wohnung und des Briefgeheimnisses.

Die Weimarer Verfassung war zweifelsohne ein fortschrittliches Werk. Ob sie der Stabilisierung der damaligen Verhältnisse genügend Rechnung tragen konnte, wurde immer wieder bezweifelt. Auf jeden Fall ist sie nie so recht populär geworden: »Der größere Teil des deutschen Bürgertums verhielt sich ablehnend oder gleichgültig, die ehemals herrschenden Kreise aus dem kaiserlichen Deutschland zeigten mit wenigen Ausnahmen eine erbitterte Feindschaft, ehrlich und aufrichtig hinter dem neuen republikanischen Staat standen nur die in der SPD und in den Gewerkschaften organisierten deutschen Arbeiter und die bürgerlichen Linkskreise aus der ehemaligen Fortschrittlichen Volkspartei und aus dem Zentrum.« (Zimmermann, ebd., S. 10) Problematisch war von Anfang an auch das neu eingeführte Verhältniswahlrecht. Denn diese Regelung begünstigte Splitterparteien und erforderte je nach Wahlausgang eine mehr oder weniger große Kompromissfähigkeit. Koalitionsbildungen waren – insbesondere gegen Ende der Weimarer Republik – dadurch immer sehr erschwert oder unmöglich. »Die fast permanenten Schwierigkeiten im parlamentarischen Zusammenhalt jener Parteienbündnisse, welche die Regierung stellten bzw. sie unterstützten, führten immer wieder zu koalitionspolitischen Lähmungserscheinungen. Darüber hinaus stellten sie eine bedeutsame Ursache für die notorische Instabilität der Regierungen dar. Insgesamt gab es in den 14 Jahren der Weimarer Republik 19 Kabinette; das entspricht einer durchschnittlichen Amtsdauer von knapp neun Monaten.« (Raithel 2005, S. 248). In den letzten Jahren der Weimarer Republik schien deshalb ein »Regieren« ohne den Erlass von Notverordnungen nicht mehr möglich. Die Zahl der durch Notverordnungen vom Reichspräsidenten erlassenen Gesetze stieg »von 5 im Jahr 1930 über 44 im Jahr 1931 auf 66 im Jahr 1932« (Kolb, ebd., S. 128).

Versailler Vertrag
Für die Zukunft der Weimarer Republik hing vieles von einer angemessenen Gestaltung des Friedensvertrages ab. Die darin gestellten Friedensbedingungen übertrafen jedoch alle Befürchtungen: Entwaffnung Deutschlands, Gebietsabtretungen (u.a. Elsaß-Lothringen an Frankreich; Eupen, Malmedy und Moresnet an Belgien; Ausgliederung von fast ganz Posen und Westpreußen aus dem Reich zur Wiederherstellung eines eigenständigen polnischen Staates mit Zugang zur See); Verwaltung des Saargebietes durch eine Völkerbundkommission auf fünfzehn Jahre; Aufgabe aller deutschen Kolonien in Übersee; umfangreiche Sachlieferungen. Die Höhe der Reparationskosten wurde zunächst nicht endgültig festgelegt. Die dadurch erzeugte Unsicherheit wurde zu einer Dauerbelastung der Republik. Auf vielen Konferenzen in den folgenden Jahren wurden die Zahlungsverpflichtungen den wirtschaftlichen Möglichkeiten allmählich angepasst. In besonderem Maße sahen sich die meisten Deutschen in ihrer Ehre gekränkt durch den Artikel 231 des Friedensvertrages, der Deutschland und seine Verbündeten die alleinige Schuld am Ausbruch des Krieges zuwies. Als der Inhalt des Friedensvertrages bekannt wurde, erhob sich eine Welle von Empörung und Protesten, die Regierung Scheidemann trat zurück, Reichspräsident Ebert spielte mit dem Gedanken, sein Amt niederzulegen. Aber die Verantwortlichen des Militärs kamen zu dem Ergebnis, dass es keine Alternative zur Annahme des Vertrages gebe. Am 28. Juni 1919 wurde im Spiegelsaal des Versailler Schlosses der Vertrag unterzeichnet.

In den wissenschaftlichen Untersuchungen werden die aus dem Vertrag resultierenden territorialen, wirtschaftlichen und finanziellen Schwierigkeiten als durchaus überwindbar eingestuft (s. zusammenfassend Maier/Müller 1980, S. 68). Die Jahre der (trügerischen) Stabilisierung zwischen 1924 und 1929 scheinen das zu bestätigen. Gravierender aber waren die Folgen des Kriegsschuldartikels 231; er »hat in Deutschland all den politischen Gruppen, die mit dem Versailler Vertrag zugleich die deutsche Republik bekämpfen und zerstören wollten, hervorragende Dienste geleistet«. (Zimmermann, ebd., S. 10) Nationalistische, antisemitische und rechtsgerichtete Parteien sprachen beispielsweise von der Unterzeichnung des »Schanddiktats« und im Hinblick auf die Gründer und Vertreter der Republik von »Volksverrätern«, »Erfüllungspolitikern« und »Novemberverbrechern«.

Dolchstoßlegende und Kapp-Putsch
Deutschnationalen, völkischen und rechtsextremen Gruppen diente auch die sogenannte Dolchstoßlegende als Mittel der Diffamierung. Dieser Legende nach hatte Deutschland den Krieg nicht an der Front, sondern in der Heimat verloren. Das Herr sei also »von hinten erdolcht« worden. Damit wurde die Schuld vor allem auf die politischen Linkskreise (insbesondere auf die Sozialdemokratie) abgewälzt. Aus Verbitterung über die Niederlage waren allerdings viele Deutsche bereit, an diese Legende zu glauben. Sie diente der konservativ-nationalistischen Rechten auf zweifache Weise: »Einerseits verschleierte sie das Versagen der politischen und militärischen Führungsinstanzen des kaiserlichen Deutschland und entlastete so das alte Regime, andererseits bürdete sie den revolutionären Kräften und – indirekt oder direkt – auch den Trägern der Weimarer Republik die Schuld an der Niederlage und damit an der als unerträglich empfundenen Gegenwartsmisere auf. Innerhalb weniger Monate wurde die Dolchstoß-Legende zu einer tragenden Säule der konservativ-nationalistischen Rechtfertigungs- und Kampfideologie.« (Kolb 1988, S. 37) Hitler hatte die Legende in den Wahlkämpfen bis 1933 immer wieder zur Stimmungsmache genutzt.

Der Versailler Vertrag traf die Angehörigen der Armee insofern, als das deutsche Herr auf 100.000 Mann bis zum 31. März 1920 verringert werden sollte. Mehrere hunderttausende Soldaten und über 20.000 Offiziere sollten entlassen, konnten aber nicht im normalen Berufsleben untergebracht werden. Dieser vorprogrammierte persönliche, berufliche und soziale Abstieg sorgte für große Unzufriedenheit. Die Betroffenen hatten sich zum Teil in sogenannten Freikorps zusammengeschlossen. Für ihre besonders aggressive Stimmung war die Marine-Brigade Ehrhardt bekannt. Unter der Leitung des Generallandschaftsdirektors Wolfgang Kapp zog sie am 13. März 1920 in Berlin ein. Kapp erklärte sich zum neuen Reichskanzler und die Regierung für aufgehoben. In dieser Situation verhielt sich die Reichswehr neutral, stellte sich also nicht auf die Seite der (»abgesetzten«) demokratisch legitimierten Regierung. Verantwortlich für diese Zurückhaltung war General von Seeckt (Seeckt: »Reichswehr schießt nicht auf Reichswehr.«). Diese fehlende Loyalität zeitigte heftige Wirkungen in der Arbeiterschaft. In Sachsen und Thüringen griffen bewaffnete Selbstschutzeinheiten der Arbeiterschaft Freikorps und Reichswehrsoldaten an, im Ruhrgebiet »formierte sich eine ›Rote Armee‹ aus sozialistischen Arbeitern … Die ›Rote Armee‹ beherrschte mehrere Wochen lang große Teile des Ruhrgebiets und lieferte den von der Regierung eingesetzten Freikorpstruppen erbitterte Kämpfe, die auf beiden Seiten mit einem Höchstmaß an Grausamkeit ausgetragen wurden.« (Kolb, ebd., S. 39f.) Als die Gewerkschaften in Berlin den Generalstreik ausriefen, die Arbeiter Betriebe und Verkehr stilllegten und die Beamten den Anweisungen der Putschisten nicht folgten, brach der Putsch schnell zusammen. Nach vier Tagen »Amtszeit« flüchtete Kapp nach Schweden.

Die politischen Wirkungen des Kapp-Putsches zeigten sich in der am 6. Juni 1920 stattfindenden Reichstagswahl. Die SPD errang nur noch 102, die DDP 39 und das Zentrum 64 von insgesamt 459 Stimmen; damit hatte die Weimarer Koalition ihre Mehrheit für immer verloren. Gewinner waren die radikalen Parteien auf dem rechten und linken Flügel.

Parallel zu diesen offiziellen Entwicklungssträngen war eine barbarische »Kultur« entstanden, die für zahlreiche Attentate und politische Morde stand. Zu den prominentesten Mordopfern gehörten der bayerische Ministerpräsident Kurt Eisner (1919), der Reichsfinanzminister Matthias Erzberger (1921) und der Außenminister Walther Rathenau (1922). Auf Philipp Scheidemann, den Parteiführer der SPD, wurde 1925 ein Attentat ausgeübt, das er allerdings überlebte.

Das Krisenjahr 1923
Die bereits im Krieg einsetzende und in der Nachkriegszeit weiter anwachsende Inflation entwickelte sich zusammen mit der Reparationsfrage zu einem kaum lösbaren *wirtschaftlichen* Problem. Das Reich konnte die geforderten finanziellen Beträge (Reparationsschuld von 132 Milliarden Goldmark) nicht zahlen. Anstelle von Barzahlungen waren seit August zwar auch Sachlieferungen (vor allem Kohle) möglich, aber Deutschland konnte selbst diesen Sachlieferungen nicht nachkommen. Im Januar stellte die Reparationskommission die Zahlungsunfähigkeit als Verfehlung gegen den Versailler Vertrag fest. Französische und belgische Truppen besetzten das Ruhrgebiet, um die Sachlieferungen von dort sicher zu stellen. In Reaktion darauf forderte die Reichsregierung die Bevölkerung des Ruhrgebietes zum passiven Widerstand auf, Gruben und Großbetriebe stellten ihre Produktion ein. Auf Dauer war dieser Streik jedoch nicht durchzuhalten. Die Reichsregierung musste die Bevölkerung im Ruhrgebiet durch Geldzahlungen und Sachleistungen in Milliardenhöhe unterstützen, zugleich fehlten aber auch die Einnahmen dieser Region. Im April 1923 war der Finanzbedarf des Reiches nur noch zu 1/7 aus regulären Einnahmen gedeckt (s. Kolb, ebd, S. 50). Jegliche Verhandlung um Beilegung des Ruhrkampfes blieb erfolglos und die Kapitulation dem Reich nicht erspart. Gustav Stresemann bildete am 13. August eine Regierung der »Großen Koalition« (SPD, DDP, Z, DVP) und beschloss, den Widerstand auf-

zugeben. »Diese Entscheidung Stresemanns bedeutete gewissermaßen für alle Kräfte der Zerrüttung und Zerstörung das Signal zum Losschlagen gegen die ›Judenrepublik‹.« (Zimmermann, ebd., S. 18) In dieser Situation griff eine vom Reichsfinanzminister Hans Luther konzipierte Währungsreform und eine harte Finanzpolitik (höhere Steuern, Gehaltskürzungen, Beamtenabbau), so dass sich die Lage ab Herbst 1923 entspannte. Bereits 1924 brachten eingehende amerikanische Kredite weitere Entspannung, so dass im Reich allmählich eine Phase wirtschaftlicher Konsolidierung begann. Zudem waren die großen Herausforderungen von links und rechts vorerst überstanden; ein kommunistischer Umsturzversuch erschien nun nicht mehr wahrscheinlich, und der Hitlerputsch vom 8./9. November in München war aufgrund mangelnder Unterstützung seiner »Mitstreiter« (Kahr, Lossow und Seisser) zusammengebrochen.

Da der Autor weder Geschichtswissenschaftler noch Geschichtsdidaktiker ist, erscheint es weise, die Ausführungen hier abzubrechen. Möglicherweise haben sie schon den ein oder anderen Leser gelangweilt, weil er das Fach Geschichte gar nicht unterrichtet, oder empört, weil ihm die Details der damaligen Zeit und weitere hervorzuhebende Faktoren und Bedingungen hier nicht zur Genüge berücksichtigt worden sind. Aber jenseits solcher »Nachlässigkeiten« bleibt zu hoffen, dass die zwangsläufig unvollständige und selektive Darstellung der »Sache« von ihrer Intention her deutlich wurde: Die *Klärung* des hier ausgewählten geschichtlichen *Inhaltes* sollte zum einen den historischen Gegebenheiten und zum anderen der Perspektive der Schülerinnen und Schüler gerecht werden. Diese zweifache Intention wurde durch eine Kombination der Chronologie der Ereignisse und der Hervorhebung herausragender Faktoren für die Erklärung des Niedergangs der Weimarer Republik einzulösen versucht. Andere Gewichtungen sind selbstverständlich möglich, wenn gleich sie auch die Geschichte jener Zeit nicht neu schreiben können.

Als Alternative der Gewichtung sei hier abschließend auf ein Beispiel verwiesen, dass sowohl sachlich als auch methodisch eine für Schüler interessante Behandlung der Weimarer Republik darstellt und nicht wenige Überschneidungen mit dem hier gewählten Ansatz zeigt. Zudem wird in dieser Konzeption auch die Entwicklung der Weimarer Republik nach 1923, also nach dem hier ausgewählten Zeitraum eingeschlossen.

Dieses Beispiel geht auf eine Anregung einer vom Bayerischen Rundfunk produzierten Schulfunksendung zurück. In fünf aufeinander aufbauenden Sendungseinheiten werden verschiedenste Aspekte thematisiert, die allesamt einen Beitrag zum Niedergang der Weimarer Republik leisteten. Die fünf Hörbeiträge lassen sich für den Einsatz im Unterricht als Audiodateien herunterladen (http://www.br-online.de/wissen-bildung/collegeradio/medien/ge-schichte/weimar_scheiterte/audio/ letzter Zugriff: 17.12. 2007). Zusätzlich werden didaktische und methodische Hilfen angeboten. Erläuterungen zum »Hintergrund« beschreiben die geschichtlichen Ereignisse zu den fünf Sequenzen. Diese »Sachanalyse« fällt allerdings mit ca. 2 Seiten viel zu knapp aus. Es erscheint deshalb für den Leser wichtig, die hier nur für die erste Phase der Weimarer Republik vom Autor vorgelegte Sachanalyse mit der zur Sendung bereitgestellten zu vergleichen. Der Vergleich wird vor allem zeigen, wie wichtig eine ausführlichere Klärung des Inhaltes für den Lehrer ist. Er selbst muss zunächst die verwickelten Zusammenhänge verstanden haben, um dann von diesem weiten Horizont aus die notwendigen didaktischen Reduktionen vornehmen zu können.

Hilfreicher sind dagegen andere Materialien: Ein Glossar (wichtige Personen und Begriffe), die Beschreibung von Voraussetzungen und Lernzielen, die Herstellung des Bezuges zum Lehrplan und zwei Arbeitsblätter stellen den didaktischen Rahmen dar. »Fragen und Antworten« werden als Aufgaben und Lösungshinweise bereit gestellt. Besonders gelungen erscheinen die fünf Hörbeiträge. Sie vermitteln nicht nur Fakten, Zusammenhänge und Zeitverläufe, sondern können gerade durch das Medium des Erzählens auch die Motive der Beteiligten und die emotionalen Stimmungen eindrucksvoll wiedergeben.

Den Schülerinnen und Schülern wird im Unterricht das »leere« Arbeitsblatt zur Verfügung gestellt. Parallel zur Präsentation jeder Hörsequenz werden die strukturellen Aspekte (Faktoren und Bedingungen des Scheiterns) erarbeitet und als Ergebnis im Arbeitsblatt festgehalten. Das komplettierte Arbeitsblatt steht schließlich für eine Antwort auf die Ausgangsfrage (Woran scheiterte Weimar?) als auch für das Mindestwissen der Schüler im Sinne der sechsten Teilfrage der vierten Grundfrage der »Didaktischen Analyse« Klafkis.

Woran scheiterte Weimar?

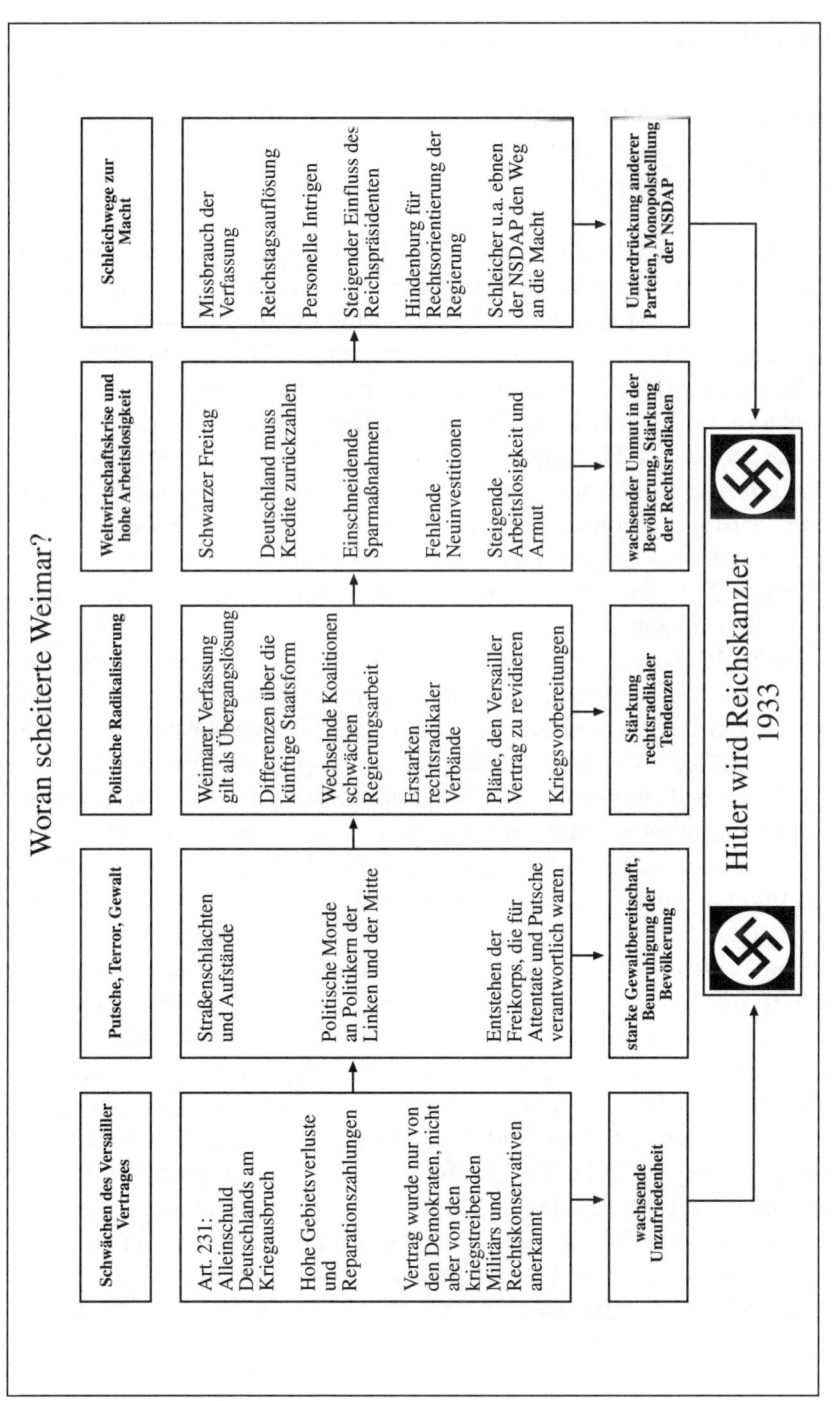

Schwächen des Versailler Vertrages	Putsche, Terror, Gewalt	Politische Radikalisierung	Weltwirtschaftskrise und hohe Arbeitslosigkeit	Schleichwege zur Macht
Art. 231: Alleinschuld Deutschlands am Kriegsausbruch	Straßenschlachten und Aufstände	Weimarer Verfassung gilt als Übergangslösung	Schwarzer Freitag	Missbrauch der Verfassung
Hohe Gebietsverluste und Reparationszahlungen	Politische Morde an Politikern der Linken und der Mitte	Differenzen über die künftige Staatsform	Deutschland muss Kredite zurückzahlen	Reichstagsauflösung
Vertrag wurde nur von den Demokraten, nicht aber von den kriegstreibenden Militärs und Rechtskonservativen anerkannt	Entstehen der Freikorps, die für Attentate und Putsche verantwortlich waren	Wechselnde Koalitionen schwächen Regierungsarbeit	Einschneidende Sparmaßnahmen	Personelle Intrigen
		Erstarken rechtsradikaler Verbände	Fehlende Neuinvestitionen	Steigender Einfluss des Reichspräsidenten
		Pläne, den Versailler Vertrag zu revidieren	Steigende Arbeitslosigkeit und Armut	Hindenburg für Rechtsorientierung der Regierung
		Kriegsvorbereitungen		Schleicher u.a. ebnen der NSDAP den Weg an die Macht

| wachsende Unzufriedenheit | starke Gewaltbereitschaft, Beunruhigung der Bevölkerung | Stärkung rechtsradikaler Tendenzen | wachsender Unmut in der Bevölkerung, Stärkung der Rechtsradikalen | Unterdrückung anderer Parteien, Monopolstellung der NSDAP |

Hitler wird Reichskanzler 1933

Abbildung 4: Faktoren des Scheiterns; Quelle: www.bayern2.de/radiowissen; © Bayerischer Rundfunk

Systematisierung

In diesem Kapitel stand die Struktur der Inhalte im Vordergrund. Die Wahl der Beispiele und die Kommentierung ihrer inhaltlichen Struktur sollten vor allem drei Intentionen verdeutlichen:

1. Jedes Beispiel steht für einen anderen Inhaltstypus. Im *ersten* Beispiel (Fabel) geht es um einen Sachverhalt, dessen Einzelmomente durch den geschilderten Handlungsablauf und die nachgestellte »Moral« einen Sinnzusammenhang bilden. Über den vordergründigen Handlungsablauf müssen die Schülerinnen und Schüler den Inhalt erschließen, indem sie die Charaktere und die jeweiligen Motive von Spieler und Gegenspieler erfassen. Die Struktur des Inhaltes ist hier also im wesentlichen durch die *Inbeziehungsetzung von Handlung und Handlungsmotiven* gekennzeichnet. Das ist eine geistige Leistung, die im Deutschunterricht gerade bei der Auseinandersetzung mit Literatur immer wieder eingefordert wird und bei längeren Texten (Novellen, Dramen, Romanen) einen sehr hohen Komplexitätsgrad erreichen kann.

   Im *zweiten* Beispiel (Gleichstrommotor) müssen die Schülerinnen und Schüler einen einfachen *kausalen* Sinnzusammenhang erkennen, der sich sprachlich in Wenn-Dann-Formulierungen fassen lässt (»Wenn die Stromrichtung im Rotor wechselt, werden dessen Magnetpole vertauscht.«). Die Einfachheit und Prägnanz *kausaler Erklärungsmuster* ist typisch für die Struktur naturwissenschaftlich-technischer Inhalte. Insbesondere im Physik-, Chemie- und Technikunterricht, aber auch in den Fächern Biologie und Erdkunde müssen sich Schüler solche kausalen Sachzusammenhänge aneignen.

   Mit dem *dritten* Beispiel (Weimarer Republik) wird ein sehr komplexer Realitätszusammenhang analysiert, dessen Einzelmomente in einem *systemischen* Sinnzusammenhang zueinander stehen. Sie sind in ihrer wechselseitigen Beziehung zueinander zu sehen, können aber keineswegs in Relationen aufgelöst werden, die »exakt« bestimmen könnten, welcher Sachverhalt sich auf einen anderen (und nicht nur auf diesen allein) in welcher Weise auswirkt. Das Verständnis solcher *systemischer* Zusammenhänge prägt in typischer Weise die Inhalte des Geschichtsunterrichts und verlangt vom Schüler eine hohe Abstraktionsleistung und die komplexe Vernetzung vieler Aspekte. Auf diese Weise erkennen die Schülerinnen und Schüler, dass menschliche Geschichte nicht in (mono-)kausalen Deutungen aufgeht.

Die herangezogenen Beispiele dürfen nicht den Eindruck erwecken, dass durch sie die gesamte Breite der Inhalte dieser Fächer abgebildet würde. Im Deutschunterricht geht es z. B. nicht nur um die Verknüpfung von Handlungsstrukturen und zugehörigen Motiven, sondern u.a. auch um das Verständnis von Sachtexten, um die Ästhetik von Naturlyrik, um »Reflexion von Sprache«, Sprachentwicklung und -geschichte, Grammatik, Orthographie und vieles mehr. Die Struktur der Thematik (vierte Grundfrage der Didaktischen Analyse) zu klären heißt also immer, *spezifische* Inhalte auf ihren strukturellen Gehalt hin zu analysieren. Das gilt auch für den Physik- und Geschichtsunterricht wie für alle anderen Unterrichtsfächer. Denn die kausalen Erklärungsmuster beziehen sich im Fach Physik auf ganz unterschiedliche Inhalte (Kraftwirkungen, Wärmeerscheinungen, Bewegungsabläufe, …), und im Geschichtsunterricht richtet sich die Erkenntnis komplexer Systemzusammenhänge immer wieder auf andere *spezifische* Inhalte (Attische Demokratie, Französische Revolution, Industrialisierung usw.).

2. Über die Klärung der Struktur der Thematik darf man aber nicht die *Gegenwarts-* und *Zukunftsbedeutung* der Inhalte aus dem Auge verlieren. Es geht bei der Klärung der Inhalte also niemals nur um eine reine Sachanalyse im fachwissenschaftlichen Sinne, sondern um eine Analyse im Hinblick auf das Wissen, das sich die Schüler aneignen sollen, weil es für sie gegenwarts- und zukunftsbedeutsam ist. Im letzten Kapitel dieses Buches werden wir diesen Zusammenhang von Sachanalyse und sogenannter didaktischer Reduktion wieder aufgreifen. Der Leser ist dann – mit Blick auf die in den folgenden Kapiteln thematisierten Planungskompetenzen – in der Lage, die Bedeutung, aber auch die Grenzen der fachwissenschaftlichen Klärung der Sache einschätzen zu können. Wir haben unsere Überlegungen in der Orientierung an der vierten Grundfrage hier nur deshalb auf die Strukturanalyse konzentriert, um diesen spezifischen Gesichtspunkt der Unterrichtsplanung detailliert erfassen zu können. Deshalb ist es an dieser Stelle noch einmal wichtig, den Bezug zur zweiten und dritten Grundfrage (Gegenwarts- und Zukunftsbedeutung) der Didaktischen Analyse herzustellen.
Beim *ersten* Beispiel liegt der Schwerpunkt der Sachanalyse nicht auf irgendwelchen formalen Aspekten, etwa auf den Bestimmungsmerkmalen von Fabeln. Sie sind zweifelsohne nicht unwichtig, müssen aber doch den inhaltlichen Aspekten untergeordnet sein. Das eigentliche Thema des Unterrichts ist also nicht »die Fabel an sich«, sondern die in fiktionaler Form dargestellte Entstehung, Verbreitung und Wirkung von Vorurteilen im pri-

vaten und öffentlichen Leben. Vorurteile zu erkennen, sie nicht weiter zu
verstärken, sondern möglichst abzubauen wäre nach Klafki eine wichtige
Facette der »Perspektive des gebildeten Laien«.

Im *zweiten* Beispiel richtet sich diese Perspektive des gebildeten Laien auf
das physikalische Verständnis und den handelnden Umgang mit technischen Geräten, die im Alltag weite Verbreitung finden (Verwendung von
Gleichstrommotoren in Haushalt, Handwerk und Industrie).

Das *dritte* Beispiel hebt sich hinsichtlich seiner Gegenwarts- und Zukunftsbedeutung insofern von den beiden anderen ab, weil das Thema keinen unmittelbaren »Gebrauchswert« sichert. Aber die Auseinandersetzung
mit dem Niedergang der Weimarer Republik macht deutlich, dass das kost-
bare Gut »Demokratie« kein zufallendes Schicksal ist, sondern durch um-
sichtige Gestaltung der Gegenwart und Zukunft immer wieder erarbeitet
und stabilisiert werden muss. Die Gestaltung dieses politischen Prozesses
ist von jedem einzelnen verantwortlich mit zu beobachten und – wo möglich – auch mit zu gestalten. Das setzt aber ein durch Geschichtsunterricht
zu förderndes hohes Maß an historisch-politischer Aufklärung voraus.

3. Die Wahl der Beispiele sollte auch die *zeitliche* Perspektive der Unterrichtsplanung berücksichtigen. Studierende, die ihre ersten Unterrichtsver-
   suche konzipieren und im Praktikum durchführen, sind verständlicherweise auf kurzfristige Planung und Erfolge fixiert. Schließlich ist es eine
   besondere persönliche Herausforderung, die Angemessenheit seiner Überlegungen an der Realität abzugleichen und in den Interaktionen mit den
   Schülerinnen und Schülern die Orientierung nicht zu verlieren. Im Laufe
   der Zeit (im mehrwöchigen Fachpraktikum, im Referendariat, später dann
   im Beruf) nimmt die Sicherheit in der Regel schnell zu, so dass man dann
   auch offener für die mittel- und langfristigen Perspektiven der Unterrichtsplanung wird.

   Das ist ein weitgehend »natürlicher« Entwicklungsprozess, den man aber
   schon möglichst früh, also bereits im Studium, durch entsprechende Reflexionshilfen kontrollieren sollte. Wir werden uns zwar erst im Kapitel
   »Lernziele bestimmen« mit Fragen der mittel- und langfristigen Planung
   eingehender befassen; aber an dieser Stelle sei doch schon ein wichtiger
   Hinweis auf das Problem gegeben: Unterrichtsplanung geht immer über
   die Planung einzelner Stunden hinaus, und zwar nicht nur aus zeitlichen
   Gründen, sondern auch um die mittel- und langfristige Perspektive von Unterricht und damit auch seinen übergreifenden Sinn (Orientierung an der
   Perspektive des gebildeten Laien, an Vorstellungen von Allgemeinbildung
   o.ä.) nicht aus dem Auge zu verlieren.

Übungen

Das Eindringen in die spezifischen Inhalte und die Klärung ihrer Struktur im Rahmen der Planungsüberlegungen ermöglichen dem Lehrenden, sich selbst Klarheit über die »Sache« zu verschaffen. Im Durcharbeiten der Details werden mögliche Denkwege der Schülerinnen und Schüler, gerade auch solche, die dem Inhalt nicht adäquat sind, antizipierbar. Auf diese Weise sichert die Analyse der Inhaltsstruktur die zur späteren Durchführung des Unterrichts nötige Sicherheit und hohe Flexibilität bzw. Variabilität im Eingehen auf die Schüler.

Die schriftliche Formulierung der Sachanalyse erscheint auf den ersten Blick als eine lästige Angelegenheit. Lehrerinnen und Lehrer, die zwischen 25 und 29 Unterrichtsstunden pro Woche vorzubereiten und durchzuführen haben, stehen verständlicherweise unter großem Zeitdruck. Für sie ist diese schriftliche Form der Sachklärung aber gar nicht gedacht, wohl aber für Berufseinsteiger. Im Laufe seines Studiums oder im Referendariat sollte man einige Male eine ausführliche Sachanalyse durchführen; für die Konzeption der zweiten Staatsexamensarbeit ist sie ohnehin unerlässlich. Wie bei vielen anderen Sachverhalten gilt auch hier: Übung macht den Meister. Relativ schnell baut sich eine Analyseroutine auf, so dass man die Klärung des Inhaltes sehr bald nicht mehr ausformulieren muss. Gliederungen, Übersichten, Strukturskizzen, Begriffsnetze (concept-maps) oder Ablaufdiagramme sind typische Hilfsmittel, die für routinierte Lehrerinnen und Lehrer eine hinreichende Analyse sichern (können).

Welche Hilfsmittel können einem die Arbeit bei der Klärung der Inhalte und ihrer Struktur erleichtern? In erster Linie wird man an fachwissenschaftliche Literatur denken. Sie ist präzis, aber je nach Sachverhalt sehr differenziert und umfangreich. Zeitökonomischer ist dagegen die Orientierung an wissenschaftlichen Lehrbüchern. Über die fachliche Klärung hinaus sind fach*didaktische* Publikationen oft eine große Hilfe, weil darin der »Stoff« auch schon didaktisch und methodisch reflektiert wird. Schließlich wird auch das jeweils zum Einsatz kommende Schülerbuch Anregungen zu den inhaltlichen Schwerpunkten geben können. Es bietet neben Informationen auch eine Auswahl von Medien, die im Lehr-Lern-Prozess sinnvoll eingesetzt werden können. Aber eine tiefe sachliche Einarbeitung für den Lehrenden kann es sicherlich nicht gewährleisten.

Erstellen Sie zu einem der für Ihre Fächer vorgeschlagenen Themen eine ausführliche Didaktische Analyse. Sie sollte zumindest all diejenigen Aspekte berücksichtigen, die im Unterricht unbedingt zur Sprache kommen müssten. Orientieren Sie sich dabei an die von Klafki formulierten Fragen (s. S. 23).

Mathematik
Lösen von Gleichungen mit einer Unbekannten; Schätzen und Messen von Längen; Darstellung von Zahlen in Grafiken und Schaubildern; Sinus- und Kosinusfunktion; Strahlensätze; Hilfslinien des Dreiecks; Lehrsatz des Pythagoras; Rechnen mit Brüchen; arithmetische und geometrische Reihe; Zinseszinsrechnung; Addieren und Subtrahieren von Potenzen

Biologie
Aufbau einer Zelle; Naturschutzgebiete und ihre ökologische Bedeutung; Photosynthese; Blutkreislauf und Atmung; die Mendelschen Vererbungsgesetze; Stoffwechsel und Stoffwechselkrankheiten; Anpassung von Tieren an ihren Lebensraum; Immunsystem des Menschen; Ökosystem Wald; Drogen- und Suchtprävention; Infektionskrankheiten und Infektionsschutz; gesunde Ernährung

Chemie
Säure-Basebegriff; Neutralisation; einfacher und erweiterter Oxidationsbegriff (Elektronenabgabe und -aufnahme); Kunststoffe; das Periodensystem der Elemente; Seifen- und Waschmittel; Kohlenwasserstoffe; Chemie im Haushalt; Kosmetik – ph- und hautneutral; Aluminium – stoffliche Eigenschaften und Reaktionsverhalten ; Alkohole (Alkanole); Gemisch und Verbindung

Kunst
Impressionistische Malerei; Stoffapplikationen; die Erfindung der Perspektive in der Renaissance; Collagen; Kriegs- und Friedensdarstellungen verschiedener Künstler; Bildnerische Gestaltung als Ausdruck gesellschaftlicher Normen und Vorstellungen; Zweckbindung und Zweckfreiheit in Bildern; Bilder als Ausdruck individuellen Weltverstehens; Form und Motiv

Deutsch
dialektische Erörterung; Bewerbungsschreiben; Fabeln; Lyrik in der Romantik; Fachsprache und Alltagssprache; Verstehen in Abhängigkeit von Situation, Kontext und Vorwissen; Zeit und Raum im traditionellen und modernen Roman; Sprechen, Denken, Wirklichkeit; Beschwerdebriefe verfassen; Jugendsprache; Sprache als Zeichensystem; Mensch, Natur und Technik in verschiedenen Textsorten; Konjunktiv I und II; Nathan der Weise

Englisch
death of a salesman; if-clauses; clothes for special occasions; the British and their tea – a very special relationship; Agatha Christie – the queen of crime; the Beatles; me and my hometown

Erdkunde
Vulkanismus; Bodenbelastungen durch den Menschen und Perspektiven einer umweltverträglichen Bodennutzung; Strukturwandel von Bergdörfern im deutschen Alpenraum; Kartenverständnis und -arbeit als wichtige geographische Fertigkeit (Straßenkarten, physische Karten, Klimakarte); Klima- und Vegetationszonen in Europa; Jahrhunderthochwasser 2002: vom Menschen verursacht?

Physik
Dauermagnetismus; der Transistor als Verstärker; Aggregatzustände; elektrischer Widerstand; Farbe und Farbspektrum; Energieumwandlung; Kraft; Arbeit und Leistung; der Dieselmotor; Kühlschrank und Wärmepumpe; das Ohmsche Gesetz; Brechung des Lichts; der Fotoapparat; Halbwertszeit; Masseleitung beim Fahrrad; Wärmewirkung des elektrischen Stromes; Ausdehnung fester, flüssiger und gasförmiger Körper bei Wärmeeinwirkung

Geschichte
Grundzüge der Aufklärung; industrielle Revolution in England und Deutschland; Kolonialherrschaft europäischer Länder; Nationalismus und Nationalstaaten im 19. Jahrhundert; Reformation – Glaubensspaltung und Glaubenskrieg; Absolutismus in Frankreich; die Sowjetunion unter der Herrschaft Stalins; der »Kalte Krieg«; Preußen auf dem Weg zur Großmacht

Philosophie
Gesinnungs- und Verantwortungsethik; Religion als Wirklichkeitserfahrung und Sinnstiftung; Entstehung und Funktion kultureller Identität; Begründung und Rechtfertigung sittlichen Handelns; Objektivität in den Natur- und Geisteswissenschaften; Sprache, Denken und Erkennen; Naturbegriffe; anthropologische Aspekte der Technik

Sachunterricht

Spurensuche – unser Ort hat eine Vergangenheit; Sicherheit im Verkehr; typisch Mädchen – typisch Jungen; Bau von Nisthilfen; Pflanzen einer Hecke; geschützte Pflanzen und Tiere; Erscheinungsformen des Wetters; Vermehrung mit und ohne Samen; wie Tiere den Winter überleben; Wind, Sonne und Wasser als Energiequellen; Preis- und Qualitätsvergleiche; öffentlicher Nahverkehr

Musik

Historische und neue Tänze tanzen; Rondo; Rhythmik und Improvisation – Elemente des Jazz; Wirkungen von Musik; Quintenzirkel; Dur und Moll; Musik mit Außermusikalischem (Sprache, Bild, Bewegung) verbinden; 4/4 Takt; Menuett; Intervalle hören, singen, aufschreiben; Musik in der Werbung; musikalische Mittel und Wirkung von Filmmusik; Blues – historische und soziale Hintergründe seiner Entstehung

Kapitel 3

Lernziele bestimmen

Die ersten beiden Kapitel haben zum einen die begründete Auswahl von Inhalten unter der Perspektive von Gegenwarts- und Zukunftsbedeutung und zum anderen ihre Klärung unter dem Anspruch der »Sache« thematisiert. Diese beiden Planungsaufgaben bilden die Voraussetzung zur Formulierung von *Lernzielen*.

Wir wollen in diesem Kapitel

1. klären, was Lernziele sind,

2. konkretere und abstraktere Formulierungen von Lernzielen unterscheiden,

3. die Frage der Lernziele im Zusammenhang mit dem Bildungsauftrag der öffentlichen Schule betrachten und

4. die Notwendigkeit einer eindeutigen Beschreibung von Lernzielen begründen, aber auch die damit verbundenen prinzipiellen Schwierigkeiten benennen.

1. Was sind Lernziele?

Als Lernziel könnte man in einem ersten Zugriff das bezeichnen, was am Ende eines Lernprozesses erreicht sein soll. Schülerinnen und Schüler sollen beispielsweise lernen,

– dass das Prädikat in der indirekten Rede im Konjunktiv steht,

– dass durch die vom Freiherrn vom Stein nach den napoleonischen Kriegen initiierten Reformen (insbesondere durch die Aufhebung der Leibeigenschaft [1807] und durch die große preußische Bodenreform [1811]) ein Grundstein zum Wiederaufbau des völlig am Boden zerstörten Deutschlands gelegt werden sollte,

– dass ein Dauermagnet, der in einer Kupferspule hin und her bewegt wird,
  in diese eine Spannung induziert,
– dass geographische Räume als Systeme zu verstehen sind, in denen natürliche und vom Menschen geschaffene Subsysteme aufeinander einwirken,
  und dass Eingriffe in diese Subsysteme immer auch zu Folgen für das Gesamtsystem führen,
– dass Regulation, Reizbarkeit, Fortpflanzung, Vererbung und Entwicklung
  Kennzeichen des Lebendigen sind.

An solchen beispielhaften Formulierungen sieht man: Lernziele sind Ausdruck einer »Produktorientierung«, weil man auf das Ende von Lernprozessen
sieht. Diese Lernprozesse spielen sich im »Inneren«, im psychischen Erleben
des Schülers ab, sind also nicht direkt beobachtbar. Deshalb benötigen Lehrerinnen und Lehrer sichtbare Indizien, die Auskunft über das Ergebnis dieser
Lernprozesse geben. Man wird sich dabei auf hinreichend genau beschreib-
bare Verhaltensweisen des Schülers stützen: Er soll die Merkmale des Lebendigen auf Nachfrage hersagen, soll Subsysteme eines Gesamtsystems durch
Pfeilzuordnungen graphisch kennzeichnen oder die in eine Spule induzierte
Spannung mit einem Voltmeter messen können.

Solche Verhaltensweisen repräsentieren die durch den Lernprozess zustande
gekommenen *Leistungen*. Wenn man also über Lernziele des Unterrichts
spricht, muss man zwei Ebenen unterscheiden: Die *innerlich* ablaufenden
Lernprozesse einerseits und die daraus (möglicherweise) hervorgegangenen
Leistungen andererseits, die über geeignete Lernzielkontrollen (Unterrichtsgespräch, Referat, Abfragen, Test, Klassenarbeit, Vergleichsarbeiten usw.) nach
außen hin »sichtbar« gemacht werden können.

Innere Ebene	Lernprozesse	nicht (direkt) beobachtbar
Äußere Ebene	Erbrachte Leistungen	durch »Messverfahren« sichtbar zu machen

Die Leistungen des Schülers sind in dem hier interessierenden Zusammenhang (Was sind Lernziele?) zunächst nicht so wichtig für eine Überprüfung
seiner *Lern*leistungen, sondern für den Lehrer, der seinen Unterricht, seine
*Lehr*leistung überprüfen will und muss. Er darf sich nicht mit groben Ein-
schätzungen der Schülerleistung zufrieden geben, schließlich soll diese Leistung nach einer gewissen Zeit überprüft und benotet werden. Für den Schüler
hat das Konsequenzen bis hin zur Frage der sogenannten »Versetzung« aufgrund von Zeugnisnoten. Für den Lehrer aber ist die Schülerleistung ein *re-*

gulierendes Moment seiner Unterrichtsanalyse, -durchführung und -planung: Sie leitet die Analyse seines Unterrichts, indem sie ihm Aufschlüsse darüber gibt, was er erreicht hat und was nicht und ob die eingesetzten Methoden oder Medien in ihrer wechselseitigen Beziehung zu den Lernzielen und Voraussetzungen angemessen bedacht worden sind. Das Ergebnis dieser Analyse fließt dann in die weitere Unterrichtsplanung ein und wird somit den folgenden Unterricht prägen.

Wir können deshalb zunächst festhalten: Lehrerinnen und Lehrer brauchen eine Rückmeldung über die Effektivität ihrer Lehrhandlungen, die nur durch die Feststellung von Schülerleistungen erfolgen kann. Schon allein aus diesem Grunde ist eine leistungsfeindliche Einstellung in Schule und Unterricht fehl am Platz; Leistungen sind nicht in erster Linie Instrumente gesellschaftlicher Kontrolle, wenn gleich sie das auch immer sind, sondern sie dienen sowohl dem Lehrer als auch dem Schüler als wichtiges Feedback über abgelaufene Lehr- bzw. Lernprozesse. Lehrerinnen und Lehrer müssen also *klare Vorstellungen über die vom Schüler zu erwartenden Leistungen* entwickeln. Das genau ist die Aufgabe der Bestimmung von *Lernzielen*. Deshalb können wir nun definieren:

Ein Lernziel
- beschreibt ein vorweggenommenes Verhalten, das Lernende nach erfolgtem Lernprozess zeigen sollen,
- ist ein vom Lehrenden bewusst gesetztes Ziel,
  (im Gegensatz zum Lernen im Alltag, das mehr oder weniger zufällig erfolgen kann, geht es im Unterricht immer um intentionale, d.h. von absichtlichen Zielen geleitete Lehr-/Lernvorgänge)
- wird durch eine hinreichend genaue Beschreibung des erwünschten Verhaltens bestimmt.

Die beiden ersten Merkmale (vorweggenommenes Verhalten, bewusste Setzung) bedürfen nach den bisherigen Überlegungen vorerst keiner weiteren Erläuterungen. Beim dritten Merkmal der »hinreichend genauen Beschreibung« des erwünschten Verhaltens handelt es sich um keine leicht zu lösende Aufgabe. Wenn man davon ausgeht, dass man als Lehrender Lernziele nicht nur für sich selbst zur Klärung seiner Vorstellungen über das Angestrebte formuliert, sondern in der Ausbildungssituation (Fachpraktikum, Lehrproben,

Examensprüfung) auch für andere, dann kann man aus diesen Zwecken aber
auf jeden Fall eine Mindestanforderung an die Eindeutigkeit von Lernzielformulierungen stellen: Sie müssen so eindeutig gefasst sein, dass sich der Lehrende und der Adressat (z.B. Kolleginnen und Kollegen, Fachleiter) in kurzer
Zeit eine hinreichend klare Vorstellung von den angestrebten Zielen der Un-
terrichtsstunde(n) machen können. Aber auch das ist leichter gesagt als getan;
auf die sich dabei stellende grundsätzliche Schwierigkeit, zwischen vagen Bemerkungen einerseits und vermeintlich raffinierten, aber unnötigen Feinheiten andererseits einen »goldenen Mittelweg« zu finden, werden wir weiter
unten noch zurückkommen.

2. Lernziele im Kontinuum von Konkretheit und Abstraktheit

Lernziele müssten – so könnte man meinen – aus Gründen der schnellen und
eindeutigen Verstehbarkeit eigentlich immer als konkrete Formulierungen
auftreten. Das ist allerdings nicht der Fall; es gibt – je nach Argumentationssituation – auch gute Gründe, Ziele allgemeiner und d.h. zugleich abstrakter
zu fassen. Verdeutlichen wir uns das an einem der eingangs erwähnten Beispiele:

*Die Schüler sollen erkennen, dass geographische Räume als Systeme zu ver-
stehen sind, in denen natürliche und vom Menschen geschaffene Subsysteme
aufeinander einwirken, und dass Eingriffe in diese Subsysteme immer auch zu
Folgen für das Gesamtsystem führen.*

Auf eine so oder ähnlich gefasste Lernzielbestimmung könnte man in Lehrplänen für das Fach Erdkunde stoßen. Es handelt sich dabei um eine Formulierung, die sehr allgemein gehalten und dennoch für den Fachmann sofort
verständlich ist. Woran liegt das? Mit ihr wird eine übergreifende Erkenntnis
benannt, die auf anderen vorangegangenen Erkenntnissen fußt; sie ist nicht
von heute auf morgen im Unterricht zu erreichen, sondern stellt ein *langfristig*
anzustrebendes Ziel dar. Schülerinnen und Schüler müssen zur Erlangung dieser übergreifenden Einsicht nämlich an geeigneten Beispielen lernen, was
Systeme und was Subsysteme sind, sie müssen Systeme, die weitgehend
naturbelassen sind (wie z.B. die großen Wüsten), von solchen unterscheiden
können, die der *Mensch* stark geprägt hat (wie z.B. die großen Karstgebiete
Ex-Jugoslawiens, die eine Folge extensiven Waldabbaus sind, weil die Römer

in der Antike ungeheure Mengen Holz zum Bau ihrer Flotte benötigten). Mit anderen Worten: Solche Zielformulierungen dienen der *langfristigen* Ausrichtung des Erdkundeunterrichts; sie sollen gewährleisten, dass die in den verschiedenen Unterrichtsstunden über Jahre hinaus zu vollziehende »Kleinarbeit« in eine übergeordnete Struktur eingeordnet werden kann: Letztlich soll der Schüler ein *kohärentes geographisches (Welt-)Bild* aufbauen, das unterschiedlichste Einsichten miteinander verbindet. Dazu sind selbstverständlich eine Reihe weiterer allgemeiner Einsichten nötig; im Lehrplan »Erdkunde« des Landes Nordrhein-Westfalen, aus dem auch das hier gewählte Lernziel stammt, werden ergänzend z.b. weitere Ziele genannt:

»Die Schülerinnen und Schüler sollen fähig und bereit sein,
– räumliche Gegebenheiten und Entwicklungen zu verorten und einzuordnen sowie zu ihrem eigenen Standort in Beziehung zu setzen; ...
– aus dem Wissen, dass die natürlichen Grundlagen unserer Umwelt unvermehrbar sind und unsachgemäßes Handeln zu irreparablen Schäden führen kann, ökologisch verantwortungsbewusst zu handeln;
– sich mit Raumnutzungskonflikten durch Überprüfung der zugrundeliegenden Interessen, Wertvorstellungen und Machtverhältnisse auseinanderzusetzen und sich sachgerecht, verantwortungsbewusst und kompromissfähig für ihre Lösung einzusetzen;
– Möglichkeiten zur Einflussnahme auf raumpolitische Entscheidungsprozesse zu erkennen, sie zugunsten ausgewogener Lebensbedingungen zu nutzen und sich um deren Durchsetzung zu bemühen;
– im Bewusstsein der eigenen sozial- und naturräumlichen Prägung und der damit verbundenen subjektiven Raumwahrnehmung und -bewertung Unvoreingenommenheit und Toleranz gegenüber der Raumbewertung anderer Gruppen, Völker und Staaten zu zeigen;
– aus der Anerkennung des Lebensrechtes anderer Menschen und Gesellschaften für den Abbau von Abhängigkeiten und räumlichen Disparitäten einzutreten, weltweite Kooperation zu bejahen und friedliches Zusammenleben zu fördern.«

(aus: Richtlinien und Lehrpläne für das Gymnasium – Sekundarstufe I – in Nordrhein-Westfalen (1993/unveränderter Nachdruck 2000). Erdkunde, Frechen, S. 35)

Auch diese Intentionen werden noch einmal allgemeiner in einem das Fach Erdkunde *insgesamt leitenden Ziel* verdichtet, indem sie unter dem Terminus »handlungsbezogene Raumkompetenz« (ebd., S. 32, 60) zusammengefasst werden. Das ist also das Ziel, das die *grundsätzliche Orientierung* des Erdkundeunterrichts über die *gesamte* Sekundarstufe I (bis in die Sekundarstufe II hinein) bestimmen soll. Aus diesem Sachverhalt erklärt sich dann auch, dass der Fachmann mit solchen allgemeinen Zielbestimmungen sehr wohl etwas anzufangen weiß, weil sie für ihn abstrakte *Bündelungen konkreterer Lernziele* darstellen.

Gehen wir nun über das Fach Erdkunde hinaus und blicken wir auf den in der Schule insgesamt vertretenen *Fächerkanon*. In anderen Fächern sind andere allgemeine Ziele leitend, die ihrerseits wiederum auf ein oberstes Fachziel hin ausgerichtet sind. Was aber hält dann diese unterschiedlichen Fächer mit ihren unterschiedlichen Zielformulierungen zusammen? Wir können an dieser Stelle nur eine vorläufige Antwort geben. Es ist eine Vorstellung von *Allgemeinbildung*. Sie umschreibt das, was langjähriger Unterricht beim Schüler bezwecken soll: Er soll z.B. unterstützt werden in der »Entwicklung zu einer mündigen Persönlichkeit in sozialer Verantwortung«, so die Formulierung der Richtlinien und Lehrpläne des Landes Nordrhein-Westfalen. Andere Vorstellungen von Bildung kommen in Formeln wie Mündigkeit und Emanzipation oder in der Forderung nach umfassender Sach-, Sozial- und Handlungskompetenz zum Ausdruck.

Diesen Gedankengang abschließend bleibt zunächst festzuhalten: Lernziele können auf *unterschiedlichen Abstraktionsniveaus* auftreten; sie können als Ziele einer einzelnen Unterrichtsstunde, als Ziele einer mehrere Stunden umfassenden Unterrichtsreihe, als übergreifende Ziele von Unterrichtsfächern oder auch als Leitziele der gesamten schulischen Arbeit formuliert sein.

Zur Unterscheidung verschiedener Abstraktionsniveaus hat schon vor gut dreißig Jahren Christine Möller ([4]1973, S. 72ff.) die Begriffe *Richtziel, Grobziel* und *Feinziel* vorgeschlagen; diese Unterscheidungen sind auch noch in der heutigen didaktischen Diskussion üblich und hilfreich.

Einteilungen jedweder Art, so auch diese, erwecken den Eindruck der präzisen Unterscheidbarkeit. Im Einzelfall können sich dann aber durchaus Schwierigkeiten der Zuordnung einstellen. Entscheidend ist bei dieser Einteilung von Lernzielen nach ihren Abstraktionsniveaus, dass sie sich auf unterschiedliche *zeitliche Perspektiven* beziehen und *inhaltlich* ein *Kontinuum* von Konkreterem und Abstrakterem mit *fließenden Übergangen* bilden, dass sich auf unterschiedliche Tätigkeiten der Planung bezieht.

Unterscheidungsschwierigkeiten lassen sich deshalb weitgehend minimieren, wenn man sich die Funktionen dieser drei Zielarten vor Augen hält. Sie gehen aus der tabellarischen Zusammenstellung hervor:

– Richtziele sind *fächerübergreifende* Ziele, die die unterrichtliche Arbeit *insgesamt* leiten sollen;

Richtziele	Ziele von *sehr hohem* Abstraktionsgrad, durch die die übergreifende Orientierung schulischer Bildung zum Ausdruck gebracht wird (Beispiele: Selbstbestimmung in sozialer Verantwortung; Sach-, Sozial- und Handlungskompetenz; Mündigkeit; Emanzipation)
Grobziele	Ziele von *mittlerem* Abstraktionsgrad, die sich (1) auf das *leitende* Ziel eines Unterrichtsfaches (z.B. raumbezogene Handlungskompetenz), (2) auf die dieses Ziel näher bestimmenden Teilziele (s. oben das ausführliche Beispiel Geographie) oder (3) auf umfassendere *Unterrichtsreihen* (z.B. Deichbau als Schutz vor Naturgewalten, aber zugleich auch als Eingriff des Menschen in die Natur) beziehen
Feinziele	Ziele von *niedrigem* Abstraktionsgrad, durch die die Ziele von einzelnen Unterrichtsstunden oder -abschnitten beschrieben werden (Beispiel: Die Schüler sollen das Zusammenspiel von Unter- und Überdruck erkennen.)

– Grobziele konkretisieren diese Richtziele durch Umsetzung in Unterrichtsfächer bzw. Lernbereiche (z.B. Sachunterricht) und bilden somit die inhaltliche Orientierung für die Konzeption von jahrgangsübergreifenden Plänen, von Jahres- und Halbjahrespensen und von längeren Unterrichtsreihen;

– Feinziele legen dagegen die konkreten Ziele von einzelnen Unterrichtsstunden und -abschnitten fest. Diese Feinziele stehen in der Spur der übergreifenderen Grob- und Richtziele, sind also vom Sinn her nur im Zusammenhang mit diesen allgemeineren Zielbestimmungen zu verstehen.

In der folgenden Tabelle werden die drei erläuterten Zielebenen um eine vierte Ebene erweitert – die Ebene der *Leitziele von Unterrichtsfächern* – und zum besseren Verständnis an entsprechenden Beispielen veranschaulicht.

	Zielebenen	Definition	Beispiele
fächer-übergreifende Ziele	Richtziele	Ziele von sehr hohem Abstraktionsgrad, durch die der allgemeine Erziehungs- und Bildungsauftrag der Schule zum Ausdruck gebracht wird	Selbstbestimmung in sozialer Verantwortung; Mündigkeit; Sach-, Sozial- und Handlungskompetenz
fachspezifische Ziele	Leitziele von Unterrichtsfächern	Fachliche Leitziele bestimmen den *spezifischen Beitrag* eines einzelnen Faches zum allgemeinen Erziehungs- und Bildungsauftrag der Schule.	Der Physikunterricht soll die Schülerinnen und Schüler befähigen, Phänomene aus Natur und Technik beschreiben und physikalisch angemessen erklären zu können; die so erworbene physikalisch-technische Denk- und Urteilsfähigkeit soll ihnen einen verantwortungsvollen Umgang mit Natur und Umwelt ermöglichen.
	Grobziele	Ziele mittleren Abstraktionsniveaus, durch die die Intentionen einer Unterrichtseinheit beschrieben werden	Die Schüler sollen anhand verschiedener Textsorten Grundzüge der Barockliteratur kennen lernen.
	Feinziele	Konkrete Ziele, die die in einzelnen Stunden bzw. Stundenabschnitten zu erreichenden Schülerleistungen beschreiben	Die Schüler sollen die Korrespondenz von Inhalt und Form des Sonnetts »Es ist alles eitel« von Gryphius erkennen.

Aufgabe

Versuchen Sie, die folgenden Lernzielformulierungen den vier Abstraktionsebenen »Richtziele, Leitziele von Unterrichtsfächern, Grob- und Feinziele« zuzuordnen.

Die Schülerinnen und Schüler sollen	Richt-ziel	Leitziel von Unter-richts-fächern	Grob-ziel	Fein-ziel
verschiedene Atommodelle kennenlernen und auf ihren Erklärungswert hin vergleichen können.				
fiktionale von nicht-fiktionaler Literatur unterscheiden können.				
zu mündigen Bürgern erzogen werden.				
wissen, dass die Winkelsumme im Dreieck 180° beträgt.				
ein Gespräch mit einem englischen Gastschüler über dessen Schullaufbahn führen können.				
das Entstehen eines Kurzschlusses erklären können.				
die erkenntnisleitenden Interessen und die gesellschaftspolitischen Voraussetzungen, Implikationen und Konsequenzen sozialwissenschaftlicher Forschung erkennen.				
physikalische Größen bei gegebener Messvorschrift messen können.				
sich fachspezifische Methoden im Umgang mit geschichtlichen Zeugnissen aneignen und diese anwenden können.				
wissen, dass sich gleichnamige Pole eines Magneten anziehen und ungleichnamige abstoßen.				
in Auseinandersetzung mit unterschiedlichen Wertepositionen ihre eigene Identität finden und weiterentwickeln.				
im Deutschunterricht ihre Medienkompetenz entfalten.				
einsehen, dass Musikstile geschichtlich und kulturell geprägt sind.				
die Konstruktion des a.c.i von der des ablativus absolutus unterscheiden können.				
erkennen, dass Mathematik zur Beschreibung und Lösung komplexer Sachverhalte und Probleme genutzt werden kann.				
sich im Laufe ihrer Schulzeit eine umfangreiche Sach-, Handlungs- und Sozialkompetenz aneignen.				
ihr soziales Verhalten in Diskussionssituationen verbessern.				

Die Schülerinnen und Schüler sollen	Richt- ziel	Leitziel von Unter- richts- fächern	Grob- ziel	Fein- ziel
den Gebrauch des Konjunktivs in der indirekten Rede beherrschen.				
Urteilskraft und Handlungsfähigkeit entwickeln.				
ein Experiment aufbauen und durchführen können, mit dem sie die Reflexion am ebenen Spiegel untersuchen.				
das Gedicht »Frühe« von Peter Huchel textimmanent interpretieren.				
beim Partnerdiktat das Diktiertempo an der Aufnahmefähigkeit und Schreibgeschwindigkeit des Partners ausrichten.				
durch Unterricht zu einer selbstbestimmten Lebensführung befähigt werden.				
im Philosophieunterricht die Fähigkeit zu diskursivem und argumentativem Umgang mit dem Zweifel am Selbstverständlichen entwickeln.				
die Hauptstädte aller europäischen Länder kennen.				

3. Lernziele und der öffentliche Bildungsauftrag der Schule

Der Begriff »Lernziel« ist in der Schulpädagogik und Didaktik ein geläufiger Terminus, Vertreter der Allgemeinen Pädagogik oder Bildungstheorie sprechen dagegen eher von Bildungszielen, um dadurch zum Ausdruck zu bringen, dass das tägliche Lernen lediglich Voraussetzung für ein umfassendes reflektiertes Welt- und Selbstverständnis ist, letzteres also nicht in der bloßen Aneignung von Kenntnissen und Erkenntnissen aufgeht. Man kann diese zwei Positionen aber zusammenführen, wenn man im Sinne des gerade beschriebenen Kontinuums von Konkreterem und Abstrakterem die *zeitliche und inhaltliche Kohärenz angestrebter Ziele* ernst nimmt; alles, was Schülerinnen und Schüler dann im alltäglichen Unterricht lernen, stellt mittel- und langfristig gesehen einen wichtigen Baustein im individuellen Bildungsprozess dar, der sich über die gesamte Schulzeit und darüber hinaus über die gesamte Lebensspanne erstreckt.

Diese zeitliche und inhaltliche Kohärenz wird z.B. auch in der Didaktik Wolfgang Klafkis klar gesehen und findet dort ihren Ausdruck in der *formalen* Funktion des Bildungsbegriffes, wenn es heißt:

»Eine zentrale Kategorie wie der Bildungsbegriff oder ein Äquivalent dafür ist unbedingt notwendig, wenn die pädagogischen Bemühungen um die nachwachsende Generation und der heute unabdingbar gewordene Anspruch an unser aller, also auch der Erwachsenen ›lebenslanges Lernen‹ nicht in ein unverbundenes Nebeneinander oder gar Gegeneinander von zahllosen Einzelaktivitäten auseinanderfallen soll, wenn vielmehr pädagogisch gemeinte Hilfen, Maßnahmen, Handlungen und individuelle Lernbemühungen begründbar und verantwortbar bleiben oder werden sollen.« (Klafki [5]1996, S. 44)

Da in diesem Buch die Bildungstheorie Klafkis nicht eingehender behandelt werden kann (s. ausführlich dazu Plöger 1999), mögen an dieser Stelle einige knappe Bemerkungen genügen; sie sollen verdeutlichen, dass die hier zur Frage der Lernziele angestellten Überlegungen ihre letzte Orientierung an einer Idee von Allgemeinbildung finden müssen. Damit ist insbesondere gemeint:

– Unterricht soll einen wichtigen Beitrag zum Selbst- und Weltverständnis der Schülerinnen und Schüler leisten, damit sie ihr gegenwärtiges und vor allem künftiges Leben in Selbstbestimmung und sozialer Verantwortung führen können.
– Zu diesem Zweck werden sie sich ein breites und tiefes Wissen aneignen müssen, das zur privaten Lebensführung ebenso notwendig ist wie zur Teilhabe an wichtigen gesellschaftlichen Prozessen.
– Allgemeinbildung ist insofern als ganzheitliche Bildung zu verstehen, als sie Zugänge zu unterschiedlichsten Formen des Selbst- und Weltverständnisses in kognitiver, ästhetischer, sozialer, ethisch-moralischer, pragmatischer und weltanschaulich-religiöser Hinsicht ermöglichen soll.
– Bildung ist immer als *Selbst*-Bildung zu verstehen: Das Individuum kann sich nur aufgrund eigener Lernanstrengungen bilden, niemand kann ihm diese Aufgabe abnehmen. Lehrerinnen und Lehrer können die Bildung des Individuums allerdings durch eine geeignete Organisation von Lernprozessen *unterstützen.*
– Bildung als Selbstbildung ist nicht auf die Schulzeit beschränkt, sondern eine lebenslange Aufgabe. Für diese Fähigkeit der eigenen Weiterbildung muss der Unterricht die notwendigen Voraussetzungen schaffen.

Mit dieser Orientierung an der Idee der Allgemeinbildung ist die übergreifende Zielvorstellung umrissen, an der sich alle Lehr-Lerntätigkeiten im Unterricht ausrichten sollten. Alle *Lernziele* und behandelten *Themen* sollten also einen direkten oder zumindest indirekten Beitrag zur Verwirklichung dieser allgemeinen Vorgabe leisten.

Die folgenden tabellarischen Übersichten sollen zeigen, wie einzelne Fächer mit ihren Leitzielen den Bildungsauftrag der öffentlichen Schule einlösen können.

Übergreifendes Ziel schulischer Bildung	Unterrichtsfach	Leitende Perspektive im Fach	Konkretisierung der Perspektive durch fachliche Leitziele
Entwicklung zu einer mündigen Persönlichkeit in sozialer Verantwortung	**Biologie** (Bezug: Richtlinien und Lehrpläne für die Sekundarstufe II – Gymnasium/Gesamtschule in Nordrhein-Westfalen. Biologie)	Verhältnis des Menschen zur belebten Natur	»*Kennzeichen des Lebendigen:* – Strukturelle Vielfalt und Untergliederung – Stoff- und Energiewechsel – Regulation – Reizbarkeit, Bewegung und Verhalten – Existenz in Wechselbeziehungssystemen – Fortpflanzung und ontogenetische Entwicklung – Vererbung – Phylogenetische Entwicklung« (S. 9)
	Geschichte (Bezug: Richtlinien und Lehrpläne für die Sekundarstufe II – Gymnasium/Gesamtschule in Nordrhein-Westfalen. Geschichte)	historisch-politische Aufklärung	»Einsichten – in die historische Entwicklung konkurrierender gesellschaftlicher und sozialer Ordnungsvorstellungen, wirtschaftlicher Modelle, religiöser und kultureller Wertvorstellungen – in den Zusammenhang der Faktoren und Wirkungsmechanismen, die unsere gegenwärtige Welt bestimmen, die Kontinuität von Traditionen, Prinzipien und Wertvorstellungen, aber auch die Diskontinuitäten und Brüche in der historischen Entwicklung – in die Eigendynamik geschichtlicher Prozesse und die Veränderbarkeit von Wertsetzungen und Ordnungsvorstellungen, in die daraus resultierenden Gefahren, aber auch in die Möglichkeiten zukünftiger Gestaltung – in reale Existenzformen oder Denkvorstellungen früherer Epochen, die nicht unmittelbar mit unserer Gegenwart verbunden sind, in gescheiterte oder abgebrochene Entwicklungslinien, um Alternativen zu unseren Lebensformen zu erkennen und aus der dadurch gewonnenen Distanz neue Denkmodelle und Handlungsperspektiven zu gewinnen – in die Genese der eigenen kulturellen, sozialen und politischen Identität, der Identitäten anderer mit ihren subjektiven Interessen und Ansprüchen und die prozessualen Abläufe der allgemeinen Geschichte, um den eigenen Standort zu finden und Chancen für eigene Handlungsmöglichkeiten in politischer und sozialer Verantwortung zu erkennen.« (S. 8f.)

Übergreifendes Ziel schulischer Bildung	Unterrichtsfach	Leitende Perspektive im Fach	Konkretisierung der Perspektive durch fachliche Leitziele
Entwicklung zu einer mündigen Persönlichkeit in sozialer Verantwortung	**Erdkunde** (Bezug: Richtlinien und Lehrpläne für das Gymnasium – Sekundarstufe I – in Nordrhein-Westfalen. Erdkunde)	Raumbezogene Handlungskompetenz	»Die Schülerinnen und Schüler sollen fähig und bereit sein, – räumliche Gegebenheiten und Entwicklungen zu verorten und einzuordnen sowie zu ihrem eigenen Standort in Beziehung zu setzen; ... – Räume als Systeme aus natürlichen und anthropogen bestimmten Subsystemen zu verstehen, bei denen Eingriffe in Einzelelemente zu Folgen für das Gesamtsystem führen; – aus dem Wissen, daß die natürlichen Grundlagen unserer Umwelt unvermehrbar sind und unsachgemäßes Handeln zu irreparablen Schäden führen kann, ökologisch verantwortungsbewusst zu handeln; – sich mit Raumnutzungskonflikten durch Überprüfung der zugrundeliegenden Interessen, Wertvorstellungen und Machtverhältnisse auseinanderzusetzen und sich sachgerecht, verantwortungsbewusst und kompromissfähig für ihre Lösung einzusetzen; – Möglichkeiten zur Einflussnahme auf raumpolitische Entscheidungsprozesse zu erkennen, sie zugunsten ausgewogener Lebensbedingungen zu nutzen und sich um deren Durchsetzung zu bemühen; ... – aus der Anerkennung des Lebensrechtes anderer Menschen und Gesellschaften für den Abbau von Abhängigkeiten und räumlichen Disparitäten einzutreten, weltweite Kooperation zu bejahen und friedliches Zusammenleben zu fördern.« (S. 35)
	Mathematik (Bezug: Richtlinien und Lehrpläne für die Sekundarstufe II – Gymnasium/Gesamtschule in Nordrhein-Westfalen. Mathematik)	Verknüpfung von mathematischer und außermathematischer Kultur	Zentrale Ideen als Kern der didaktischen Konzeption: – Idee der Zahl – Idee des Messens – Idee des räumlichen Strukturierens – Idee des funktionalen Zusammenhanges – Idee der Wahrscheinlichkeit – Idee des Algorithmus – Idee des mathematischen Modellierens (S. 7ff.)

Übergreifendes Ziel schulischer Bildung	Unterrichtsfach	Leitende Perspektive im Fach	Konkretisierung der Perspektive durch fachliche Leitziele
Entwicklung zu einer mündigen Persönlichkeit in sozialer Verantwortung	**Englisch** (Bezug: Richtlinien und Lehrpläne für die Sekundarstufe II – Gymnasium/Gesamtschule in Nordrhein-Westfalen. Englisch)	Interkulturelle Handlungsfähigkeit	Interkulturelle Handlungsfähigkeit »entfaltet sich in folgenden Teilzielen: – Die Schülerinnen und Schüler sollen innerhalb und außerhalb der Schule sprachlich handlungsfähig sein in komplexen, für sie bedeutsamen Begegnungssituationen mit Englisch sprechenden Menschen und den anglophonen Kulturen. – Sie sollen ihre Bewusstheit für Sprache und sprachliche Kommunikation im Umgang mit dem Englischen erweitern und sich dabei auf Einsichten und Kenntnisse stützen, die sie während der Sekundarstufe I im Umgang mit der Muttersprache und anderen Sprachen erworben haben. – Sie sollen im Sinne des interkulturellen Lernens in der Lage sein, die kulturelle Bedingtheit von Haltungen und Einstellungen zu erkennen, anderen Lebensformen, kulturellen Verhaltensmustern und Wertesystemen offen und tolerant zu begegnen sowie die eigenen Haltungen und Einstellungen kritisch zu hinterfragen, kulturelle Missverständnisse zu antizipieren und Strategien zu entwickeln, daraus entstehende Konflikte zu bewältigen ...« (S. 7f.)
	Philosophie (Bezug: Richtlinien und Lehrpläne für die Sekundarstufe II – Gymnasium/Gesamtschule in Nordrhein-Westfalen. Philosophie)	Diskursiver und argumentativer Umgang mit dem Zweifel am Selbstverständlichen	Entwicklung von Vernunftkultur, Urteilskraft und Handlungsfähigkeit in fünf Dimensionen (S. 13ff.): – Dimension I: Die erkenntnistheoretisch-wissenschaftstheoretische Dimension des Philosophieunterrichts – Dimension II: Die sittlich-praktische Dimension des Philosophieunterrichts – Dimension III: Die ontologisch-metaphysische Dimension des Philosophieunterrichts – Dimension IV: Die geschichtlich-gesellschaftliche und kulturelle Dimension des Philosophieunterrichts – Dimension V: Die methodische Dimension des Philosophieunterrichts

Aufgabe

Die auf den Seiten 62 bis 64 dargestellte Übersicht über die leitenden Ziele ausgewählter Unterrichtsfächer und ihre Orientierung auf ein übergreifendes Bildungsziel (Richtziel) sind verschiedenen Lehrplänen des Landes Nordrhein-Westfalen entnommen. Äquivalente dazu finden Sie selbstverständlich auch in den Lehrplänen aller anderen Bundesländern. Klären Sie, inwiefern diese Übersicht und die in ihr zum Ausdruck kommenden Zielformulierungen
a) zeitliche und inhaltliche Kohärenz stiften kann,
b) einen Teil des Kontinuums von Konkreterem und Abstrakterem darstellt und
c) mit der eben skizzierten Bestimmung von Allgemeinbildung (s. S. 61) zur Deckung kommen kann bzw. ergänzt werden müsste.

4. Zur Eindeutigkeit von Lernzielen – Lernzieloperationalisierung als didaktischer Irrweg

Wie löst man nun die Forderung nach hinreichend eindeutiger Beschreibung von Lernzielen ein? – Wir geben zunächst eine *negative* Antwort, die uns die jüngere Geschichte der didaktischen Diskussion gelehrt hat, zeigen also, wie diese Forderung *nicht* zu verstehen ist. Deshalb ein kurzer Exkurs!

1965 erschien Robert F. Magers Buch »Lernziele und Unterricht« (hier zitiert als Mager 1974) erstmals in deutscher Übersetzung, von dem in den ersten zehn Jahren nach Erscheinen bereits weit über 100.000 Exemplare verkauft wurden. Der Verkaufserfolg dieses didaktischen »Bestsellers« spiegelt die damalige Euphorie wider, Lernziele möglichst eindeutig festlegen zu wollen. Der amerikanische Titel »Preparing objectives for Programmed Instruction« (erstmals 1961) zeigt an, dass Mager dieses Buch insbesondere als Anleitung zur Formulierung von Lernzielen für den Programmierten Unterricht gedacht hat. Mit den dabei zum Einsatz kommenden Programmen kann der Schüler individuell, also ohne Anleitung durch den Lehrer arbeiten. Sie führen den Lerner in sehr kleinen Schritten zum Endziel; diese Untergliederung in viele kleinere Teilziele setzt den Schwierigkeitsgrad des zu lernenden Stoffes stark herab, so dass die Wahrscheinlichkeit des Misserfolgs relativ gering wird. Der Lerner beantwortet deshalb nach jedem Schritt die gestellte Frage mit hoher Wahrscheinlichkeit richtig. Solche Programme gibt es heute wieder in Form multimedialer Instruktion.

Die Forderungen Magers zur eindeutigen Bestimmung von Lernzielen wurden bald auch zum Maßstab für den *herkömmlichen* Unterricht erhoben. Nach seinem Vorschlag erfolgt die Bestimmung in drei Schritten:

»1. Benennen Sie das Endverhalten; versuchen Sie, die Art des Verhaltens, die kennzeichnet, dass der Lernende das Ziel erreicht hat, näher zu beschreiben.

2. Versuchen Sie das gewünschte Verhalten genauer zu bestimmen, indem Sie seine wichtigsten Voraussetzungen kennzeichnen.

3. Als Maßstab für einen zufriedenstellenden Erfolg geben Sie an, wie gut das Verhalten geäußert werden muss, um als zufriedenstellend zu gelten.« (Mager 1974, S. 12)

Diese »Dreikomponentenbeschreibung« fordert also (1) die eindeutige Angabe eines zu erreichenden Verhaltens, (2) die Angabe der Bedingungen, unter denen es erreicht werden soll, und (3) die Angabe des Maßstabes für das geforderte Verhalten. Das im Lernziel bestimmte Verhalten des Schülers gibt an, was der Schüler *tun* muss, welche *Tätigkeiten* er sichtbar ausführen muss. Deshalb wurde diese Formulierung überprüfbarer *Tätigkeiten* auch als Lernziel*operationalisierung* bezeichnet (operation; engl.: Tätigkeit).

Beispiele für operationalisierte Lernziele:
– Der Schüler soll aus einer gegebenen Seite und den zwei anliegenden Winkeln ein Dreieck ohne fremde Hilfe konstruieren.
– Die Schülerin soll von 20 Additionsaufgaben im Zahlenraum von 0 bis 100 mindestens 15 schriftlich ausrechnen können.
– Der Schüler soll die Wechselwinkel und Stufenwinkel an einer durch eine Gerade geschnittenen Parallele einzeichnen können.

Die damals gehegte Begeisterung für die Operationalisierung von Lernzielen wirkte sich in der Ausbildung – insbesondere in der zweiten Phase im Referendariat – so aus, dass Unterrichtsentwürfe durch eine Vielzahl kleinster und kleinlich beschriebener Lernziele (30 Lernziele und mehr für *eine einzelne* Unterrichtsstunde waren keine Ausnahme!) bestimmt waren. »Gut« war der Unterricht dann, wenn möglichst viele der operationalisierten Ziele erreicht wurden. Die Tätigkeit von Fachleitern beschränkte sich deshalb im wesentlichen auf das »Abhaken« der vorgelegten Lernziellisten. Andere wichtige Aspekte von Unterricht (Kohärenz der Lernziele, Aufbau einer *zusammenhängenden* kognitiven Struktur, soziale Verhaltensweisen, Motivation der Schüler durch den Lehrer, Abstimmung von theoretischer und praktischer Erarbeitung, Förderung kreativer Fähigkeiten usw.) traten zwangsläufig in den

Hintergrund. Der folgende Auszug aus einem Vorschlag zur Einführung des Begriffes »Mittelwert einer Messung« im Sachunterricht (6. Schuljahr!) dokumentiert diese unnötige Kleinschrittigkeit streng lernzielorientierten Unterrichts *indirekt* durch korrespondierende Lehranweisungen; wenn man bedenkt, dass sich diese Empfehlungen nicht nur an angehende, sondern vor allem auch an berufserfahrene Lehrerinnen und Lehrer wandten, so lässt sich der Eindruck der Peinlichkeit solcher »Ratschläge« kaum unterdrücken:

Die erstickende Kerzenflamme
(aus: Tütken/Spreckelsen 1973, S. 127ff.)

Einstieg
Beginnen Sie mit einem Gespräch über das Feuer und die Verbrennung. Zünden Sie auf einem Pult oder Tisch, so dass alle Kinder es sehen können, eine Kerze an. Fragen Sie etwa: »Was braucht man, um ein Feuer in Gang zu halten?« (Holz, Papier oder anderes Brennmaterial) »Ist Brennmaterial das einzige, was man braucht, um ein Feuer anzuzünden oder es in Gang zu halten?« »Brennen manche Feuer schneller als andere?« »Was lässt ein Feuer schneller brennen?« Führen Sie die Klasse zu der Feststellung, dass die Brennintensität normalerweise vom Wind oder von der Luftzufuhr abhängig ist. Erinnern Sie die Kinder an ihre Erfahrungen mit Laternen, die man aus ausgehöhlten Kürbissen herstellt. Die Kerze in einer solchen Laterne brennt mehr oder weniger hell, je nachdem wie stark der Luftzug und wie groß das Loch im Kürbis ist. Fragen Sie weiter: »Wie löscht man ein Feuer?«
Fragen Sie die Kinder, was passieren würde, wenn man ein Gefäß über eine brennende Kerze stülpt. Tun Sie dies dann, und lassen Sie die Kinder beobachten, dass die Flamme erlischt. Fordern Sie die Kinder auf, ihre Aufmerksamkeit auf die Brenndauer zu richten, indem Sie die Anzahl der Sekunden schätzen lassen, die die Flamme unter dem Gefäß noch gebrannt hat. Sagen Sie ihnen dann, Sie würden den Versuch wiederholen, während sie, die Kinder, den Lauf des Sekundenzeigers auf einer Uhr verfolgen sollen. Falls im Klassenraum keine für alle Kinder gut ablesbare Uhr vorhanden ist, stellen Sie eine in die Nähe der Kerze und zünden diese wieder an. Lüften Sie das Gefäß und stülpen Sie es anschließend über die Kerze. Fragen Sie: »Wie lange hat die Kerze gebrannt?« Sogar beim zweiten Mal werden die Kinder wahrscheinlich unterschiedliche Antworten geben. Geschieht dies, so sagen Sie ihnen, Sie würden den Vorgang noch einmal wiederholen, damit sie ihre Antworten überprüfen können.
Wiederholen Sie den Versuch, und lassen Sie die Kinder wieder die Zeit messen. Fragen Sie: »Ist die Brenndauer jeweils die gleiche?« »Welche Zeitangabe ist genauer?« Erörtern Sie diese Frage und deuten Sie Gründe für die Abweichungen an, wenn die Kinder es selber nicht tun. Fragen Sie z.B.: »Woher wisst ihr, wann die Flamme tatsächlich erloschen ist?« Sie sollten sich gemeinsam für einen Anfangszeitpunkt entscheiden (der Augenblick, in dem sie sehen, wie das Gefäß über die Kerze gestülpt wird oder wenn sie hören, wie das Glas den Tisch berührt) und für einen Endzeitpunkt (wenn sie meinen, die Flamme sei aus, oder wenn sie Rauch vom Docht aufsteigen sehen) ... Sie sollten die Kriterien, für die Sie sich gemeinsam entschieden haben, bei allen ähnlichen Versuchen beibehalten.
Sagen Sie dann: »Angenommen, wir versuchen es mit verschieden großen Gefäßen. Meint ihr, dass die Brenndauer länger oder kürzer sein wird?« Nach einer kurzen Diskussion sagen Sie: »Wir wollen es probieren!«

Von diesem Exkurs in die 60er und 70er Jahre zurück in die Gegenwart! Nach ca. 30 Jahren ist Lernzieloperationalisierung erstaunlicherweise wieder im Gespräch! Im Jahre 2004 hat die Kultusministerkonferenz Kernlehrpläne für die Fächer Deutsch, Mathematik und Englisch verabschiedet und ab dem Schuljahr 2004/2005 verbindlich gemacht. In diesen Kernlehrplänen werden *Bildungsstandards als Mindestkompetenzen* von Schülerinnen und Schülern festgeschrieben. Dieser bildungspolitische Beschluss der Bundesländer geht zurück auf eine vom Bundesministerium für Wissenschaft und Forschung in Auftrag gegebene »Expertise« (hier zitiert als Klieme u.a. 2003), die mit nationalen *Bildungsstandards* Maßstäbe für die schulische Zukunft setzen soll. In dieser Expertise heißt es im einzelnen:

1. »Bildungsstandards sollen die Kernideen der Fächer bzw. Fachgruppen besonders klar herausarbeiten« (Klieme u.a. 2003, S. 18), wobei die Annahme leitend ist: »Unterrichtsfächer korrespondieren mit wissenschaftlichen Disziplinen.« (Ebd.)
2. Bildungsstandards sollen von den einzelnen Fachdidaktiken formuliert werden (ebd., S. 16).
3. Bildungsstandards sind an »Handlungen und Operationen« (ebd., S. 15, 16) orientiert.
4. Das Erreichen von Bildungsstandards soll durch empirische Testverfahren evaluiert werden. Diese »Testverfahren … operationalisieren die Kompetenzanforderungen durch konkrete Aufgaben«. (Ebd., S. 11)
5. Bildungsstandards drücken »Mindestvoraussetzungen aus, die von allen Lernern erwartet werden«. (Ebd., S. 18). Die damit formulierten »Kerncurricula« »bezeichnen nicht das Totum, sondern allein das unentbehrliche Minimum der Themen, Inhalte und Lehrformen der Schule« (ebd., S. 80).

Diese inhaltliche Beschreibung von Bildungsstandards und die damit erhobene Forderung nach *operationalisierten* Lernzielen resultieren primär nicht – wie in der damaligen Diskussion der 60er und 70er Jahre – aus der Frage nach der eindeutigen Beschreibbarkeit von Lernzielen. Sie sind in erster Linie als Resultat einer langwierigen Diskussion um Schul- und Unterrichtsqualität zu verstehen, deren Beginn bis etwa in die Mitte der 80er Jahre zurückreicht. Damals sollte mit aufwendigen Schulsystemstudien das Anfang der 70er Jahre geschaffene Gesamtschulsystem und das traditionelle dreigliedrige Schulsystem evaluiert werden. Die Ergebnisse dieser Untersuchungen zeigten, dass Schulqualität im wesentlichen nicht durch allgemeine Systembedingungen, sondern durch das, was in *Einzelschulen* im Unterricht, im Schulleben und im Kollegium geschieht, bedingt wird. Deshalb befasste sich die Schul- und Unterrichtsforschung bis weit in die 90er Jahre hinein verstärkt mit der Frage der Unterrichtsqualität. Einen vorläufigen Abschluss dieser Entwicklung bilden die großen internationalen Vergleichsstudien TIMMS (Third International Mathematics and Science Study; s. Baumert/Lehmann u. a. 1997) und PISA (Programme for International Student Assessmet; erstmals 2000). Diese Untersuchungen und ihre Folgestudien zeigen, dass deutschen Schülerinnen und Schülern im internationalen Vergleich nur durchschnittliche Leistungen attestiert werden können. Als Reaktion auf diese Ergebnisse entstand dann die Diskussion um Bildungsstandards und Kernlehrpläne mit den entsprechenden bildungspolitischen Beschlüssen.

Was verspricht man sich von dieser neuerdings wieder geforderten Operationalisierung von Lernzielen? – Man wird diese Forderung vor dem Hintergrund der heutigen Schülerleistungen sehen müssen, denn die internationalen Vergleichsstudien geben zweifelsohne Anlass zur Unzufriedenheit. Es sind nicht nur die Schülerinnen und Schüler mit einem Migrationshintergrund, die bei den entsprechenden Tests besonders schlecht abgeschnitten haben. Bei den sogenannten Transferleistungen – also bei der Anwendung des Gelernten in entsprechenden Aufgaben – lassen sich große Defizite auch ohne Vorliegen solcher soziokulturellen Voraussetzungen bei einer Vielzahl von Schülern feststellen. Wenn nun der künftige Unterricht bessere Leistungen zeitigen soll, so wird man die Schülerleistungen erneut messen müssen. Dabei ist aber entscheidend: Mit operationalisierten Lernzieltests lassen sich (schlechte) Ergebnisse zwar messen, aber nicht beseitigen. Insgesamt wird man die künftige Diskussion also eher auf die Frage konzentrieren müssen, *wie* es zu einer *Verbesserung* des Unterrichts kommen kann. Denn schlechte Lernergebnisse sind zu einem großen Teil die Folge schlechten Unterrichts.

Lernzieloperationaliserung wird in diesem Argumentationszusammenhang (Wie kann man Unterricht verbessern?) gerne als Voraussetzung für einen gut strukturierten und an klaren Lernzielen orientierten Unterricht gesehen, der zu den erhofften Schülerleistungen führen soll. Aber diese Vorstellung bedarf einer realistischen Einschätzung dessen, was überhaupt operationalisierbar ist. Es gibt viele Fähigkeiten, die sich relativ leicht messen und daher operationalisieren lassen. Im Fach Sport sind es beispielsweise Leistungen in der Leichtathlethik, im Mathematikunterricht die Ausführung mathematischer Operationen oder im Deutschunterricht die Bestimmung von Wortarten und Satzteilen. In den gleichen Fächern (man könnte andere in beliebiger Zahl hinzunehmen) gibt es allerdings auch eine Vielzahl von angestrebten Fähigkeiten bzw. Dispositionen, die einer strengen Lernzielkontrolle nicht zugänglich sind. Im Sportunterricht wird es schwieriger, die taktische Leistung eines Schülers während eines Mannschaftsspiels oder seine Ausdrucksfähigkeit bei tänzerischen Bewegungen zu beurteilen, im Mathematikunterricht (weitaus häufiger noch im Informatikunterricht) gibt es verschiedene Lösungswege und -möglichkeiten, die zwar zum gleichen Ergebnis führen, aber unter kreativen Gesichtspunkten nur schwer miteinander vergleichbar sind, und im Deutschunterricht sind es etwa von Schülern verfasste fiktive Texte oder die Diskussion ethischer Sachverhalte, die eine »präzise« Beurteilung der Schülerleistung schwierig oder unmöglich machen.

Resümierend darf man also festhalten: Die Forderung nach Lernzieloperationalisierung darf nicht zum didaktisch-methodischen Kleinigkeitsdenken verleiten, durch das die großen Zusammenhänge (Richtziele, Leitziele von Unterrichtsfächern, Grob-, Feinziele) aus dem Blick geraten würden; wohl aber geht von ihr die Mahnung aus, sich hinreichend klare Vorstellungen von den Zielen der Unterrichtsstunde und -reihe und darüber hinaus auch mittel- und langfristig von den Zielen schulischer Bildung insgesamt zu machen.

Es ist für Berufsanfänger zweifelsohne nicht einfach, diesen Anspruch einzulösen. Bevor sich der Leser an einem Übungsbeispiel selbst den möglichen Schwierigkeiten stellt, seien zunächst drei Beispiele vorangestellt, von denen der Autor meint, die darin genannten Ziele seien hinreichend genau formuliert (ohne dass sie im strengen Sinne operationalisiert wären).

Das erste bezieht sich auf den Deutschunterricht, in dem eine Kurzgeschichte interpretativ erschlossen werden soll, das zweite auf den Physikunterricht, in dem die Schülerinnen und Schüler das Zusammenwirken von Unter- und Überdruck am Beispiel der Luftpumpe verstehen sollen, und das dritte auf den Erdkundeunterricht, in dem die Schülerinnen und Schüler das Gradnetz der Erde kennen lernen sollen.

Beispiel 1:
Lernziele zur Kurzgeschichte »Nachts schlafen die Ratten doch«
(Wolfgang Borchert)

Die Schülerinnen und Schüler sollen
- das antithetische Verhältnis vom Anfang und Ende der Kurzgeschichte im Ausdruck unterschiedlicher Stimmungen des Jungen erkennen,
- die unterschiedlichen Stimmungen durch die jeweilige Wortwahl (Semantik der Verben und Adjektive) belegen,
- den Stimmungswechsel auf die Strategien des alten Mannes (Kompliment, Neugier wecken, Lüge usw.) zurückführen,
- die Symbolik der »krummen Beine« erkennen (durch die der Junge die Sonne erblickt)
- die von Borchert angemahnte Verantwortung der Erwachsenen gegenüber der jüngeren Generation in der spezifischen Situation der Nachkriegszeit erkennen,
- im übertragenen Sinn die grundsätzliche Aufgabe der Erwachsenen darin sehen, dass sie der jungen Generation (bei allen real existierenden Problemen) Perspektiven für eine lebenswerte Zukunft aufzeigen müssen.

Beispiel 2:
Lernziele zum Thema »Unter- und Überdruck« (am Beispiel der Luftpumpe)

Die Schülerinnen und Schüler sollen
- den Aufbau einer Luftpumpe (Zylinder, Kolben, konusförmige Gummidichtung, zwei »Öffnungen«) mit Hilfe einer Grafik beschreiben können,
- die Form der Gummidichtung mit ihrer Funktion erklären (herrscht vor der Dichtung Überdruck, wird sie an die Zylinderwand angepresst, bei Unterdruck gibt sie nach und lässt Luft von außen nachströmen),
- die Luftdruckverhältnisse in der Pumpe mit Hilfe des ihnen bekannten »Teilchenmodells« zeichnersich darstellen (verdichtete Luft, »verdünnte« Luft)
- das Wechselspiel von Über- und Unterdruck in einem knappen Text präzise beschreiben.

Beispiel 3:
Lernziele zum Thema »Gradnetz der Erde«

Die Schülerinnen und Schüler sollen
- wissen, dass Breitenkreise parallel zum Äquator verlaufen, unterschiedliche Durchmesser haben und auf der Nord- und Südhalbkugel jeweils von 0° bis 90° gezählt werden,
- wissen, dass Längenkreise von Norden nach Süden verlaufen, alle den gleichen Durchmesser haben und zweimal (in westlicher und östlicher Länge) von 0° bis 180° gezählt werden,
- verstehen, dass Breitenkreise und Längenkreise zusammen das Gradnetz der Erde bilden,
- die Lage von Orten mit Hilfe von Breiten- und Längengraden genau bestimmen können,
- zu angegebenen Breiten- und Längengraden die entsprechenden Orte im Atlas finden können.

Übung

Im folgenden sollen Sie zu der Kurzgeschichte »Das Trockendock« von Stefan Andres angemessene, d.h. hinreichend klare Lernziele finden. Sie sollten so formuliert sein, dass nicht nur Sie, sondern auch andere (Kommilitonen, Mentoren, Fachleiter) die Lernziele in Kenntnis dieser Kurzgeschichte auf Anhieb verstehen können. Als Lösungshilfen seien drei Hinweise gegeben:

(a) Im vorangegangenen Kapitel haben wir gesehen, wie wichtig die inhaltliche Klärung der »Sache« ist (vierte Grundfrage der »Didaktischen Analyse«). Versuchen Sie sich also zunächst Klarheit darüber zu verschaffen, welche Aussageintention dem Text zugrunde liegen könnte.

(b) Für Schülerinnen und Schüler eines neunten oder zehnten Schuljahres könnte das beschriebene Geschehen für anfängliche Verunsicherung oder Verwirrung sorgen. Denken Sie deshalb bei der Formulierung Ihrer Lernziele auch an die wichtigen »Details« der Handlung, die für das Verständnis der übergreifenden Aussage unabdingbar sind.

(c) Anfänger in der Unterrichtsplanung neigen zur Formulierung *formaler* Lernziele. Das zeigen Erfahrungen in der universitären Seminararbeit immer wieder. Diese sind aber gegenüber *inhaltlich* bestimmten Zielen immer zweitrangig. Deshalb seien hier einige Lernzielformulierungen vorangestellt, die die *fehlende Inhaltsspezifik* formaler Ziele zeigen. Das erkennen Sie daran, dass die genannten formalen Ziele sowohl auf die Kurzgeschichte von Stefan Andres, auf die von Wolfgang Borchert (»Nachts schlafen die Ratten doch«; s. oben die beispielhaften Lernziele) und auf die von Elisabeth Langgässer (s. erstes Kapitel) »passen«. Sie spiegeln formale Gemeinsamkeiten wider, sind deshalb auf viele Kurzgeschichten anwendbar und können von daher auch indirekt das Verständnis anderer Kurzgeschichten leiten und erleichtern. Aber der *spezifische* Sinn *einer* Kurzgeschichte, der sie vom Sinn einer anderen (mehr oder weniger eindeutig) unterscheidet, lässt sich nur in inhaltlich bestimmten Lernzielen beschreiben. Als Lernziele der Kurzgeschichte »Das Trockendock« geben Studierende z.B. an:

Die Schüler sollen

- den Text lesen und eine Inhaltsangabe verfassen,
- die Textanalyse erlernen,
- den Text interpretieren,
- lernen, das Wesentliche des Textes zusammenzufassen,
- über Schlüsselbegriffe den zeitlichen Kontext der Handlung erfassen,
- anhand des Textes den strukturellen Aufbau einer Kurzgeschichte kennenlernen,
- die typischen Merkmale und den Aufbau einer Kurzgeschichte verstehen,
- ihren Eindruck über die vorherrschenden Stimmungen im Text schildern,
- anhand ausgewählter Stellen die Symbolik des Textes aufzeigen,
- die Kurzgeschichte analysieren können: 1. Berücksichtigung des geschichtlichen Kontextes; 2. autobiographischer Hintergrund; 3. Intentionen des Autors; 4. Vergleich mit anderen Kurzgeschichten,
- sprachliche und rhetorische Mittel untersuchen,
- die Übertragbarkeit der Aussage auf die heutige Zeit prüfen.

Das Trockendock

Das erste Trockendock in Toulon, das gegen Ende des 18. Jahrhunderts von einem Ingenieur namens Grognard erbaut wurde, verdankt seinen Ursprung einer merkwürdigen Begebenheit. Schauplatz war ein Seearsenal, im eigentlichen Sinne aber das Gesicht eines Galeerensträflings – das Antlitz eines für einen Augenblick um seine Freiheit verzweifelt ringenden Menschen.

Bevor es den von Grognard erbauten Wasserbehälter gab, der mit seinem steigenden Spiegel das Schiff in den Fluß hinausschob, war es üblich, daß ein Galeerensträfling die letzten Dockstützen des vom Stapel laufenden Schiffes, freilich unter Lebensgefahr, wegschlug, worauf dann im gleichen Augenblick der Koloß donnernd und mit funkenstiebendem Kiel ins Wasser schoß. Gelang es dem die Stützen fortschlagenden gefangenen Manne, nicht nur dem Schiff die erste Bewegung zu geben, sondern auch sich selbst mit einem gedankenschnellen riesigen Satz aus der Nachbarschaft des herabrutschenden hölzernen Berges zu bringen, dann war er im gleichen Augenblick in seine Freiheit und in ein neues Leben gesprungen; gelang es ihm nicht, blieb von seinem Körper nichts übrig als eine schleimige Blutspur.

Der Ingenieur Grognard, der sich erstmalig zu einem solchen Stapellauf eingefunden hatte, ergötzte seine Augen an den übrigen festlichen Gästen auf den Tribünen und ließ, ganz den düsteren und ehernen Wundern des Arsenals hingegeben, den Silberknauf seines Stockes zu den immer neuen Märschen mehrerer Militärkapellen auf die hölzerne Balustrade fallen, wo er sich mit andern Ehrengästen befand. Die Kommandos gingen in der Musik unter, gleichwohl bewegten sich die Arbeiter, die freien und die Sträflinge, des gewohnten Vorgangs wie stumme Ameisen kundig, mit Tauen und Ketten und Stangen hantierend, als hinge ein jeder an einem unsichtbaren Faden.

Grognard hatte einen der besten Plätze, er stand dem Bug, etwa fünfzig Schritt entfernt, gerade gegenüber. Wiewohl er vom Hörensagen wußte, auf welch gefährliche Weise man das Schiff flott machte und ins Wasser ließ, so hatte er sich doch nicht den Vorgang aus den Worten in eine deutliche Vorstellung überführt. Ja, er war sogar unbestimmt der Ansicht, daß es menschlich und gut sei, wenn ein ohnehin verwirktes Leben durch einen kühnen Einsatz sich entweder für die Allgemeinheit nützlich verbrauche oder für sich selber neu beginne. Nun aber, als endlich die Stützen am Schiffsrumpf alle bis auf die am Bug fortgenommen; als die Arbeiter zurückkommandiert und die Matrosen an Bord gegangen waren; als schließlich die Musik mit ihren in die Weite schreitenden Takten plötzlich abbrach; als nur noch ein Trommelwirbel dumpf und knöchern gegen die düsteren Mauern des Arsenals anrollte – und verstummte –, da kam ein einzelner Mann in seiner roten Sträflingsjacke mit den schweren hufnagelbeschlagenen Schuhen über das Pflaster gegen das Schiff geschlurft. Er trug einen riesigen Zuschlaghammer in der Hand, der zuerst herabhing, dann, je näher der Mann dem schwarzen Schiffsbauch kam, sich zögernd hob und, als seine winzige Gestalt der Fregatte so nahe war, daß ihr gewölbter Rumpf ihn wie ein schwarzer Fittich überschattete, einmal pickend und vorsichtig pochend eine Stütze berührte, schließlich aber in der Hand des Mannes auf dieselbe Weise herabhing.

Es lag eine gefährliche Stille über der Fregatte und den Zuschauern. Grognard bemerkte, daß er zitterte und mit dem Silberknauf seines Stockes die vorsichtig antastende Bewegung des Zuschlaghammers mitgetan hatte. Und als ob dieses winzige Geräusch des Stockes sein Ohr erreicht hätte, – der Sträfling wandte sich plötzlich wie hilfesuchend um. Grognard konnte die Nummer an der grünfarbenen Mütze des lebenslänglich Verurteilten lesen – es war die Nummer 3222 – und zugleich mit der Zahl und wie durch sie hindurch sah er das zitternde Lächeln, in welchem der Sträfling seine Zähne entblößte und einmal langsam die Augen verdrehte, als wollte er Schiff, Zuschauer, Mauern und Himmel mit diesem einen Blick gierig verschlingen. Aber sofort wandte er sich wieder dem Schiff zu – mit einem Ruck, so als könnte die Fregatte etwa hinter ihm arglistig ohne sein Zutun entrinnen. Einen Atemzug lang blieb er regungslos stehen, den Hammer gesenkt, dann hob er ihn langsam … Es ging ein Stöhnen über den Platz, man wußte nicht, kam es aus dem Publikum, dem ächzenden Gebälk des Schiffes oder der Brust des Mannes, der im gleichen Augenblick zuschlug: einmal, zweimal, hin- und herspringend, gelenkig wie ein Wiesel und wild wie ein Stier, und dreimal zuschlug und viermal –, man zählte nicht mehr. Das Schiff knackte, mischte seine vom Hammer geweckte Stimme in dessen Schläge – und da, als noch ein Schlag kam, sprang es mit einem Satz vor, und auch der Mann sprang, den Hammer wie in Abwehr gegen den plötzlich bebenden Schiffsrumpf werfend, sprang noch einmal, blieb aber, als nun alles aufschrie, das Gesicht in den

Händen, stehen, wie ein Mensch im Traum – und der Schiffsrumpf rüttelte zischend und dröhnend über ihn fort.

Dieser Vorgang, der nur wenige Atemzüge lang gedauert hatte, löste einen brünstigen vieldeutigen Schrei aus, der hinter der Fregatte herschnob – über die blutige Spur fort, die alsbald einige Sträflinge mit Sand zu tilgen kamen.

Auch Grognard hatte im allgemeinen Jubel einen Schrei getan und mit dem Schrei zugleich einen Schwur. Dieser Schwur aber enthielt im ersten Augenblick seines Entstehens einen Kern: und in diesem barg sich das Bild eines Trockendocks.

Als hätte er gewußt, daß seine Lächerlichkeit damit besiegelt sei, wenn er die eigentliche Triebkraft zu diesem Plan enthüllte: er führte nur Beweggründe ins Feld, die das öffentliche Wohl und den Fortschritt betrafen. Und als endlich trotz aller Widerstände das Dock mit Becken und Schleusentor fertig war, geschah es, daß der Urheber, der sich nun von jenem zwischen Hoffnung und Todesangst verzerrten Lächeln des Galeerensträflings erlöst glaubte, von einem Gefangenen mit einem Hammer niedergeschlagen wurde – es war, als Grognard gerade den Platz am Trockendock überschritt. Der Gefangene trug die grüne Wollmütze der Lebenslänglichen und schleppte seine Kette gemächlich hinter sich her. Eine Weile war er um Grognard in immer enger werdenden Kreisen langsam herumgegangen, bis er schließlich vor ihm stand. Grognard sah offenbar zuerst nur die Mütze und die Nummer daran, bei deren Anblick er wie über einer geheimnisvollen Zahl jäh erstarrte. Doch da schrie auch schon der Mensch, seinen Hammer schwingend: »Das ist der Mann des Fortschritts, der uns den Weg zur Freiheit nahm! Zur Hölle mit dir!« Die herbeieilenden Wachen, die sich des Sterbenden annahmen, sahen, wie der noch einmal die Augen aufschlug, und hörten, wie er mit einer Stimme, die voller Verwunderung schien, flüsterte: »Ah – 3222 – Pardon – ich habe mich geirrt!«

(Stefan Andres)

© Abdruck mit freundlicher Genehmigung von Frau Irene Maria Röhrscheid, Kelkheim, und Herrn Klapperich-Andres, Krailing.

Kapitel 4

Geeignete Beispiele auswählen

1. Einleitung

Im vorangegangenen Kapitel haben wir versucht herauszustellen, dass schulisches Lehren und Lernen eine mittel- und langfristige Perspektive braucht, damit sich die vielen einzelnen unterrichtlichen Aktivitäten nicht in ein unverbundenes Nebeneinander verlieren. Solche übergreifenden Intentionen werden als Grobziele, vor allem aber als fachliche Leitziele und Richtziele formuliert. Der Grad der *Abstraktheit* bzw. *Allgemeinheit* nimmt dabei von den Grobzielen über die fachlichen Leitziele bis hin zu den Richtzielen zu.

In diesem Kapitel spielen diese allgemeinen Orientierungen auch eine wichtige Rolle, aber sie sollen nun von der Seite der *Unterrichtsgestaltung* her beleuchtet werden. Guter Unterricht geht in der Regel nämlich nicht vom Allgemeinen, also etwa von der Vermittlung von Begriffen, Prinzipien, Regeln oder Gesetzmäßigkeiten aus, sondern von *besonderen* Anlässen. Man hat sich als Lehrerin oder Lehrer etwa für ein bestimmtes Bild von Monet oder für das Gedicht »Reklame« von Ingeborg Bachmann entschieden; man sucht das Gelände einer Firma auf, die zur Zeit bestreikt wird, oder will sich im Technikmuseum eine Dampfmaschine ansehen; man lässt die Schülerinnen und Schüler zur nächsten Physikstunde ihre Fahrradluftpumpe mitbringen oder analysiert im Religionsunterricht mit ihnen das Gleichnis vom barmherzigen Samariter usw. Solche konkreten Bildungsinhalte sind u.a. deshalb geeignet, weil sie ein hohes Maß an Anschaulichkeit bieten, einen direkten oder indirekten Bezug zur Lebenswirklichkeit herstellen können, einen Zugang zur (Technik-)Geschichte eröffnen, den Schwierigkeitsgrad des Lernens zunächst gering halten oder motivierend wirken.

Das sind alles wichtige Aspekte, die in der Planung von Unterricht mitbedacht werden müssen, damit man den Schüler auch wirklich erreichen kann. Aus der Sicht des Lehrers aber sind solche Aspekte zunächst sekundär, denn eigentlich geht es ihm nicht um *dieses* Bild von Monet, nicht um das Gedicht

»Reklame«, nicht um die Luftpumpe der Schüler und auch nicht um den aktuellen Streik, der auf dem benachbarten Firmengelände stattfindet. Er nutzt diese Bilder, Texte, Gegenstände und Gelegenheiten als »Mittel zum Zweck«, weil er an ihnen allgemeine Chararkteristika impressionistischer Malerei aufzeigen will, mit den Schülern über das Verhältnis zwischen vordergründiger Befriedigung materieller Bedürfnisse, tiefer liegenden menschlichen Sehnsüchten und möglichen existentiellen Orientierungen sprechen will, den wechselseitigen Zusammenhang von Über- und Unterdruck erklären oder die Motive für einen Streik und die Aufgaben von Gewerkschaften in demokratischen Staaten erarbeiten will usw.

Die *konkreten* Lerngelegenheiten sind also lediglich Anlass, um dadurch *allgemeinere* Einsichten, Einstellungen, Haltungen usw. erwerben zu können. Genau darum geht es in diesem Kapitel: Es soll den Weg aufzeigen, wie alltäglicher Unterricht zu planen und zu gestalten ist, damit das *Besondere* und das *Allgemeine* in Beziehung zueinander gesetzt werden können.

2. Die Aktualität des Problems und seine »Geschichte«

Diese Beziehung zwischen Besonderem und Allgemeinem mag dem Leser möglicherweise schon nach den kurzen einleitenden Bemerkungen sehr plausibel, ja vielleicht sogar höchst trivial erscheinen, aber die Einsicht in einen Sachverhalt sichert bekanntlich nicht automatisch seine tatsächliche Umsetzung. Dies gilt insbesondere auch für die *Verbindung von Besonderem und Allgemeinem*. Wenn man nämlich beobachtet, wie Erwachsene gewöhnlich andere etwas lehren, kann man immer wieder einen typischen Fehler feststellen: Sie lehren »deduktiv« in dem Sinne, dass sie zunächst viel Allgemeines und Abstraktes in sachlich richtiger Weise präsentieren und erst sehr spät – wenn überhaupt – zeigen, wo das zu Lernende seine Anwendung findet. Studierende etwa, die vor ihren Kommilitonen ein Referat halten und sich gewissenhaft vorbereitet haben, gehen in der Regel so vor. Dann kommt es zu einleitenden Bemerkungen wie: »Zunächst geben wir Euch einen Überblick, dann werden wir die zentralen Aussagen und Begriffe dieser Theorie darstellen, und zum Schluss versuchen wir, das Ganze auf ein Beispiel anzuwenden«. Die Entscheidung für ein solches Vorgehen ist zwar verständlich, denn die Orientierung an einer für einen selbst klaren Systematik ist eine gute Voraussetzung für eine selbstsichere Präsentation. Es soll nichts schiefgehen, man will nichts vergessen und es »ganz genau« machen. Aber der Erfolg solcher Mühen bleibt oft gering, weil der Zuhörer über diesen Lehrweg keinen konkreten Zugang zur Sache bekommt und deshalb (lange) nicht weiß, worüber überhaupt gesprochen wird. Er wird folglich nicht zum selbsttätigen und tiefen Verständnis der Sache angeleitet.

Dieser Sachverhalt gilt auch für das Lehren in der Schule; die damit einher gehenden Folgen sind empirisch belegt: Die PISA-Studie 2000 etwa bescheinigt deutschen Schülerinnen und Schülern u.a. erhebliche Schwierigkeiten »im Bereich des naturwissenschaftlichen Verständnisses und bei der Anwendung ihres Wissens«. Als Ursache wird darauf verwiesen, »dass der naturwissenschaftliche Unterricht in Deutschland noch zu wenig problem- und anwendungsorientiert angelegt ist.« (Prenzel u.a. 2001, S. 244) Deshalb gelte es, die »erkennbare Neigung zum fragend-entwickelnden und fachsystematisch orientierten Unterricht zu überwinden und durch Anwendungsbezug, Problemorientierung sowie Betonung mentaler Modelle das Interesse an den Naturwissenschaften und die Entwicklung eines tiefer gehenden Verständnisses und flexibel anwendbaren Wissens zu fördern.« (Ebd., S. 245)

Die Feststellung derartiger Lerndefizite ist im Prinzip aber nicht neu, wenn gleich sie durch diese Vergleichsstudien erstmals mit großem empirischen Aufwand zu einer unbestreitbaren Tatsache geworden sind. In den 50er Jahren des letzten Jahrhunderts hatten sich z.B. Vertreter der Höheren Schulen und der Hochschulen zum sogenannten »Tübinger Gespräch« eingefunden, um über die unerfreulichen Leistungen von Gymnasiasten zu beraten. Insbesondere führte man Klage über die mangelnde Hochschulreife der Studienanfänger. Martin Wagenschein, der als Physikdidaktiker am Tübinger Gespräch beteiligt war, sah damals die Ursache für die gerade auch im Fach Physik auszumachenden Defizite in der Gestaltung des Unterrichts:

»Wir messen und rechnen so viel, dass keine Zeit bleibt für das, was dem vorausgeht und wodurch es erst Sinn bekommt. Wir glauben damit exakt zu sein und sind oberflächlich. Wir nehmen das Letzte voraus und betrügen uns deshalb darum. – Mancher, der in der Schule viel gemessen und gerechnet hat, ist später erstaunt, in einem guten populären Vortrag zu erfahren, wie einfach, ›ganz ohne Mathematik‹, sich tiefere physikalische Zusammenhänge verstehen lassen, die er vorher ›mit Mathematik‹ nicht begriff. Gerade weil die quantitative Fassung die letzte Instanz ist, die über die Richtigkeit solcher Zusammenhänge endgültig entscheidet, darf sie erst erscheinen, wenn klar ist, *was* sie entscheidet.« (Wagenschein 1965, S. 20f.)

Das Tübinger Gespräch zog zunächst in Form der »Saarbrücker Rahmenvereinbarungen« mit der bundesweiten Einführung von Kern- und Pflichtfächern bildungspolitische Konsequenzen nach sich. Unterrichtstheoretische und -praktische Wirkungen ergaben sich vor allem aus dem Konzept des *Exemplarischen Lehrens und Lernens*, für das insbesondere Martin Wagenschein auf fachdidaktischer und Wolfgang Klafki auf allgemeindidaktischer Seite einstanden. Dieses Konzept zielt im wesentlichen auf die Verbindung von Besonderem und Allgemeinem, also auf den Zusammenhang, der in diesem Kapitel im Zentrum unserer Überlegungen steht.

Um nun zu zeigen, was mit dem Begriff des Exemplarischen Lehrens und Lernens gemeint ist und inwiefern es in konkrete Unterrichtsplanung umgesetzt werden kann, wollen wir selbst nicht in den eben angemahnten Fehler verfallen und deshalb nicht mit didaktischer Theorie, also dem Allgemeinen, beginnen, sondern vorab ein konkretes Unterrichtsbeispiel zur Kenntnis nehmen und im Ausgang davon dann den theoretischen Hintergrund erläutern. Wir gehen also »induktiv« vor, indem wir über das Einzelne (das Beispiel) etwas Allgemeines, die Theorie, herleiten wollen.

Das gewählte Beispiel (s. Wagenschein 1975, S. 72) bezieht sich auf einen physikalischen Sachverhalt. Es stellt für den physikalischen Laien einen mittleren Schwierigkeitsgrad dar, ist also nicht im ersten Zugriff zu verstehen, aber gerade durch die beispielhafte Präsentation des Sachverhaltes wird jedem das zugrundeliegende Allgemeine doch schnell klar. Insofern kann das Unterrichtsbeispiel, indem es Besonderes und Allgemeines auf prägnante Weise zu vermitteln sucht, das bewirken, was Wagenschein sich von jedem guten Physikunterricht wünschte, nämlich dass man Physik ›ganz ohne Mathematik‹ verstehen kann.

Beispiel Physikunterricht

In Newtons Schrift »Mathematische Prinzipien der Naturlehre« findet sich ein Gedankenexperiment, das im Physikunterricht gut eingesetzt werden kann, um daran das Zusammenwirken von Fliehkraft und Gravitationskraft zu erarbeiten: Man stelle sich vor, von einem weit über die Lufthülle ragenden Berg werde ein Stein geworfen. Durch die Wurfbewegung wirkt auf ihn eine entsprechende Fliehkraft; je stärker der Wurf, desto größer wird die Fliehkraft. Gleichzeitig wirkt auf den Stein aber auch die Gravitationskraft der Erde ein. Je nach Wurfintensität sind nun physikalisch gesehen drei Fälle besonders interessant. (a) Solange die Fliehkraft kleiner ist als die Gravitationskraft, fällt der Stein früher oder später auf die Erde. (b) Wird die Fliehkraft bei entsprechender Wurfintensität jedoch größer als die Gravitationskraft, verlässt der Stein die Erdatmosphäre und fliegt ins Weltall. (c) Sind beide Kräfte im Gleichgewicht, kreist der Stein, ähnlich wie der Mond, um die Erde.

Aus diesem Unterrichtsbeispiel lassen sich die *drei Schritte* bzw. Phasen des exemplarischen Vorgehens herauspräparieren:

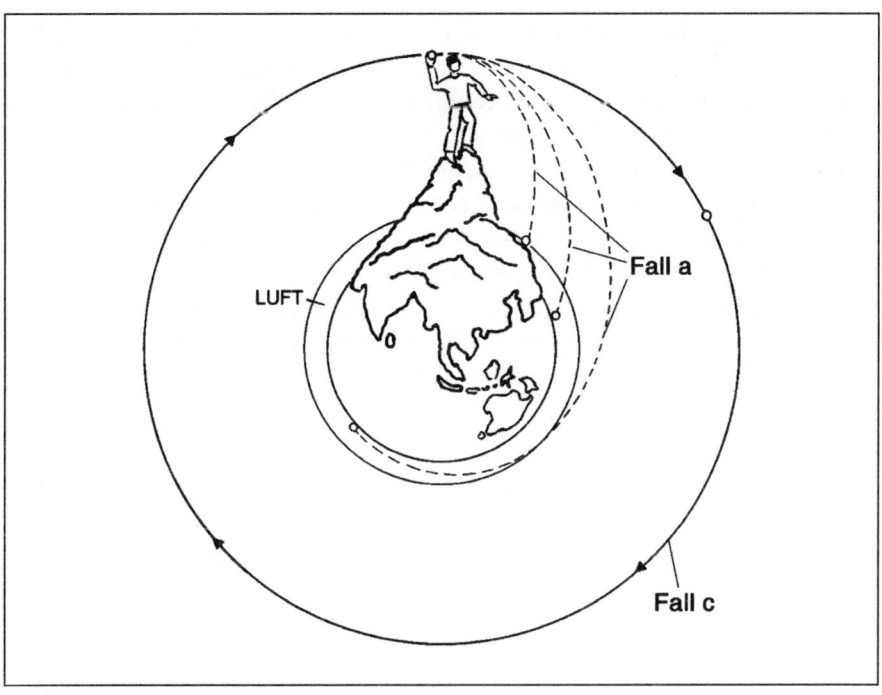

Abbildung 5: Zeichnung eines Sechzehnjährigen,
ergänzt um die Kennzeichnungen a und c (aus: Wagenschein 1975, S. 74)

(1) Ausgangspunkt ist ein konkretes *Beispiel*, ein prägnanter Fall, hier also die Konstruktion des für Schülerinnen und Schüler nachzuvollziehenden Gedankenexperimentes »Steinwurf von einem hohen Berg«.

(2) Aus diesen konkreten Gegebenheiten heraus gewinnen die Schüler eine allgemeine bzw. verallgemeinerbare Erkenntnis: Es gibt »zusammengesetzte« Bewegungen, die sich als Wechselspiel zweier Kräfte (hier Flieh- und Gravitationskraft) verstehen lassen.

(3) Mit dieser angeeigneten allgemeinen Erkenntnis haben die Schüler zunächst verstanden, warum der Stein um die Erde (Fall c) in immer gleichförmiger Bewegung rotiert. Aber darüber hinaus lassen sich nun auch viele andere Bewegungen als zusammengesetzte verstehen:

– Nicht nur das Kreisen des Mondes um die Erde, sondern planetarische Bewegungen überhaupt, gehorchen dem Zusammenspiel dieser beiden Gesetzmäßigkeiten. (Ob diese Bewegungen kreisförmig oder ellipsenförmig aussehen, ist hierbei eher nachrangig.)

– Wenn der vom Torwart zu seinem Mitspieler abgeworfene Ball diesen exakt erreichen soll, muss das Wechselspiel von Flieh- und Gravitationskraft auf den richtigen Wurfwinkel abgestimmt werden (Fall a).

– Wenn eine um den Erdball kreisende Rakete die Reise zu irgendeinem anderen Planeten aufnehmen soll, muss ihre Geschwindigkeit und damit die auf sie wirkende Fliehkraft erhöht werden, damit sie den Bereich der Erdanziehungskraft verlassen kann (Fall b).

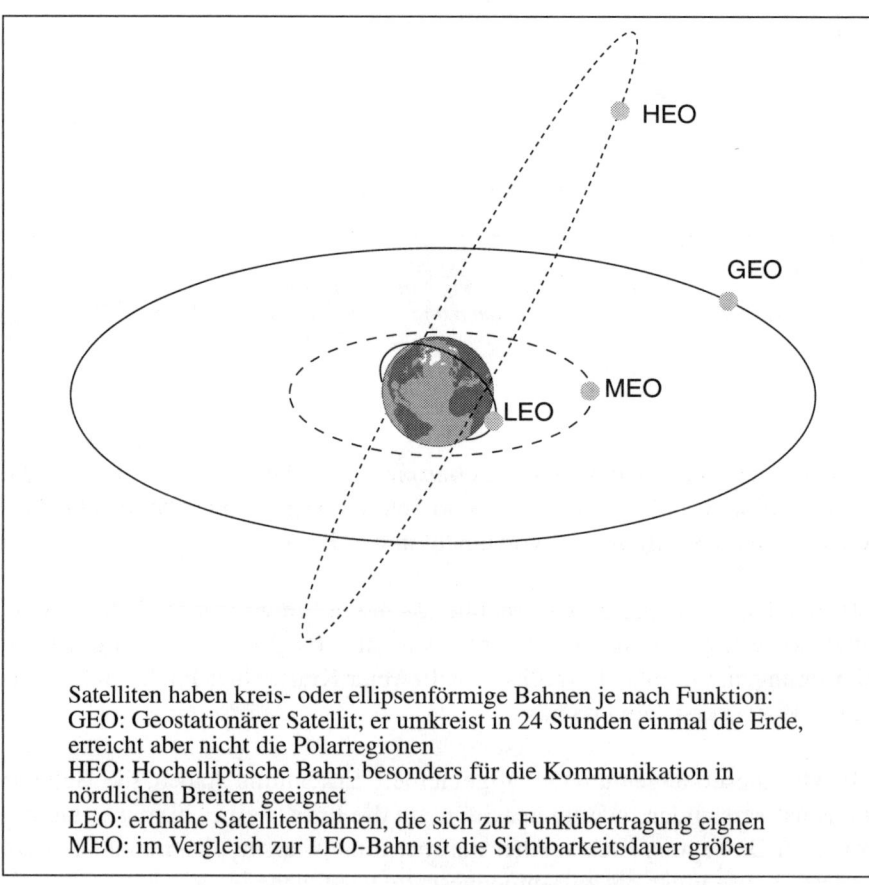

Satelliten haben kreis- oder ellipsenförmige Bahnen je nach Funktion:
GEO: Geostationärer Satellit; er umkreist in 24 Stunden einmal die Erde, erreicht aber nicht die Polarregionen
HEO: Hochelliptische Bahn; besonders für die Kommunikation in nördlichen Breiten geeignet
LEO: erdnahe Satellitenbahnen, die sich zur Funkübertragung eignen
MEO: im Vergleich zur LEO-Bahn ist die Sichtbarkeitsdauer größer

Abbildung 6: Verschiedene Satellitenbahnen

– Und wenn der Satellitenempfang von Fernsehprogrammen weiterhin ungestört funktionieren soll, dann müssen die betreffenden Satelliten mit einer ganz bestimmten Geschwindigkeit in die Erdumlaufbahn eingeschossen werden. Im Falle von sogenannten geostationären Satelliten muss deren Geschwindigkeit der Winkelgeschwindigkeit der Erdumdrehung entsprechen, denn dann »steht« der Satellit immer über dem gleichen Ort der Erde (Fall c).

Mit dem dritten Schritt kommt das Exemplarische Vorgehen zu einem vorläufigen Abschluss, weil die Schülerinnen und Schüler erfahren, dass die an einem konkreten Fall gewonnene allgemeine Einsicht trägt, das sie sich »arbeitendes Wissen« (Gaudig) angeeignet haben, mit dessen Hilfe sie eine Reihe anderer, strukturgleicher Fälle (Planetenbewegungen, Ballwurf, Raketen- und Satellitenbahnen) leicht verstehen können. Psychologisch gesehen handelt es sich im dritten Schritt also um den *Transfer* von Gelerntem.

3. Die Theorie der »Kategorialen Bildung«

Wenn man die gerade explizierten Schritte des Exemplarischen Lehrens und Lernens noch einmal auf die Problematik mangelnder Schülerleistungen bezieht, dann scheinen die zeitlich weit auseinander liegenden Phänomene (heute die durch PISA dokumentierten, damals die im Tübinger Gespräch beklagten Leistungen) einen gemeinsamen didaktischen Bezugspunkt zu haben. In beiden Fällen wird das mangelnde Verständnis in der Sache diagnostiziert und auf Ursachen in der Unterrichtspraxis zurückgeführt. Forderte man damals eine Reduzierung der Stofffülle zugunsten eines tieferen Verständnisses, das über die Beschäftigung am besonderen Fall erworben werden sollte, so hält man heute den (naturwissenschaftlichen) Unterricht für »zu wenig problem- und anwendungsorientiert angelegt«; er geht weder von konkreten Fällen (= Problemen) aus, noch kehrt er in der Anwendung (Transfer) dazu zurück. Und in der »Mitte« bleibt die Erarbeitung klar verstandener »mentaler Modelle« aus, also das, was im vorangegangenen summarisch als das »Allgemeine« bezeichnet worden ist. Die heutige Logik der Interpretation der PISA-Ergebnisse folgt also dem gleichen Dreischritt (konkretes Problem, Erarbeitung mentaler Modelle, Anwendung) wie ihn das Exemplarische Lehren und Lernen darstellt (Besonderes, Allgemeines, Transfer).

Die leidige Kontinuität solcher unterrichtlichen Probleme und ihrer Folgen auf Schülerseite ruft nach einer Theorie, die Lehrerinnen und Lehrern entsprechende Reflexionshilfen geben kann. In der Situation der 50er Jahre hatte Wolfgang Klafki seine bildungstheoretische Position gerade auch auf die im Tübinger Gespräch diskutierten Fragen hin ausgelegt; sie sind wegen der aufgezeigten Parallelen offensichtlich auch heute noch von Bedeutung: Erarbeitung eines Allgemeinen im Ausgang vom Beispiel auf der einen Seite und Übertragbarkeit des Allgemeinen auf weitere konkrete Sachverhalte auf der anderen Seite sind nämlich die beiden Aspekte, die Klafki in seiner Definition von »Kategorialer Bildung« zum Ausdruck gebracht hat:

»Das Sichtbarwerden von ›allgemeinen Inhalten‹, von kategorialen Prinzipien im paradigmatischen ›Stoff‹, also auf der einen Seite der ›Wirklichkeit‹, ist nichts anderes als das Gewinnen von ›Kategorien‹ auf der Seite des Subjekts«. (Klafki 1959, S. 410) In diesem Sinne ist Bildung immer »kategoriale Bildung in dem Doppelsinn, daß sich dem Menschen eine Wirklichkeit ›kategorial‹ erschlossen hat und dass eben damit er selbst – dank der selbstvollzogenen ›kategorialen‹ Einsichten, Erfahrungen, Erlebnisse – für diese Wirklichkeit erschlossen worden ist«. (Ebd., S. 410f.)

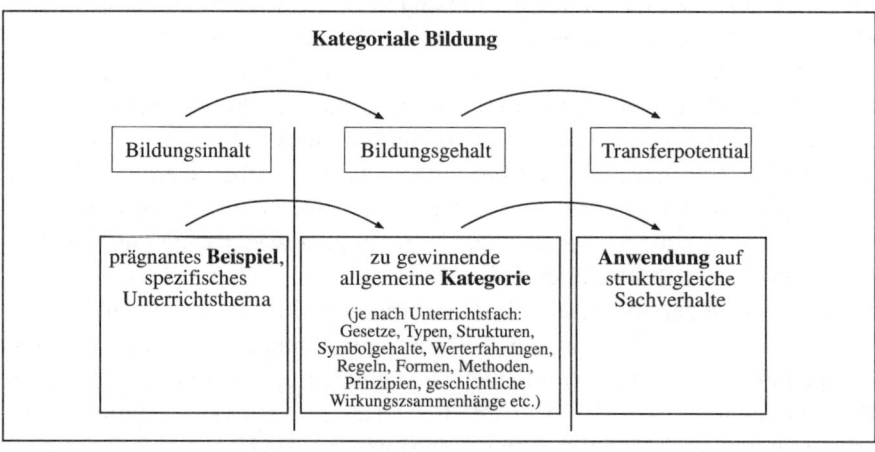

Abbildung 7: Prozess der Kategorialen Bildung
Am konkreten Bildungsinhalt wird ein allgemeiner Bildungsgehalt sichtbar, dessen
Transferpotential vielfältige Anwendung ermöglicht.

Klafki hat dieses Konzept kategorialer Bildung nie aufgegeben und deshalb auch in produktiver Form in seinem neueren Verständnis von Allgemeinbildung fortgeführt, wenn er sagt:

»Bildendes Lernen, das die Selbstständigkeit des Lernenden fördert, also zu weiterwirkenden Erkenntnissen, Fähigkeiten, Einstellungen führt ..., wird nicht durch reproduktive Übernahme möglichst vieler Einzelkenntnisse, -fähigkeiten, und -fertigkeiten gewonnen, sondern dadurch, dass sich der Lernende an einer begrenzten Zahl von ausgewählten Beispielen [Exempeln] aktiv allgemeine, genauer: mehr oder minder weitreichend verallgemeinerbare Kenntnisse, Fähigkeiten, Einstellungen erarbeitet, m.a.W.: Wesentliches, Strukturelles, Prinzipielles, Typisches, Gesetzmäßigkeiten, übergreifende Zusammenhänge. Mit Hilfe solcher allgemeiner Einsichten, Fähigkeiten, Einstellungen können jeweils mehr oder minder große Gruppen strukturgleicher oder ähnlich strukturierter Einzelphänomene und -probleme zugänglich bzw. lösbar werden.« (Klafki [5]1996, S. 143f.)

Mit »Kategorie« bezeichnet Klafki einen fächerübergreifenden Sachverhalt. Um für spezifische Unterrichtsfächer Geltung zu haben, bedarf er allerdings der fachdidaktischen Auslegung, denn das Allgemeine im Physik- oder Chemieunterricht ist z.B. etwas anderes als das Allgemeine im Geschichts- oder Religionsunterricht. Je nach Fach und darin zu erarbeitenden Unterrichtsinhalten steht das Kategoriale etwa für: Gesetze, Symbolgehalte, Typen, Strukturen, Werterfahrungen, Regeln, Formen, Methoden, Prinzipien, geschichtliche Wirkungszusammenhänge. Im Sinne des Exemplarischen Lehrens und Lernens werden all diese Kategorien immer ausgehend vom Beispiel (= Exemplum) erworben und ermöglichen nachgehend vielfältige Anwendungsmöglichkeiten.

In diesem Zusammenhang sei auf die besondere Bedeutung des Exemplarischen im Geschichtsunterricht verwiesen. Dort wird zwar immer *konkrete* Geschichte re-präsentiert, dort werden auch *allgemeine* Begriffe und Zusammenhänge erarbeitet (Demokratie, Diktatur, Nationalstaat, Industrialisierung, Wahlrecht, Parlament), aber das Erlernte findet schließlich nicht einfach eine Anwendung auf andere Situationen. Denn historische Situationen sind einmalig in ihrer Genese und Konstellation. Deshalb ist die Frage, ob man aus der Geschichte überhaupt für die Gegenwart und Zukunft etwas lernen könne, häufig genug negativ beantwortet worden. Geschichtliche Erkenntnisse können also allenfalls *vermittelt* auf ihre Bedeutung für die Gestaltung der Zukunft hin befragt werden (s. dazu das Beispiel »Woran scheiterte Weimar?« im zweiten Kapitel). Aber von dieser grundsätzlichen Einschränkung abgesehen, gibt es immer eine Vielzahl von »Fällen«, Quellen, Gemälden usw., die nicht allesamt im Unterricht behandelt werden können, sondern aus denen man sich jeweils ein besonders geeignetes Exemplum auswählt, um an ihm den jeweiligen Sachverhalt (also z.B. den Begriff Demokratie, Diktatur, Nationalstaat, Industrialisierung, Wahlrecht oder Parlament) als allgemeine Kategorie zu erarbeiten.

Die Darstellung der kategorialen Bildung sei mit dem Verweis auf zwei weitere Begriffe abgeschlossen, von denen aus sich zu dem im vorangegangenen Kapitel beschriebenen Lernzielproblem ein wichtiger Zusammenhang herstellen lässt. Es sind die Begriffe »Elementares« und »Fundamentales«. Der Begriff des Elementaren ist im vorangegangenen eigentlich schon indirekt eingeführt worden, denn die Kategorien, das Allgemeine, bezeichnet Klafki auch als das Elementare. Kategorie, Allgemeines und Elementares sind also *synonyme* Begriffe.

Wenn nun von dem Fundamentalen die Rede sein soll, dann muss man sich vor Augen halten, dass »das Allgemeine« immer etwas Relatives ist, also immer in Beziehung zu einem weniger oder noch Allgemeinerem gesehen werden kann bzw. muss. Der Begriff Rose etwa ist allgemein, der Begriff Blume allgemeiner, der Begriff Pflanze noch allgemeiner. Und umgekehrt ist der Begriff Blume konkreter gegenüber dem der Pflanze und der Begriff Rose konkreter gegenüber dem der Blume. Unsere sprachlich-symbolischen Bezeichnungen von Ausschnitten der Realität spiegeln also ein *Kontinuum* von Konkreterem (das aber auch schon Allgemeines ist) und (noch) Allgemeinerem, in dem sich keine scharfen Grenzen ziehen lassen.

Auch im Unterricht treffen wir auf ein solches Kontinuum von Konkreterem und Allgemeinerem, das uns bereits durch die Unterscheidung verschiedener Lernzielebenen im vorangegangenen Kapitel bekannt ist: Schon in jeder einzelnen Unterrichtsstunde wird mittels des Konkreten (Exemplum) das Allgemeine (Kategorie) erarbeitet; dieses Allgemeine wird aber im Rahmen einer Unterrichtsreihe in umfassendere Sinnbezüge (umfassendere Kategorien) eingestellt, deren Allgemeinheitsgrad folglich noch größer sein muss. Die Summe all dieser miteinander zusammenhängenden (Teil-)Kategorien bildet im positiven Fall dann die Leitziele eines Unterrichtsfaches ab. *Diese fachlichen Leitziele sind also eine modernere Formulierung für den Begriff des Fundamentalen:* So wie die Grobziele von Unterrichtsreihen in der Ebene des Elementaren zu denken sind, sind die fachlichen Leitziele dann in der Ebene des Fundamentalen einzuordnen, wobei – um es nochmals zu betonen – wir keine klare Grenze zwischen diesen beiden Ebenen ziehen können (deshalb sind die Ebenen des Elementaren und Fundamentalen in der folgenden Grafik auch durch eine gestrichelte Linie »getrennt«).

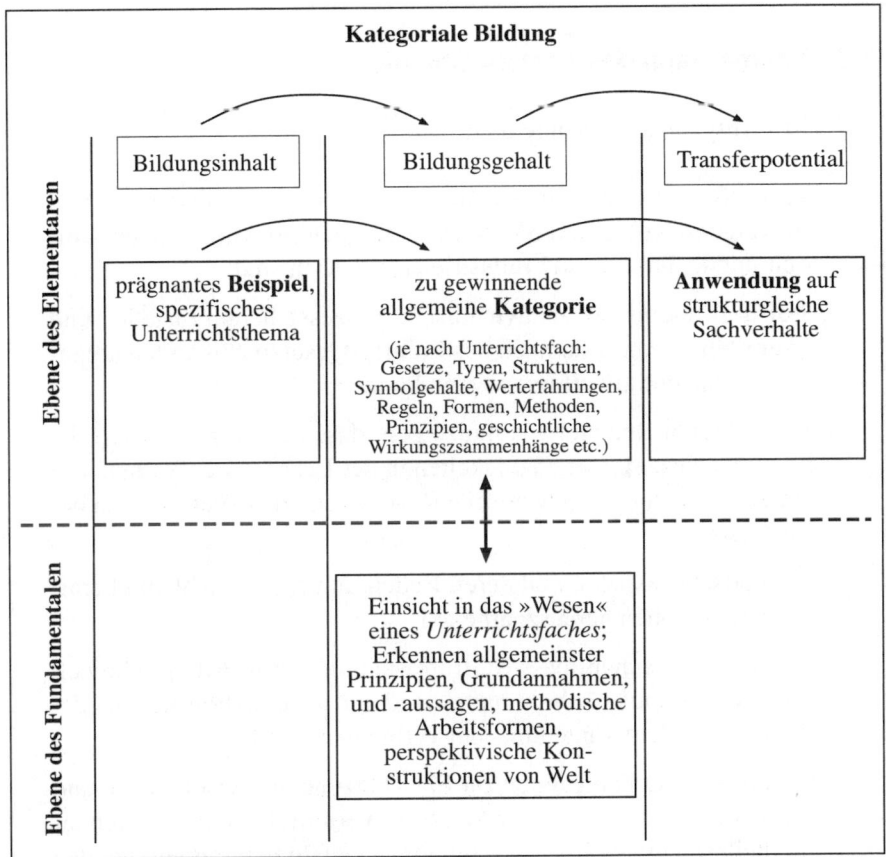

Abbildung 8: Zusammenhang von Elementarem und Fundamentalem

Wenden wir das Gesagte auf zwei Beispiele aus dem vorangegangenen Kapitel an. Dort wurden z.B. die Leitziele (= das Fundamentale) der Fächer Chemie und Geschichte aufgeführt. Ein mögliches Missverständnis ist dabei vorweg auszuschließen: Bei diesen Fundamentalia handelt es sich nicht um das »Wesen« der Chemie oder der Geschichtswissenschaft, sondern um ein Gesamtverständnis eines *Unterrichtsfaches*. Fundamentales ist also kein Begriff, der auf Wissenschaftsdisziplinen zielt, sondern auf die Beschreibung der leitenden Ziele eines *Unterrichtsfaches*.

Fundamentalia des Faches Chemie

Es ist »Aufgabe des Chemieunterrichts

– Kenntnisse zu vermitteln und anzuwenden, die zum Verständnis von Stoffeigenschaften und Stoffumwandlungen im Alltag, in der Umwelt und in Technik und Industrie erforderlich sind

– Stoffumwandlungen als dynamische Prozesse herauszustellen und zu erarbeiten, dass sie nach bestimmten Gesetzmäßigkeiten ablaufen und quantitativ erfasst werden können

– an konkreten Beispielen aufzuzeigen, dass der Mensch durch die Kenntnis dieser Gesetzmäßigkeiten in der Lage ist, den Verlauf von Stoffumwandlungen (chemische Reaktionen) zu steuern und zu beeinflussen

– energetische Aspekte und deren Bedeutung für den Ablauf chemischer Reaktionen herauszuarbeiten

– deutlich zu machen, dass Stoffumwandlungen in Alltag, Umwelt und Technik häufig sehr komplex sind und als Reaktionsketten oder als Stoffkreisläufe untereinander verbunden sein können

– Kenntnisse und Fähigkeiten zur Einschätzung der Gesundheits- und Umweltrisiken gefährlicher Stoffe zu vermitteln, sodass durch sicherheitsbewusstes Umgehen mit ihnen Gefahren minimiert werden können.«

(aus: Richtlinien und Lehrpläne für die Sekundarstufe II – Gymnasium/ Gesamtschule in Nordrhein-Westfalen. Chemie, S. 10f.)

Fundamentalia des Unterrichtsfaches Geschichte

Schülerinnen und Schüler gewinnen »Einsichten

- in die historische Entwicklung konkurrierender gesellschaftlicher und sozialer Ordnungsvorstellungen, wirtschaftlicher Modelle, religiöser und kultureller Wertvorstellungen

- in den Zusammenhang der Faktoren und Wirkungsmechanismen, die unsere gegenwärtige Welt bestimmen, die Kontinuität von Traditionen, Prinzipien und Wertvorstellungen, aber auch die Diskontinuitäten und Brüche in der historischen Entwicklung

- in die Eigendynamik geschichtlicher Prozesse und die Veränderbarkeit von Wertsetzungen und Ordnungsvorstellungen, in die daraus resultierenden Gefahren, aber auch in die Möglichkeiten zukünftiger Gestaltung

- in reale Existenzformen oder Denkvorstellungen früherer Epochen, die nicht unmittelbar mit unserer Gegenwart verbunden sind, in gescheiterte oder abgebrochene Entwicklungslinien, um Alternativen zu unseren Lebensformen zu erkennen und aus der dadurch gewonnenen Distanz neue Denkmodelle und Handlungsperspektiven zu gewinnen

- in die Genese der eigenen kulturellen, sozialen und politischen Identität, der Identitäten anderer mit ihren subjektiven Interessen und Ansprüchen und die prozessualen Abläufe der allgemeinen Geschichte, um den eigenen Standort zu finden und Chancen für eigene Handlungsmöglichkeiten in politischer und sozialer Verantwortung zu erkennen.«

(aus: Richtlinien und Lehrpläne für die Sekundarstufe II – Gymnasium/Gesamtschule in Nordrhein-Westfalen. Geschichte, S. 8f.)

4. Die »Didaktische Analyse« als Anwendung der Theorie kategorialer Bildung auf die Unterrichtsplanung

Mit Blick auf das Exemplarische Lehren und Lernen und die ihm zugrunde-liegende Theorie der kategorialen Bildung lässt sich nun die Darstellung der »Didaktischen Analyse« abrunden. Zur Erinnerung: Die in der Grafik (s. oben) angeführten Begriffe »Bildungsinhalt« und »Bildungsgehalt« sind bereits im ersten Kapitel im Zusammenhang mit der zweiten und dritten Grundfrage der »Didaktischen Analyse« eingeführt worden (*Bildungsinhalt* bezieht sich auf den konkreten Fall, das besondere Unterrichtsthema, das Bei-spiel – *Bildungsgehalt* meint das am Besonderen zu erarbeitende Allge-meine). Auch von den zu erwerbenden Kategorien, also vom Allgemeinen, ist schon indirekt die Rede gewesen, wenn im zweiten Kapitel die vierte Grund-frage der »Didaktischen Analyse« mit der »Struktur der Thematik« im Vor-dergrund stand. Sie soll die Sache klären und steht für die allgemeinen Merkmale des betreffenden Sachverhaltes (unter der Beachtung von Gegen-warts- und Zukunftsbedeutung). Es bleiben nun noch die erste und fünfte Frage (s. folgende Seite) zur Erörterung.

Die beiden Grundfragen und deren erläuternde Teilfragen machen deutlich, dass hiermit der Dreischritt des Exemplarischen Lehrens (a: Ausgang vom Beispiel, b: Erwerb einer allgemeinen Kategorie, c: Transfer des Allgemeinen auf Besonderes) umschrieben wird. Allerdings zeigen sich dabei einige Über-schneidungen und Ergänzungen. Zur besseren Abgrenzung lassen sich fol-gende Differenzierungen herausstellen:

a) Aspekt des *Besonderen*: Er wird insbesondere durch die fünfte Grundfrage zum Ausdruck gebracht.

b) Aspekt des *Allgemeinen*: Was soll auf exemplarischem Weg erarbeitet wer-den? Was ist das Wesen, das Allgemeine, das Prinzipielle ..., das erarbeitet werden soll? (Darauf zielt die erste Grundfrage als Frage nach der Exem-plarizität und deren erste Teilfrage.)

c) Aspekt der *Anwendung* des Allgemeinen: Er wird in der zweiten Teilfrage der ersten Grundfrage ebenso thematisiert wie in der dritten Teilfrage der fünften Grundfrage.

Diese drei Aspekte sind in Klafkis Ausführungen mit zwei weiteren verbun-den, die nicht auf die begründete Wahl von Unterrichtsinhalten abheben, son-dern darauf, inwiefern die gewählten Beispiele auch *motivierend* sind und die *selbsttätige* Erarbeitung durch den Schüler fördern können:

I. Welchen größeren bzw. welchen allgemeinen Sinn- oder Sachzusammenhang vertritt und erschließt dieser Inhalt? Welches Urphänomen oder Grundprinzip, welches Gesetz, Kriterium, Problem, welche Methode, Technik oder Haltung lässt sich in der Auseinandersetzung mit ihm ›exemplarisch‹ erfassen?

1. Wofür soll das geplante Thema exemplarisch, repräsentativ, typisch sein?

2. Wo läßt sich das an diesem Thema zu Gewinnende als Ganzes oder in einzelnen Elementen – Einsichten, Vorstellungen, Wertbegriffen, Arbeitsmethoden, Techniken – später als Moment fruchtbar machen?

…

V. Welches sind die besonderen Fälle, Phänomene, Situationen, Versuche, in oder an denen die Struktur des jeweiligen Inhaltes den Kindern dieser Bildungsstufe, dieser Klasse interessant, frag-würdig, zugänglich, begreiflich, ›anschaulich‹ werden kann?

1. Welche Sachverhalte, Phänomene, Situationen, Versuche, Kontroversen usw., m.a.W.: ›Anschauungen‹ sind geeignet, die auf das Wesen des jeweiligen Inhaltes, auf seine Struktur gerichtete Fragestellung in den Kindern zu wecken, jene Fragestellung, die gleichsam den Motor des Unterrichtsverlaufes darstellen muss?

2. Welche Anschauungen, Hinweise, Situationen, Beobachtungen, Erzählungen, Versuche, Modelle usw. sind geeignet, den Kindern dazu zu verhelfen, möglichst selbständig die auf das Wesentliche der Sache, des Problems gerichtete Fragestellung zu beantworten?

3. Welche Situationen und Aufgaben sind geeignet, das am exemplarischen Beispiel, am ›elementaren‹ Fall erfasste Prinzip einer Sache, die Struktur eines Inhaltes fruchtbar werden, in der Anwendung sich bewähren und damit üben (– immanent wiederholen –) zu lassen?

(aus: Klafki, W. ([10]1969): Didaktische Analyse als Kern der Unterrichtsvorbereitung. In: Klafki, W. u.a.: Didaktische Analyse, Hannover, S. 5-34.)

d) Aspekt der *Motivation*: Welche Beispiele, Phänomene, Situationen, Kontroversen ... sind geeignet, um beim Schüler genügend Motivation zur Erarbeitung des Allgemeinen zu erzeugen? (erste Teilfrage der fünften Grundfrage)

e) Aspekt der *Selbsttätigkeit*: Sind die Beispiele in Bezug auf das Allgemeine so gewählt, dass der Lehrende möglichst indirekt agieren und die Selbsttätigkeit des Schülers im Vordergrund stehen kann? (zweite Teilfrage der fünften Grundfrage)

Die fünf Grundfragen der »Didaktischen Analyse« stellen zusammen – das können wir hier resümierend festhalten – eine in die Unterrichtsplanung hinein verlängerte Theorie der Kategorialen Bildung dar. Klafki möchte also seine Vorstellungen von Bildung in Leitfragen für die alltägliche Aufgabe der Unterrichtsplanung umsetzen. Ihr prinzipieller Sinn lässt sich deshalb in der Formel zum Ausdruck bringen: »Die Unterrichtsvorbereitung soll eine oder mehrere Möglichkeiten zu fruchtbarer Begegnung bestimmter Kinder mit bestimmten Bildungsinhalten entwerfen.« (Klafki [10]1969, S. 6). In diesem Zusammenhang warnt Klafki vor der Gefahr, sich bei der Unterrichtsvorbereitung zu sehr auf das »Wie« der zu stiftenden Begegnung zu verlegen und sie primär als eine methodische Aufgabe zu verstehen. Eben deshalb ist die »didaktische Analyse« (und nicht die methodische) der eigentliche Kern der Unterrichtsvorbereitung (ebd., S. 9).

Die wesentliche Aufgabe der Unterrichtsplanung bekommt ihren Sinn aus der besonderen Situation des Lehrers. Die im Unterricht zu verhandelnden Themen sind nämlich in aller Regel durch den jeweils gültigen Lehrplan vorgegeben. Selbst dort, wo der Lehrplan als Rahmenplan dem Lehrer Freiheitsraum für besondere Themen offen lässt, sind durch die Vorgabe von bestimmten Themenfeldern entsprechende Vorentscheidungen gefallen. Aus dieser Situation heraus fällt dem Lehrer nun die Aufgabe zu, »die in den Lehrplaninhalten verborgene pädagogische Vorentscheidung der Lehrplangestalter gleichsam noch einmal« (S. 8) nachzuvollziehen. Anders formuliert: »Die didaktische Analyse soll ermitteln, worin der allgemeine Bildungsgehalt des jeweils besonderen Bildungsinhaltes liegt.« (S. 14) Und genau das sollen die fünf Grundfragen der Didaktischen Analyse leisten.

Übungen

Es wird dem Leser nicht entgangen sein, dass dieses Buch darauf setzt, ausgehend von Beispielen allgemeine Einsichten für die Unterrichtsplanung zu entwickeln und diese wiederum in Form von Übungsaufgaben zur Anwendung zu bringen. Das Prinzip des Exemplarischen Lehrens soll also durchgehend Berücksichtigung finden. So auch in diesem Kapitel! In einem ersten Schritt wurde ein Unterrichtsbeispiel (Gedankenexperiment Newtons) als Ausgangspunkt gewählt. Daran ist in einem zweiten Schritt das Allgemeine, also die dem Exemplarischen Lehren und Lernen zugrundeliegende *Theorie* der kategorialen Bildung, erarbeitet worden. Es bleibt noch der dritte Schritt: Der Leser soll nun diese Theorie auf andere »Fälle« von Unterrichtsplanung anwenden. Das ist keine leichte Aufgabe; ähnlich wie schon im ersten und zweiten Kapitel geht es ja auch hier um die begründete Auswahl von Unterrichtsinhalten. Das setzt eigentlich den Überblick über einen thematischen Zusammenhang voraus. Aber irgendwann muss man mit dieser anspruchsvollen Teilaufgabe der Unterrichtsplanung beginnen.

Zur Erleichterung des Einstieges in die Übungen gehen wir noch einmal an den Anfang dieses Kapitels zurück. Was haben die dort angeführten Beispiele mit dem Dreischritt des Exemplarischen Lehrens und Lernens zu tun? – Das besondere Bild Monets dient dazu, Gestaltungstechniken impressionistischer Malerei zu erarbeiten; diese lassen sich in vielen seiner anderen Bilder wie auch in denen anderer Impressionisten wiederfinden. Bachmanns Gedicht »Reklame« erschließt den Schülern die Einsicht, dass eine rein materielle Ausrichtung des Lebens viele andere Bedürfnisse (nach Geborgenheit, Frieden, Sinnorientierung usw.) ungestillt lässt; dadurch lernen sie das »Haben« vom »Sein« (Fromm) zu unterscheiden und künftig gelassener auf eigene materielle Wünsche zu reflektieren. Wenn die Schüler am Beispiel der Luftpumpe das Wechselspiel von Über- und Unterdruck erkannt haben, können sie sich auch erklären, wie ein Kompressor funktioniert oder wie Hoch- und Tiefdruckgebiete entstehen und sich auf Wettererscheinungen auswirken. Und wenn sie über den aktuellen Streik in der benachbarten Firma Begriffe wie Tarif, Urabstimmung, Ausschließung, Streikbrecher usw. erworben haben, werden ihnen diese Begriffe einen rational geordneten Zugriff auf alle künftig stattfindenden Streiks ermöglichen. Man sieht also: Das Exemplarische Verfahren soll dazu führen, dass dem Schüler – nach erfolgtem Lernprozess – die Welt als eine »im Prinzip bekannte« gegenübersteht; alle strukturgleichen Fälle, die ihm künftig begegnen, sind eigentlich geklärt, weil ihm über das erarbeitete *Allgemeine* Denk- und Handlungsinstrumente zur Verfügung stehen.

Aufgabe 1

Die folgende Grafik ist den Richtlinien des Landes NRW (Lehrplan Erdkunde, Sekundarstufe I, 2000, S. 72) entnommen. Entdecken Sie darin a) das Beispiel und b) das daran zu erarbeitende Allgemeine (bzw. noch Allgemeinere) wieder? Wenn es Ihnen gelungen ist, können Sie sicher auch der Grafik die Begriffe des *Elementaren* und des *Fundamentalen* zuordnen.

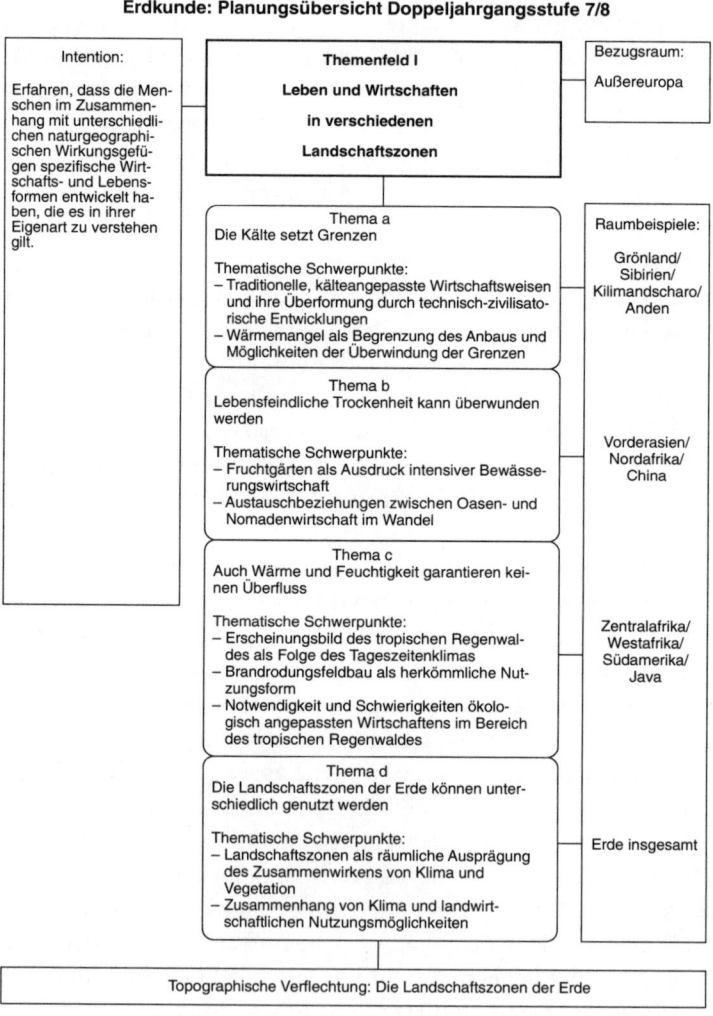

Abbildung 9: Exemplarisches Lehren und Lernen im Erdkundeunterricht

Aufgabe 2

Die folgende Tabelle gibt bereits *Beispiel* und *Allgemeines* vor. Vervollständige Sie die Tabelle im Hinblick auf die *Anwendung* des Gelernten in der dritten Spalte!

Unterrichts-fach	Inhalt / paradigmatischer Stoff /»Fall« / Beispiel	Allgemeines Kategoriales (»inhaltliche« Komponente)	Transfer-möglichkeiten (»formale« Komponente)
Musik	Gospelsong, ein flotter »Dixieland«	Aus einer bestimmten geschichtlichen Situation heraus entsteht ein Musik-stil (Präferenz für bestimmte Inhalte, Rhythmen, Instrumente usw.)	Wann und warum entwickelte sich der Walzer, das Musical, die Oper, …?
Deutsch	Analyse einer Anzeige aus der Werbung	Zusammenspiel von syn-taktischen, semantischen und pragmatischen Elementen zu einem kohärenten Text; Begriff »Zielgruppe«	
Mathematik	Herr A. hat folgende Konditionen zur Finanzierung seines Hausbaus erhalten: … Frau B. hat dagegen diese: …	Regeln der Prozent-rechnung	
Geschichte	Französische Revolution	Gewaltenteilung zwischen Exekutive, Legislative und Judikative	
Chemie	Ein rostiger Nagel	Oxidation	

Aufgabe 3

In den abschließenden Übungen zum zweiten Kapitel sind für viele Unterrichtsfächer »Themen« angegeben worden, zu denen geeignete Lernziele zu suchen waren. Diese Lernziele stehen für die allgemeinen, zu erwerbenden Kenntnisse, Erkenntnisse, Haltungen, Einstellungen usw. Im Sinne des Exemplarischen Lehrens und Lernens wollen wir nun die umgekehrte Frage stellen. Überlegen Sie also bitte: Welche besonderen Fälle, Beispiele, Anlässe, Phänomene, Situationen, Kontroversen usw. sind geeignet, um Schülerinnen und Schüler den Erwerb dieser allgemeinen Kategorien zu ermöglichen?

Aufgabe 4

Im zweiten Kapitel ist die Struktur des Inhaltes (»Sachanalyse«) an drei Beispielen expliziert worden. Inwiefern ist dabei bereits das Prinzip des Exemplarischen Lehrens und Lernens implizit oder explizit berücksichtigt worden?

Kapitel 5

Lernvoraussetzungen einschätzen

1. Einleitung

Die Planung und Durchführung von Unterricht ist immer an bestimmte Lernvoraussetzungen auf Seiten der Schülerinnen und Schüler gebunden, ohne deren Beachtung Unterricht nicht oder nur in geringem Maße die Wirkungen zeitigen wird, die man zu realisieren beabsichtigt. Lernvoraussetzungen sind als Bedingungsrahmen in jeder einzelnen Unterrichtsstunde oder -reihe wirksam; wenn beispielsweise das Faktenwissen der Schüler lückenhaft ist oder wenn sie Begriffe nicht eindeutig definieren und von anderen nicht klar abgrenzen können, liegen keine günstigen Voraussetzungen für den folgenden Unterricht vor. Neben solchen sachlichen Voraussetzungen sind auch bestimmte Dispositionen wie Arbeitshaltung, Aufmerksamkeit, Interesse an einem Fach oder die Fähigkeit, sich in Gruppenarbeit konstruktiv einbringen zu können, ebenfalls wichtige individuelle Bedingungen für den Lernerfolg. Im Hinblick auf solche Voraussetzungen können sich Schülerinnen und Schüler einer Klasse erheblich unterscheiden. Je größer die Klassen sind, desto schwerer ist es für Lehrerinnen und Lehrern, diesem Umstand Rechnung zu tragen.

Lernvoraussetzungen sind bisher nur indirekt und marginal zur Sprache gekommen und wurden bei den Planungsbeispielen gewissermaßen als positiv gegeben unterstellt. Wenn nun in diesem Kapitel der Schwerpunkt auf den Lernvoraussetzungen liegen soll, so muss betont werden, dass diese eigentlich auf eine *spezifische* Situation hin auszulegen sind. Das gilt zwar für die anderen, bereits behandelten Planungsaspekte auch, aber für die Frage der Lernvoraussetzungen im besonderen Maße. Deshalb ist hier vorauszuschicken, dass die folgenden Überlegungen letztlich ein Stück weit Fiktion bleiben müssen, weil sie nicht auf die spezifische Situation einer Klassenkonstellation hin ausgelegt werden können, denn dazu müsste man die jeweiligen Schülerinnen und Schüler kennen.

Wie gehen die folgenden Überlegungen mit dieser Schwierigkeit um? – Es wird ein allgemeiner Darstellungsrahmen gewählt, der verschiedenste Einflüsse auf die Planung und Durchführung von Unterricht benennen und damit bewusst machen kann.

Dieser Rahmen soll so aussehen, dass wir zwischen drei Gruppen von Lernvoraussetzungen auswählen und diese jeweils durch exemplarische Darstellung veranschaulichen. Es geht im ersten Beispiel um *fächerübergreifende* Voraussetzungen, im zweiten um *fach-* bzw. *lernbereichsspezifische* und im dritten um *stundenspezifische* Voraussetzungen. Letztere werden im Planungsentwurf einer Unterrichtsstunde oder -reihe in der Regel explizit erläutert (s. dazu das Beispiel »Amerikaprojekt« auf S. 112f.), denn sie wirken sich direkt bzw. inhaltsspezifisch auf das Erreichen der konkreten Lernziele aus. Fach- bzw. lernbereichsspezifische und fächerübergreifende Lernvoraussetzungen werden dagegen seltener formuliert. Sie sind inhaltlich neutral und mittelbar thematisch relevant, aber gerade deshalb wirken sie für eine Vielzahl von Unterrichtsstunden als konstante Bedingungen. Die Wahl der Beispiele wird das belegen.

	Art der Lernvoraussetzungen (einschl. zeitlicher Perspektive)	*Inhaltlicher* Aspekt	*Focus* liegt auf	*Konsequenzen* für die Unterrichtsplanung und -durchführung
Beispiel 1:	fächerübergreifende Lernvoraussetzungen	Lesesozialisation und Lesekompetenz	gesellschaftlich (mit-)bedingten Voraussetzungen von Unterricht	**???**
Beispiel 2:	fach- bzw. lernbereichsspezifische Lernvoraussetzungen	Kognition und Experimentierfähigkeit	entwicklungspsychologisch bedingten Voraussetzungen für den naturwissenschaftlichen Unterricht	**???**
Beispiel 3:	stundenspezifische Lernvoraussetzungen	Kenntnisse und Erkenntnisse	inhaltlich bestimmten Voraussetzungen zur Erreichung spezifischer Lernziele	**???**

Das erste Beispiel beschreibt Aspekte der Lesesozialisation und Lesekompetenz von Schülerinnen und Schülern und ihre Bedeutung für *alle* Unterrichtsfächer; wir decken damit exemplarisch die Frage der *gesellschaftlich (mit-)bedingten* Voraussetzungen von Unterricht ab. Das zweite Beispiel bezieht sich auf allgemeine kognitive Voraussetzungen, die im Lernbereich Naturwissenschaften gegeben sein müssen, damit Schülerinnen und Schüler Experimente verstehen und durchführen können. Durch diese Perspektive soll die *entwicklungspsychologische* Reflexion von Lernvoraussetzungen in den Blick kommen. Im dritten Beispiel liegt der Focus auf den *inhaltlich bestimmten* Voraussetzungen, die zur Erreichung spezifischer Lernziele gegeben sein müssen. Jeglicher Unterricht ist auf ein Minimum solcher inhaltlicher Lernvoraussetzungen angewiesen. Die Kombination dieser Varianten kann die Fülle unterschiedlichster Bedingungen selbstverständlich nicht in Gänze abbilden, aber sie kann zumindest das weite Feld von Bedingungskonstellationen umreißen, das Lehrende in der Planung und Durchführung zu bedenken haben.

2. Gesellschaftlich (mit-)bedingte Voraussetzungen von Unterricht: Lesesozialisation und Lesekompetenz

»Lesesozialisation« bezeichnet den Prozess und das Ergebnis des Erwerbs von Lesekompetenz unter spezifischen (d.h. historisch wandelbaren) gesellschaftlichen Bedingungen. Nach Groeben/Hurrelmann lässt sich dieser Prozess durch Inbeziehungsetzung dreier Ebenen angemessen modellieren (Groeben/Hurrelmann 2004): Die *Makroebene* steht für die gesellschaftliche Kultur, die insbesondere durch »Bildungsnormen« (Hurrelmann 2004a) Einfluss auf die Lesesozialisation nimmt (z.B. Forderung nach Beherrschung der Muttersprache in Wort und Schrift, Vorgabe eines Lektürekanons, Präferenz für bestimmte Textsorten). Auf der *Mesoebene* bilden die Familie, die Schule und die Gleichaltrigen die entscheidenden Instanzen der Lesesozialisation. Im Laufe der kindlichen und jugendlichen Entwicklung prägt sich eine individuelle Lesekompetenz aus, die sich als Zusammenhang von kognitiven, motivationalen und emotionalen Faktoren auf der *Mikroebene* beschreiben lässt und die sich im Leseverhalten als positives wie negatives Muster ein Leben lang durchhalten kann.

Im Sinne dieses Drei-Ebenen-Modells beginnt der Prozess der Lesesozialisation nicht erst mit dem eigentlichen Lesen- und Schreibenlernen, sondern schon lange vor der Alphabetisierung. Die Familie ist dabei – das belegen nahezu alle empirischen Studien durchgängig (s. z.B. Hurrelmann 2004b) – die früheste und wirkungsvollste Sozialisationsinstanz. Der Grad der *sprachlichen Stimulierung* und das *Leseklima* einer Familie (gemeinsame Leseinteressen von Eltern und Kindern, Sprechen über Gelesenes, gemeinsamer Besuch von Bibliotheken, Medienverhalten und -nutzung der Eltern) führen spätestens bis zum Zeitpunkt des Eintritts in die Grundschule zu auffälligen Unterschieden in der *Lesekompetenz* der Schülerinnen und Schüler. Schon hier also stellt sich für die Schule die Aufgabe der Verringerung solcher Disparitäten. Eine Zusammenarbeit mit der Familie ist nicht immer gegeben, denn die einzelnen Familien haben im Sinne Bourdieus einen kulturellen Habitus, durch den sie sich selbst definieren und der gerade im Falle eines bildungsfernen Milieus die Erreichbarkeit der Eltern durch die Schule nur bedingt gewährleistet. Deshalb verwundert es z.b. nicht, wenn Hauptschüler das Lesen selbst zwar als wertvoll erachten, aber von einer Beschäftigung mit »höherer« Literatur, die sich an allzu engen literarischen Normen ausrichtet, weder für ihr künftiges Leben im allgemeinen noch für ihr Leseverhalten im besonderen einen nennenswerten (positiven?) Effekt erwarten (s. dazu Pieper/ Rosenbrock 2004).

Bereits diese wenigen Hinweise deuten darauf hin, dass die Lesesozialisation und die daraus resultierende Lesekompetenz *komplexe Phänomene* sind, deren Aspekte in dem hier interessierenden Zusammenhang nur sehr selektiv berücksichtigt werden können. Die folgenden Überlegungen können z.B. nicht auf die geschlechtsspezifischen Unterschiede in der Lesesozialisation, den Einfluss der peer-group, das Leseverhalten auf verschiedenen Altersstufen, das inhaltliche Leseinteresse oder die Berücksichtigung der Medienform und ihrer Nutzung (Buch, Tageszeitung, PC) eingehen (s. dazu im einzelnen z.B. Hamm/Langen 2002; Garbe 2002: Stiftung Lesen, Spiegel Verlag 2001; Langen/Bentlage 2000).

Statt dessen soll hier exemplarisch das Verständnis von *Lesekompetenz* zugrundegelegt werden, wie es im PISA-Konzept zum Einsatz kommt. Die Konstruktion dieses Konzeptes ist so ausgelegt, dass es Basiskompetenzen messen will, also solche Kompetenzen, die als unabdingbare Voraussetzungen für das Verständnis von Texten gelten. Es geht hier also nicht um das Verständnis »höherer« oder »anspruchsvoller« Literatur und auch nicht darum, den Lehrplan des Unterrichtsfaches Deutsch abzubilden, sondern um die Erhebung solcher Fähigkeiten, ohne die der Inhalt unterschiedlichster Texte (letztlich auch der jener »höheren« Literatur) erst gar nicht erschlossen werden kann. Wie die folgende Grafik zeigt, sind die Teilkompetenzen vorwiegend kognitiver Art. Damit verbindet sich der Vorteil, dass Lesekompetenz *fächerübergreifend* definiert ist.

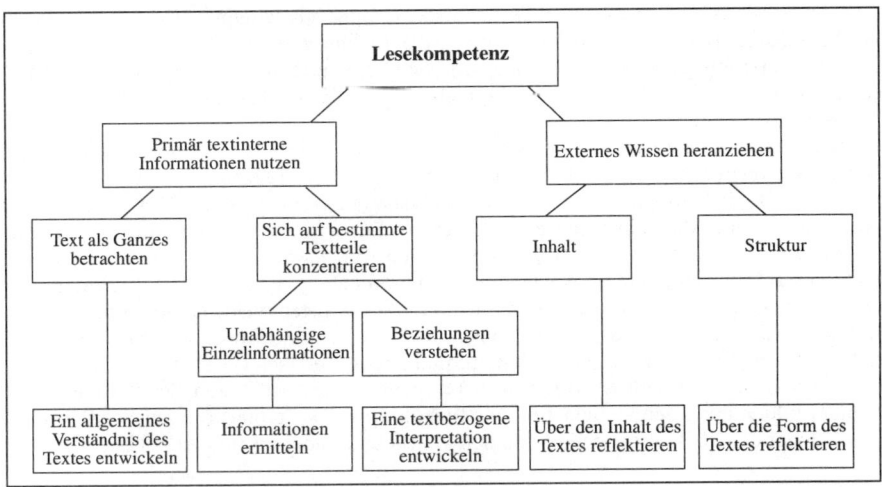

Abbildung 10: Theoretische Struktur der Lesekompetenz in PISA,
aus: Artelt/Stanat/Schneider/Schiefele 2001, S. 82

Für die Konstruktion des Tests wurden fünf Kompetenzstufen definiert, die sich im Grad der Identifikation und Kombination von Informationen unterscheiden: (I) eine Information oder mehrere unabhängige und ausdrücklich angegebene Informationen lokalisieren, (II) solche Informationen erkennen, die nicht eigens hervorgehoben, sondern aus dem Text geschlussfolgert werden müssen, (III) Einzelinformationen identifizieren und zusammenhängend betrachten (Erschwernis durch konkurrierende Informationen), (IV) mehrere eingebettete Einzelinformationen lokalisieren, (V) verschiedene, tief eingebettete Informationen lokalisieren und geordnet wiedergeben (s. Artelt/Stanat/Schneider/Schiefele 2001, S. 89).

Die Ergebnisse sind im allgemeinen bekannt; einige seien noch einmal in Erinnerung gerufen, die die sogenannte *Risikogruppe* betreffen:

»Während im Durchschnitt aller OECD-Mitgliedsstaaten 6 Prozent der Schülerinnen und Schüler den Anforderungen der Kompetenzstufe I nicht gewachsen sind, liegt der Anteil in Deutschland bei fast 10 Prozent ...
Weitere 12,7 Prozent der in Deutschland erfassten Schülerinnen und Schüler befinden sich auf Kompetenzstufe I ... Damit sind insgesamt fast 23 Prozent der Jugendlichen in der Regel nicht in der Lage, die mit der Kompetenzstufe II verknüpften Anforderungen zu bewältigen«. (Ebd. S. 103)
PISA definiert diejenigen Schüler, die die Stufe I nicht erreichen, als *Risikogruppe*. Für sie gilt:»Wie aufgrund von früheren Studien zu Geschlechterunterschieden im verbalen Be-

reich zu erwarten ist, bestehen zwei Drittel dieser Gruppe aus Jungen … Erwartungsgemäß ist ebenfalls der Befund, dass sich die Gruppe der 15-Jährigen, die Kompetenzstufe I nicht erreichen, überwiegend aus Schülerinnen und Schülern aus Haupt- und Sonderschulen zusammensetzt; etwa 34 Prozent dieser Jugendlichen besuchen Sonderschulen und weitere 50 Prozent sind in Hauptschulen zu finden.« (S. 117)

»Betrachtet man die Herkunft der Schülerinnen und Schüler sowie ihrer Eltern, so lassen sich zwei größere Gruppen von Jugendlichen unterscheiden, die Kompetenzstufe I nicht erreichen … Bemerkenswert ist dabei der Befund dass der größte Anteil (47%) Schülerinnen und Schüler sind, die selbst und deren Eltern in Deutschland geboren sind … Weitere 36 Prozent der Schülerinnen und Schüler, die den Anforderungen der Kompetenzstufe I nicht gewachsen sind, sind im Ausland geboren und haben mindestens ein Elternteil, der ebenfalls nicht aus Deutschland kommt … Dieses Muster weist darauf hin, dass im Bemühen, die Anzahl der Risikoschülerinnen und -schüler zu reduzieren, nicht ausschließlich bei Jugendlichen mit Migrationshintergrund anzusetzen ist.« (S. 117f.)

»Die von den Lehrkräften vorab als ›schwache Leser‹ benannten Schülerinnen und Schüler bilden nur einen kleinen Teil der Risikogruppe. Der größte Teil der Schülerinnen und Schüler der Risikogruppe wird von den Lehrkräften nicht erkannt.« (S. 129)

Im Ausgang von diesen Ergebnissen, vor allem aber im Rückgriff auf die oben abgebildete theoretische Struktur der Lesekompetenz in PISA wird deutlich, dass der Grad der Lesekompetenz eine wichtige Bedingung für das Lernen in allen Fächern bildet. Die Förderung dieser Lesekompetenz ist deshalb keine ausschließliche Angelegenheit des Deutschunterrichts. Die Klagen über abnehmendes Interesse und sinkende Lesefähigkeiten und Lesebereitschaft der Schülerinnen und Schüler gehen daher auch weit über dieses Fach hinaus (s. z.B. von Reeken für das »Lesefach Geschichte«, 1999, S. 297). In allen Schülerbüchern finden sich Beschreibungen, beschriftete Grafiken, Kommentare, Problemstellungen, Übungs- und Anwendungsaufgaben oder Kontrollfragen, denen Einzelinformationen zu entnehmen sind und die die Stiftung sinnvoller Strukturen verlangen.

Was haben nun die *gesellschaftlich (mit-)bedingten* Faktoren der Lesekompetenz mit der Planung von konkretem Unterricht zu tun? – In einem schriftlichen Planungsentwurf werden sie in der Regel gar nicht thematisiert oder allenfalls nur angerissen, weil sonst der Umfang des Entwurfes stark zunehmen würde. Deshalb konzentriert man sich auf die unmittelbaren sachlichen Voraussetzungen (s. unten). So allgemein aber die Lesekompetenzen auf den ersten Blick erscheinen, so sehr wirken sie doch bis in Einzelstunden hinein als *Bedingung* für das Verstehen der Sache.

Dieser Zusammenhang von allgemeinen Bedingungen und ihren Auswirkungen für konkrete Unterrichtsstunden soll zum Zwecke seiner Veranschaulichung noch einmal an die im 2. Kapitel besprochene Planungsaufgabe »Inhalte klären« zurück gebunden werden. Dort wurden drei Beispiele zur Illustration der »Sachanalyse« behandelt (Der propre Ganter – Der Elektromotor – Woran scheiterte Weimar?). Die Behandlung dieser Inhalte ist insbesondere im ersten und dritten Beispiel an die Darbietung von Texten gekoppelt; aber auch im Physikunterricht ist man stellenweise auf das Lesen von Texten angewiesen; weil zur praktischen Erkundung nicht selten zu wenig Zeit bleibt oder nicht genügend geeignete Geräte zur Verfügung stehen, versucht man, den physikalischen Sachverhalt mit Hilfe von Texten im Schülerbuch zu klären. Die mit den drei Beispielen unterstellte negative wie positive Kompetenz kann hier nur als fiktive und nicht als tatsächliche Kompetenz beschrieben werden, aber die möglichen Schwierigkeiten bei nicht hinreichender Kompetenz lassen sich an ihnen durchaus für die Planung solcher Unterrichtsstunden antizipieren.

Beispiel: Der propre Ganter

Die Analyse des Textes erfordert Fähigkeiten, die weit über die Kompetenzstufen I und II nach PISA hinausgehen. Die Schülerinnen und Schüler müssen eine Reihe impliziter Informationen erkennen (Sinnestäuschungen, schwache Erinnerungen, aus dem Zusammenhang gerissene Äußerungen und Handlungen, Vermutungen, Unterstellungen, Verallgemeinerungen und höchst ungenaue Beschreibungen) und tatsächliche Gegebenheiten (Merkmale des Ganters) von erfundenen unterscheiden. Der zu erkennende Zusammenhang der einzelnen Handlungselemente dieser Fabel bildet das Wesen von Vorurteilen ab. Er beschreibt die Entstehung von Vorurteilen, ihre Verbreitung, Verhärtung und die daraus möglicherweise resultierenden Emotionen und Aggressionen gegenüber den Betroffenen. Diese Erkenntnisse wären auf der PISA-Skala bereits auf der Stufe IV einzuordnen. Eine weitere besondere Schwierigkeit wird die Frage nach den »Ursachen« des Verhaltens der Masse aufwerfen: Die Diskrepanz von Ideal und Selbstwahrnehmung als Ursache für große Unzufriedenheit, die sich im Extremfall bis zum Minderwertigkeitsgefühl steigert, was wiederum zu sogenannten »Projektionen« führen kann (Kompetenzstufe V).

Beispiel: Der Elektromotor

Dieses Beispiel soll deutlich machen, inwiefern der *Grad der Eindeutigkeit* eines Textes in Interferenz mit der je *individuell* vorliegenden Lesekompetenz treten kann. Gerade bei niedriger Lesekompetenz ist es wichtig, die zu behandelnden Texte so auszusuchen, dass sich die Verstehensprobleme in Grenzen halten. Die beiden gewählten Auszüge aus verschiedenen Physikschüler-

»**Wie funktioniert der Polwender?** Sobald sich entgegengesetzte Pole von Spule und Hufeisenmagnet gegenüberstehen, muss die Stromrichtung umgekehrt werden. Am besten lässt sich dieses Umpolen von der Spule selbst steuern (Abb. 113.2). Die Stromzuführung geschieht über Kohlestifte. Man nennt sie auch Bürsten. Sie schleifen auf einem Ring, den man in zwei Halbkreise aufgeteilt hat. Jede Hälfte ist mit einem Ende der Drehspule verbunden. Der Strom fließt von dem einen Kohlestift über die eine Hälfte des Schleifringes zur Spule, durch sie hindurch und über die zweite Schleifringhälfte und den anderen Kohlestift wieder ab.
Die beiden Hälften des Schleifringes und die Bürsten sind so angeordnet, dass der Strom in der Spule im richtigen Augenblick seine Richtung wechselt. Dadurch ist eine fortlaufende Drehbewegung möglich.
Dieser Elektromotor kann nur mit Gleichstrom betrieben werden. Der Strom muss durch die Spule, auch **Rotor** genannt, jeweils in einer bestimmten Richtung fließen.«
(aus: Wege in die Physik, P 113)

Dieser Text fordert die Lesekompetenz in hohem Maße. Zwar sind einige Passagen auch gut gelungen. *Aber:* Hier wird die Benennung von Einzelteilen mit der Beschreibung ihrer Funktion vermengt. Der Wechsel der Stromrichtung wird bereits im vorangegangenen Textteil angesprochen, aber hier nicht wieder als zentrales Problem aufgenommen. Der letzte Absatz benennt einen wichtigen Sachverhalt, den man aber nicht in die Funktionserklärung mischen sollte. Die kausalen, lokalen und temporalen Beziehungen werden nur unzureichend durch Adverbien hergestellt.

»Die Drehung müßte aufhören, wenn sich ungleichnamige Pole gegenüberstehen. Nun liegen aber in dieser Stellung die Schleifkontakte gerade auf dem Nichtleiter zwischen den Halbringen des Kommutators (Abb. 1b). Der Stromkreis ist unterbrochen, so dass in dieser Stellung keine Magnetkräfte mehr wirken. Doch der Anker dreht sich wegen seiner Trägheit weiter. Dadurch berühren die Schleifkontakte die andere Hälfte des Kommutators. Der Stromkreis ist wieder geschlossen, nun aber mit umgekehrter Richtung des Stromes in der Spule. Der vorher mit dem Pluspol der Quelle verbundene Halbring A ist jetzt mit dem Minuspol verbunden. Auch der Anschluss des Halbringes B hat sich verändert (Abb. 1c). Entsprechend ändern sich die Magnetpole des Ankers. Gegenüber dem Dauermagneten werden nun abstoßende Kräfte wirksam, der Anker dreht sich weiter.«
(aus: Impulse Physik I, S. 111)

Dieser Text dürfte auch bei einer geringeren Lesekompetenz das Verstehen erleichtern. Denn er enthält eine hinreichende Menge an Informationen, die den Sachverhalt vollständig beschreiben.

Mindestens genauso wichtig ist aber auch die Präzision des sprachlichen Ausdrucks: Eine Vielzahl von treffenden Adverbien stiften temporale, kausale, lokale und modale Beziehungen; Partizipien und Konjunktionen stiften sinntragende Verbindungen her. Auch der Wechsel des Modus (Konjunktiv in der ersten Zeile) unterstützt den Darstellungsduktus.

Abbildung 11: Zwei Texte zum gleichen Thema, die aber unterschiedliche Anforderungen an die Lesekompetenz der Schülerinnen und Schüler stellen

büchern stehen für unterschiedlich klare Darstellungen. Bei der Unterrichtsplanung müsste man also entscheiden, ob man im Einzelfall auf das in der
Klasse eingesetzte Schülerbuch verzichtet und statt dessen einen anderen,
besser formulierten Text einsetzen kann.

Beispiel: Woran scheiterte Weimar?

Dieses Beispiel soll den Zusammenhang von Lesekompetenz und sozialisationsspezifischen Bedingungen stärker in den Vordergrund der Planungsüberlegungen stellen. Die beiden ausgewählten Texte sind einem Geschichtswerk
der Sekundarstufe I entnommen. Sie beziehen sich auf die Zeit der »Großen
Krise«, die ökonomisch gesehen mit der Währungsreform von 1923 ein vor-
läufiges Ende fand, und auf das Ende der »Goldenen Zwanziger«. Der erste
Text ist ein Auszug aus dem 1918 erstmals erschienenen Werk »Untergang
des Abendlandes« des Kulturphilosophen Oswald Spengler, das damals direkt
nach Erscheinen eine rasante Verbreitung fand; der zweite Auszug stammt aus
der Feder des Pädagogen und Geistlichen Günther Dehn, der 1929 über die
Jugend seiner Zeit das Urteil bricht. Die beiden Texte sind im Schülerbuch
übereinander angeordnet.

Text 1
(aus: Geschichte und Geschehen A 4 [1997], S. 59; Auszug aus: Oswald Spengler, Der Untergang des Abendlandes – Umrisse einer Morphologie der Weltgeschichte, Band 1: Gestalt
und Wirklichkeit, 15.-22. unveränderte Auflage, München 1920, S. 45)

»Untergang des Abendlandes?
*Der Philosoph Oswald Spengler, der mit seinen Schriften großen Einfluss auf
das Denken seiner Zeit ausübte, schrieb 1918:*

Weltstadt und Provinz – mit diesen Grundbegriffen aller Zivilisation tritt ein
neues Formproblem der Geschichte hervor, das wir Heutigen gerade durchle-
ben, ohne es in seiner ganzen Tragweite auch nur entfernt begriffen zu haben.
Statt einer Welt eine Stadt, ein Punkt, in dem sich das ganze Leben weiter
Länder sammelt, während der Rest verdorrt; statt eines formvollen, mit der
Erde verwachsenen Volkes ein neuer Nomade, ein Parasit, der Großstadtbe-
wohner, der reine, traditionslose, in formlos fluktuierender Masse auftretende
Tatsachenmensch, irreligiös, intelligent, unfruchtbar, mit einer tiefen Abnei-
gung gegen das Bauerntum (und dessen höchste Form, den Landadel), also
ein ungeheurer Schritt zum Anorganischen, zum Ende.«

Text 2
(aus: Geschichte und Geschehen A 4 [1997], S. 59; Autor: Günter Dehn, Auszug zit. nach:
Detlev, J.K. Peukert, Die Weimarer Republik – Krisenjahre der klassischen Moderne,
Frankfurt/M., S. 178f.)

»... das Ende aller Dinge?
Der Pädagoge und Geistliche Günter Dehn 1929 über die Jugendlichen sei-
ner Zeit:

Wollte man sie nach dem Sinn des Lebens fragen, so könnten sie nur antworten: ›Was es eigentlich soll, das wissen wir nicht und es interessiert uns auch
nicht, es zu erfahren. Da wir aber nun einmal leben, so wollen wir auch vom
Leben so viel haben wie nur irgend möglich.‹ Verdienen und Vergnügen, das
sind die beiden Angelpunkte des Daseins, wobei unter Vergnügen beides, das
Edle und das Unedle, von primitiver Sexualität und Jazzmusik bis zu neupro-
letarischer, künstlerischer einwandfreier Wohnkultur und rational durchge-
führter Körperpflege, zu verstehen ist. Eins steht jedenfalls fest: diese Jugend
hat durchaus die Absicht, ›mit festen, markigen Knochen auf der wohlge-
gründeten dauernden Erde zu stehen‹. Aus dieser Welt und aus ihr allein sucht
man für sich herauszuholen, was man nur herausholen kann. Dieses Volk ist
wirklich amerikanisiert bis in die Wurzeln seines Denkens, bewusst und
selbstverständlich oberflächenhaft. Immer wieder muss man, wenn man mit
ihm in Berührung kommt, denken: nicht etwa der Sozialismus, sondern der
Amerikanismus wird das Ende aller Dinge sein.«

Der Vergleich der beiden Texte lässt ohne große Interpretationsmühen erkennen, dass der Spengler-Text solche Jugendlichen nur schwerlich erreichen
kann, deren geringe Lesekompetenz insbesondere durch ein »bildungsfernes«
Elternhaus (mit-)bedingt ist. Man darf unterstellen, dass in diesem »Milieu«
kulturphilosophische Interessen kaum ausgebildet sind und zudem historische
Positionen, wie die Spenglers, für die Gegenwart und Zukunft keine große
Bedeutung haben. Die Sprachlichkeit dieses Textes baut dementsprechend
große Barrieren auf. Anders liegen die Verhältnisse beim zweiten Text. Man
bräuchte eigentlich nur bestimmte Passagen gegen modernere Wendungen
auszutauschen, und hätte sogleich einen aktuellen pessimistischen Abgesang
auf die heutige Jugend vorliegen. Die Semantik solcher Klagen ist den Jugendlichen sowohl aus den Massenmedien als auch aus ihrer Alltagserfahrung
heraus durchaus bekannt. Insofern werden sie auch motiviert sein, Stellung zu
der eigentlichen Fragestellung zu beziehen (Lag tatsächlich neben der ökonomischen eine große kulturelle Krise vor, die sich auch im Verhalten der Jugendlichen zeigte? In welchen Situationen treten vermehrt solche Mahner

auf? Wie ernst sind heute solche Klagen zu nehmen, inwiefern müssten sie durch eine ganzheitlichere Sicht relativiert werden?).

Die sozialisationsbedingten unterschiedlichen Zugänge zu den beiden Tex ten sollten aber nicht dazu führen, auf den Spenglertext zu verzichten. Sie eignen sich im Sinne innerer Differenzierung hervorragend, um unterschiedliche Lernvoraussetzungen (Lesekompetenzen) und Interessen zu bedienen. Würde man die beiden Texte etwa zur Wahl als Hausaufgabe analysieren lassen, dann könnte man im Unterricht die Überschneidungen, aber auch Nuancen und Unterschiede der Aussagen in gemeinsamer Arbeit zusammenstellen. Die »Übersetzung« des Spenglertextes in Schülersprache ermöglicht dann allen – trotz unterschiedlicher Sozialisationsbedingungen und Lesekompetenz –, dem Unterrichtsgeschehen zu folgen. Auf diese Weise profitieren die leseschwächeren von den lesestärkeren Schülern.

3. Entwicklungspsychologisch bedingte Voraussetzungen für den naturwissenschaftlichen Unterricht: Kognition und Experimentierfähigkeit

In diesem Abschnitt wechseln wir die Perspektive: Es geht hier vorrangig nicht um sozialisationsbedingte Voraussetzungen und auch nicht um die dadurch geprägte Lesekompetenz, sondern um eine *entwicklungspsychologische* Sicht auf die Bedingungen erfolgreichen Lernens. Diese beiden Sachverhalte (Sozialisation und psychische Entwicklung) stehen zwar de facto in engem Zusammenhang, werden hier aber um der Klarheit willen im Detail getrennt.

Der darzustellende entwicklunsgpsychologische Sachverhalt verdeutlicht eine entscheidende Lernbedingung des naturwissenschaftlichen Unterrichts. Diese wird nicht ausdrücklich in jedem schriftlichen Entwurf zu fixieren sein, aber wirksam ist sie schließlich für jede Unterrichtsstunde, in der Schüler selbst experimentieren sollen. Diese Lernvoraussetzung trifft zentral auf das Experimentieren im Fach Physik zu, weil es in ihm *durchgehend* darauf ankommt, Variablen zu identifizieren und alle außer einer konstant zu halten. Dieses Kennzeichen naturwissenschaftlichen Experimentierens gilt grundsätzlich auch für die Fächer Chemie und Biologie, die quantitative Kontrolle von Variablen steht dort aber seltener im Vordergrund.

Ein in Anlehnung an die Untersuchungen Piagets nachgestellter Versuch zeigt, wie Kinder in unterschiedlichen Entwicklungsstadien mit dem ihnen gestellten Problem umgehen:

»Die Kinder werden vor eine Tischplatte geführt, über der in einer Höhe von ungefähr 2,5 cm sechs Metallruten so angebracht sind, dass sie alle auf jeden Bruchteil ihrer Länge verkürzt werden können. Dabei ist nur das eine Ende befestigt, während das andere frei beweglich bleibt. Die Ruten sind aus drei verschiedenen Materialien (Messing, Kupfer, Stahl). Ihr Querschnitt weist zwei oder drei verschiedene Formen auf (rund, rechteckig und quadratisch), und es gibt zwei verschiedene Stärken für die einzelnen Formen. Verschiedene Gewichtsscheiben lassen sich am freien Ende der Ruten befestigen. Für die Kinder lautet das Problem, welche der fünf Variablen (Gewicht, Länge, Material, Form, Stärke) die Möglichkeit beeinflussen, dass eine Scheibe das Ende der Rute so weit herunterdrückt, dass diese die Tischplatte berührt.« (aus: Sime 1978, S. 67)

Wenn man diesen Versuch mit Kindern verschiedener Altersstufen durchführt, lassen sich *drei Stadien* unterscheiden:

Stadium I: Auf dieser Entwicklungsstufe (etwa bis 7 Jahre) hantieren die Kinder in beliebiger Weise mit dem Versuchsmaterial, wie sie es im Umgang mit ihrem Spielzeug gewohnt sind. Sie können das eigentliche Problem (Isolierung einer Variablen) aber noch nicht verstehen und deshalb auch nicht lösen. Vielmehr begnügen sie sich damit, Feststellungen über das zu treffen, was sie gerade beobachten, z.B.: »Jetzt biegt sich die Rute durch!«

Stadium II a: Auch im zweiten Stadium ist das Kind noch weit davon entfernt, einzelne Variablen isolieren zu können. Im Stadium II a bemerken die Kinder jedoch, dass einzelne Variablen, so z.B. das Gewicht, einen Einfluss auf die Biegung der Rute haben. Eine Erklärung für die Tatsache, dass eine schwere Gewichtsscheibe nicht nur eine runde, dünne Rute, sondern auch eine dickere, quadratische durchbiegt, kann aber nicht gegeben werden.

Stadium II b: In diesem Stadium sind einfache Voraussagen über das Verhalten der Ruten möglich. Werden beispielsweise zwei Ruten unterschiedlicher Dicke auf die gleiche Länge gebracht, dann ist es Kindern dieses Stadiums möglich vorauszusagen, dass sich die dünnere bei gleichem Gewicht stärker durchbiegen wird als die dickere. Dabei wird jedoch keinerlei Rücksicht auf das Material und den Querschnitt genommen, so dass das Experimentieren letztlich immer noch nach Versuch und Irrtum abläuft.

Stadium III a: In diesem dritten Stadium (etwa ab 10 – 11 Jahren) erwerben die Kinder nun die Fähigkeit, die einzelnen Variablen zu erkennen und zu isolieren und alle mit Ausnahme derjenigen konstant zu halten, die untersucht wird. Auch dieses dritte Stadium lässt sich in zwei Entwicklungsschritte differenzieren. Im Stadium III a sind die Kinder in der Lage, die meisten Variablen zu isolieren. Je mehr Variablen allerdings erkannt werden müssen, desto größer ist die Möglichkeit, dass die Kinder wirksame Variablen übersehen.

Wesentlich für das Vorgehen ist allerdings auch schon im Stadium III a, dass die Kinder zuerst Vermutungen über das Verhalten der Ruten anstellen und dann erst zur experimentellen Überprüfung dieser Hypothesen übergehen.

Stadium III b: Auf dieser Stufe verfügen die Kinder über die Fähigkeit des formalen Denkens. Sie sind nun in der Lage, einen Plan aufzustellen, in dem alle in Betracht kommenden Variablen Berücksichtigung finden. Im Experiment wird dann systematisch jede einzelne Variable isoliert untersucht, während alle anderen konstant gehalten werden.

Was sagen diese Untersuchungen über die *Lernvoraussetzungen bzw. -bedingungen* im Physikunterricht aus?

1. Forschender Physikunterricht kann frühestens am Ende der Grundschulzeit, in der Regel aber *erst zu Beginn der Sekundarstufe I* ansetzen. Wenn die Schüler nicht das Stadium III erreicht haben, sind sie auch nicht in der Lage, die dem Problem zugrundeliegenden Variablen im einzelnen zu bestimmen. Dies hat vor allem Auswirkungen auf die Eingangsphase der Unterrichtsstunde, in der das Problem klar erkannt und formuliert werden muss. Solange dies nicht gelingt, können die Schüler ihre vorgebrachten Vermutungen nicht exakt auf das Problem beziehen und ein geeignetes Experiment planen und durchführen.
2. Eine weitere Konsequenz ist vor allem hinsichtlich der *Anzahl der einzelnen Variablen* zu berücksichtigen. Zu Beginn des Physikunterrichts in der Sekundarstufe I, also im 5. und 6. Schuljahr, sind nur solche physikalischen Probleme experimentell zu untersuchen, die durch eine sehr geringe Anzahl von Variablen bestimmt werden. Mit zunehmendem Alter wird es dann möglich sein, komplexere physikalische Phänomene systematisch zu untersuchen.

4. Inhaltlich bestimmte Voraussetzungen zur Erreichung spezifischer Lernziele: Kenntnisse und Erkenntnisse

Beispiel Chemieunterricht

Wenn im Chemieunterricht Formeln aufgestellt werden und die Schülerinnen Schüler diese Operation wirklich verstanden haben sollen, müssen sie über bestimmte Kenntnisse und Zusammenhänge verfügen.

- Sie müssen den Begriff der Wertigkeit verstanden haben.
- Zur Bestimmung der Wertigkeit muss man wiederum das Periodensystem der Elemente lesen können, denn die Wertigkeit ergibt sich (zumindest in den »einfachen« Fällen) aus der Nummer der betreffenden Gruppe.
- Die Zuordnung eines Elementes zu einer Gruppe ergibt sich aus seiner Elektronenkonfiguration auf der äußeren Schale.
- Die Duett- und Oktettregel besagen, dass Atome bestrebt sind, einen stabilen Zustand (= Edelgaszustand) einzunehmen. Dieser ist dann gegeben, wenn auf der äußeren Schale zwei oder acht Elektronen vorhanden sind.
- Unter Rückgriff auf diese Regel kann geklärt werden, wie viele Elektronen ein Atom abgeben oder aufnehmen müsste, um solch eine (Edelgas-)Konfiguration zu erreichen.

Im Falle der Verbindung von Aluminium mit Sauerstoff werden die Schüler dann herausfinden, dass Aluminium drei- und Sauerstoff zweiwertig ist. Ein Aluminiumatom müsste drei Elektronen abgeben, ein Sauerstoffatom dagegen zwei Elektronen aufnehmen; dann hätten beide Atome acht Elektronen auf der äußeren Schale. Wie passt das zusammen? – Wer im Mathematikunterricht aufmerksam war, findet die Lösung: Man bildet das kleinste gemein-

Teilschritte	Aufstellen der Formel für Aluminiumoxid	
1. Ermitteln der Symbole der Elemente, aus denen die Verbindung besteht	Al	O
2. Feststellen der Wertigkeit der Elemente, aus denen die Verbindung besteht	A^{III}	O^{II}
3. Errechnen des kleinsten gemeinsamen Vielfachen der Wertigkeiten	6	
4. Feststellen, wie oft die Wertigkeiten im kleinsten gemeinsamen Vielfachen enthalten sind	2mal	3mal
5. Angabe des Zahlenverhältnisses der Atome in der Verbindung	2 Al_2	: 3 O_3
6. Formel	Al_2O_3	

Abbildung 12: Schrittfolge zur Erstellung chemischer Formeln

same Vielfache (kgV), das in diesem Fall 6 ist. Dann stellt man fest, wie oft die Wertigkeit im kgV enthalten ist: Bei Aluminium 2-mal, bei Sauerstoff 3-mal. Damit hat man die gesuchten Indizes für die Aufstellung der Formel gefunden: Al_2O_3.

Sind all diese Voraussetzungen gegeben und Zusammenhänge erkannt, ist das auf der vorhergehenden Seite dargestellte Schema ein Algorithmus, der tief verstanden ist und deshalb nicht »blind« angewendet werden muss.

5. Integration der drei Perspektiven

Was zuvor der Deutlichkeit halber geschieden wurde, muss in einem konkreten Unterrichtsentwurf wieder zusammengeführt werden. Diese Aufgabe ist nicht als ein schematisches Abarbeiten der verschiedensten Lernvoraussetzungen zu verstehen, sondern muss seine Funktion aus den in der Stunde zu vollziehenden Lehr-Lernprozessen gewinnen. Es macht keinen Sinn, solche Lernvoraussetzungen, die in jeder Unterrichtsstunde in nahezu gleicher Weise bestimmend sind (wie z.B. die oben beschriebenen entwicklungsbedingten kognitiven Voraussetzungen des naturwissenschaftlichen Unterrichts ab dem 11. Lebensjahr), ausführlich zu beschreiben. Obwohl diese Voraussetzungen in jede Stunde hinein wirken, wird man sich statt dessen auf spezifische Hinweise konzentrieren (Welche Variablen haben einen Einfluss auf dieses Phänomen? Welche irrelevanten Größen könnten von den Schülern dennoch ins Kalkül gezogen werden? usw.). Die Planungsüberlegungen sollten deshalb durchgehend an der Frage orientiert sein: *Welche besonderen Lernschwierigkeiten könnten sich in dieser Unterrichtsstunde stellen?* Und: *Welche Bedingungen sind dafür auszumachen?* Die Reflexion auf diese Bedingungen wird dann zeigen, ob im Unterrichtsentwurf ausführlichere Anmerkungen zu diesen Bedingungen notwendig oder eher knappe Verweise hinreichend sind.

Wie eine Abstimmung von Lernvoraussetzungen und anderen materiellen Bedingungen auf die jeweilige Unterrichtsstunde aussehen könnte, soll abschließend ein Ausschnitt aus einem Unterrichtsentwurf zeigen. Im Rahmen einer pädagogischen Prüfungsarbeit zur Zweiten Staatsprüfung hat Thomas Eckhardt (im August 2003 Referendar; heute engagierter Lehrer und Schulleitungsmitglied an der Johannes-Gutenberg-Schule in Ehringshausen) ein Amerika-Projekt mit einer 8. Klasse zur Vorbereitung auf die Projektabschlussprüfung an der Integrierten Gesamtschule Biebertal durchgeführt.

Seine Überlegungen zu den Lernvoraussetzungen seiner Schülerinnen und Schüler für dieses Projekt beschreibt er treffend, indem er sowohl langfristige als auch kurzfristig änderbare Bedingungen des Unterrichts thematisiert (zitiert mit freundlicher Genehmigung des Autors aus: http://hauptschule.bildung.hessen.de/pruefung/material/ExamensarbeitProjektprufungen_Eckhardt. pdf; letzter Zugriff: 09.11. 2007).

»Zum Lernstand der Schüler in fremdsprachlicher Hinsicht

Die fremdsprachlichen Fähigkeiten der Schüler sind natürlich im Vergleich zu den Schülern der B- oder A-Kurse desselben Jahrgangs als schwach einzuordnen, aber die überwiegende Anzahl der Schüler ist sehr bemüht und engagiert (vor allem die Mädchen). Den Lernstand der Schüler in Bezug auf die vier Fertigkeiten des Fremdsprachenunterrichts schätze ich folgendermaßen ein: Die Hörverstehenskompetenz ist die am besten ausgebildete Fertigkeit. Wenn ein Text deutlich und betont vorgetragen wird, können die Schüler in der Regel mühelos den Inhalt verstehen. Bei der Lesekompetenz treten bei vielen Schülern immer wieder Schwierigkeiten auf. Zum einen hängt dies damit zusammen, dass manche Schüler nur sehr oberflächlich die bisherigen Vokabeln gelernt haben und demzufolge große Lücken in ihrem passiven Wortschatz haben, zum anderen fällt es einigen Schülern aber auch bei überwiegend bekanntem Vokabular schwer, sich auf einen längeren Text zu konzentrieren und sinnerfassend zu lesen. Die mündliche, kommunikative Verwendung der Fremdsprache gelingt den Schülern überwiegend nur, wenn zu verwendende Redemittel als Hilfestellung angeboten werden. Das freie Schreiben in der Fremdsprache ist natürlich die am schwächsten ausgeprägte Fertigkeit, da hier viele Kompetenzen gleichzeitig angewendet werden müssen (Wortschatz, Grammatik, Orthografie ...). Die stärkeren Schüler schaffen es jedoch, in freien Texten, die zwar fehlerhaft sind, ihre kommunikative Absicht umzusetzen.

Die fremdsprachlichen Fähigkeiten der Schüler weisen eine übliche Heterogenität auf. Die stärksten Schüler sind Martin, Heiko und Chris, gefolgt von Kenny und Christian. Die Mädchen und die übrigen Jungen bilden das untere Mittelfeld, das sich zumeist im Notenbereich 4 befindet. Besonders schwach sind Christine und Sven. Deutlich unterscheiden kann man in dieser Gruppe diejenigen, deren Notenstand ihren intellektuellen Möglichkeiten entspricht, die also ihre Möglichkeiten ausschöpfen und sich anstrengen (Chris, Christine, Jasmin, Sarah), von denen, die bessere Leistungen bringen könnten, aber aufgrund mangelnder Anstrengungs- und Arbeitsbereitschaft schlechter abschneiden (vor allem: Patrick, Erdal, Jaqueline, Christian, Sven). Zuverlässiges und gründliches Erledigen der Hausaufgaben, gewissenhaftes Lernen der Vokabeln und das Wiederholen und Lernen vor Klassenarbeiten finden bei diesen Schülern nur mangelhaft statt. Im Unterricht selbst arbeiten aber auch sie meist motiviert mit.

An dem landeskundlichen Oberthema des 8. Schuljahres, den USA, sind die Schüler sehr interessiert.

Voraussetzungen der Schüler in Bezug auf Projektunterricht ...

Im Rahmen des bisherigen, von mir geleiteten Englischunterrichts haben die Schüler noch keine Erfahrungen mit Projektunterricht gemacht. Auch im sonstigen Unterricht wurden nach Angaben von Herrn Fischer, dem Klassenlehrer der Klasse 8a, bislang keine Projekte durchgeführt, allenfalls projektorientierte Gruppenarbeiten über wenige Stunden. Über die neuen Bedingungen für den Erwerb des Hauptschulabschlusses sind die Schüler durch einen Elternbrief und einen kurzen Vortrag von Herrn Fischer informiert worden. Als Medium der Informationsbeschaffung wurde bisher lediglich ein Lexikon verwendet, das im Klassenraum steht. Das Internet wurde nur zu Hause genutzt, also auch nur von einem Teil der Schüler. Strategien der Informationsbeschaffung wurden nicht explizit erarbeitet. Demzufolge kann Fischer auch nicht einschätzen, wie sicher die Schüler im Umgang mit Suchmaschinen im Internet sind. Gruppenarbeit fand sowohl im Englischunterricht als auch in den anderen Fächern statt. Aus den bisherigen Erfahrungen kann ich die Einschätzung von Fischer bezüglich der Teamfähigkeiten der Schüler teilen: Wenn die Schüler inhaltlich motiviert seien, könnten sie gut kooperieren. Probleme sieht er bei der Planungskompetenz der Schüler. Außerdem hebt er hervor, dass im integrierten Klassenverband (z.B. in Gesellschaftslehre) bei Gruppenarbeiten die schwächeren Schüler, die in Englisch überwiegend im C-Kurs sind, durch die stärkeren Schüler mitgezogen würden. Wenn nun im Englischunterricht Kleingruppen ausschließlich aus C-Kurs-Schülern gebildet werden, geht er davon aus, dass niemand die Gruppenleitung übernimmt und den Arbeitsprozess vorantreibt.

Große Probleme sieht er ferner bei den Fähigkeiten der Schüler in Bezug auf eigenständiges, selbstgesteuertes Lernen. Die Schüler hätten ein generelles Motivations- und Konzentrationsproblem. Sie fühlten sich nicht sich selbst, sondern dem Lehrer gegenüber verantwortlich.

Die Lesekompetenz bezüglich deutscher Sachtexte ist nach Fischers Einschätzung zwischen schwach befriedigend und ungenügend ausgeprägt. Beim Zusammenfassen von Sachtexten falle es den Schülern schwer, Wichtiges von Unwichtigem zu unterscheiden. Statt einen Absatz von vier Sätzen zu einem zusammenzufassen, schrieben die Schüler einfach einen Satz ab.

Aus dem bisherigen Unterricht kennen die Schüler die Produktformen des schriftlichen Referats, des Plakats und des mündlichen Vortrags, wobei Fischer hier die Betonung auf ›kennen‹ legt. Die Präsentationsfähigkeiten der Schüler schätzt er höher ein, wenn sie nicht vor der gesamten Klasse, sondern wie bei den Projektprüfungen vor einer aus Lehrern bestehenden Kommission stehen. Dann könnten die Schüler besser ernst und bei der Sache bleiben.

Die verschiedenen Lern- und Arbeitstechniken (Lesen und Zusammenfassen von Sachtexten, Anfertigen von Produkten, Präsentieren ...) wurden bislang zwar eingesetzt, aber nie im Rahmen eines Methodentrainings explizit geübt und angeleitet.« (Eckhardt 2003)

Übung

Wenn Sie im folgenden eine Übungsaufgabe zur Klärung von Lernvoraussetzungen der Schülerinnen und Schüler bearbeiten, können Sie diese Voraussetzungen lediglich fiktiv unterstellen. Deshalb ist es sinnvoll, sich auf die *sachlichen* Voraussetzungen zu beschränken. Wählen Sie ein Thema aus den im 2. Kapitel gemachten Vorschlägen (S. 48-50) aus und machen Sie sich klar, was auf Seiten der Schüler an Vorwissen vorauszusetzen ist.

Kapitel 6

Medien einsetzen

Unterrichtliche Kommunikation zielt auf den Aufbau gemeinsamer Bedeutungsstrukturen (Begriffe, Zusammenhänge, Werthaltungen usw.). Lehren ist in diesem Sinne der Versuch, Schülerinnen und Schüler beim Aufbau ihrer Bedeutungsstrukturen zu unterstützen. Aus diesem Sachverhalt resultiert die *didaktische Funktion* von Medien. Sie werden eingesetzt, damit Schüler die in den Lernzielen antizipierten Bedeutungen konstruieren können. Am Ende einer Unterrichtseinheit sollen sie z.b. wissen, wie Vorurteile entstehen und sich verbreiten, wie ein Gleichstrommotor funktioniert oder welche Faktoren in welcher Weise zum Scheitern der Weimarer Republik beigetragen haben.

Die folgenden Überlegungen konzentrieren sich auf die Beschreibung dieser *didaktischen* Funktion und gliedern sich in fünf Schritte: (1) Zunächst sind einige *Vorklärungen* vorauszuschicken; der alltägliche Sprachgebrauch ist mit Konnotationen verbunden, die über die didaktische Funktion von Medien wenig auszusagen vermögen oder zumindest einem oberflächlichen Begriffsverständnis Vorschub leisten. Dieses setzt sich zum Teil sogar bis in die mediendidaktische Literatur fort und zeigt sich dort insbesondere in wenig aussagekräftigen Klassifizierungen von Medien. An diese Vorklärungen schließt sich (2) ein *Definitionsversuch* an, der die zentrale didaktische Funktion von Medien beschreibt: Als zwischen Lehrenden und Lernenden *vermittelnde* Elemente sollen sie die Verständigung über gemeinsame Bedeutungsstrukturen ermöglichen. Diese Definition ist dann (3) um ein wichtiges Merkmal zu erweitern: Medien können ein und denselben Sachverhalt auf unterschiedliche Weise darstellen; nach Bruner (an seine Klassifikation werden wir uns anlehnen) kann er in handelnder (enaktiver), bildlicher (ikonischer) oder sprachlicher (symbolischer) Form repräsentiert werden. Die Wahl der *medialen Präsentationsform* hängt von den zu erwartenden Lernschwierigkeiten der Schülerinnen und Schüler ab; sie soll (4) an zwei Unterrichtsbeispielen veranschaulicht werden. Am Schluss dieses Kapitels wird (5) das Planungsprinzip der *Interdependenz* eingeführt; es gilt für alle Momente der Unterrichtsplanung (z.b. auch für das Verhältnis zwischen Lernzielen, Methoden, Sozialformen, Lernvoraussetzungen) und wird hier stellvertretend am Beispiel des Medieneinsatzes erläutert.

1. Vorklärungen

– In Aussagen wie »In den Medien war zu sehen, zu hören oder zu lesen ...« ist von Massenmedien wie Fernsehen, Rundfunk, Tageszeitungen, Magazinen usw. die Rede. Solche »Medien« können im Unterricht in zweifacher Weise in Erscheinung treten (s. dazu ausführlich Blömeke 2000, S. 177ff.). (a) Wenn sie *selbst* zum Thema werden, untersucht man ihre Struktur, Verbreitung oder Wirkung. In diesen Fällen steht der medien*erzieherische* Aspekt im Vordergrund; Schülerinnen und Schüler lernen etwas *über* diese Medien und sollen zu einem kritischen Umgang mit ihnen befähigt werden. (b) Werden Fernsehfilme, Rundfunksendungen oder Berichte aus Tageszeitungen im Unterricht zur Klärung bestimmter Sachverhalte eingesetzt, dann fungieren diese »Medien« als Mittel zum Zweck, sie haben eine medien*didaktische* Funktion, weil die Schüler *durch* sie etwas lernen sollen.
– Tafelbilder, geographische Karten oder Overheadfolien sind – entgegen dem häufigen Sprachgebrauch – keine »Medien«, sondern zunächst nur *Informationsträger*. Sie sind bis zu einem gewissen Grade austauschbar, aber nicht der mit ihnen jeweils repräsentierte Sachverhalt, um den es schließlich geht. Wenn man z.b. im Geographieunterricht die Grenzen eines Gebietes kenntlich machen will, kann man sie an die Tafel zeichnen, man kann sie auch auf einer Wandkarte zeigen oder mittels Folie oder Diapositiv projizieren, aber inhaltlich geht es dabei um den gleichen Sachverhalt (Darstellung von Grenzen). Informationsträger allein sind also keine Medien, sondern der durch sie dargestellte Sachverhalt bildet mit ihnen *zusammen* ein Medium.
– In nahezu allen Veröffentlichungen zur Mediendidaktik findet man Raster, die die Einsatzmöglichkeiten von Medien im Unterricht kategorisieren sollen. Mit solchen schematischen Übersichten verbindet sich u.a. die Hoffnung, für bestimmte Unterrichtssituationen (z.B. Lenkung der Aufmerksamkeit, Denken steuern, Transfer veranlassen, Ergebnisse überprüfen) gäbe es prädestinierte Medien. Nach Gagné (s. dazu die schematische Darstellung in Peterßen [9]2000, S. 425) soll z.B. die *Demonstration von Objekten* nur begrenzt geeignet sein, um Transfer zu veranlassen. Entgegen dieser Behauptung bietet die *Demonstration von technischen Geräten* im

Physikunterricht jedoch eine hervorragende Möglichkeit, erworbene Erkenntnisse auf die Erklärung ihrer Funktionsweise anzuwenden. Oder: Ruhende Bilder – so eine weitere Behauptung Gagnés – seien nicht zur Lenkung der Aufmerksamkeit geeignet. Das gelingt Autorinnen und Autoren von Geschichtslehrbüchern aber doch sehr gut, wenn sie anhand sorgfältig ausgesuchter *Abbildungen* (= ruhende Bilder) die Aufmerksamkeit auf spezifische historische Gegebenheiten und Zusammenhänge lenken. Würde man solche beispielhaften Überprüfungen an anderen Ordnungsversuchen zur Leistungsfähigkeit von Medien durchspielen, träfe man auf zahlreiche ähnliche Unstimmigkeiten und Inkonsistenzen (s. dazu schon die frühe Analyse in Dichanz u.a. [2]1979). Man sollte solche Versuche also kritisch betrachten und statt dessen die Möglichkeiten und Grenzen des Medieneinsatzes an den intendierten *Lernzielen* und den damit verbundenen *Lernaktivitäten* der Schüler orientieren. Das folgende Beispiel veranschaulicht diesen medientheoretisch wie didaktisch wichtigen Grundsatz.

Beispiel Deutschunterricht: Das Trockendock (Stefan Andres)

Bereits im 3. Kapitel hatten wir den Text »Das Trockendock« von Stefan Andres in einer Übung zur Bestimmung von Lernzielen eingesetzt. Beim erstmaligen Lesen des Textes werden sich bei den Schülern sehr bald Verständnisschwierigkeiten ergeben, weil ihre Vorstellung von den technischen Gegebenheiten begrenzt ist. Deshalb könnte man ihnen eine Abbildung aus der Enzyklopädie von Diderot und d'Alembert aus dem Jahre 1751 (hier zitiert als 1967, Vol. 28) präsentieren, die den entscheidenden Unterschied zwischen einem konventionellen Dock (inkl. Stapellauf) und einem Trockendock veranschaulicht.

Die Abbildung aus der Enzyklopädie zielt auf Veranschaulichung eines *Teil*aspektes bzw. *Teil*zieles (Verstehen des Unterschiedes). Für die Erarbeitung der *Gesamt*aussage des Textes leistet das Bild daher auch nur begrenzte Hilfe. Andres will mit seiner Erzählung die prinzipielle Ambivalenz der Anwendung naturwissenschaftlicher und technischer Erkenntnisse thematisieren. Von dieser Autorintention aus ergibt sich dann auch die Frage der Gegenwarts- und Zukunftsbedeutung des Textes für die Schüler. Wenn man diesen Aspekt visualisieren wollte, müsste man auf Bilder zurückgreifen, die auf genau diesen inhaltlichen Aspekt zentrieren. Die beiden Beispiele zeigen also: Der Einsatz bestimmter Medien legitimiert sich im wesentlichen aus den jeweils verfolgten *Lernzielen* (dort die Erarbeitung eines Teilzieles, hier die Konzentration auf die Gesamtaussage).

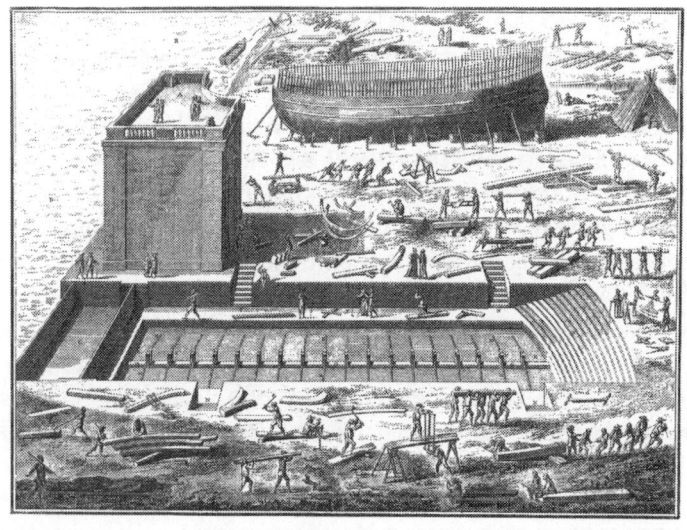

Abbildung 13: aus der Enzyklopädie von Diderot und d'Alembert, 1967, 10 E 28 Nr. 12

2. Definitionsvorschlag

Unter Berücksichtigung der hier geschilderten Schwierigkeiten und getroffenen Unterscheidungen geht der folgende Definitionsversuch zunächst von der ursprünglichen Wortbedeutung aus. Das lateinische Adjektiv *medius* heißt übersetzt »in der Mitte stehend, dazwischen liegend, vermittelnd«. Diese Bedeutung trifft vor allem auf die eingangs herausgestellte medien*didaktische* Funktion zu: Ein Medium dient zum Austausch von »Information«, es ist das zwischen Lehrenden und Lernenden tretende, vermittelnde Element, das die Verständigung über gemeinsame Bedeutungsstrukturen ermöglichen soll. Das lateinische Substantiv *medium* dagegen bedeutet wörtlich »Mitte«, im übertragenen Sinn dann auch »Öffentlichkeit« oder »tägliches Leben«. Diese substantivische Bedeutung spiegelt sich bis heute in der Verwendung des Begriffes Massenmedien: Es sind Medien, die Inhalt und Form von *Öffentlichkeit* inszenieren und konstruieren wollen und deshalb auf große Verbreitung zielen. Deshalb ist es auch so wichtig, dass Schülerinnen und Schüler öffentliche Medien unter medien*erzieherischen* Aspekten analysieren und bewerten können.

Im medien*didaktischen* Verständnis – auf dieses kommt es uns in diesem
Kapitel an – werden Medien in der Unterrichtsplanung als *Lernhilfen* konzipiert, durch die die *intendierten Lernziele* optimal realisiert werden sollen.
Deshalb ist der Einsatz von Medien (Experimente, Klangbeispiele, Grafiken,
Texte) immer an spezifische *inhaltliche* Aspekte geknüpft: Schüler können
über ein geeignetes Experiment im Physikunterricht zur Einsicht einer funktionalen Abhängigkeit zweier Größen gelangen; mit Hilfe prägnanter Klangbeispiele werden im Fach Musik wesentliche Merkmale moderner Stilrich-
tungen (Soul, Jazz, Rock) erarbeitet; ein grafisches Schema macht im Poli-
tikunterricht den Zusammenhang von Legislative, Exekutive und Judikative
deutlich; und die Analyse von Werbetexten lässt im Deutschunterricht den
Zusammenhang von Textelementen (in syntaktischer, semantischer und
pragmatischer Hinsicht) erkennbar werden. Zusammenfassend ergibt sich
aus dem bisher Gesagten:

> Medien unterstützen den Austausch von »Information« und sollen als
> zwischen Lehrenden und Lernenden tretende, vermittelnde Elemente
> die Verständigung über gemeinsame Bedeutungsstrukturen ermögli-
> chen.
>
> Sie sind im Unterricht immer an intendierte Lernziele gebunden und
> stellen deshalb inhaltlich spezifische Aspekte eines Themas dar.
>
> Zur Präsentation dieser Aspekte bedarf es eines materiellen Trägers,
> durch den die Informationen transportiert werden. Träger und der
> durch ihn dargestellte Sachverhalt bilden *zusammen* ein Medium.

3. Unterschiedliche Formen medialer Repräsentation

Diesen Definitionsmerkmalen ist ein weiteres, für die Planung und Durchführung von Unterricht sehr wichtiges Merkmal hinzuzufügen, das sich aus
der *Art der Verschlüsselung* der Informationen ergibt. Wenn im Lehr-Lern-
Prozess etwa das Ziel leitend ist, dass der Lernende einen technischen Gegenstand in seiner Funktionsweise verstehen soll, dann kann dieser Gegenstand
auf unterschiedliche Weise *repräsentiert* werden. Man kann eine Spiegelreflexkamera als *reales* Objekt präsentieren. Denkbar ist aber auch die Präsen-

tation einer *Abbildung*, die die entscheidenden Elemente (Linse, klappbarer Spiegel, Okular, Lichtweg, Filmposition, Auslöser) hervorhebt. Wird die Spiegelreflexkamera als eine weitere Variante anderer Kameratypen behandelt, dann wäre bei entsprechenden Vorkenntnissen sogar eine *verbale* Erklärung durch den Lehrenden hinreichend.

Diese drei Repräsentationsmodi unterscheiden sich im *Grad ihrer Abstraktheit*. Das *reale* Objekt ist durch eine Vielzahl konkreter Merkmale gekennzeichnet (Farbe, Form, Gesamtdesign, Label usw.). Die *grafische* Darstellung reduziert diese konkrete Fülle bereits erheblich, sie abstrahiert (lat. *abstrahere*: abziehen, wegziehen) von den vielen konkreten Merkmalen und betont nur noch diejenigen, die momentan von Interesse sind. Im Kunstunterricht wären etwa Aspekte des Designs von Kameras, im Physikunterricht wäre dagegen der Weg des Lichtes vom Okular bis zum Film relevant. Noch abstrakter ist die rein sprachliche Beschreibung, die nur noch mit wenigen Worten den Begriff definiert.

In Anlehnung an Jerome S. Bruner werden diese *drei möglichen Modi medialer Repräsentation* auch als (a) enaktiv (innerhalb von Handlungen auftretend), (b) ikonisch (abbildend) und (c) symbolisch bezeichnet. Die große Bedeutung dieser Modi zeigt sich in ihrer sukzessiven Verfügbarkeit im Verlauf der kindlichen Entwicklung ebenso wie in ihrem flexiblen Gebrauch beim Erwachsenen:

> »Zuerst kennt das Kind seine Umwelt hauptsächlich durch die gewohnheitsmäßigen Handlungen, die es braucht, um sich mit ihr auseinanderzusetzen. Mit der Zeit kommt dazu eine Methode der Darstellung in Bildern, die relativ unabhängig vom Handeln ist. Allmählich kommt dann eine neue und wirksame Methode hinzu, die sowohl Handlung wie Bild in die Sprache übersetzt, woraus sich ein drittes Darstellungssystem ergibt. Jede dieser drei Darstellungsmethoden, die handlungsmäßige, die bildhafte und die symbolische, hat ihre eigene Art, Vorgänge zu repräsentieren. Jede prägt das geistige Leben des Menschen in verschiedenen Altersstufen, und die Wechselwirkung ihrer Anwendungen bleibt ein Hauptmerkmal des intellektuellen Lebens des Erwachsenen.« (Bruner [2]1988, S. 21)

Bruners Auffassung menschlicher Entwicklung verdeutlicht das *Nacheinander* in der Verfügbarkeit der medialen Kodierungsvarianten. Denn die Entwicklung verläuft genau in dieser Reihenfolge und nicht umgekehrt; empirische Belege für diese Irreversibilität finden sich insbesondere in den Arbeiten Piagets und seiner Mitarbeiterinnen und Mitarbeiter (s. dazu z.b. Piaget/Inhelder [5]1993) in großer Fülle. Die entscheidende Leistung, die dieser Prozess ermöglicht, liegt in der Ablösung vom *Hier und Jetzt*, vom konkreten Umgang mit Dingen und Menschen hin zu einer mittelbaren Re-Präsentation, die sich allmählich über erste Nachahmungsversuche, über das symbolische Spiel und die Herausbildung innerer Bilder, über die gesprochene und geschriebene Sprache bis hin zum Gebrauch *formal-logischer* Operationen entwickelt.

Diese Entwicklung vom kindlichen zum erwachsenen Denken und die darin nacheinander verfügbar werdenden Möglichkeiten medialer Repräsentation dürfen allerdings nicht so verstanden werden, als würden Jugendliche und Erwachsene Informationen nur noch durch symbolische Repräsentation (Sprache, mathematische, chemische, musikalische Symbole) aufnehmen oder weitergeben. Das ist zwar immer dann der Fall, wenn Sachverhalte bestens bekannt und deshalb in der Regel auch symbolisch kodiert verfügbar sind (z.B. im Begriff »Spiegelreflexkamera«). Umgekehrt gilt aber auch: Situationen, für die wir keine Wahrnehmungs- und Klassifizierungsmuster oder für die wir momentan keine Lösungsstrategien bereit haben, stellen sich als Probleme dar. Beim Suchen einer Lösung kann dann der »Rückschritt« auf eine konkretere Repräsentationsstufe außerordentlich hilfreich, ja sogar unumgänglich sein. Man fertigt dann eine *Zeichnung* an (und wechselt auf die ikonische Ebene), um sich die strukturellen oder zeitlichen Zusammenhänge eines Sachverhaltes klarzumachen, oder *zerlegt* einen technischen Gegenstand (und wechselt dann auf die enaktive Ebene), um die einzelnen Bestandteile in ihrer Funktionsweise erkennen zu können. Von dort aus kann man dann wieder auf die höhere(n) Abstraktionsstufe(n) hinaufsteigen, weil das durch den handelnden Umgang oder die zeichnerische Darstellung Verstandene nun eine Versprachlichung (symbolische Ebene) zulässt.

Ein Rückschritt auf eine konkretere mediale Repräsentationsebene ist also immer dann notwendig, wenn die »höhere« Repräsentation (noch) keine Informationsaufnahme und -verarbeitung zulässt, wenn also der Aufbau der *neuen* Bedeutungsstruktur noch nicht gelingt (s. dazu von Martial, S. 30ff.). Das aber ist genau die Situation unterrichtlichen Lernens. Deshalb darf man über die entwicklungspsychologisch relevante Einsicht Bruners hinaus verallgemeinernd für unterrichtliche Lehr-Lern-Prozesse festhalten: *Medien sind unentbehrliche Lehrhilfen, weil sie den zu lernenden Sachverhalt (die Infor-*

mation) auf unterschiedlichen Abstraktionsniveaus – auf der enaktiven, der ikonischen oder der symbolischen Ebene – repräsentieren können.

Die von Bruner eingeführte Klassifizierungsmöglichkeit von Medien wird in der Literatur häufig im Zusammenhang mit dem sogenannten »Erfahrungskegel« nach Dale (1969) erörtert (s. folgende Abbildung, deutsche Übersetzungen von Peterßen [9]2000, S, 427). Dale ordnet darin audiovisuelle Medien zwischen den Polen der *direkten* Erfahrung und der *über Symbole vermittelten* Erfahrung ein.

Aussagekräftig an dieser Klassifizierung ist insbesondere die Heraushebung der drei Abstraktionsebenen, die weitgehend kompatibel mit den von Bruner benannten Ebenen sind. Fraglich ist jedoch die Einordnung von »Exkursionen«, weil sie angeblich keine unmittelbaren Erfahrungen (enaktive Ebene) ermöglichen. Das versprechen sich Lehrerinnen und Lehrer aber z.B. von geographischen Exkursionen (Schüler ziehen Bodenproben) oder von Betriebsbesichtigungen (Schüler bedienen Vorrichtungen).

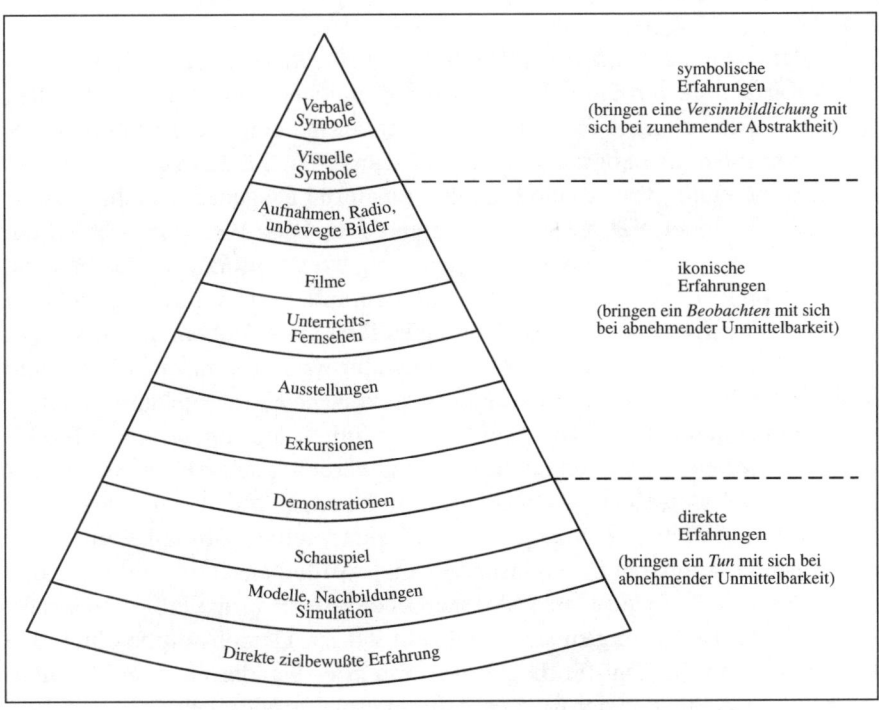

Abbildung 14: Erfahrungskegel nach Dale

4. Medieneinsatz in Abhängigkeit von den zu erwartenden Lernschwierigkeiten

Für die Frage der Unterrichtsplanung ist die Brunersche Dreiteilung von Bedeutung, weil sie Aufschlüsse über die potentiellen *Handlungsmöglichkeiten* des Lehrenden gibt. Wenn sich bereits bei der Unterrichtsplanung Lernschwierigkeiten antizipieren lassen (wenn sich z.b. vermuten lässt, dass einige Schüler das Zusammenwirken der Teile eines technischen Gegenstandes durch bloße verbale Erklärungen nicht ohne weiteres erkennen werden), dann wird der Lehrende *mediale Alternativen* in Betracht ziehen müssen (z.B. den Einsatz einer Skizze oder das Vorzeigen des originalen Gegenstandes). Diese medialen Alternativen kommen dann je nach sich tatsächlich ergebenden Lernschwierigkeiten zum Einsatz. Die Wahl des geeigneten Repräsentationsmodus hängt also maßgeblich von den zu bewältigenden *Lernschwierigkeiten* ab. Das sollen die folgenden Beispiele verdeutlichen.

Unterrichtsbeispiel Geographie: Höhenlinien (Isohypsen)

Höhenlinien sind eine *abstrakte* Form der Geländedarstellung in topographischen Karten. Sie verbinden Punkte, die auf gleicher Höhe liegen und stellen für den Kartenkundigen eine schnelle Orientierung dar. Die Einführung dieser Höhenlinien im Geographieunterricht würde den Schülern große Schwierigkeiten bereiten, wenn man vom Kartenmaterial ausgehen, aus ihm heraus das reale Geländerelief rekonstruieren und damit den Weg vom Abstrakten zum Konkreten wählen würde. Über den geeigneten Einsatz von Medien kann aber der umgekehrte Weg beschritten werden, indem man durch *handelnden Umgang* (enaktive Ebene) Reliefs erzeugen lässt, diese mit einfachen Mitteln auf Papier in Form *nachgezeichneter* Linien projiziert (ikonische Ebene) und schließlich zum *Begriff* »Höhenlinie« (symbolische Ebene) gelangt.

Im Lehrmittelhandel sind Sandkästen erhältlich, mit denen eine Vielzahl modellartiger Darstellungen leicht gefertigt werden kann. Neben der Modellierung von Wohngebieten (Häuser, Grünflächen, Flüsse usw.) erlauben sie z.B. auch die beliebige Konstruktion von Geländereliefs. Mit Hilfe einer über den Kasten klappbaren Plexiglasabdeckung werden anschließend markante Punkte und Verläufe der Konstruktionen in die Ebene projiziert (»abgezeichnet«). Solche Geräte eignen sich zwar sehr gut zur Demonstration durch den Lehrer, aber nur bedingt für die Aktivierung *aller* Schülerinnen und Schüler. Deshalb empfiehlt sich der Rückgriff auf alternative Möglichkeiten:

Variante 1: Die Schülerinnen und Schüler haben die Aufgabe, einen aus (un-gebranntem) Ton modellierten Berg in gleichmäßige Höhenschichten zu zer-schneiden. Werden diese Höhenschichten anschließend auf eine Papierfläche gelegt, lassen sich ihre Umrisse leicht nachzeichnen. Das Verfahren erfordert nicht nur etwas Geschick zur Zentrierung der verschiedenen Höhenschichten auf dem Papier, sondern setzt auch die richtige Konsistenz des Tonmaterials voraus (nicht zu weich bzw. zu hart).

Variante 2: Sauberer ist dagegen das Arbeiten mit Sand oder Sägemehl (s. dazu Reimitz 1994, S. 14f.). In einem Pappkarton wird ein Geländerelief ge-formt. Indem nun Punkte gleicher Höhe durch Bleibänder miteinander ver-bunden werden, erzeugen die Schüler den Verlauf der Höhenlinien. Deckt man den Karton mit einer straff gespannten Klarsichtfolie oder einer Plexi-glasscheibe ab, so lassen sich diese Höhenlinien ohne große Mühe darauf pro-jizieren und schließlich auf Papier übertragen. Ein direkter Vergleich der Linien im geformten Gelände und auf der Folie stellt somit eine *Einheit von Konkretem* (Höhenlinien im Relief) *und Abstraktem* (Höhenlinien in der »Karte«) her.

Diese zweite Variante kann man in arbeitsteiliger Gruppenarbeit zur Herstel-lung unterschiedlicher Profile nutzen (ein Berg mit einem gleichmäßig abfal-lenden Gipfel, ein Berg mit Gipfel und einem niedriger verlaufenden Rücken, ein Bergmassiv mit drei unterschiedlich hohen Gipfeln usw.). Die auf Folie fixierten Höhenlinien sind anschließend im Vergleich mit den modellierten Reliefs leicht interpretierbar. In einem weiteren Schritt können nun Höhen-verhältnisse und -verläufe anhand von Karten bestimmt werden.

Die in diesem Planungsbeispiel zur Einführung des Begriffes »Höhenlinie« eingesetzten Medien lassen klar die von Bruner unterschiedenen Ebenen er-kennen:
– im handelnden Umgang (enaktive Erschließung) werden Geländereliefs geformt,
– durch Projektion in die Ebene können die Höhenlinien auf Folie übertragen werden (ikonische Darstellung),
– schließlich wäre eine Definition des Begriffes *Höhenlinie* zu formulieren (symbolische Ebene), die den behandelten Sachverhalt nur noch sprachlich repräsentiert.

Losgelöst von diesem Planungsbeispiel darf verallgemeinernd herausgestellt werden: Je höher die zu erwartenden Lernschwierigkeiten der Schüler sind,

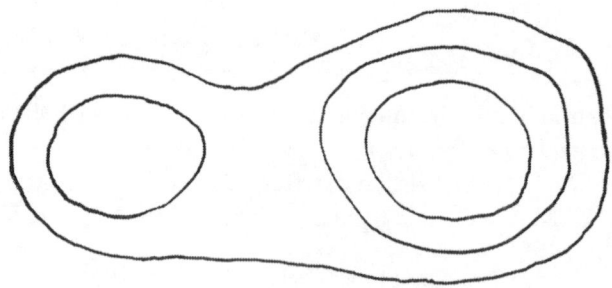

Abbildung 15: Enaktive und ikonische Repräsentation von Höhenlinien

desto konkreter muss die Gestaltung des Medieneinsatzes ausfallen. Diese These bedarf jedoch einer wichtigen Differenzierung, denn aus ihr sollte man nicht die Annahme herleiten, der Medieneinsatz solle immer vom enaktiven Modus *ausgehen* und dann in den ikonischen und schließlich symbolischen übergehen. Diese irrige Annahme deckt sich etwa mit der geläufigen Forderung, man solle möglichst anschaulich unterrichten und abstrakte Darstellungen am besten vermeiden.

Guter Unterricht lässt sich vielmehr vom gegenteiligen Grundsatz leiten: *Unterrichte so konkret wie nötig, aber auch so abstrakt wie möglich.* Worin liegt die lerntheoretische Begründung dieser Regel? – Schulisches Lernen zielt auf den Erwerb *situationsübergreifender, allgemeiner* Einsichten, Fertigkeiten, Haltungen usw., die zwar in der Regel nur in Auseinandersetzung mit dem *Besonderen* (»Fällen«, prägnanten Beispielen; s. dazu ausführlich das 4. Kapitel) gewonnen werden können, aber das jeweils Besondere *ins Allgemeine* heben müssen. Nur dann kann das erworbene Wissen als vielfältig transferierbares Wissen produktiv verwendet werden. Die symbolische Repräsentation eines Sachverhaltes (etwa in Form eines sprachlichen Begriffes oder einer mathematischen Funktionsgleichung) ermöglicht die Loslösung von der konkreten Fülle des Augenblicks, weil die Aufmerksamkeit nur noch auf wenige »wesentliche« Momente gerichtet ist. Diese abstrahierende Reduktion geht zwar mit dem Verlust von sinnlicher Vielfalt einher, aber sie erlaubt dem Schüler viele andere »Fälle« als bloße Variation eines *Allgemeinen* (eines Begriffes, Typs, einer Regel, funktionalen Abhängigkeit usw.) aufzufassen. Eine im Konkreten bleibende Präsentation würde den Lernenden aufgrund der Symptomfülle dagegen nur auf singuläre Handlungs- und Denkmöglichkeiten fixieren und keinen Transfer auf andere, strukturell adäquate Situationen erlauben.

Der formulierte Grundsatz lässt sich daher auch so variieren: Der anzueignende Sachverhalt sollte am *Ende* der Unterrichtssequenz (Unterrichtsstunden, -reihe) symbolisch kodiert sein. Die symbolische Kodierung bildet also immer den *Abschluss* des Lernprozesses, seinen *Ausgangspunkt* kann der Lernprozess dagegen von allen drei Ebenen (enaktiv, ikonisch, symbolisch) nehmen.

Unterrichtsbeispiel Deutsch: Sachtexte verstehen

Bei der Einführung der »Höhenlinien« sind die zu erwartenden Lernschwierigkeiten so groß, dass sich der Einstieg auf der enaktiven Ebene empfiehlt und man dann über die ikonische zur symbolischen fortschreitet. Das folgende Planungsbeispiel setzt sich von diesem Vorgehen in dreifacher Weise ab: (1) Wir gehen nicht von der enaktiven Ebene, sondern von der *symbolischen* Darbietung eines Sachverhaltes aus, indem wir einen Sach*text* darbieten. Der Schwierigkeitsgrad des Textes ist für ein siebtes oder achtes Schuljahr so bemessen, dass die Erarbeitung nicht ausschließlich auf der symbolischen Ebene erfolgen kann, aber auch nicht bis auf die enaktive Ebene hinunter reichen muss. (2) Der vorgeschlagene Medieneinsatz sieht daher so aus, dass der Inhalt zunächst auf der symbolischen Ebene präsentiert und im Verlauf des Unterrichts *in die ikonische Ebene übersetzt* wird. Zum *Schluss* der Unterrichtseinheit sollen die Schüler eine modifizierte, bessere Textfassung erstellen, den Inhalt also wieder symbolisch kodieren. (3) Mit dem Beispiel »Höhenlinien« konnten die drei von Bruner eingeführten medialen Repräsentationsmodi in idealer Weise *nacheinander* veranschaulicht werden; diese Vorgehensweise legitimierte sich um der theoretischen Unterscheidung willen. In der Unterrichtspraxis liegen diese Modi aber (fast) immer in *Mischform* vor. Würde man den skizzierten Plan also in die Realität umsetzen, dann wäre jeder der drei wesentlichen Unterrichtsschritte (praktisches Modellieren, ikonische Projektion, Begriffsbildung) nicht ausschließlich mit *einem* medialen Präsentationsmodus abgedeckt. Konkret: Schon beim Modellieren spre-

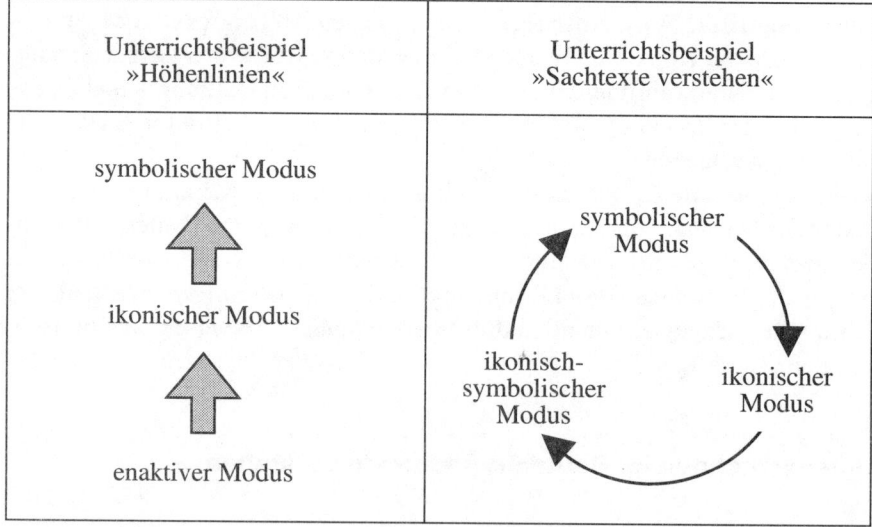

Abbildung 16: Wechsel medialer Präsentationsmodi in Abhängigkeit von den zu erwartenden Lernschwierigkeiten

chen die Schüler untereinander oder mit dem Lehrenden über ihr Tun, enaktive und symbolische Ebene gehen also Hand in Hand. Das wäre auch im zweiten Schritt der Fall, denn das Zeichnen der Höhenlinien wird immer von äußerem oder innerem Sprechen begleitet sein. Und die abschließende Erarbeitung einer Definition wird parallel auf das Modell und die Zeichnungen zurückgreifen.

Der mediendidaktischen Analyse des Beispieltextes sei eine kurze begründende Überlegung zur Wahl der Textsorte vorangestellt. Warum behandelt man im Deutschunterricht Sachtexte, zumal noch solche, die einen technischen Sachverhalt thematisieren? – Sachtexte hatten im Deutschunterricht in den vergangenen drei Jahrzehnten aufgrund seiner »Literaturlastigkeit« keinen allzu hohen Stellenwert. Mit der empirischen Überprüfung der Lesekompetenz von Schülern, insbesondere durch die PISA-Studie, ist das anders geworden (s. dazu ausführlicher das 5. Kapitel – Lernvoraussetzungen). Entsprechende Wirkungen kann man schon für die Konzeption neuer Lehrwerke feststellen, in denen nun wieder ein breiteres Angebot an Sachtexten Berücksichtigung findet.

Über Sachtexte kann man sich Weltwissen erlesen. Zu ihrer Entschlüsselung muss man allerdings neben bestimmten *kognitiven Grundfähigkeiten* auch über effektive *Lesestrategien* verfügen. Schülerinnen und Schüler haben z.T. große Schwierigkeiten, Texten direkte und implizite Informationen zu entnehmen, sie zu strukturieren, die wesentlichen Aussagen »auf den Punkt zu bringen« oder präzise Zusammenfassungen zu geben. Die Förderung dieser Fähigkeiten muss daher ein wichtiges Ziel des Deutschunterrichts sein.

Bei dem folgenden Text handelt es sich um eine Collage, die aus Zeitungsberichten (»Holsteiner Courier« vom 15. 7. 1961) und einer Veröffentlichung des Bundesministers für Verkehr vom 25. 7. 1961 zusammengestellt ist. Er beschreibt ein außergewöhnliches, bis heute einmaliges technisches Verfahren des Tunnelbaus und stellt relativ hohe Anforderungen an die Lesefähigkeiten der Schülerinnen und Schüler. Sie müssen im Hinblick auf den Textkern z.B. relevante von irrelevanten Aussagen unterscheiden, zeitliche Abläufe rekonstruieren, räumlich getrennte Vorgänge aufeinander beziehen und vor allem ihr Welt-Wissen aktivieren (Warum kann eine Betonröhre schwimmen?). Aufgrund dieser Anforderungen ist der Text auch besonders gut geeignet, Lesestrategien einzuführen oder vertiefend zu üben (z.B. still lesen, vorlesen, den Text gliedern, implizite Informationen entdecken, Schlüsselwörter herausstellen, wichtige Textstellen unterstreichen, Passagen zusammenfassen usw.).

Der Tunnel unter dem Nord-Ostsee-Kanal (Ausgangstext)

Die Europastraße 3, E 3, verläuft mitten durch Schleswig-Holstein und verbindet Skandinavien mit Mitteleuropa. Wo sie einen anderen Wirtschaftsweg kreuzt, den Nord-Ostsee-Kanal, wurde der Verkehr lange Zeit durch Stauungen behindert, denn die Drehbrücke bei Rendsburg lag mit ihrer Fahrbahn nur in der Höhe des Straßendammes und musste jedesmal aufgeschwenkt werden, wenn ein Schiff passieren wollte. Der Bau einer Hochbrücke, wie sie an anderen Stellen über den Kanal führt, mit einer Bogenhöhe, die die Durchfahrt von Schiffen selbst mit hohen Masten erlaubt, hätte es nötig gemacht, die zum Kanal führenden Fahrbahnen auf beiden Seiten über mehrere Kilometer beträchtlich anzuheben. Billiger zu verwirklichen war die Untertunnelung.

Die Arbeiten dazu begannen am 25. November 1957 am Südufer. Die Pläne sahen eine Länge von 1280 m für das gesamte Bauwerk vor. Die Baustelle lag ein wenig westlich der alten Drehbrücke, die während der Bauzeit von 45 Monaten weiter ihre Aufgabe erfüllte. Es kam darauf an zu erreichen, dass der Schiffsverkehr auf der meistbefahrenen Wasserstraße der Welt nur für möglichst kurze Zeit unterbrochen wurde. Unterhöhlen konnte man den Kanal nicht, da seine 11,13 m Wassertiefe einen Wasserdruck verursachte, der die unterhöhlte Kanalsohle hätte einbrechen lassen. Die Fachleute lösten die Aufgabe in einer Weise, die in der Welt große Beachtung fand.

Die Bauarbeiten begannen am Südufer. In einer riesigen Baugrube, die neben dem Kanal im rechten Winkel zu ihm ausgeschachtet worden war – die Tunnelbauer nannten sie das »Trockendock« –, entstand in neunmonatiger Arbeit das 140 m lange Tunnelmittelstück, eine oben und unten abgeflachte Betonröhre, in der zwei zweispurige Fahrbahnen durch eine Mittelwand voneinander getrennt sind. An beiden Enden wurde es dann vorläufig abgedichtet. Anfang 1959 wurde das Trockendock »geflutet«, indem man die Erdwand wegriss, die es vom Kanal trennte. Das Wasser des Kanals strömte in die Baugrube ein, und das 22000 Tonnen schwere Mittelstück begann zu schwimmen wie ein Schiff. Der mit Spannung erwartete »Tag X« war der 17. März 1959. Die Fachleute nennen ihn den wichtigsten des ganzen Tunnelbaus. An diesem Tage wurde das Mittelstück aus der Baugrube in den Kanal »eingeschwommen«, das heißt, mit Hilfe von Winden in den Kanal gezogen, geflutet und auf eine inzwischen ausgebaggerte Sohle so abgesenkt, dass die Oberfläche der Betonröhre 3,22 m tiefer als die bisherige Kanalsohle lag. Da die Röhre 7,28 m hoch war, hatte das Kanalbett also 10,50 m tief quer zur Fahrtrichtung der Schiffe durch Schwimmbagger aufgegraben werden müssen. Nur für das Einschwimmen und Absenken des Mittelstücks war der Kanal 70 Stunden lang gesperrt. Dann konnten die Schiffe ungestört weiterverkehren. Man hat diesen Teil der Arbeit »einmalig in der Geschichte des Unterwasserstraßenbaus« genannt.

Danach wurde die zum Kanal hin offene und mit Wasser gefüllte Baugrube wieder durch einen »Fangedamm« verschlossen. In kurzer Zeit pumpten die Tunnelbauer Baugrube und Mittelstück leer und konnten nun das Anschlussstück einbauen, das den südlichen »Mund« des Mittelstücks, der in die jetzt trockene Baugrube hineinragte, mit der inzwischen jenseits der Baugrube fertiggestellten, höher gelegenen und leicht ansteigenden Ausfahrtsrampe verband. Dann wurde der gegenüberliegende Mund des Mittelstücks ebenfalls durch ein Anschlussstück mit der Ausfahrtsrampe auf der Nordseite des Kanals verbunden. Dort ging es wesentlich schneller, weil man die Erfahrungen beim Bau der südlichen Ausfahrt nutzte. Ende Januar 1961 konnte die nördliche Abdichtung des Mittelstücks durchstoßen werden, und zum erstenmal ging ein Mensch unter dem Kanal hindurch. Der Bau des Lüfter- und Betriebsgebäudes Nord zu ebener Erde über der nördlichen Ausfahrt begann 1960 und lief im Winter 1960/61 ohne Unterbrechung unter einem großen beheizten Schutzzelt weiter. Gleichzeitig wurde ein kreuzungsfreies, autobahnähnliches Straßensystem für An- und Ausfahrt und für die Umgehung Rendsburgs gebaut. Dazu gehörten elf Brücken.

Am 25. Juli 1961 übergab der Bundesverkehrsminister den fertigen Tunnel dem Verkehr. Seitdem leitet die »Tunneltechnik« den Verkehr von täglich durchschnittlich 10000 Kraftfahrzeugen durch die beiden Fahrbahnröhren. An ihren Portalen sorgen 10 Ventilatoren für Belüftung, Fernsehkameras geben die Verkehrsbilder zur Zentrale in der Mitte des Tunnels, acht Zählschwellen mit automatischen Impulsen registrieren die Durchfahrten, und 2570 Leuchtstofflampen als durchgehende Lichtbänder zu beiden Seiten erhellen den 640 m langen Tunnel. Mit Hilfe von Ampeln kann im Notfall jederzeit der Verkehr in einer Fahrbahn stillgelegt und umgeleitet werden.

20 m über der Fahrbahn liegt der Wasserspiegel des Kanals, den jährlich 80000 Schiffe befahren. Sie behindern sich nicht mehr gegenseitig: die Schiffe auf dem Kanal und die Kraftfahrzeuge auf der E 3.

Da es hier um den sinnvollen Einsatz von Medien und nicht primär um die Frage der Förderung von Lesefähigkeiten und -strategien geht, soll das selektive Interesse auf *eine* von vielen möglichen und effektiven Strategien zur Entschlüsselung von Sachtexten beschränkt bleiben, die mediendidaktisch gesehen darin besteht, einen Sachverhalt in einen anderen Darstellungsmodus zu *überführen* und (ggf.) wieder zum ursprünglichen zurückzukehren. Im Falle des Textbeispiels wäre es für die Schüler eine große Hilfe, den zunächst auf der *symbolischen* Ebene dargestellten Sachverhalt in die *ikonische* zu übersetzen; wie bereits vorausgeschickt, handelt es sich dabei aber nicht um eine rein ikonische Darstellung, sondern um eine ikonisch-symbolische, also eine *Mischform.*

Diese mediale Transformation könnte in zweifacher Weise realisiert werden: Eine *erste* Grafik verdeutlicht die *räumlichen* Verhältnisse vor und nach dem »Tag X«. Sie soll den Schülern eine Vorstellung vom Ausgangs- und Endzustand geben. Auf diese Weise können sie die räumliche Veränderung des Tunnelmittelstückes (von der Baugrube in den Kanal unterhalb der Sohle) erkennen. Die Anfertigung der Grafik an der Tafel wird nicht in einem Zuge von statten gehen, sie setzt ein mehrmaliges zyklisches Lesen und Bearbeiten des Textes voraus und wird erst über mehrere Versuche ihre sachliche Endgestalt gewinnen. Auf diese Weise schließen sich die Verstehensinseln, über die jeder Schüler verfügt, allmählich zu einem Gesamtverständnis zusammen. Am Ende aber müsste sie so ähnlich wie hier abgebildet aussehen. Entsprechendes gilt für die zweite Grafik; auch sie stellt ein mögliches Endergebnis dar, das *parallel* zum Gang des Unterrichtsgespräches und zur Entwicklung der ersten Grafik entstehen wird.

Beide Grafiken bestehen nicht nur aus ikonischen, sondern auch aus symbolischen Elementen. Erst aus der *Mischung* dieser beiden medialen Modi erhalten sie ihre Aussagekraft. Die ikonischen Elemente der ersten Grafik allein stehen nur für die Lageverhältnisse, die zugeordneten Begriffe markieren zudem *funktionelle* Eigenschaften (*Trenn*wand, *Trocken*dock, *Fange*damm)

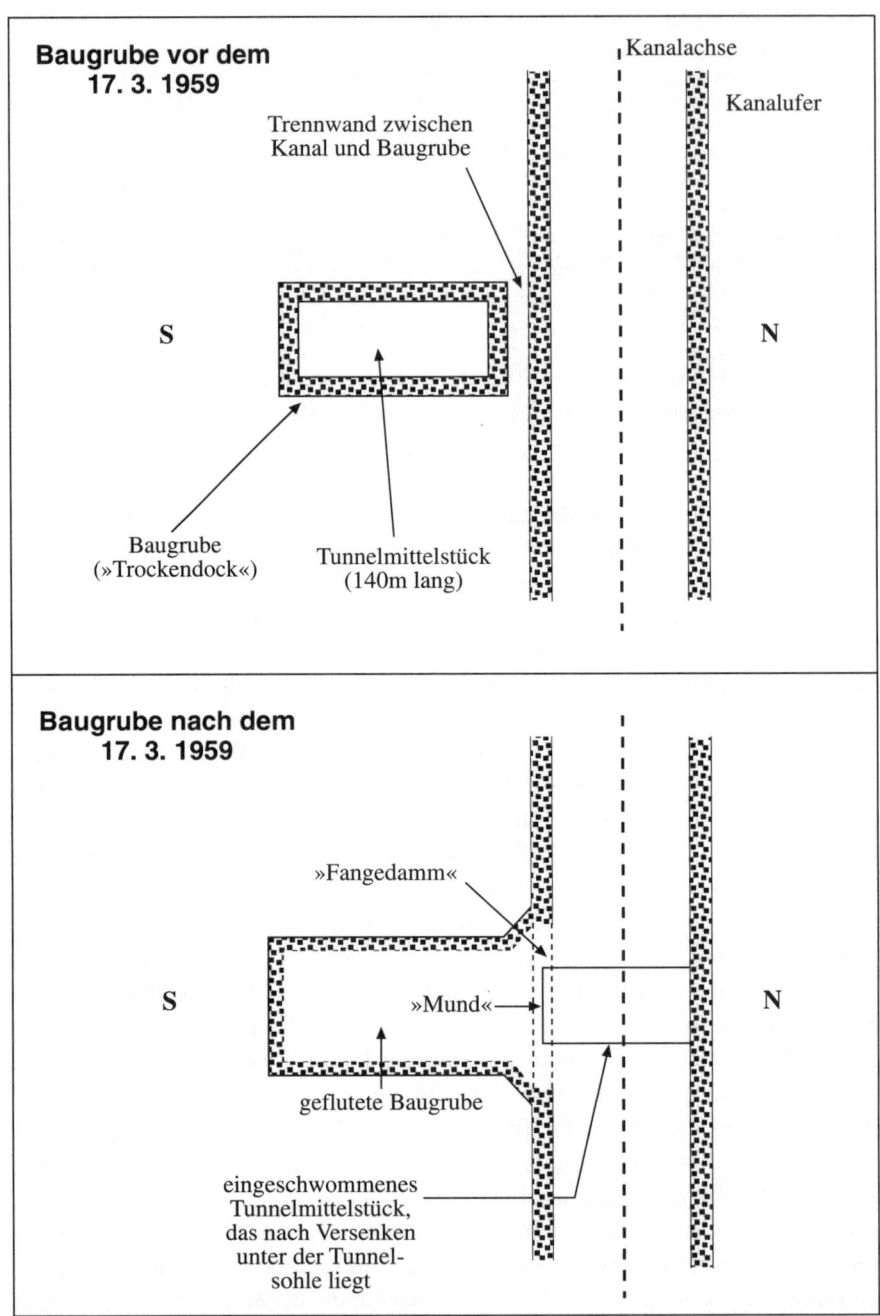

Abbildung 17: Aufsicht auf das Bauprojekt

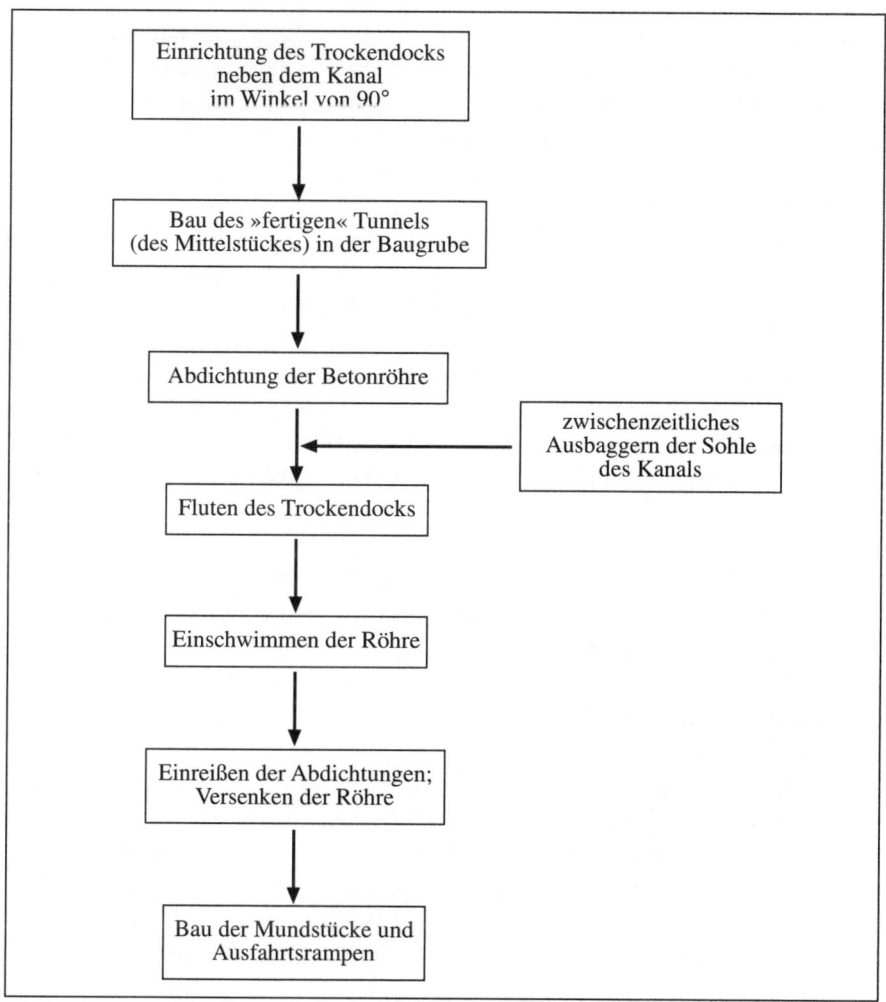

Abbildung 18: Die »Logik« des Tunnelbaus

und Veränderungen in der *Zeit* (eingeschwommen, nach Versenken). Die ikonischen Elemente der zweiten Grafik sind weitaus dürftiger, denn die Umrandungen und Pfeile sind bloße Form; erst durch ihre Zuordnung zu Begriffen bekommen sie Sinn, indem realisierte Teilprozesse als *notwendige Bedingungen* für die Fortsetzung des Gesamtprozesses benannt werden.

Der mit diesem Beispiel unterstellte Unterrichtsverlauf soll seinen Abschluss in der ausschließlichen symbolischen Kodierung finden. Der den Schülern vorliegende Text enthält zwar alle wichtigen Informationen, aber die vielen für das Verständnis des technischen Ablaufes entbehrlichen Informationen stiften auch Verwirrung. Deshalb muss das »Wesentliche« noch einmal präzis formuliert werden. Gerade im Umgang mit Sachtexten kann man die Erfassung des Wesentlichen nicht nur durch Text*rezeption*, sondern auch durch *Produktion* eigener Sachtexte üben. Die Verbesserung der vorliegenden Version könnte in Einzelarbeit (Hausaufgabe), aber auch in arbeitsteiliger Gruppenarbeit angegangen und schließlich zu einem gemeinsamen Produkt zusammengeführt werden. Dann stehen insbesondere Fragen der *sprachlichen* Gestaltung des Textes (wir simulieren hier ein Planungsbeispiel aus dem *Deutsch*unterricht) und weniger der in ihm verhandelte, aber nun verstandene technische Sachverhalt im Vordergrund; auf diese Weise wird den Schülern z.B. deutlich,

– was es heißt, »einen komplexen Text zu verfassen, der ... abgelöst von der konkreten kommunikativen Situation und vom real anwesenden Rezipienten ... verstanden werden kann« (Baurmann 2000, S. 150),
– dass Adverbien eine entscheidende Funktion für die Darstellung der temporalen, lokalen, modalen wie kausalen »Logik« eines Sachverhaltes haben,
– dass das Unterstreichen wichtiger Textstellen oder Schlüsselbegriffe Sparsamkeit im Hinblick auf das besonders Wichtige verlangt oder
– dass sich eine mehrfache Überarbeitung eines selbst verfassten Textes lohnt, weil man auf diesem Wege z.B. erkennen kann, dass eine klare Gedankenführung, das Zusammenspiel von Beispiel und Begriff oder der Gebrauch von Analogien die Textqualität erheblich beeinflussen.

Zum Abschluss des Planungsbeispiels bleibt die Frage zu klären: Warum muss das Schwimmen der Betonröhre nicht unbedingt experimentell simuliert werden, warum also der Medieneinsatz nicht auf die enaktive Ebene zurückgreifen? Zum einen würde das einen hohen organisatorischen und zeitlichen Aufwand bedeuten, zum anderen dürfte man hinsichtlich der Lernvoraussetzungen unterstellen: Schüler verfügen in der hier angenommenen Altersstufe (13 bis 14 Jahre) über genügend Weltwissen. Sie wissen aus dem Physikunterricht, dass Schiffe (eiserne Gegenstände, die Luft »enthalten«) schwimmen können. Warum sollte dann nicht auch eine Betonröhre, in der auch Luft »eingeschlossen« ist, schwimmen können? Dieses Wissen können sie sich gegenseitig ohne große Mühe und Zeitaufwand in Erinnerung rufen und zwar in

Der Tunnel unter dem Nord-Ostsee-Kanal
(Schülerversion als Verbesserung des Ausgangstextes)

Dort, wo die Europastraße 3 in Schleswig-Holstein den Nord-Ostsee-Kanal kreuzt, wurde der Verkehr lange Zeit durch Stauungen behindert. Denn jedesmal, wenn ein Schiff passieren wollte, musste die Brücke aufgeschwenkt werden.

Dieses Verkehrsproblem konnte man nicht auf übliche Art und Weise lösen. Der Bau einer Hochbrücke wäre zu teuer gekommen, und eine Unterhöhlung scheiterte daran, dass der Wasserdruck über dem Kanal zu groß gewesen wäre. Der Kanal hatte nämlich eine Wassertiefe von 11m. Diese hohe Wassersäule hätte die Sohle zum Einsturz gebracht.

Den Fachleuten war aber dennoch eine pfiffige Lösung eingefallen. Zunächst hoben sie am Südufer eine Baugrube aus. Sie lag im rechten Winkel zum Kanal. In dieser Baugrube wurde der größte Teil des Tunnels – das 140m lange Tunnelmittelstück – gebaut. Von der Form her muß man es sich wie eine oben und unten abgeflachte Betonröhre vorstellen. Im Innern der Röhre hatte man eine Mittelwand errichtet, durch die die beiden späteren Fahrbahnen voneinander getrennt werden sollten. Nach Fertigstellung des Mittelstückes dichtete man es vorläufig an beiden Enden durch Mauern ab.

Der Tunnel war jetzt fast fertig. Aber er lag nicht dort, wo er hingehörte: Er lag ja noch in der Baugrube rechtwinklig zum Kanal, aber nicht unter dessen Sohle. Wie aber sollte er an seinen rechten Platz kommen?

Die Bauarbeiter rissen nun die Erdwand zwischen dem Kanal und der Baugrube weg. Sofort strömte das Wasser in die Baugrube und überflutete alles. Die schwere Betonröhre aber begann zu schwimmen wie ein Schiff. Nachdem der Wasserspiegel in der Baugrube genau so hoch war wie der im Kanal, zog man das Mittelstück mit Hilfe von Winden in den Kanal.

Schon während der Bauarbeiten hatte man die Kanalsohle quer zum Wasserlauf ausgebaggert. In die so entstandene tiefe Rinne wurde nun die Betonröhre auf eine denkbar einfache Weise versenkt: Man riss dazu die Abdichtungswände an den Enden ein; der Tunnel lief voll Wasser und sank in die Rinne ab.

Dieser gesamte Vorgang hatte nicht allzu lange gedauert. Nur 70 Stunden mußte der Kanal gesperrt werden. Dann konnten die Schiffe wieder ungestört verkehren. Bisher war schon viel erreicht worden. Immerhin lag nun das lange Mittelstück unter der Kanalsohle. Aber befahrbar war der Tunnel natürlich noch nicht. Dazu bedurfte es noch weiterer Anstrengungen. Als erstes wurde die Baugrube wieder vom Kanal durch einen Damm getrennt. In kurzer Zeit pumpten die Tunnelbauer Baugrube und Mittelstück leer und konnten nun das erste Anschlussstück bauen. Es verband den südlichen »Mund« des Mittelstückes mit der leicht ansteigenden Ausfahrtsrampe. Dann wurde der nördliche Mund hergestellt und ebenfalls durch ein Anschlussstück mit der entsprechenden Ausfahrtsrampe verbunden. Dort ging es wesentlich schneller, weil man die Erfahrungen nutzte, die man beim Bau der südlichen Ausfahrt gesammelt hatte.

Damit waren die wichtigsten Arbeiten erledigt. Vier Jahre hatte man zur Fertigstellung dieser technischen Meisterleistung gebraucht, bis der erste Mensch unter dem Kanal hindurchgehen konnte.

symbolischer Form. Man sieht also auch an diesem Aspekt noch einmal den Sinn des oben genannten Grundsatzes: *Unterrichte so konkret wie nötig, aber auch so abstrakt wie möglich.*

5. Medieneinsatz in Abhängigkeit von anderen Planungsaspekten: Das Prinzip der Interdependenz

In den vorangegangenen theoretischen Erläuterungen zum Medieneinsatz und den beispielhaften Veranschaulichungen ist mehrfach der *Bezug* des Medieneinsatzes zu anderen Planungsmomenten angesprochen worden. Dabei wurde deutlich:

Der Einsatz von Medien
– bemisst sich an den intendierten *Lernzielen*, weil Medien immer spezifische *thematische* Aspekte transportieren sollen,
– hängt von den *Lernvoraussetzungen* der Schülerinnen und Schüler ab.

Mit Blick auf die drei folgenden Kapitel können wir auf zwei weitere Aspekte vorausweisen: Der Medieneinsatz ist auch auf
– die *Sozialformen*
– die *Gliederung* des Unterrichts in Phasen und
– die eingesetzten *Methoden*

abzustimmen. Die Durchführung eines Experiments in *Gruppenarbeit* (als mögliche *Sozialform*) setzt z.B. das Vorhandensein genügender Geräte und gefahrloses Arbeiten voraus, ansonsten wird der Lehrer das Experiment vor der Klasse demonstrieren müssen (*Frontalunterricht* als dann gewählte Sozialform). Oder: Die Abbildung aus der Enzyklopädie Diderots und d'Alemberts könnte in verschiedenen *Phasen* zur Erarbeitung der Erzählung »Das Trockendock« eingesetzt werden; eine Möglichkeit besteht darin, sie nach Einstellen der ersten Verständnisschwierigkeiten zu präsentieren, man könnte sie aber auch direkt zu Beginn als Stundeneinstieg im Sinne indirekter Antizipation projizieren und klären lassen, was auf dem Bild zu sehen ist. Da sich das Bild sehr gut für das Verfassen einer Bildbeschreibung eignet, könnte es auch in einer bereits abgeschlossenen Unterrichtsreihe eine zentrale Rolle gespielt haben. In diesem Fall läge das Verständnis der technischen Details schon als verfügbares Wissen für die Interpretation der Erzählung vor (zur Funktion von Medien in Phasen s. auch Tulodziecki/Herzig 2004, S. 205f.).

Diese hier beispielhaft hergestellten Bezüge zwischen den eingesetzten Medien und anderen Planungsmomenten (Lernziele, Lernvoraussetzungen, Sozialformen, Unterrichtsphasen) verweisen auf die notwendige Konsistenz zwischen den einzelnen Planungsmomenten. Dieses Bemühen um Konsistenz haben Heimann, Otto und Schulz (1965) in der »Berliner Didaktik« im Prinzip der *Interdependenz*, »der widerspruchsfreien Wechselwirkung der Planungsmomente« (S. 45) eingefordert. Demnach müssen alle Planungsmomente (Thema, Lernziele, Medien, Methoden, Sozialformen usw.) in ihrer gegenseitigen Abhängigkeit gesehen werden. Im abschließenden Kapitel dieses Buches wird dieses Prinzip noch einmal im Zusammenhang mit zwei weiteren Prinzipien der Unterrichtsplanung (Variabilität, Kontrollierbarkeit) eingehender erläutert.

Übungen

Aufgabe 1:
Der Einsatz von Medien fällt in den verschiedenen Unterrichtsfächern sehr unterschiedlich aus. Verschaffen Sie sich deshalb einen Überblick über diejenigen Medien,
a) die in den von Ihnen unterrichteten Fächern besonders häufig zum Einsatz kommen und
b) welche spezifische Bedeutung sie in ihren Unterrichtsfächern haben!

Aufgabe 2:

Wenn man rückblickend die beiden Unterrichtsbeispiele »Höhenlinien« und »Der Tunnel unter dem Nord-Ostseekanal« mediendidaktisch vergleichen will, könnte die folgende tabellarische Übersicht hilfreich sein. Welche Medien könnten in welcher *Phase* des Unterrichts in welchem Repräsentationsmodus eingesetzt werden?

Lernschritte/ Phasen \ Repräsentationsmodus	enaktive Ebene	ikonische Ebene	symbolische Ebene
1. Motivation			
2. Schwierigkeiten			
3. Lösung			
4. Tun und Ausführen			
5. Behalten und Üben			
6. Transfer, Integration			

Abbildung 19: Ein heuristisches Modell: Möglichkeiten des Medieneinsatzes

Kapitel 7

Sozialformen wählen

1. Einleitung

Sozialformen regeln die Kommunikations- und Interaktionsmöglichkeiten des Unterrichts, stellen also eine soziale Ordnung her, die sich möglichst förderlich auf die (innere) *Selbsttätigkeit* des Lernenden auswirken soll. Auf diesem Aspekt – Arrangieren geeigneter Kommunikations- und Interaktionsmöglichkeiten *zur Ermöglichung von Selbsttätigkeit* – liegt der Focus dieses Kapitels. Es kann keine ausführliche Darstellung der Sozialformen des Unterrichts bieten (s. dazu z.B. Meyer, H. 1987, Bd. 2, S. 182-279; Gudjons 2003; Grunder u.a. 2007, S. 93ff.), sondern beschränkt sich auf besonders bekannte: Frontalunterricht, Gruppen-, Partner-, Einzelarbeit und das Kooperative Lernen.

Lehrerinnen und Lehrer versuchen, der Unterstützung der Selbsttätigkeit der Schüler unter optimaler Nutzung der Unterrichtszeit in der Regel mit dem sozialen Arrangement des Frontalunterrichts gerecht zu werden. Andere Sozialformen (Gruppen-, Partner- und Einzelarbeit) werden weitaus seltener eingesetzt. Zwar lässt sich in den letzten ca. 20 Jahren ein Rückgang des Frontalunterrichts verzeichnen, aber mit fast 50% nimmt er immer noch einen großen Zeitanteil ein, wie ein Vergleich der Studien von Hage u.a. aus dem Jahre 1985 und von Götz u.a. aus dem Jahre 2005 zeigt (als Zwischenbilanz s. auch Rotering-Steinberg/Kügelgen 1986; Rotering-Steinberg 2000):

Häufigkeit des Einsatzes von Sozialformen in Prozent

	Hage et al. (1985)	Götz et al. (2005, S. 350)
Frontalunterricht	76.86	47.11
Gruppenarbeit	7.43	13.42
Partnerarbeit	2.8	15.64
Einzelarbeit	10.24	18.15

Im Gymnasium (57.22%) und in der Realschule (55.70%) ist der Anteil des Frontalunterrichts besonders hoch, in der Hauptschule (40.98%) und in der Grundschule (39.95%) fällt er geringer aus; dafür werden in diesen letzten beiden Schulformen fast doppelt so häufig Partner- und Einzelarbeit durchgeführt wie in den beiden anderen (Götz u.a 2005, S. 352).

Der vergleichsweise geringe Einsatz der Gruppenarbeit mag mit der Überzeugung zusammenhängen, Gruppenunterricht verlange vom »Lehrer eine Reflexion, wenn nicht gar Revision seines beruflichen Selbstverständnisses« (Terhart [2]1997, S. 162), weil er sich dann »nicht mehr als zentrale Steuerungs- und Schaltstelle im Unterrichtsgeschehen« verstehen könne. Die Beliebtheit des Frontalunterrichts ließe sich demnach auf die vermeintlich hohen »Kontroll- und Steuerungsmöglichkeiten« zurückführen. Wie keine andere Sozialform scheint diese dem Lehrer zu garantieren, die »Fäden in der Hand« zu behalten und die Regie des Unterrichts zu führen, denn die Kommunikations- und Interaktionsakte gehen (zum größten Teil) von ihm aus und kehren wieder zu ihm zurück. Aber die Anregung der *Selbsttätigkeit* der Schülerinnen und Schüler hängt nicht von derartigen Überzeugungen, sondern in erster Linie von der Sach- und Methodenkompetenz des Lehrenden ab. Sie gewährleisten, dass er beispielsweise

– den Überblick über den »Stoff« hat, und zwar nicht nur für die nächste Unterrichtsstunde oder -reihe, sondern für die mittel- bzw. langfristige Perspektive; diese ergibt sich aus einer bildungstheoretischen Reflexion des Fachunterrichts, seiner leitenden Ziele und wesentlichen Inhalte und Arbeitsformen,

– Lernaufgaben stellen kann, die gegenwarts- und zukunftsbedeutsam sind,

– die Unterrichtsinhalte in ihrer sachlichen Struktur klären kann, um von dieser Sachanalyse her die Denk- und Lernwege der Schüler zu antizipieren und dann auch deren mögliche »Irrtümer« als produktive Lernchancen zu nutzen,

– das Leistungsvermögen der Schülerinnen und Schüler richtig einzuschätzen vermag, indem er Aufgaben mit mittlerem Schwierigkeitsgrad stellt,

– imstande ist, die Lernvoraussetzungen der Schüler zu reflektieren und sie im negativen Fall zeit- und lernökonomisch zu sichern,

– in der Lage ist, unter Abwägung alternativer Bearbeitungsmöglichkeiten Unterrichtsmethoden auf die zu klärende Sache abzustimmen,

– Medien einsetzen kann, die die Sache adäquat repräsentieren und eine Einheit von sinnlicher Anschauung und symbolischer (insbesondere sprachlicher) Darstellung ermöglichen,

– Impulse setzen kann, die ein genügend hohes Maß an Motivation und Interesse am Lerngegenstand erwecken,

– die Lernergebnisse zu sichern weiß, indem Teilergebnisse in einen größeren strukturellen Zusammenhang eingebunden und auf diese Weise hinreichende Kohärenz und Systematik des Schülerwissens hergestellt werden,
– durch sinnvolle und abwechslungsreiche Übungen das erreichte Lernni-
veau absichern kann, um so die Voraussetzungen für weiteres erfolgreiches
Lernen zu schaffen.

Hohe Sach- und Methodenkompetenz ermöglichen dem Lehrenden diejenige
Rolle zu spielen, die ihm für alle Sozialformen gleichermaßen zukommt: Er
muss sich auf die *Funktion eines Moderators* konzentrieren und – wann
immer möglich – entsprechend zurücknehmen. Er gibt also Impulse, die
Schüleraktivitäten in Gang bringen und halten, gleicht den tatsächlichen Verlauf des Unterrichts mit den in der Planung gesetzten Zielen bzw. Teilzielen
ab und greift direkt und indirekt in das Geschehen nur dann ein, wenn Verlauf
und Zielsetzungen zu weit auseinander liegen. Eine hohe Frequenz lehrerzentrierter Kommunikation und Interaktion kann zeitweise durchaus sinnvoll
sein, aber sie kennzeichnet nicht per se Frontalunterricht, sondern hängt
davon ab, ob die Schüler noch selbsttätig und selbstständig weiter arbeiten
können oder entsprechender Unterstützung bedürfen. Wir werden deshalb
weiter unten bei der Vorstellung der Gruppenarbeit noch sehen, dass diese
Auffassung von der Moderatorenfunktion und die genannten Teilkompetenzen auch dort – wenn auch in modifizierter Form – Geltung haben.

2. Frontalunterricht

Frontalunterricht ist nicht gleich Frontalunterricht (s. Grafik). Dieser Begriff
wird oft als *Sammelbegriff* für Formen unterschiedlicher Interaktionsdichte
gebraucht (s. z.B. Wiechmann 2006); das gilt auch für die folgenden Überlegungen. Es ist z.B. möglich, dass nur der Lehrer spricht oder der Klasse etwas
vorzeigt (Lehrervortrag, Demonstrationsexperiment), der Lehrer mit den
Schülern spricht und dabei die Gesprächsbeiträge annimmt und zuteilt (fra-
gend-entwickelnder Unterricht) oder der Lehrer sich zeitweilig zurücknimmt
und die Schüler sich gegenseitig aufrufen (Unterrichtsgespräch, Diskussion).
Die namentliche Benennung solcher Möglichkeiten ist eine sekundäre Angelegenheit, weitaus wichtiger ist die Frage, inwiefern die gewählte Interaktionsvariante in der gerade ablaufenden Unterrichtsphase die (innere) Selbsttätigkeit der Schüler sichern kann. Die Verdeutlichung eines komplizierten
Problems in der Eingangsphase verlangt in der Regel nach einem lehrerzen-

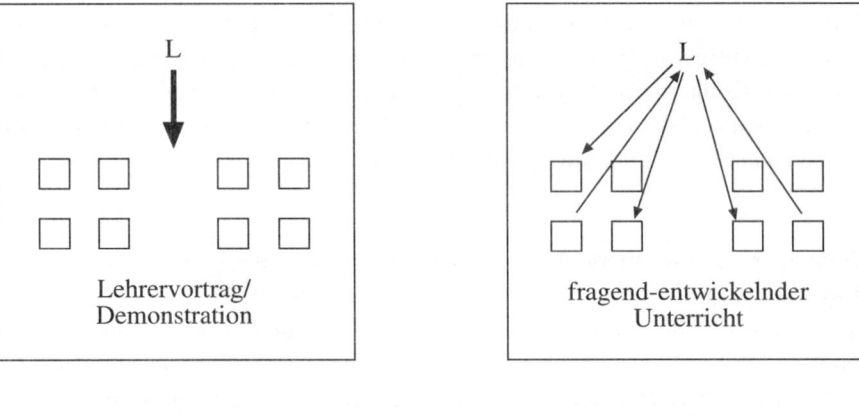

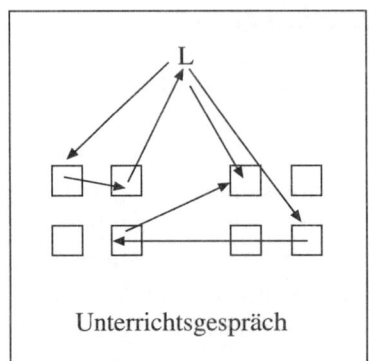 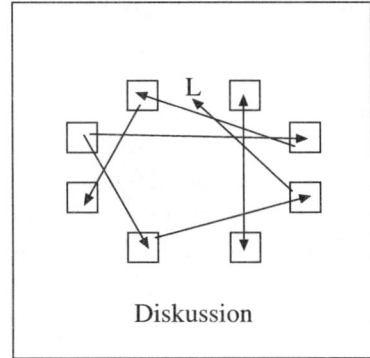

Abbildung 20: Verschiedene Varianten des Frontalunterrichts

trierten Unterrichtsgespräch, die Motivation durch Präsentation von Karikaturen soll keine Lehrer-, sondern Schülerbeiträge provozieren, und die gemeinsame Besprechung von Hausaufgaben kann sogar ein einzelner (leistungsstarker) Schüler leiten; auch das wäre dann Frontalunterricht. Die Wahl der jeweiligen Interaktionsvariante hängt allerdings nicht nur von der zentralen Aufgabe ab, Schüler zur Selbsttätigkeit zu aktivieren, sondern muss auch mit dem Aufwand an *Zeit* und *Organisation* abgestimmt werden.

Beispiel Sachunterricht: Wie springt ein Ball?

Das folgende Beispiel steht für einen »guten« Frontalunterricht, für den all das gilt, was eingangs bei der Umschreibung der Sach- und Methodenkompetenz eingefordert wurde; es gibt (stark gekürzte) Passagen aus einem längeren Unterrichtsgespräch wieder, das der Wagenscheinschüler Siegfried Thiel mit Grundschulkindern geführt hat, um den Begriff der Elastizität in schüleradäquater Weise einzuführen (aus: Martin Wagenschein, Kinder auf dem Weg zur Physik, © Beltz, Weinheim und Basel, [2]1997, S. 122ff.).

3. Klasse, 1. Stunde

Lehrer:	Wir fangen mit einem ganz einfachen Spiel an.
Versuch:	Gummi-, Tennis-, Tischtennis- und Knetball werden aus ca. 1 m Höhe auf die Tischplatte fallen gelassen und springen in die Höhe.
Christoph:	Weil's da unten eine Delle gibt, da springt's.
Christoph H.:	Der Knet, der, da ist innen auch was drin, und deshalb ist der nicht gefedert.
Georg:	Der kann nicht hüpfen, weil er aus Knet ist, ein Gummiball, der kann hüpfen, der ist nämlich aus Gummi.
Christoph:	Wenn bei einem Ball unten eine Delle reinkommt, dann hüpft er gut, weil's sich ausdehnt, und da hüpft er hoch in die Luft, und das ist bei dem Knet nicht.
Michael:	Doch, bei dem Knet gibt's auch eine Delle.
Versuch:	Der Lehrer lässt den Knetballen auf den Tisch fallen.
Axel:	Ja, schon eine Delle, aber die schnappt nicht mehr zurück.
Georg:	Die Delle schnappt nicht mehr zurück, die kriegt zuerst einen Schlag drauf, und wenn's zurückschnappt, da gibt's einen Ruck, und da springt er hoch.
Christoph H.:	In dem Knet ist Knetmasse, und von der Erdanziehungskraft geht das runter, und dann schläft's.
Lehrer:	Dann müsste ja der Gummiball auch unten bleiben.
Christoph H.:	Aber da ist ja nichts drin.
Alfred:	Das ist ein, innen hohl, und der Tennisball ist aus Plastik oder aus so einem Material, innen drin ist Luft, und die Luft, die spürt er, der Ball, und deshalb hopst er immer so. Die Luft hebt ihn hoch, wenn er aufprallt.
Lehrer:	Damit haben wir schon zwei mögliche Gründe gefunden, erstens, die Luft ließe den Ball springen und, zweitens, die Delle mache, dass der Ball springt. Wir haben nun Vermutungen, und diese wollen wir nun darauf prüfen, ob sie wahr sind. [...]
Michael Fl.:	Bei dem Ball ist es so, dass, wenn er eine Delle kriegt, dass vom Druck, der da drinne ist, wird er ja auch noch ein Stück hochgenommen. Wenn der Ball 'ne Delle hat, hat die Luft drin weniger Platz, und sie drückt nach oben. Das ist wie im Wasser, da kommen die Luftblasen auch zuerst ganz klein, beim Aquarium, dann werden sie immer größer, so ist es auch beim Ball, wenn die Luft weniger Platz hat, geht sie nach oben.
Thomas M.:	Das merkt man auch, wenn man den Knetball hopsen lässt, dann ist auf dem Tisch immer noch der Abdruck von der platten Stelle.

Christian H.:	Zum Michael Fl. will ich sagen, das stimmt, weil, bei den Nichtvollgummibällen, da muss die Luft, da wird die Luft zusammengedrückt, und die muss dann wieder auseinandergehen, und deshalb hüpft er noch ein bißchen, weil, wenn's, die Delle wird, muss die ja wieder ausgebeult werden.
An der Tafel:	Der Ball hüpft runter und bekommt eine Delle, wenn er auf den Boden fällt, so flach ist das, dann hüpft der Ball, das kommt dadurch, dass die Luft wieder rausmuss.
Georg:	Die ist ja drin, die kann nicht raus.
Christian H.:	Ja, die will raus, weil sie gequetscht wurde, der Ball muss hochhüpfen, damit die Luft rauskann, aber nicht aus dem Ball, nur dass sie nimmer gequetscht wird. […]
Lehrer:	Wir wissen bisher folgendes: Der Knetball springt deshalb nicht, weil er unten flachgedrückt wird und die Delle nicht mehr weggeht. Wenn der Ball, der mit Luft gefüllt ist, auf den Boden fällt, so erhält er durch den Aufprall eine Delle, die aber sofort wieder zurückschnappt, und so stößt der Ball sich vom Boden ab. […]).
Alfred:	Wenn der Ball nämlich auf den Boden fällt, so wird die Luft so zusammengepresst, und dann stemmt sie sich mit aller Gewalt wieder dagegen, dass sie zusammengepresst wird, und dann drückt sie die Delle wieder heraus, und dadurch springt der Ball, weil er sich wegdrückt.
Susi:	Die Luft lässt's sich nämlich nicht gefallen, dass man sie quetscht, und da drückt sie dagegen, auch gegen den Boden, deshalb springt der.
Georg:	So kann man nicht ganz sagen. Die Luft hat nämlich, wenn sie gedrückt wird, da innen im Ball zu wenig Platz, und deshalb drückt sie auseinander. […]

2. Stunde
[…]

Georg:	Das ist deshalb schwer, weil der Ball so schnell ist, den erwischt man nicht, da ist die Delle weg, wenn man zufassen will.
Lehrer:	Wie kann man eigentlich die Delle noch deutlicher sichtbar machen? Habt ihr Vorschläge?
Andreas:	Wenn man Sägespäne auf den Boden streut, dann müsste man den Ball draufwerfen, und da tät' es die Sägespäne wegblasen, wo der Ball aufspringt.
Georg:	Man müsste Gips auf den Boden schütten, da tät' man dann sehen, wo der Ball gewesen ist, das hab' ich schon gesehen, beim Hausbau, wenn da der Boden voll Gips ist, sieht man's, wenn man drauftritt. […]
Lehrer	erzählt von den Mondkratern und vom Nördlinger Ries, die auf Meteoriteneinschlag zurückzuführen sind. Dazu: Die Priester eines Landes sagten einmal den Gläubigen, sie sollten den Göttern Nahrungsmittel opfern. Am Abend brachten die Gläubigen die Nahrungsmittel, stellten sie auf den Opfertisch, und als man am Morgen nachsah, waren die Opfergaben verschwunden. Dann kam einer der misstrauischen Gläubigen auf die Idee, beim nächsten Opfergang Asche auf den Boden zu streuen. Am nächsten Morgen konnte man dann die Fußspuren der Priester sehen; ein Gott als leibloses Wesen hätte ja keine Spuren hinterlassen.

Pause:	5 Sekunden.
Lehrer:	So etwas Ähnliches könnten wir ja auch machen, um dem Ball auf seine Schliche zu kommen.
Georg:	Ah, wenn man da Ruß hat und tritt drauf, da bleibt der Ruß am Fuß hängen, und man sieht nur die weiße Fläche, und außen rum ist Ruß, da sieht man's gut.
Anton:	Da streuen wir Ruß und lassen den Ball hopfen, mit Ruß anmalen, mit der Kerze.
Versuch:	Wir lassen den Ball auf der berußten Glasplatte springen.
Burkhardt:	Das ist toll. Der Kreis wird ja immer kleiner, ganz klein.
Andrea:	Zuerst kriegt der 'ne Unmenge Kraft, wenn er auf den Boden kommt. [...]
Birgit:	Da legen wir mal den Ball drauf, ohne Hopfen, dann sehen wir die Dalle ohne Hopfen.
Lehrer:	Da können wir doch nichts sehen, da hat er doch keine Dalle, wenn er nicht springt ...
Georg:	Nein, da hat er keine. Das kann man aber ausprobieren.
Versuch:	Ball wird auf die berußte Platte gelegt.
Andreas:	Doch, man sieht's, eine kleine Dalle ist auch da. Das kommt vom Gewicht. Wenn ich im Schlamm stehe, geht's auch runter, auch wenn man nicht hüpft, da ist's beim Ball auch so.
Versuch:	Der Ball wird aus 2 m Höhe fallen gelassen.

Die Stellen dieses Unterrichtsprotokolls, an denen der Lehrer Einfluss auf die Kommunikation nimmt, belegen seine *Moderatorenfunktion* im Detail: Zunächst setzt er einen Impuls (Wir fangen mit einem Spiel an.) und lässt »Bälle« aus verschiedenen Materialien auf die Tischplatte fallen (Demonstrationsexperiment). Die Schüler haben die Unterschiede aufmerksam registriert und setzen unmittelbar mit ihren Hypothesen an. Das Gespräch wird nun vorwiegend von den Schülern gestaltet, während der Lehrer sich sehr zurückhält. Er wiederholt den Versuch mit dem »Knet« noch einmal zur Verdeutlichung einer Schüleraussage, animiert zum Prüfen der geäußerten Hypothese, indem er mögliche Folgerungen aus ihr ableitet (Dann müsste der Gummiball auch unten bleiben.), fasst Zwischenergebnisse zusammen (Damit haben wir schon zwei mögliche Gründe gefunden ...; Wir wissen bisher folgendes: Der Knetball springt deshalb nicht, ...) und hebt eine Schüleräußerung an der Tafel hervor. Schließlich muss er sich sogar aufgrund seiner Voreiligkeit (Da können wir doch nichts sehen, da hat er doch keine Dalle, wenn er nicht springt ...) von einer Schülerin vom Gegenteil überzeugen lassen.

In der zweiten Unterrichtsstunde greift der Lehrer stärker regulierend ein; er stellt den Schülern eine Analogie dar, die zwar keinen direkten physikalischen Sachverhalt zum Inhalt hat, aber eine Maßnahme ins Spiel bringt, mit der »Unsichtbares« sichtbar gemacht werden kann. Allein wären die Schüler wohl nicht auf diese Nachweismöglichkeit der Elastizität gekommen, aber die

Übertragung auf ihr Problem gelingt nach dieser entscheidenden Hilfe selbstständig und schnell.

Man sieht an diesem Lehrerverhalten, dass Frontalunterricht durchaus in der Lage ist, die Selbsttätigkeit der Schüler herauszufordern und produktiv zu unterstützen. Wagenschein selbst hat die Art des in diesem Protokoll geführten Gespräches als »genetisch-sokratisch« gekennzeichnet. *Genetisch* ist es insofern, als bereits Grundschulkinder mit *ihren* Denk- und Argumentationsmöglichkeiten physikalische Phänomene untersuchen und erklären können und damit »auf dem Wege zur Physik« der Erwachsenen sind. *Sokratisch* nennt er solche Gespräche, weil sie in Ablauf und Struktur jenen Gesprächen ähneln, die in den Schriften Platons überliefert sind. Dieser dokumentiert in vielen Dialogen, wie Sokrates junge Menschen in der Öffentlichkeit anspricht, um sich ein Bild von der Qualität ihres »Wissens« zu machen. Sokrates gelingt es, seine Gesprächspartner in Widersprüche zu verstricken, wodurch sie zu der ernüchternden Erkenntnis kommen, dass ihr Wissen ein Scheinwissen ist. Und diese aporetische Situation nutzt Sokrates, um aus ihnen Erkenntnisse »herauszufragen«, die vor der allgemeinen Vernunft standhalten können. Diese Art der Gesprächsführung ist in die philosophische Tradition mit dem Begriff der »sokratischen« oder auch der »mäeutischen« Methode (Mäeutik = Hebammenkunst) eingegangen.

Die Parallelen zu den Intentionen Wagenscheins sind offensichtlich. Auch er möchte das Scheinwissen von Schülern erschüttern, sie über die Konfrontation mit dem Phänomen (hier springender Ball) in ein Gespräch verwickeln, damit sie selbsttätig Widersprüche in ihrer Argumentation entdecken und nach deren Auflösung suchen. Die Rolle, die dem Lehrenden bei den damit zusammenhängenden Denk- und Lernprozessen zufällt, hat Wagenschein metaphorisch in drei einfachen, aber aussagekräftigen Grafiken dargestellt (aus: Wagenschein 1975, S. 17f.).

Die erste Abbildung beschreibt die Rolle des Lehrenden im »herkömmlichen« Unterricht. Es ist derjenige Unterricht, der mit allen Makeln eines schlechten Frontalunterrichts behaftet ist. Darin übernimmt der Lehrende die Funktion des Dozierenden, der »aus den Wolken heraus« spricht und die physikalische Wahrheit verkündet, die der Schüler passiv rezipiert. Die Szene macht dabei auf die Lücke zwischen Lehrenden und Lernenden, zwischen Erwachsenen und Kindern aufmerksam, die ihren Ausdruck in der weit verbreiteten, aber falschen Annahme findet: Man muss den *Sprung* vom naiven zum wissenschaftlichen Denken schaffen; ein bereits existierendes Vorverständnis, von dem aus sich langsam, aber selbsttätig ein tieferes Verständnis entwickeln lässt, gibt es nicht.

Die Kluft zwischen Kind und Erwachsenem ist in der zweiten Abbildung schon deutlich geringer. Der Lehrende hat »den Weg nach oben« (den Weg zur physikalischen Erkenntnis) vorbereitet; er weiß um die Schwierigkeiten der Schüler und hilft ihnen deshalb, Lernwege zu eröffnen. Aber diese Lernwege sind eben doch noch stark kanalisiert.

Ganz anders werden die Lernwege und -möglichkeiten in der dritten Abbildung gesehen. Es gibt keine (große) Distanz mehr zwischen Lehrer und Schüler, denn der Lehrer arbeitet mitten unter den Schülern. Diese sind an

ganz verschiedenen Stellen mit unterschiedlichem Ergebnis und Fortschritt tätig. Das verweist auf die individuellen Lernvoraussetzungen, an denen das Lernen notwendigerweise anzuknüpfen hat. Wenngleich der Lehrende sich an der Peripherie des Geschehens hält, so sind seine *Sach- und Methodenkompetenz* aber keineswegs überflüssig. »Er kennt das Gelände, er ahnt die Pfade, er sorgt, dass es gelingt. Er hilft und lenkt, aber er tut es so wenig wie möglich. Denn nicht darauf kommt es ihm an, den Gipfel (das ›Pensum‹) möglichst schnell zu nehmen, sondern er will die Suchenden findig machen, dass sie bald auch ohne ihn ihre Berge besteigen und überwinden lernen ... Darum braucht er auch nicht alle Berge zu besuchen (Stoffbeschränkung) ... Der Berg muss nur so gewählt sein, dass man an ihm das Steigen lernt und dass er den Verlauf der ganzen Gebirgskette (›Grundgefüge‹) überschauen und verstehen lehrt.« (Ebd., S. 18f). Dem Leser fällt es nicht schwer, in diesen Aussagen Wagenscheins die oben aufgeführten Merkmale »guten« Frontalunterrichts und die dazu erforderliche Sach- und Methodenkompetenz wieder zu entdecken (s. S. 142f).

Die vorangegangenen Ausführungen – das dürfte deutlich geworden sein – sind nicht als euphorisches Plädoyer für den Einsatz des Frontalunterrichts zu verstehen; er muss unter Abwägung vieler Aspekte (u.a. Abgleich von Zielerreichung und Zeitaufwand, Grad der Selbstständigkeit der Schüler, Vorwissen, Materialausstattung, Medienverfügbarkeit usw.) legitimiert werden. Lehrerzentrierter Unterricht wird auch weiterhin den schulischen Unterricht prägen. Er ist zeitökonomisch, sorgt gerade im Hinblick auf schwächere Schüler für die notwendige klare Strukturierung (s. z.B. Berger/Hänze 2005), kann komplexe Problemstellungen zu Beginn von Unterrichtsstunden wie keine andere Sozialform eröffnen oder durch aufeinander abgestimmte Phasen den Unterricht in sinnvolle Abschnitte gliedern, die dem Schüler jeder Zeit signalisieren, an welcher Stelle des Lernprozesses man sich befindet (s. dazu z.B. Meyer, E. 1983). Darüber hinaus kann er fachspezifische Aufgaben übernehmen, die in anderen Sozialformen nur bedingt zu erfüllen sind (z.B. das Vorsprechen und Nachsprechen im fremdsprachlichen Unterricht, gefährliche Experimente im naturwissenschaftlichen Unterricht usw.).

Aufgrund seiner Interaktionsstruktur ist Frontalunterricht aber prinzipiell mit Nachteilen behaftet, denen auch »guter« Frontalunterricht wenig entgegen setzen kann:

– Im Frontalunterricht besteht immer die Gefahr, dass die Schülerinnen und Schüler nicht genügend aktiviert werden, dafür aber »Gelegenheit« haben, sich aus dem Sinngeschehen auszuklinken.

– Der Lehrende meint, alle Schüler in gleicher Weise zu erreichen, übersieht aber, dass er sich auf diese Weise am Durchschnitt orientiert und nicht am individuellen Leistungsvermögen.

– Im Frontalunterricht kann zu einem bestimmten Zeitpunkt immer nur ein bestimmter Sachaspekt im Vordergrund stehen. Diese Tatsache kann sich negativ auswirken, wenn Themen vielschichtig sind und aufgrund dessen vielseitige Interessen bei den Schülern ausgelöst haben. Das hat zur Folge, dass sich bestimmte Schüler momentan für den behandelten Aspekt interessieren, während andere sich eigentlich lieber erst mit einem anderen Gesichtspunkt auseinandersetzen würden.

– Momentane Beschränkung auf einen Sachaspekt bedeutet zwangsläufig auch den Ausschluss von arbeitsteiligen Verfahren, in denen verschiedenen Schülern bzw. Schülergruppen zur gleichen Zeit unterschiedliche Aufgaben gestellt werden könnten.

– Frontalunterricht eignet sich gut für das Erreichen kognitiver Lernziele, aber der Förderung sozialer Verhaltensweisen sind aufgrund der einseitigeren Interaktionsstruktur und der relativ starken Lenkung des Unterrichtsgeschehens durch den Lehrenden enge Grenzen gesetzt (s. dazu Terhart [2]1997, S. 160ff.)

3. Gruppenarbeit

Ein Teil dieser negativen Begleitumstände kann durch den Einsatz von Gruppenarbeit minimiert werden. Sie findet im schulischen Unterricht in der Regel in Gruppen von drei bis fünf Schülern statt. »Idealtypischer Weise zeichnet sich die Interaktion während der Gruppenarbeit dadurch aus, dass die Gruppenmitgieder untereinander gleichberechtigt sind, annähernd gleiche Anteile an der Arbeit und der Diskussion in der Gruppe haben und sich in ihren Gesprächsbeiträgen aufeinander beziehen.« (Wasmuth 2006, S. 106f).

Die positiven Aspekte, die man mit dem Einsatz der Gruppenarbeit assoziiert, sind sehr vielfältig: Erhöhung der Interaktionsmöglichkeiten, Förderung der Kommunikation, Intensivierung des Gruppengefühls, Steigerung von Teamfähigkeit, Einübung kooperativen Verhaltens in der Gruppe, Lernen von Regeln und Normen sozialer Lern- und Arbeitsformen usw. Aber guter Gruppenunterricht muss darüber hinaus auch das leisten, was »normaler« Unterricht auch leisten soll. Die Schülerinnen und Schüler sollen selbsttätig lernen, und das nicht weniger effektiv als im Frontalunterricht. Die Ansprüche dieser Sozialform an Lehrerinnen und Lehrer sind also alles andere als gering.

Beispiel Geographieunterricht: Hochwasserschutz

Auch hier wählen wir ein Beispiel »guten« Gruppenunterrichts. Darin geht es den Autoren Karl Walter Hoffmann und Robert Hottinger um das Thema »Nachhaltiger Hochwasserschutz« und um die Frage, inwiefern sich dieses Thema in arbeitsteiliger Gruppenarbeit angehen lässt. Die übergreifende Intention der Unterrichtsreihe zielt auf die Klärung einzelner *Faktoren*, die zu Hochwasserkatastrophen führen können (Klimaänderung, Landschaftsveränderung, Gewässerveränderung, menschliche Besiedlung), auf die *Folgen*, die jeder dieser Faktoren bewirken kann, auf ihr *komplexes wechselseitiges Wirkungsgefüge* und schließlich auf die *Erstellung eines Forderungskataloges* zur Verminderung des Hochwasserrisikos.

Der Unterrichtsablauf ist in sechs Phasen gegliedert (Hoffmann/Hottinger 2006, S. 15):

1. Problem/Einstieg: Anhand von Karikaturen wird der unreflektierte Umgang mit Hochwasserereignissen verdeutlicht.
2. Überleitung: »Nach der Flut ist vor der Flut!« – In Anspielung auf das Fußball-WM-Ereignis in Deutschland (2006) werden Fragen provoziert: »Was passiert zwischen den Hochwasserereignissen? Gibt es einen sinnvollen/ erfolgreichen Hochwasserschutz? Was sind nachhaltige Schutzmaßnahmen?« (Ebd.)
3. Erarbeitung in Gruppen:
   Gruppe 1: Hochwasserschutz und Landnutzung
   Gruppe 2: Hochwasserschutz und Technik

Gruppe 3: Hochwasserschutz und Klimaschutz
Gruppe 4: Hochwasserschutz und Engagement

4. Die auf Folie präsentierten Arbeitsaufträge lauten: »a. Bearbeiten Sie in Ihrer Gruppe die Ihnen zugeteilten Materialien, indem Sie wichtige Inhalte strukturiert (evtl. in Form einer Kausalkette, eines Pfeildiagramms oder in anderer Übersichtsform) darstellen ...; b. Bereiten Sie anschließend eine Präsentation für die Gesamtgruppe vor; c. Formulieren Sie auf der Grundlage Ihres Vortrags einen Maßnahmen- bzw. Forderungskatalog zur Verringerung des Hochwasserrisikos; d. Begründen Sie anschließend die Notwendigkeit Ihrer Forderungen.« (Ebd.)

5. Präsentation: Die in der Gruppe erarbeiteten Ergebnisse werden im Plenum dargestellt unter der gezielten Fragestellung, welche Maßnahmen und Leitsätze eines nachhaltigen Hochwasserschutzes sich bestimmen lassen.

6. Transfer: »Kritische Analyse eines Hochwasserereignisses: ›Jahrhundertflut in Westrumänien – Hochwasserkatastrophe in Otelec‹«. (Ebd.)

Die Skizzierung des Unterrichtsablaufes macht zunächst einmal deutlich, dass Gruppenarbeit hier nicht durchgängig Anwendung findet, sondern nur in der Phase der Erarbeitung. In dieser – zweifelsohne zentralen – Phase dieser Unterrichtseinheit – sind die Schüler auf sich gestellt und in ihrer Gruppe tätig; der Lehrer kann sich in dieser Zeit »zurückziehen« und sich dadurch vom permanenten Handlungsdruck entlasten. Die vor- und nachgeschalteten Phasen zeigen aber deutlich die ihm von den Autoren zugeschriebene *Moderatorenfunktion*: Durch die Auswahl aussagekräftiger Karikaturen und eine humorvolle Überleitung soll der Lehrer im gelenkten Unterrichtsgespräch für ein zielstrebiges Hinarbeiten auf das eigentliche Thema sorgen. Zu dessen Bearbeitung hat er sich (vorab!) für arbeitsteilige Gruppenarbeit entschieden: Nicht nur die Themen sind dabei vorgegeben, sondern auch vier klare Arbeitsaufträge und zu erfüllende formale Anforderungen an die anschließende, zielgeleitete Präsentation der Ergebnisse im Plenum. Die möglichen Schülerleistungen werden von den Autoren für jede Arbeitsgruppe in Form eines *Erwartungshorizontes* formuliert. Dieser Erwartungshorizont spiegelt das sachliche Minimum der Ergebnisse in knapper und strukturierter Weise wider (s. als Beispiel die Abbildung zur Aufgabe a von Gruppe 3). Damit die Schülerinnen und Schüler diese Aufgaben selbsttätig und selbstständig bearbeiten können, werden hinreichende und aussagekräftige Materialien zur Verfügung gestellt (insbesondere Schulatlas und mehrere Internetadressen). Die Planungsüberlegungen finden ihren Abschluss in einer Anwendungsaufgabe, in der das Erlernte auf einen strukturgleichen Sachverhalt transferiert werden soll.

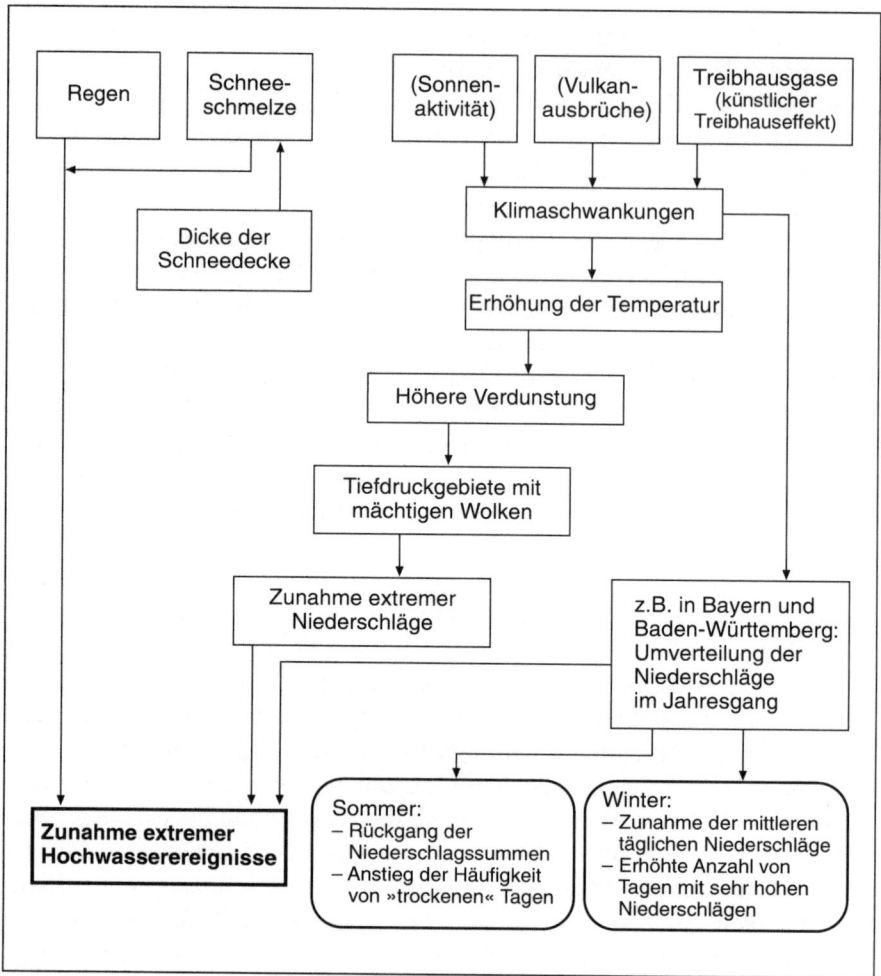

Abbildung 21: Mögliche Schülerleistung zur Aufgabe a von Gruppe 3/Erwartungshorizont
© Westermann, Praxis Geographie, Heft 2/2006, S. 15

Die hier herausgehobenen Aspekte zeigen, dass der Einsatz der Gruppenarbeit optimal in den Unterrichtsplan integriert ist. Wenn man von den sechs Phasen und ihrer inhaltlichen Konkretisierung und damit von diesem Beispiel abstrahiert, ergeben sich die drei entscheidenden Unterrichtsphasen, die zur Durchführung niveauvoller Gruppenarbeit unerlässlich sind:

1. Vorbereitung der Gruppenarbeit
2. Durchführung der Gruppenarbeit und
3. Auswertung der Gruppenarbeitsergebnisse.

Diese Reihung klingt trivial, aber sie wird in der Unterrichtspraxis leider nicht immer eingehalten, selbst Lehrerinnen und Lehrer, die auf eine lange Berufserfahrung zurückblicken können, machen davon keine Ausnahme. Das bestätigen die Arbeiten der »Nürnberger Projektgruppe« (2001); sie sollen hier deshalb zu Worte kommen soll, weil sie nicht nur Spezifisches zur Durchführung »guter« Gruppenarbeit sagen und deshalb für die Unterrichtsplanung wichtig sind, sondern auch die im Alltag hartnäckig wirkenden *subjektiven Theorien* von Lehrerinnen und Lehrern bewusst machen können.

Vorab einige knappe Erläuterungen zum Begriff der subjektiven Theorien! – Dieses Paradigma hat eine Fülle theoretischer und empirischer Arbeiten hervorgebracht (s. z.B. Bromme 1979; Dann 1983; Dann/Tennstädt/Humpert/Krause 1987; Haag/Dann 2001; Koch-Priewe 1986; Mutzek 1988; Wahl 1988, 1991). Sie bestimmen nicht nur, was subjektive Theorien von Lehrerinnen und Lehrern ausmachen und wie es um sie tatsächlich bestellt ist, sondern sind immer auch mit der Frage gekoppelt, wie diese im Berufsalltag wirksamen subjektiven Theorien verbessert werden könnten. Als wesentliche Kennzeichen solcher Theorien werden in weitgehender Übereinstimmung genannt:

– Subjektive Theorien von Lehrern sind zu verstehen als ein »Aggregat (aktualisierbarer) Kognitionen der Selbst- und Weltsicht mit zumindest impliziter Argumentationsstruktur, die eine (zumindest partielle) Explikation bzw. Rekonstruktion dieses Aggregats in Parallelität zur Struktur wissenschaftlicher Theorien erlaubt«. (Groeben/Scheele 1982, S. 16; Mandl/Huber 1983, S. 98).
– Die Parallele zur Struktur wissenschaftlicher Theorien liegt insbesondere darin, dass auch die in der Praxis handelnde Person *Erklärungen* eingetretener Ereignisse oder *Prognosen* künftiger Ereignisse generiert. Subjektive Theorien weisen in der Regel aber einen *geringeren* Grad an Stringenz, Vollständigkeit und Verbundenheit der Aussagen auf.
– Aufgrund ihrer (potentiellen) *Rationalität und Reflexivität* kann die implizite Argumentationsstruktur subjektiver Theorien durch geeignete methodische Verfahren (Strukturlegetechnik, Methode des lauten Denkens, Interviews) erhoben werden. Darüber hinaus darf aber auch nicht übersehen werden, dass Handlungen immer auch von Emotionen, subjektiver Betroffenheit, Motiven, Einstellungen usw. beeinflusst werden.

- Kriterium für die *Gültigkeit* von subjektiven Theorien ist nicht ihre Über-einstimmung mit objektiven Theorien, sondern ihr Zusammenhang mit dem tatsächlichen Handeln (Realitätsadäquanz), weil davon auszugehen ist, dass subjektive Theorien eine »sinngebende und handlungsleitende Funktion« (Mutzek 1988, S. 73) für das Handeln im Alltag haben.
- Subjektive Theorien sind keine statischen Gebilde, sondern entwickeln sich im Laufe eines Berufslebens. Deshalb können und müssen Lehrkräfte auch selbst die Chancen nutzen, »ihre berufliche Situation, ihr berufliches Selbstverständnis und ihre persönliche Entwicklung zu verbessern« (Dann 2000, S. 82).
- Im Gegensatz dazu muss allerdings auch gesehen werden, dass subjektive Theorien durch eine hohe *Stabilisierungstendenz* gekennzeichnet sind mit der Folge, dass »alle damit nicht vereinbarten Elemente wissenschaftlicher Theorien, die man Lehrern zu vermitteln versucht, rasch ausgeschieden werden ..., dass nur Oberflächenmerkmale wissenschaftlicher Theorien übernommen werden oder dass sie ganz einfach ignoriert werden«. (Mandl/ Huber 1983, S. 101)

Die Beschreibung dieser Merkmale legt es nahe, dass die jeweilige Beschaffenheit der subjektiven Theorie einer Lehrperson ein *Indiz für den Grad ihrer Kompetenz* ist. Diese wird um so geringer ausfallen, je unvollständiger und unorganisierter die Wissenselemente sind und umgekehrt. Genau dieser Sachverhalt trifft auch auf die Durchführung von Gruppenarbeit zu. Als exemplarischer Beleg sei hier eine Studie von L. Haag und H.-D. Dann (Mitglieder der Nürnberger Projektgruppe) referiert, die »Lehrerhandeln und Lehrerwissen als Bedingungen erfolgreichen Gruppenunterrichts« (Haag/ Dann 2001) ausweist. Erfolgreichen Gruppenunterricht (GU) machen Haag und Dann sowohl an bestimmten Prozessvariablen als auch an der *Schülerleistung* als Produktvariable fest (siehe dazu auch Haag 2006); in der *ersten* Phase des Arbeitsauftrages wird das Ausmaß der Desorientierung der Schüler gemessen, in der *zweiten* Phase – der eigentlichen Gruppenarbeit – werden die inhaltliche Progression (Aufgabenorientierung, Beitragsqualität, Kooperation, Arbeitsorganisation), die Beziehungsentwicklung (Umgangsqualität, Dirigierung/Lenkung) und die Prozessregulierung (Gesprächsregelung) und in der *dritten* Phase der Auswertung die Arbeitsergebnisse und die Aufmerksamkeit der Schüler gemessen.

Für jede der drei Phasen wurden zudem Lehrervariablen identifiziert: »(a) für den Arbeitsauftrag: *Präzision/Verständlichkeit* und *Verständnissicherung*, (b) für die Gruppenarbeit: *geringer Zeitanteil der Lehrerinterventionen* sowie die Variablen *Situationsbezug* und *Umgangsqualität*, die ausdrücken, in welcher Weise Lehrkräfte in den Intragruppenprozess eingreifen ..., (c) für die Auswertung: *Integration und Sicherung* der Ergebnisse.« (Haag/Dann 2001, S. 9f.) Insgesamt wurden 40 Gruppenunterrichtssequenzen bei 10 Lehr kräften audiovisuell aufgezeichnet. Die formale und inhaltliche Qualität der subjektiven Theorien dieser Lehrerinnen und Lehrer wurde in einem zwei-schrittigen Verfahren rekonstruiert: Im direkten Anschluss an den GU wurden durch *Interviews* »die in der aktuellen Situation aufgetretenen Kognitionen, Emotionen und Motivationen« (ebd., S. 10) erfragt, und durch ein *Strukturle-geverfahren* wurden in einem zweiten Schritt die Relationen zwischen Ent-scheidungsbedingungen und den darauf folgenden Handlungen der Lehrper-sonen herausgearbeitet.

Die Strukturlegetechnik ist ein Verfahren, das zunächst *Entscheidungsbe-dingungen* erhebt (Liegt Ruhe bei der Gruppenarbeit vor? Ja oder Nein?). An diese Bedingungen knüpft das *Handeln* an. (Bei Ruhe ziehe ich mich zurück; wenn es aber unruhig ist, werde ich mich der betreffenden Gruppe zuwenden, um zu sehen, welche Probleme es gibt.) Solche Relationen von Entschei-dungsbedingungen und darauf abgestimmten Handlungen können daher zei-gen, ob und wie das Handlungsgeschehen hierarchisch und sequenziell ge-gliedert ist. Als Ergebnis der Studie zeigte sich:

»Die Lehrkräfte, die beobachtbar erfolgreichen GU halten, verfügen über ent-sprechende kognitive Voraussetzungen: Unter formalen Aspekten sind ihre Subjektiven Theorien komplexer, differenzierter und besser organisiert als die Subjektiven Theorien weniger erfolgreicher Lehrkräfte. Unter inhaltlichen Aspekten zeigt sich dies darin, dass diese Lehrkräfte über ein reiches Reper-toire an Wahrnehmungskategorien und Handlungsmustern verfügen, das sie flexibel einsetzen können. Das Wissen, das dem beobachtbaren Handeln zu-grunde liegt, dürfte dabei weitgehend in verdichteter Form ... vorliegen, so-dass effizientes Routinehandeln sowie gleichsam ›routinisierte Entscheidun-gen‹ möglich sind. Umgekehrt sind Lehrkräfte ohne diese Voraussetzungen nicht in der Lage, einen qualitativ hochwertigen GU zu praktizieren.« (S. 13)

Die Untersuchung von Haag und Dann spiegelt sehr anschaulich Momentauf-nahmen von »guten« und »schlechten« subjektiven Theorien. Über dieses Beispiel hinaus kann man grundsätzlich davon ausgehen, dass Lehrerinnen und Lehrer dann einen qualitativ guten Unterricht planen und praktizieren, wenn ihre subjektiven Theorien »formal hinreichend entfaltet und auch in-haltlich von besonderer Qualität sind« (S. 5).

Knüpfen wir abschließend noch einmal an die leitende Frage dieses Kapi-tels an. Sie bezog sich auf die Ermöglichung der selbsttätigen und selbstständigen Erschließung von Sachverhalten durch geeignete Sozialformen. Die dazu auf Seiten des Lehrers erforderlichen Sach- und Methodenkompetenzen haben auch für die Durchführung von Gruppenarbeit nahezu ausnahmslos ihre Gültigkeit. Der Leser mag sie (s. oben) noch einmal mit dem dargestellten Beispiel abgleichen und wird dabei erkennen: Selbsttätigkeit der Schüler setzt einen umsichtig geplanten Unterricht voraus. Bezogen auf Gruppenarbeit heißt das, dass sie nur dann zu positiven Lernergebnissen führt, wenn präzise und verständliche Arbeitsaufträge vorliegen, der Lehrende sich in der Durchführungsphase stark zurück nimmt und nur auf Anfrage der Schüler helfend oder bei Disziplinproblemen eingreift und in der Auswertungsphase für Richtigkeit, Vollständigkeit und systematische Ordnung der Ergebnisse verantwortlich zeichnet.

4. Partnerarbeit

Partnerarbeit ist eine Sozialform, bei der zwei Schülerinnen bzw. Schüler gemeinsam eine Aufgabenstellung bearbeiten. Sie ist in der Regel sehr leicht zu organisieren, weil die Schüler mit ihren Tischnachbarn kooperieren können. Hinsichtlich des Schwierigkeitsgrades eignen sich Aufgaben, die für eine Einzelarbeit zu anspruchsvoll und für eine Gruppenarbeit zu wenig komplex sind. Inhaltlich gesehen eröffnen sie für unterschiedliche Fächer vielfältige Möglichkeiten der Selbsttätigkeit: Partnerdiktate im Deutschunterricht, Konzipierung von Rollenspielen im fremdsprachlichen Unterricht, gegenseitige Instruktionen und Überprüfungen für mathematische Übungsaufgaben, Bewertung realisierter Lösungen im Technikunterricht, gemeinsame Arbeit an einer Station im Sachunterricht usw.

Je komplexer die Aufgabenstellungen werden, desto eher werden die Schüler überfordert sein; das trifft im wesentlichen auf die Erarbeitung von neuen Inhalten zu, für die der Frontalunterricht und die Gruppenarbeit angemessener sind. Partnerarbeit eignet sich dagegen hervorragend für das Üben und den Transfer, für eine Arbeitsrückschau oder eine Vertiefung bzw. Rekapitulierung des Gelernten.

Die folgenden zwei Beispiele stehen für angemessene Arbeitsaufträge, die in Partnerarbeit zu bewältigen sind; die Schüler können diese Aufgaben entweder auf der Basis des im Unterrichtsverlauf erarbeiteten Wissens beantworten oder im Rückgriff auf den Text und die bildlichen Darstellungen im Schülerbuch. Die Aufgaben zielen also auf die Wiederholung von Gelerntem (z.B. Chemie, Aufgabe 1, 4; Biologie, Aufgabe 3), auf das vertiefende Durcharbeiten eines Sachverhaltes (z.B. Chemie, Aufgabe 2, 3; Biologie, Aufgabe 1, 2) und auf die Anwendung des Gelernten auf andere Phänomene mit strukturgleichem Sachverhalt (Chemie, Aufgabe 5; Biologie, Aufgabe 4).

Beispiel Chemieunterricht

1. Welche Aussagen lassen sich aus einem chemischen Symbol und einer chemischen Formel ableiten?
2. Das bei Raumtemperatur flüssige Brom, ein aus Molekülen aufgebauter Stoff, hat die Formel Br_2. Nenne die Formeln für Brom im festen und im gasförmigen Aggregatzustand. Begründe.
3. Kann eine Formel auch $X_{2,5}$ lauten? Begründe.
4. Erläutere an einem Beispiel die Unterschiede zwischen einem Atom und einem Molekül.
5. Stickstoff ist bei Raumtemperatur gasförmig, Gold dagegen fest. Erkläre diesen Unterschied mithilfe des Baus der Stoffe.

(aus: Focus Chemie 2007, S. 43)

Beispiel Biologieunterricht

1. Erkläre mithilfe von Abbildung 5, weshalb man sich beim Weinen die Nase schnäuzen muss.
2. Erläutere, weshalb trockene Heizungsluft schlecht für die Augen ist.
3. Wann wird die Pupille kleiner, wann wird sie größer? Nenne Vorteile dieser Anpassungsfähigkeit. Der Pupillenreflex ist auch eine Schutzvorrichtung. Erkläre.
4. Finde weitere Beispiele für den Zusammenhang von Bau und Funktion beim menschlichen Auge.

(aus: Focus Biologie 2007, S. 69)

5. Einzelarbeit

Einzelarbeit wird als Sozialform vorrangig für die Phase des Übens gewählt. Für ihren Einsatz sprechen im wesentlichen zwei Gründe: 1. Die durch Lernen aufzubauenden Bedeutungsstrukturen sind durch die erstmalige Erarbeitung in der Regel noch nicht wirklich verstanden und damit auch noch nicht gefestigt; sie müssen mehrmals *durchdacht* und schließlich bis zu einem gewissen Grad *automatisiert* werden. Diese Arbeit muss jeder Lernende für sich *allein* leisten. 2. Je stärker Frontalunterricht auf den Lehrer zentriert ist, um so eher erreicht er nur den »Durchschnitt« der Schüler, weil er sich prinzipiell nur bedingt auf die individuellen Lernmöglichkeiten einzelner Schüler einlassen kann. Als Folge stellt sich ein mehr oder weniger großer Leistungsunterschied ein, der mit Überforderung auf der einen Seite und mit Unterforderung auf der anderen Seite einher geht. Ab einem gewissen Zeitpunkt kann dann die Gefahr bestehen, dass gute wie schlechte Schüler nichts mehr dazu lernen (sie können die Anforderungen entweder schon bewältigen oder sind ihnen nicht gewachsen.). Einzelarbeit hat diesem Umstand deshalb durch *Individualisierung der Übungen* Rechnung zu tragen.

ad 1: *Kenntnisse und Fertigkeiten* müssen in allen Unterrichtsfächern vermittelt und erlernt werden. Im fremdsprachlichen Unterricht sind es z.B. Vokabelkenntnisse und grammatische Pattern, im Geographieunterricht topographische Kenntnisse oder im Mathematikunterricht Rechenregeln. Die Verinnerlichung solcher Kenntnisse und Fertigkeiten erfordert hinreichendes Üben. Der Erfolg wächst hierbei in der Regel mit der Frequenz der Wiederholungen. Erste Übungen sollten unmittelbar an den Lernprozess anschließen, die weiteren sollten nicht punktuell gehäuft, sondern verteilt erfolgen (s. z.B. Renkl 2001, Sustek 1989). Dieses vergleichsweise mechanische Üben ist eine »lästige« Angelegenheit, kann aber dem Schüler nicht erspart bleiben. Es nimmt viel Zeit in Anspruch und wird deshalb gerne aus dem Unterricht in die Hausaufgaben verlagert. Da sich bei diesen mechanischen Übungen anfangs leicht Fehler einschleichen (z.B. falsche Aussprache, Verwechslung von Tempi) und sich dann durch mehrfaches Wiederholen verfestigen können, sollte im Unterricht unter Betreuung des Lehrers wenigstens eine sichere Basis gelegt sein, damit die Schüler dann auch außerhalb des Unterrichts eigenständig weiter üben können.

Über Kenntnisse und Fertigkeiten hinaus sollen im Unterricht vor allem *Erkenntnisse* erworben werden. Damit wird ein wesentlich höheres Anspruchsniveau angestrebt. Während Kenntnisse, wie etwa Vokabeln, in sich nicht sinnhaltig, sondern per Konvention geregelt sind und ihre Aneignung deshalb auch keine weiteren Verstehensakte erfordert, sind beim Erwerb von Erkenntnissen *neue inhaltlich spezifische Beziehungen* zwischen »Elementen« zu stiften, also etwa zwischen Begriffselementen und ihrem Oberbegriff, zwischen unabhängiger und abhängiger Variable einer mathematischen Funktion, geschichtlichen Ereignissen und ihren unmittelbaren und langfristigen Wirkungen oder biologischen Wachstumsveränderungen und ihren Bedingungen. Solche Erkenntnisse werden über problemhaltige Lernsituationen erarbeitet, sind dann aber in aller Regel noch nicht im eigentlichen Sinne verstanden, sondern müssen – wie Hans Aebli in seiner psychologischen Didaktik fordert (Aebli [7]1997, S. 310ff.) – »durchgearbeitet« werden. Das geschieht z.B. durch eine reflektierende Rückschau auf die Schritte des durchlaufenen Lernprozesses, die Analyse von Fehlern und Irrtümern oder – bei geeignetem Thema – durch die Einnahme unterschiedlicher Perspektiven und Standpunkte. Das Durcharbeiten hat die Funktion, die erworbenen Strukturen klarer hervortreten zu lassen. Das auf diese Weise vertiefte Verständnis ist dann die Voraussetzung, das Gelernte auf andere Sachverhalte flexibel und zugleich situationsangemessen anwenden zu können.

Die Einzelarbeit ist weniger dafür geeignet, das Durcharbeiten zu unterstützen. Es sollte zunächst vom Lehrer angeleitet und in der Partnerarbeit durch geeignete Aufgaben fortgesetzt werden (s. die Beispiele aus dem Chemie- und Biologieunterricht). An die Phase des Durcharbeitens hat sich nach Aebli (ebd., S. 326ff.) die des Wiederholens und Übens anzuschließen. Dafür ist die Einzelarbeit bestens geeignet. Beim Wiederholen und Üben geht es nicht mehr um die Vertiefung des Verständnisses, sondern um das Einschleifen und Automatisieren von Denk- und Handlungsschemata. Dadurch wird die notwendige Routine in der Erledigung von Aufgaben erreicht, die als Bedingung für die Erarbeitung neuer, »höherer« Sinnstrukturen vorliegen müssen. Quadratische Ergänzungen müssen z.B. beherrscht werden, um Gleichungen 2. Grades lösen zu können, und Weg-Zeit-Diagramme als Darstellung der Geschwindigkeit müssen eingeübt sein, um zum Begriff der Beschleunigung übergehen zu können. Die Automatisierung darf allerdings nicht die Qualität des Verständnisses mindern; deshalb müssen die einzuübenden Sachverhalte von Zeit zu Zeit auch wieder zurückübersetzt werden, um die Zusammenhänge klar zu durchschauen, aus denen die entsprechenden Erkenntnisse hervorgegangen sind.

Beispiel Chemieunterricht

Das folgende Beispiel aus dem Chemieunterricht zeigt ein Arbeitsblatt, mit dessen Hilfe in Einzelarbeit das Aufstellen chemischer Formeln eingeübt werden soll. Voraussetzung für dieses automatisierende Üben ist die Erkenntnis,

Symbole	Wertigkeiten der Elemente		kgV	Zahlenverhält- nisse der Atome	Formel	Namen
Cu O	II	II	2	1 : 1	CuO	Kupfer(II)-oxid
C O	IV	II	4	1 : 2	CO_2	Kohlendioxid
Pb O	II	II	2	1 : 1	PbO	Blei(II)-oxid
Pb O	IV	II	4	1 : 2	PbO_2	Blei(IV)-oxid
P O	V	II	10	2 : 5	P_2O_5	Phosphorpentoxid
Sn O	II	II	2	1 : 1	SnO	Zinn(II)-oxid
Sn O	IV	II	4	1 : 2	SnO_2	Zinn(IV)-oxid
Fe O	II	II				
Fe O	III	II				
Hg O	I	II				
Hg O	II	II				
Mn O	II	II				
Mn O	IV	II				
Mn O	VII	II				
S O	IV	II				
S O	VI	II				
Cl O	VII	II				
N O	III	II				
N O	IV	II				

Der Arbeitsauftrag für diese Übung könnte lauten: Vervollständige die Zeilen der 3. bis 6. Spalten!
(aus: Unterrichtshilfen Chemie 7. Klasse (1973), hrsg. von G. Meyendorf. Berlin, S. 123; geändert)

Abbildung 22: Übungen zum Aufstellen chemischer Formeln

wie eine chemische Formal zustande kommt. Der Zusammenhang von Atombau, Wertigkeit der betreffenden Elemente, Duettregel und Oktettregel usw. müssen also vorab erarbeitet und verstanden (durchgearbeitet) sein. Danach ist anhand dieser Übungen die Schrittfolge zur Erstellung von Formeln zu *automatisieren* (Angabe der Symbole der Elemente, Ermitteln ihrer Wertigkeit, Bildung des kgV, Feststellen, wie oft die Wertigkeit im kgV enthalten ist, ermittelte Zahlen den Symbolen als Indizes hinzufügen, Formelname nennen). Erst wenn diese Schritte beherrscht werden, kann man sich im weiteren Unterricht auf das Aufstellen chemischer Gleichungen konzentrieren, in denen Formeln eingebunden und in stimmige quantitative Verhältnisse zu setzen sind. Schüler, die keine hinreichende Sicherheit im Aufstellen von Formeln erworben haben, werden hier sogleich auf erhebliche Lernschwierigkeiten stoßen.

ad 2: *Individualisierung von Übungen* bedeutet, Lernstand und -tempo als *Bezugspunkt* der Aufgabenstellungen zu wählen. Auch dafür ist die Einzelarbeit gut geeignet. Eine einfache Möglichkeit der Individualisierung besteht z.B. in der Unterscheidung eines Additums und Fundamentums: Leistungsstärkere Schüler, die die Sache bereits verstanden haben, können sich an schwierigeren Aufgaben oder sogar neuen Problemstellungen versuchen. Leistungsschwächere Schüler bedürfen dagegen der Festigung des bisher Gelernten. Ihnen muss ein Aufgabenpool zur Verfügung gestellt werden, der ihrem Leistungsvermögen entspricht und das Grundverständnis der Sache als notwendiges Minimum sichern soll. Haben die Aufgaben bereits ein komplexeres Niveau erreicht, kann die Einzelarbeit in Partnerarbeit übergehen, in der durch Bildung leistungsheterogener Paare stärkere Schüler das Lehren übernehmen können; Partnerarbeit hat dann neben der Funktion der kognitiven Forderung auch die der Förderung sozialer Beziehungen und der Übernahme von Verantwortung für andere.

6. Kooperatives Lernen

Kooperatives Lernen ist ein Unterrichtskonzept, das in den USA von Norm und Kathy Green konzipiert und in Deutschland von Ludger Brüning und Tobias Saum (Brüning/Saum 2006) professionell weiter entwickelt worden ist. Es verläuft in drei Schritten: think (denken) – pair (austauschen) – share (vorstellen), wobei die Denkphase in Einzelarbeit, die Austauschphase in Partner- oder Kleingruppenarbeit und die Phase der Ergebnisvorstellung im Plenum (Unterrichtsgespräch) erfolgt.

In der Einzelarbeit soll zunächst jeder Schüler für sich eine bestimmte Aufgabe angehen bzw. lösen. Er aktiviert sein Vorwissen, versucht es auf das Lernproblem anzuwenden und erweitert dadurch sein Wissen entsprechend seiner Leistungsfähigkeit. Diese individuelle Auseinandersetzung mit dem Gegenstand kann im günstigen Fall zur korrekten Lösung, im weniger günstigen zu unvollständigen oder falschen Lösungen führen. Deshalb ist es wichtig, dass sich die Schülerinnen und Schüler in der zweiten Phase der Partner- oder Kleingruppenarbeit über ihre Ergebnisse austauschen. Sie lehren sich dabei gegenseitig, können die falschen oder unangemessenen Ansätze eliminieren und auf diese Weise ihre Lösungen verbessern. Die individuellen Konstruktionen des Gegenstandes in der ersten Phase werden hier also zu gemeinsamen Konstruktionen erweitert. Im abschließenden Plenum werden die Ergebnisse vorgetragen, korrigiert, erweitert und systematisiert.

Das Kooperative Lernen fordert die individuelle Verantwortung ebenso wie das soziale Lernen. Es aktiviert jeden einzelnen Schüler und gibt ihm genügend Zeit zur selbsttätigen Auseinandersetzung und Sicherheit beim Vergleich der Arbeitsergebnisse. Die gemeinsame Arbeit mit dem Partner und die abschließende Diskussion der Ergebnisse im Plenum fördern die kommunikative Kompetenz und ein lernwirksames Klassenklima.

Übungen

1. Das Beispiel aus dem Geographieunterricht eignet sich hervorragend zu einem Rückblick auf die vorausgegangenen Kapitel und ermöglicht auf diese Weise eine Integration der dort einzeln dargestellten Aspekte im Hinblick auf eine komplexe Planungsaufgabe. Nicht nur die fünf Fragen der »Didaktischen Analyse« sind mit dem Beispiel beantwortet; es gibt auch Aufschlüsse über die Formulierung von Lernzielen und den Einsatz von Medien. Machen Sie sich diese einzelnen Aspekte in ihrer wechselseitigen Beziehung klar!

2. Inwiefern können alle in diesem Kapitel am Beispiel veranschaulichten Sozialformen die Forderung nach Selbsttätigkeit und Selbstständigkeit erfüllen?

3. Erstellen Sie eine tabellarische Matrix, die dokumentiert, welche Sozialformen sich besonders gut oder nur bedingt für die Bewältigung von »Standardsituationen eignen, wie z.B. Motivation, Problemstellung, Erarbeitung, Strukturierung von Sachverhalten, Diskussion unterschiedlicher Standpunkte, Durchführung von Experimenten, Ermitteln von Informationen, Auswertung und Systematisierung, effektives Üben, individuelle Förderung!

4. Aufgrund der bereits bisher behandelten Planungsaufgaben müssten Sie eigentlich in der Lage sein, selbst ein Stück weit Unterricht zu planen. Es geht im folgenden Beispiel nicht darum, Feinheiten der Planung zu beschreiben, sondern einige wesentliche Aspekte herauszuheben, zu denen auch die *Wahl der geeigneten Sozialformen* zählt.
Wir wählen zu diesem Zweck eine »klassische« Ballade: *Die Brück' am Tay* von Theodor Fontane. Mit klassisch wird hier kein normierter Literaturkanon unterstellt, sondern im Sinne Exemplarischen Lehrens und Lernens ein prägnantes Beispiel gewählt, durch das ein allgemeiner Sachverhalt (Elementares) erarbeitet werden soll, der für Schüler gegenwarts- und zukunftsbedeutsam ist.

Theodor Fontane: Die Brück' am Tay (28.12.1879)

I

»Wann treffen wir drei wieder zusamm?«
»Um die siebente Stund', am Brückendamm.«
»Am Mittelpfeiler.«
»Ich lösche die Flamm.«
»Ich mit.«
»Ich komme vom Norden her.«
»Und ich vom Süden.«
»Und ich vom Meer.«
»Hei, das gibt einen Ringelreihn,
und die Brücke muss in den Grund hinein.«
»Und der Zug, der in die Brücke tritt
Um die siebente Stund'?«
»Ei, der muss mit.«
»Muss mit.«
»Tand, Tand
Ist das Gebilde von Menschenhand!«

II

Auf der Norderseite, das Brückenhaus –
Alle Fenster sehen nach Süden aus,
Und die Brücknersleut' ohne Rast und Ruh
Und in Bangen sehen nach Süden zu,
Sehen und warten, ob nicht ein Licht
Übers Wasser hin »Ich komme« spricht,
»Ich komme, trotz Nacht und Sturmesflug,
Ich, der Edinburgher Zug.«

III

Und der Brückner jetzt: »Ich seh' einen Schein
Am anderen Ufer. Das muss er sein.
Nun, Mutter, weg mit dem bangen Traum,
Unser Johnie kommt und will seinen Baum,
Und was noch am Baume von Lichtern ist,
Zünd alles an wie zum Heiligen Christ,
Der will heuer *zweimal* mit uns sein –
Und in elf Minuten ist er herein.«

IV

Und es war der Zug. Am Süderturm
Keucht er vorbei jetzt gegen den Sturm,
Und Johnie spricht: »Die Brücke noch!
Aber was tut es, wir zwingen es doch.
Ein fester Kessel, ein doppelter Dampf,
Die bleiben Sieger in solchem Kampf.
Und wie's auch rast und ringt und rennt,
Wir kriegen es unter, das Element.

V

Und unser Stolz ist unsre Brück';
Ich lache, denk' ich an früher zurück,
An all den Jammer und all die Not
Mit dem elend alten Schifferboot;
Wie manche liebe Christfestnacht
Hab' ich im Fährhaus zugebracht
Und sah unsrer Fester lichten Schein
Und zählte und konnte nicht drüben sein.«

VI

Auf der Norderseite, das Brückenhaus –
Alle Fenster sehen nach Süden aus,
Und die Brücknersleut' ohne Rast und Ruh'
Und in Bangen sehen nach Süden zu;
Denn wütender wurde der Winde Spiel,
Und jetzt, als ob Feuer vom Himmel fiel',
Erglüht es in niederschießender Pracht
Überm Wasser unten ... Und wieder ist Nacht.

VIII

»Wann treffen wir drei wieder zusamm?«
»Um Mitternacht, am Bergeskamm.«
»Auf dem hohen Moor, am Erlenstamm.«
»Ich komme.«
»Ich mit.«
»Ich nenn' euch die Zahl.«
»Und ich die Namen.«
»Und ich die Qual.«
»Hei!
Wie Splitter brach das Gebälk entzwei.«
»Tand, Tand
Ist das Gebilde von Menschenhand.«

a) Verdeutlichen Sie sich zunächst die Autorintention und formulieren Sie im Hinblick darauf mögliche Lernziele.

b) Welcher allgemeine Sachverhalt wird in dieser Ballade *exemplarisch* thematisiert?

c) Worin kann die *Gegenwarts- und Zukunftsbedeutung* dieser Ballade aus dem Jahre 1879 (!) liegen? Auf welche Gegenwartsphänomene lässt sie sich ggf. »anwenden«?

d) Wie könnte der Ablauf des Unterrichts *gegliedert* werden?

e) Welche *Medien* sind zur Erarbeitung des Inhaltes einsetzbar? (Bedenken Sie dabei, dass die Ballade nicht nur (still) gelesen werden sollte. Welcher Inszenierung bedürften die Rahmenstrophen?)

f) Im Hinblick auf das Thema dieses Kapitels: Welche *Sozialformen* könnten die selbsttätige und – zumindest phasenweise – selbstständige Erarbeitung der Ballade durch die Schüler unterstützen? Ziehen Sie dabei auch die oben angeführten Bedingungen zur Durchführung von »gutem« Gruppenunterricht in Erwägung.
Bedenken Sie die *Lernvoraussetzungen* der Schüler. Es macht z.B. einen großen Unterschied, ob diese Ballade in einem achten Schuljahr als erste Begegnung mit dieser Textsorte gedacht ist, im zehnten Schuljahr in Vergleich mit den »numinosen« Balladen Goethes gesetzt wird oder im Oberstufenunterricht in einem größeren Zusammenhang stehen soll, der möglicherweise das Verhältnis von klassisch-romantischem Erbe und neuen technischen und sozialen »Wirklichkeiten« des 19. Jahrhunderts beleuchtet, das junge Deutschland und seine politische Dichtung thematisiert oder über Lyrik hinaus auch in die großen realistischen Erzählungen einführt.

Kapitel 8

Unterricht sachlich und zeitlich gliedern (Artikulation)

1. Einleitung

In diesem Kapitel stehen zwei Aspekte der methodischen Realisierung von Unterricht im Vordergrund: Der Lernerfolg der Schülerinnen und Schüler hängt in hohem Maße davon ab, dass der Unterricht in *sachlicher* und *zeitlicher* Hinsicht gegliedert ist. Beide Gesichtspunkte zusammen – die sachliche wie zeitliche Ordnung des Unterrichtsgeschehens – beschreiben Unterricht als einen Prozess, dessen Ablauf aus mehreren aufeinander aufbauenden *Phasen* besteht. Um nun die beiden Aspekte der sachlichen und zeitlichen Gliederung von Unterricht angemessen zu beschreiben, gehen wir wieder von einem Unterrichtsbeispiel aus.

Beispiel Deutschunterricht: Frühe (von Peter Huchel)

Schülerinnen und Schüler (ab 6. Schuljahr) erhalten die Aufgabe, für sie zunächst unzusammenhängende Textzeilen zu einem kohärenten Text zu synthetisieren. Je nach Leistungsstärke kann man entscheiden, ob man den Titel des Textes (hier: »Frühe« von Peter Huchel) den Textzeilen hinzufügt oder nicht; die Nennung des Titels erleichtert den Schülern die Synthese der Verse, weil er auf den Sinn des Textes zentriert, in diesem Fall also deutlich werden lässt, dass der Autor offensichtlich die Situation »Frühe« beschreiben will. Ähnliches gilt auch für die Groß- und Kleinschreibung oder die Interpunktion. Wird im Text die korrekte Orthographie und Interpunktion wiedergegeben, gelingt die Synthese schneller, im umgekehrten Fall ist der Schwierigkeitsgrad entsprechend höher.

Die unzusammenhängenden Textzeilen könnten entweder als Folienstreifen auf den Overheadprojektor gelegt oder auf einem Arbeitsblatt aufgeführt werden, müssten im zweiten Fall aber von den Schülern vor dem Zusammenfügen noch in Streifen zerschnitten werden. Wir gehen von der ersten Möglichkeit aus und legen zunächst diese Zeilenfolge auf die Projektionsfläche:

die Helle der Lerchen wach.
der Tau der Frühe leckt,
und weidet dunkel am Bach.
vom Schrei der Hähne geweckt.
Noch unterm Laken
Die Sumpffeuer blaken,
Mondhörnig schüttelt
Der Habicht rüttelt
die Frösche rühren ihr Paukenfell.
knarren die Türen, rädern die Speichen,
sein Haupt das Rind
Wenn aus den Eichen
im stürzenden Wind
des Mondes schlafen die Wiesen, kühl und hell.

Einzelne Schüler kommen nun nach und nach zum Projektor, legen ihre Ordnungsversuche zurecht und begründen dabei jeweils ihren Vorschlag. Ein erster Versuch könnte beispielsweise lauten:

Noch unterm Laken
des Mondes schlafen die Wiesen, kühl und hell.

Der Schüler begründet seine Anordnung inhaltlich und/oder formal: Die Assoziation zwischen »schlafen« und »Laken« ist leicht herstellbar, der Genitiv »des Mondes« passt auch grammatisch zum »Laken« usw.

Ein anderer Vorschlag bringt einen weiteren Ordnungsversuch:

Wenn aus den Eichen
der Tau der Frühe leckt,

Auch diese Kombination ist plausibel: Tau ist eine Erscheinung, die früh morgens beobachtbar ist; von Bäumen kann der Tau tropfenartig zu Boden fallen; dieser Vorgang weckt die Assoziation eines löchrigen, mit Flüssigkeit gefüllten Gefäßes, das leckt.

Auf diese Weise gelingt es den Schülern, Zeile für Zeile bzw. – allgemeiner gesprochen – Element für Element miteinander in Beziehung zu setzen,

so dass nach und nach die Strophen dieses Gedichtes einen kohärenten Text
bilden:

Noch unterm Laken
des Mondes schlafen die Wiesen, kühl und hell.
Die Sumpffeuer blaken,
die Frösche rühren ihr Paukenfell.

Der Habicht rüttelt
im stürzenden Wind
die Helle der Lerchen wach.

Mondhörnig schüttelt
sein Haupt das Rind
und weidet dunkel am Bach.

Wenn aus den Eichen
der Tau der Frühe leckt,
knarren die Türen, rädern die Speichen,
vom Schrei der Hähne geweckt.

Das bisher Erreichte stellt noch nicht vollends zufrieden, denn irgendetwas
stimmt noch nicht mit der Reihenfolge der Strophen. Welche Indizien sprechen für welche Reihenfolge? – Im Vers »Wenn aus den Eichen« ist das einleitende Adverb temporal (und nicht konditional) zu verstehen. Also könnte es
sich um den Anfang des Gedichtes handeln, weil der Vers syntaktisch und semantisch in eine Situation (Frühe) einführt. Das Adverb »noch« im Vers
»Noch unterm Laken des Mondes« ist ebenfalls temporal gemeint und deutet
auf die Fortdauer der Situation hin, kündigt aber auch schon etwas Zukünfti-
ges (nämlich das Erwachen der Kreatur) an; es handelt sich also offensichtlich
um die zweite Strophe. Die gewählte Reihenfolge der ersten beiden Strophen
deckt sich auch mit dem, was die Schülerinnen und Schüler über mögliche
Reimmuster wissen. Die erste Strophe folgt dem Muster a b a b, die zweite
dem Muster c d c d.

Bleiben noch die zwei dreizeiligen Strophen in ihrer Reihenfolge zu bestimmen; sie folgen dem Reimmuster e f g, e f g und gehören deshalb offensichtlich zusammen. Die Reihenfolge der dritten und vierten Strophe kann in
Analogie zur Reihung innerhalb der beiden ersten Strophen gefunden werden.
Darin wechseln sich jeweils Ruhe und Bewegung ab; da die ursprüngliche
dritte Strophe (»Der Habicht rüttelt ...«) insgesamt die lebhafteren und laute-

ren Regungen in der wieder erwachten Natur symbolisiert und die ursprüngliche zweite Strophe (»Mondhörnig schüttelt ...«) im Gegensatz dazu eher die
verhalteneren Bewegungen beschreibt, spricht alles für einen Wechsel in der
Reihenfolge. Der gesamte Text sieht zum Schluss also so aus:

Frühe (Peter Huchel)

Wenn aus den Eichen
der Tau der Frühe leckt,
knarren die Türen, rädern die Speichen,
vom Schrei der Hähne geweckt.

Noch unterm Laken
des Mondes schlafen die Wiesen, kühl und hell.
Die Sumpffeuer blaken,
die Frösche rühren ihr Paukenfell.

Mondhörnig schüttelt
sein Haupt das Rind
und weidet dunkel am Bach.

Der Habicht rüttelt
im stürzenden Wind
die Helle der Lerchen wach.

© Suhrkamp Verlag, Frankfurt/Main

Abschließend können die Schülerinnen und Schüler aufgefordert werden, dem
Gedicht eine geeignete Überschrift zu geben. Aufgrund des vorangegangenen
Interpretationsprozesses wird ihnen das nicht schwer fallen, so dass sie Äquivalente zu der von Peter Huchel gewählten Formulierung (»Frühe«) finden.
   Traditioneller Weise werden lyrische oder fiktionale Texte im Unterricht
als *ganze* präsentiert; in einem relativ offenen Unterrichtsgespräch werden
dann Elemente aufgesucht, auf die übergreifende Interpretationshypothese
bezogen, die evtl. verworfen und neu konstruiert werden muss usw. Diesen

Weg könnte man selbstverständlich auch im Falle des Huchelgedichtes beschreiten. Im Gegensatz zu einem solchen ganzheitlich-analytischen Vorgehen wurde hier also das gegenteilige, nämlich das elementenhaft-synthetische gewählt, das erfahrungsgemäß den Schülerinnen und Schülern größere Selbsttätigkeit abverlangt und deshalb förderlich auf die Motivation wirkt. Aber auch bei dieser methodischen Variante ist einiges offen. Man kann bei der Planung z.B. nicht voraussehen, mit welchen Zeilen die Schülerinnen und Schüler beginnen werden. Das ist aber letztlich nicht von Bedeutung, denn der Inhalt des Textes, seine syntaktische wie semantische und pragmatische Dimension, werden früher oder später einen übergreifenden Sinn ergeben.

Entscheidend sind in dem hier zu diskutierenden Zusammenhang (sachliche und zeitliche Ordnung des Unterrichts) also nicht die *einzelnen* Schüleräußerungen und -aktivitäten (vor allem auch die »falschen«, d.h. *zunächst* nicht zielführenden), sondern die *Phasen* des Unterrichts.

> Die Einteilung des Unterrichts in *Phasen* hat die Funktion, seinen Verlauf in Sinnabschnitte zu *gliedern* und dadurch den sachlichen wie zeitlichen Sinn als Prozessstruktur darzustellen.

In diesem Fall wären mindestens vier Phasen einzuplanen: Erste (tastende) Versuche, Verse zu kombinieren; Kombination von Versen zu Strophen; Festlegung der Reihenfolge der Strophen; Finden einer treffenden Überschrift. Es bedarf auch keiner großen didaktisch-methodischen Phantasie den *zeitlichen* Umfang der einzelnen Phasen abschätzen zu können. Auch hier interessieren wiederum nicht die Einzelheiten, also wieviele Minuten für welche Phasen zu veranschlagen sind. Es liegt auf der Hand, dass die erste Phase im Vergleich zu den folgenden viel Zeit braucht, denn hier sind die Sinnkonstruktionen der Schüler noch relativ offen; durch gegenseitige Korrektur sind sinnvolle Kombinationen von weniger sinnvollen zu unterscheiden. Die zweite Phase wird evtl. schon etwas weniger Zeit beanspruchen; wenn die syntaktischen und semantischen Begründungen treffend waren, baut sich zunehmend der *sachliche* Sinn auf (»Frühe« als Wechsel zwischen Ruhe und Bewegung). Ist diese inhaltliche Antinomie erkannt worden, wird auch das Erkennen der formalen Gestaltung des Gedichtes (Sonett, das aus zwei Quartetten und zwei Terzetten besteht) nicht mehr schwer fallen. Die Festlegung der Reihenfolge wird also keine große Zeitspanne in Anspruch nehmen, noch weniger Zeit wird es für die letzte Phase brauchen, in der die Schülerinnen und Schüler einen geeigneten Titel für das Gedicht suchen sollen.

Zusammenfassend dürfen wir die von den Schülern zu leistende Sinnkonstruktion (in *sachlicher* wie *zeitlicher* Hinsicht) folgendermaßen charakterisieren: Sie müssen die einzelnen Elemente (Zeilen) in eine syntaktische und semantische Verbindung bringen, so dass die Autorintention (pragmatischer Aspekt) deutlich wird. Im Zusammenspiel von syntaktischen, semantischen und pragmatischen Aspekten erschließen bzw. interpretieren sie den Text. Man muss sich die Endgestalt aus mehreren Elementen, diese wiederum aus untergeordneten Teilelementen zusammengesetzt vorstellen. Sinneinheiten niedrigerer Ordnung konstituieren dabei jeweils solche höherer Ordnungen: Einzelne Zeilen passen zu Strophen zueinander, das Reimmuster lässt eine durchgehende Ordnung erkennen (a b a b; c d c d; e f g; e f g), die Anordnung der Strophen ergibt ein Sonett (zwei Quartette, zwei Terzette), also in formaler Hinsicht eine antithetische Struktur, die in inhaltlicher Hinsicht durch die Wort- und Satzbedeutungen gedeckt wird. Denn die ersten beiden Zeilen der beiden Quartette drücken Ruhe und Schläfrigkeit, die jeweils folgenden zwei Zeilen Bewegung und Lebhaftigkeit aus, das erste Terzett wiederum Ruhe, das zweite Bewegung. Insgesamt gesehen wird damit die von Huchel intendierte Darstellung der Frühe im Wechsel von Ruhe und erwachendem Leben klar erkennbar.

2. Die sachliche und zeitliche Gliederung in der Unterrichtsplanung

Unterrichtsentwürfe dokumentieren die Planungsüberlegungen des Lehrers; sie geben Auskunft über die Wahl und Begründung des Themas, über die zu erreichenden Lernziele, über die eingesetzten Methoden, Medien und Sozialformen. An späterer Stelle dieses Arbeitsbuches wird der Leser detaillierte Entwürfe finden. In diesem Kapitel soll nur derjenige Teil eines Unterrichtsentwurfes erläutert werden, der in der Regel dessen Abschluss bildet: der *Verlaufsplan*. In ihm kommt nämlich besonders prägnant die sachliche und vor allem zeitliche *Gliederung des Unterrichts in Phasen* zum Ausdruck. Für die Darstellung eines solchen Verlaufsplans hat sich die »Tabelle« als ein praktikables Muster bewährt. Der eben beschriebene geplante Verlauf der Unterrichtsstunde würde dann etwa in dieser Weise dokumentiert:

Organisatorisches/ Kommentar	Geplante Lehrertätigkeit	Erwartetes Schülerverhalten
1. Problemstellung/ erste tastende Versuche LZ 1; Schüler-Schüler-Gespräch; Overheadprojektor	L legt auf Overheadprojektor die Verse des Gedichtes »Frühe« in ungeordneter Form auf und fordert die SuS auf, Ordnungsvorschläge einzubringen.	SuS rufen sich gegenseitig auf und kommen nach vorne zum Projektor. Sie stellen Verse zusammen und begründen die Anordnung syntaktisch und semantisch. Die anderen SuS prüfen die vorgebrachten Argumente und machen ggf. Korrekturvorschläge.
2. Kombination von Versen zu Strophen LZ 2; Schüler-Gespräch; Overheadprojektor		SuS sehen mit zunehmender Zahl der geeigneten Kombination von Versen die Möglichkeit, diese zu Strophen zusammenzufassen.
3. Festlegung der Reihenfolge der Strophen LZ 3; Unterrichtsgespräch; Overheadprojektor	L regt an, über die Reihenfolge der Strophen nachzudenken. Als Hilfestellung könnte ein Verweis auf Inhalt und Form von Sonetten gegeben werden.	SuS erkennen die inhaltliche Antithetik in den Versen wie in den Strophen und entwickeln Vorschläge für die Reihung der Strophen.
4. Finden einer treffenden Überschrift LZ 4; Unterrichtsgespräch; Tafel	L fordert die SuS auf, den Sinn des Gedichtes durch treffende Überschriften zu charakterisieren. L sammelt die Vorschläge an der Tafel.	SuS schlagen inhaltlich äquivalente Überschriften vor wie »Anbruch des neuen Tages«, »Übergang«; »Erwachen« usw.

Was sagt dieser Verlaufsplan im einzelnen aus? Er stellt überblicksartig die zeitliche, sachliche und soziale Ordnung des geplanten Unterrichts dar und macht Angaben über die geplanten Lehrertätigkeiten wie über das erwartete Schülerverhalten. Zudem finden sich in ihm Hinweise auf Hilfsmittel bzw. Medien.

1) Die zeitliche Ordnung
Der Verlauf ist in vier Phasen *gegliedert*; sie wurden oben bereits erläutert. In der didaktischen Literatur findet man für die zeitliche Einteilung des Unterrichtsverlaufes eine große Zahl von Gliederungsmustern. Sie werden üblicher-

weise als *Artikulationsschemata* bezeichnet. Das lateinische Wort *articulus* heißt so viel wie: Abschnitt, Gelenk, Fingerglied, Wendepunkt, gefährlicher Zeitpunkt. Das sind Bedeutungsnuancen, die unseren didaktisch-methodischen Sachverhalt gut treffen, denn die Phasen stellen *Abschnitte* des Unterrichtsverlaufes dar, sie bilden in ihrem Übergang zur jeweils nächsten Phase *Gelenkstellen*, sie *gliedern* den Unterricht und geben ihm so eine zeitliche Struktur, sie können auch einen *Wendepunkt* darstellen (z.B. in der Phase der Lösung, in der sich die Einsicht plötzlich einstellt) oder sogar für einen »gefährlichen Zeitpunkt« stehen, denn wenn am Ende der einzelnen Phasen den Schülerinnen und Schülern nicht das klar geworden ist, was intendiert war, ist der weitere Lernverlauf »gefährdet« (Wer z.B. ein bestimmtes Problem zu Unterrichtsbeginn nicht verstanden hat, wird keine sinnvollen Lösungsvorschläge erarbeiten können.).

Artikulationsschemata haben in der Didaktik eine lange Tradition, so dass wir eine Vielzahl z.T. sehr ähnlicher, aber auch stark differierender Schemata kennen. Ihre Unterschiedlichkeit geht u.a. zurück auf die jeweils zugrundeliegende Vorstellung von Unterricht, vom Lernprozess oder vom Verständnis des Lehrens. Manche von ihnen stehen für eine didaktische »Schule«, die zu bestimmten Zeiten sehr einflussreich war und die Lehrerbildung in den Hochschulen und Seminaren stark prägte. Man sollte in der Übernahme von Artikulationsschemata für den eigenen Unterrichtsplan allerdings skeptisch sein. Falls man sich an einem von ihnen orientiert, muss man es auf jeden Fall auf die »Sache« abstimmen. Für das in diesem Kapitel gewählte Schema wird man in der Literatur vergebens nach einer Standardbezeichnung suchen; es gibt schlicht und einfach die für *diese* Unterrichtsstunde sachlich notwendigen Schritte in zeitlicher Abfolge wieder.

Die folgende Zusammenstellung von Jürgen Diederich (1979, S. 431f.) gibt eine Vorstellung von der Vielfalt von Kategorisierungsversuchen. Der Leser mag diese Auswahl verschiedener Artikulationsschemata selbst daraufhin prüfen, ob sie für seine Unterrichtsfächer (noch) eine sinnvolle Orientierung bieten können.

»In der Geschichte der Pädagogik hat sich ein ganzes Arsenal von Unterrichtssequenzen angehäuft, an dem sich der Lehrer mehr oder minder orientieren kann. ›Hören – Sprechen – Lesen – Schreiben‹ als Standardabfolge von Tätigkeiten im Fremdsprachenunterricht. ›Sehen – Beurteilen – Handeln‹ oder ›Lesen – Darstellen – Begreifen‹ sogar als Titel von Schulbüchern, ›Anschauen – Denken – Anwenden‹ (Dörpfeld), ›Vorbereitung – Darbietung – Verknüpfung – Zusammenfassung – Anwendung‹ (Rein) oder ›Analyse – Synthese – Assoziation – System – Methode‹ (Ziller) sind die klassischen

›Artikulationsschemata‹ der herbartianischen Schule, ›Zielsetzung – Planung – Ausführung – Beurteilung‹ in der ›Projektmethode‹ oder ›Einstimmung – Erlebnis – Ausklang‹ in der Erlebnispädagogik und schließlich moderner und zugleich komplizierter ›Hinwendung – Vorbereitung – Erarbeitung – Vertiefung – Befestigung – Gestaltung – Ablösung – Entspannung‹ (H. Bach) oder ›Motivation – Schwierigkeiten – Lösung – Tun – Behalten – Übertragung‹ (H. Roth) ...«

2) Die sachliche Ordnung
Die im Unterrichtsverlauf dokumentierten Phasen sind nicht als bloße zeitliche Abfolge zu verstehen. In ihnen wird *inhaltlich spezifischer Sinn* konstruiert (im Beispiel: Zusammenfügen von Verspaaren, dann von Strophen, dann die Ordnung der Strophen, dann die Suche nach einem Titel) und damit die *sachliche* Ordnung des Unterrichts zum Ausdruck gebracht. Im Unterrichtsentwurf wird der sachliche Sinn insbesondere mit Hilfe der »Didaktischen Analyse« expliziert. In den Kapitel 1, 2 und 4 haben wir uns dieser Aufgabe der Planung ausführlich gestellt. Im Verlaufsplan selbst kann dieser sachliche Sinn nicht mehr ausführlich wiedergegeben werden. Er tritt nur noch in »kondensierter« Form auf, nämlich in der Angabe von Lernzielen und ihrer Zuordnung zu den einzelnen Unterrichtsphasen. Selbst die Lernziele werden im Verlaufsplan nicht mehr ausführlich formuliert; sie sind zuvor im Zusammenhang mit der didaktischen Analyse fixiert worden, so dass sie nun nur noch als Kürzel erscheinen: LZ 1, LZ 2 usw.

Für den hier tabellarisch dargestellten Unterrichtsverlauf hieße das im einzelnen:

Die Schülerinnen und Schüler sollen

LZ 1: ungeordnete Zeilen des Gedichtes zunächst paarweise anordnen und ihre Vorschläge syntaktisch und semantisch begründen

LZ 2: die zugeordneten Verse zu Strophen kombinieren, indem sie innerhalb der Strophen die antithetische Struktur (Ruhe – Bewegung; Schlaf – Erwachen von Mensch und Natur) erkennen

LZ 3: die Reihenfolge der Strophen inhaltlich begründen, mit dem verwendeten Versmaß abgleichen und schließlich die Wahl des Sonetts als treffende Verbindung von Inhalt und Form erkennen

LZ 4: die Autorintention (pragmatische Dimension) durch Erfinden geeigneter Überschriften bündeln.

3) Die soziale Ordnung des Unterrichts
Sozialformen regeln die möglichen Interaktionen zwischen Lehrer und Schülern bzw. zwischen den Schülern und »steuern« den Unterricht in unterschiedlichem Maße. Im gewählten Unterrichtsbeispiel kommen zwei Sozialformen zum Einsatz: das Schüler-Schüler-Gespräch und der Frontalunterricht. In den ersten beiden Phasen, in denen Verse und Strophen synthetisiert werden sollen, kann sich der Lehrer aus dem Unterrichtsgeschehen stark zurückziehen, denn die anzugehende Aufgabe enthält genügend Hilfen, die sich aus der inhaltlichen Bestimmung der Verse ergeben. Die Schüler können sich also gegenseitig aufrufen, Korrekturvorschläge einbringen und in ihren syntaktischen und semantischen Argumenten ergänzen. Bei der Erarbeitung der Reihenfolge der Strophen (dritte Phase) wird es vermutlich nicht ohne die Hilfe des Lehrers gehen; im gelenkten Unterrichtsgespräch (als eine Form des Frontalunterrichts) werden ggf. Hinweise notwendig, die auf den Sinn von Paarversen und Strophen focussieren und die über die inhaltliche wie formale Antithetik von Sonetten informieren. Die Suche nach einer Überschrift für das Gedicht (vierte Phase) wird nach der eingehenden Interpretationsarbeit keine großen Schwierigkeiten mehr bereiten; deshalb sollten die Schülervorschläge aus zeitökonomischen Gründen vom Lehrer abgerufen werden.

4) Geplante Lehrertätigkeit und erwartetes Schülerverhalten
In der zweiten und dritten Spalte sind die Lehrer- und Schülertätigkeiten des Unterrichtsverlaufes skizziert. Die Attribute »geplant« auf Lehrer- und »erwartet« auf Schülerseite sollen nicht zum Ausdruck bringen, dass der zu realisierende Unterricht genau dem geplanten Schema folgen muss und wird. Allein schon die Selbsttätigkeit und Kreativität der Schüler lässt im Unterricht immer genügend »Unerwartetes« auftauchen. Auf beiden Seiten ist aber eine halbwegs zutreffende Kennzeichnung dessen zu fixieren, was den Sinn des Unterrichts zeitlich und sachlich bestimmen sollte. Grundsätzlich gilt für die Lehrertätigkeit wie für das Schülerverhalten, dass sich zwar immer Alternativen zum gewählten Plan und Verlauf stellen, aber für die Realisierung immer die Entscheidung für eine der Möglichkeiten fallen *muss*. Je nach Unterrichtsverlauf werden die Entscheidungen dann aber auch zu revidieren sein.

Zwei Hinweise mögen für das Verständnis des Zusammenhanges von Variationsmöglichkeiten und Entscheidungszwang hilfreich sein:

a) Der hier gewählte *methodische Weg* (elementenhaft-synthetisch) ist keineswegs der einzig mögliche. Auch das gegenteilige Vorgehen (ganzheitlich-analytisch) wäre legitim. Abgesehen davon kann man sich auch andere *mediale* Zugänge zu diesem Gedicht vorstellen. Man könnte die Schülerinnen und Schüler ein Bild malen lassen, in der sie selbst die Situation »Frühe« darstellen, könnte von Gemälden etablierter Künstler (traditionelle und moderne Darstellungen) ausgehen und sie interpretieren oder zur Einstimmung geeignete Instrumentalmusik abspielen, um so stärker die sinnlich-ästhetische Dimension des Gedichtes zu antizipieren. Wenn die Schüler Großstadtkinder sind, wäre es reizvoll, ihre Vorstellungen von »Frühe« vorher abzurufen und diese dann mit denen des Gedichtes zu konfrontieren usw.

Solche und andere denkbare Alternativen sind also durchaus möglich und sinnvoll. Man muss sich allerdings für eine entscheiden; und selbst dann, wenn man zwei oder mehrere Möglichkeiten kombinieren wollte, ist die Entscheidung für eben diese Kombination zu treffen. Diesem Entscheidungszwang unterliegt nicht nur der Lehrer, sondern auch der Autor dieses Arbeitsbuches. Er hätte die Zugänge anders wählen oder die Schwerpunkte anders setzen können, aber diese beispielhaften Varianten hätten doch alle zum gleichen Ziel führen sollen, nämlich zu der allgemeinen Erkenntnis, dass Unterricht in seinem *Verlauf* einem (spezifischen) *sachlichen Sinn* zu folgen hat. Insofern ist die Wahl der Variante eher sekundär.

b) Die gerade genannten Möglichkeiten stehen für den Entscheidungsspielraum der Lehrperson. Noch größere Variationsmöglichkeiten ergeben sich, wenn die Schülerinnen und Schüler in die Planung mit einbezogen werden. Aber auch dadurch wird der Entscheidungsdruck nicht aufgehoben, sondern in die gemeinsame Beratung von Lehrern und Schülern verschoben. Diese Frage der Schülerbeteiligung ist bisher noch nicht thematisiert worden, sondern erfolgt erst an späterer Stelle. Der wesentliche Grund für diese Reihung der Schwerpunkte liegt nicht in der Geringschätzung der Schülerbeteiligung, sondern im Wesen von Unterricht: Er setzt immer etwas »zum Thema«, folgt immer bestimmten Lernzielen, ist auf den Einsatz von Medien angewiesen wie auf die geeignete Wahl von Sozialformen. Solche grundlegenden Aspekte sind auch für eine Unterrichtsplanung konstitutiv, die die Schülerinnen und Schüler mit einbezieht, und müssen gerade deshalb zuvor geklärt sein. Abgesehen davon kann auch das vorliegende Arbeitsbuch um der Klarheit im einzelnen willen nur sukzessiv in die Aufgaben und Probleme der Unterrichtsplanung einführen. Ein umfassenderes Bild und eine Vorstellung von der Komplexität und Variabilität von Unterrichtsplanung ergibt erst die Vielzahl der nach und nach erläuterten Aspekte, zu denen dann auch die Reflexion auf die *Beteiligungsmöglichkeiten der Schüler an der Planung* gehört (ausführlich dazu das zwölfte Kapitel).

5) Organisatorisches, Kommentar

Da der tabellarische Verlaufsplan des Unterrichts auf sehr knappe Formulierungen verpflichtet, wird man bei seiner Abfassung ständig geneigt sein, dieses oder jenes Bedenkenswerte noch mit aufzunehmen. Das sollte aber bereits in den vorangestellten ausführlichen Überlegungen bei der Rechtfertigung der Wahl des Inhaltes, der methodischen Gestaltung und der Lernvoraussetzungen der Schüler geschehen. Dort – und nicht hier im tabellarischen Verlauf – ist Ausführlichkeit also ein wichtiges Kriterium. Im Verlauf selbst sind dann lediglich Stichworte als Erinnerungshilfen notwendig, die auf die vorangegangenen Ausführungen implizit Bezug nehmen. In der Praxis der Unterrichtsplanung findet man dafür eine Reihe von Möglichkeiten. Der oben angeführte Verlauf arbeitet mit einer Spalte »Organisatorisches, Kommentar«, in der Hinweise auf die Phasen, die Lernziele, die Sozialformen, auf den Medieneinsatz und ggf. auf weitere Aspekte gegeben werden. So notwendig die Verweise auf solche Aspekte im Verlaufsplan sind, so frei ist man sicherlich in der Wahl der Darstellung und Ordnung. Der hier gewählte Modus ist also nur als eine von mehreren Möglichkeiten zu verstehen.

Übungen

1. In der folgenden tabellarischen Darstellung eines Unterrichtsverlaufes fehlen in der linken Spalte (Organisation, Kommentar) die entsprechenden Angaben zu den Phasen, Lernzielen, Sozialformen und Medien. Sehen Sie sich zunächst den Verlauf in den Spalten »Geplante Lehrertätigkeit« und »Erwartetes Schülerverhalten« an, um den sachlichen Sinn dieser Unterrichtsstunde zu verstehen. Sie erkennen dabei sofort, dass hier eine andere Darstellungsform gewählt wurde als im obigen Beispiel (Deutschunterricht: Frühe); mögliche (!), *keineswegs wörtlich* zu nehmende Lehrer- wie Schüleräußerungen stehen hier *beispielhaft* für zu erwartende Aussagen, die auf den sachlichen Sinn zentrieren. Man sieht, dass man sich keineswegs sklavisch an irgendwelche vorgebenen Muster halten muss, wohl aber *funktionserfüllende* Äquivalente zu wählen hat.
   Füllen Sie nun die linke Spalte aus unter Berücksichtigung dieser Aspekte: Welche Lernziele lassen sich für die einzelnen Phasen formulieren? Welche Funktion haben die Phasen im Lehr-Lernprozess und wie könnten sie deshalb benannt werden? Prüfen Sie, welche Sozialformen im Unterrichtsverlauf eingesetzt werden können?
   Hilfreiche Hinweise können Sie dem zugehörigen Arbeitsblatt entnehmen.

Organisatorisches/ Kommentar	Geplante Lehrertätigkeit	Erwartetes Schülerverhalten
1.	L demonstriert ein Periskop und zeigt, wozu man dieses Gerät benutzen kann.	SuS zeigen erstaunte Reaktionen; sie berichten, was sie über dieses Gerät wissen (z.B. Verwendung in U-Booten).
	L schreibt an die Tafel: Wie funktioniert ein Periskop?	
2.	»Wir wollen uns zunächst einmal den Aufbau dieses Gerätes verdeutlichen.« L projiziert Folie.	Ein Sch zeichnet den Verlauf der Lichtstrahlen ein.
	L teilt Arbeitsblatt aus.	SuS zeichnen die Stellung der Spiegel und den Strahlenverlauf im Arbeitsblatt ein.
	L verändert die Stellung des oberen Spiegels.	Ein Sch probiert das Periskop aus. »Die veränderte Spiegelstellung hat bewirkt, dass das Periskop nicht mehr funktioniert.« »Die Stellung der Spiegel muss also entscheidend sein.«
	L projiziert zweite Folie.	Ein Sch zeichnet den veränderten Strahlenverlauf ein. »Man sieht deutlich, dass die Lichtstrahlen jetzt nicht mehr ins Auge des Beobachters treffen können.«
	L führt nun die Begriffe ›Einfallslot‹, ›Einfallswinkel‹ und ›Reflexionswinkel‹ ein.	SuS tragen das Einfallslot in die Zeichnung des Arbeitsblattes ein. SuS formulieren eine angemessene Vermutung.
3.	L zeigt SuS das zur Verfügung stehende Versuchsmaterial.	SuS planen den Versuchsaufbau. Eine Schülergruppe zeichnet ihren Plan an die Tafel. SuS nehmen, wenn notwendig, Korrekturen vor.
4.		SuS führen den Versuch durch und protokollieren die ermittelten Winkelwerte.
5.	»Zu welchem Ergebnis seid ihr gekommen?«	Eine Schülergruppe stellt ihre Zahlenwerte an der Tafel vor. SuS vergleichen ihre Ergebnisse damit.
	»Lässt sich nicht aus all diesen einzelnen Messergebnissen eurer Versuche eine Gesetzmäßigkeit ableiten?«	SuS formulieren das Reflexionsgesetz am ebenen Spiegel und übertragen es in ihr Arbeitsblatt.

Folie/Arbeitsblatt

I. Aufbau eines Periskops

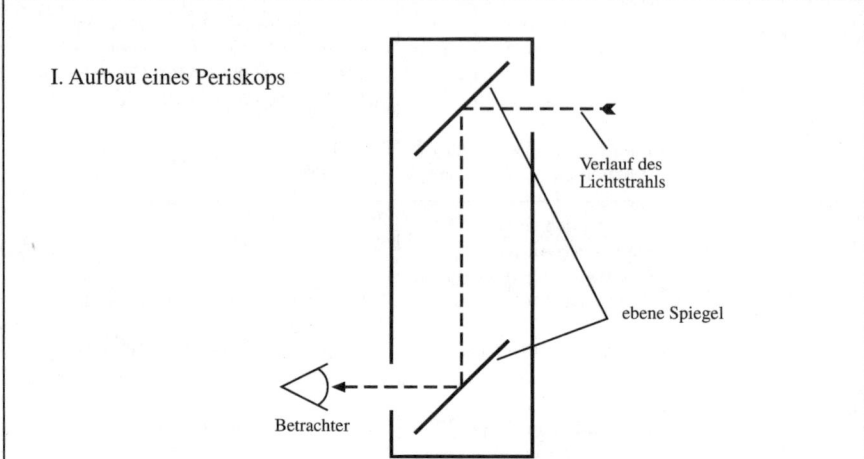

Verlauf des
Lichtstrahls

ebene Spiegel

Betrachter

II. Wir führen neue Begriffe ein!

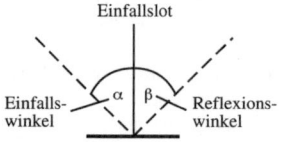

Einfallslot

Einfalls-
winkel

Reflexions-
winkel

III. Der Versuchsaufbau

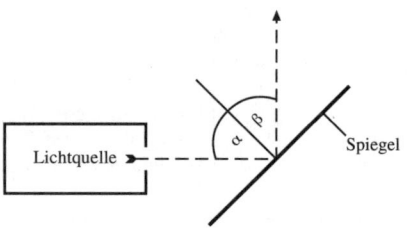

Lichtquelle

Spiegel

IV. Unsere Meßergebnisse

Einfallswinkel (α)	Reflexionswinkel (β)
10°	10°
22°	22°
36°	36°
41°	41°

V. Ergebnis:

Aus unseren Messungen ergibt
sich ein allgemeingültiges Gesetz:
Am ebenen Spiegel ist der
Einfallswinkel (α) genau so groß
wie der Reflexionswinkel (β).

2. Stellen Sie sich vor, Sie müssten als Mathematiklehrer die Lösung von Gleichungen mit zwei Unbekannten einführen und würden von folgender Textaufgabe ausgehen:
»Die Differenz zweier Zahlen beträgt 27. Multipliziert man die erste Zahl mit 2 und die zweite mit 3, so wird die Differenz gleich 41. Wie heißen die Zahlen?« (Lösung: $x = 40$; $y = 13$)

Welche Teilschritte sind unentbehrlich zur Lösung dieser Textaufgabe? In welcher Reihenfolge sollten sie stehen? Wie viele Phasen ergeben sich daraus für den Verlauf des Unterrichts?

3. Im Biologieunterricht wollen Sie die »Familie« der Käfer behandeln. Wie kann man dieses Thema motivierend und in möglichst großer Selbsttätigkeit der Schüler erarbeiten? Welche Phaseneinteilung ergäbe sich für den Stundenverlauf?

Kapitel 9

Methoden wählen

1. Einleitung

Methode meint wörtlich: der Weg dahin (griech: μέϑοδος, aus μετά [nach …
hin] und ὁδός [der Weg]). »Man hat so seine Methode« sagt man, und meint
damit, dass man den »Weg« kennt, dass einem die Mittel bekannt sind, um
einen bestimmten Zweck zu erreichen. Während dieses Zweck-Mittel-Den-
ken schon im Alltag bei einfachen praktischen Verrichtungen mehr oder weniger gut greift, wird es im Bereich der Technik und maschinellen Produktion
nahezu mit Perfektion eingesetzt.

Ein solches ausschließlich auf Zweckrationalität abhebendes Denken lässt
sich aber nicht auf Unterrichtsprozesse anwenden. Denn im Unterricht geht es
immer um die Stiftung von Sinn, und dieser Sinnstiftungsprozess lässt sich
nicht »von außen« erzwingen. Der Lehrer kann im Unterricht zwar eine Frage
stellen, auf etwas hinweisen oder etwas an die Tafel schreiben, aber diese ver-
meintlichen »Mittel« führen nicht zwangsläufig zum beabsichtigten »Zweck«.
Es sind Lehrhandlungen, die dem Schüler bei der Sinnkonstitution helfen sollen, aber dieser muss die Aktivitäten des Lehrers deuten und in eigene geistige
Anstrengungen umsetzen. Was dann daraus wird, mag letztlich so *erscheinen*,
als hätte der Lehrer sein Ziel durch geschickten Einsatz von Mitteln erreicht.
Aber alles, was der Lehrer unternimmt, ist im strengen Sinne kein Mittel, sondern *Hilfe* zum Lernen, *Hilfe* zur Sinnkonstruktion.

Genau dazu soll auch die Unterrichtsmethode ihren Beitrag leisten. Ihr wesentliches Kennzeichen liegt darin, dass der Lern»*weg*« des Schülers in Teilschritte gegliedert wird und in *sachlicher* Hinsicht eine Einheit bilden muss,
weil ihm sonst keine Sinnstiftung gelingt. Bevor im folgenden noch weitere
Merkmale zur Bestimmung des Begriffes Unterrichtsmethode zu nennen sind,
sollen zunächst einige Beispiele für bekannte Unterrichtsmethoden angeführt
werden, damit der Leser über hinreichend konkrete Vorstellungen des zu entwickelnden Sachverhaltes verfügt.

2. Beispiele für Unterrichtsmethoden

Beispiel: Elementenhaft-synthetische Methode

Im vorangegangenen Kapitel wurde ein bestimmtes Verfahren zur Behandlung des Gedichtes »Frühe« skizziert, ohne dass dort schon die Rede von einer Methode war. Es handelt sich dabei um die sogenannte *elementenhaft-synthetische Methode*. Den Schülerinnen und Schülern werden Elemente des Gedichtes vorgelegt, deren Reihenfolge anfänglich kaum Sinn macht. Aus diesen *Elementen* (Versen) sollen die Schüler im gemeinsamen Unterrichtsgespräch einen kohärenten Text *synthetisieren*.

Das Beispiel bestätigt die einleitende These: Die einzelnen Schritte der Sinnerzeugung können vom Lehrer nicht erzwungen werden. Mit welchen Zeilen die Schüler ihre tastenden Versuche beginnen, ist nicht genau abzusehen. Welche »Fehler« sie bei der Kombination von Zeilen begehen, vermag niemand vorauszusagen. Der Unterricht ist also zunächst sehr *offen* und wird im weiteren Verlauf bis hin zum komplett erzeugten Text *geschlossener*, weil der Sinn immer »eindeutiger« wird. Dieses *Wechselspiel von Offenheit und Geschlossenheit* zeigt also deutlich, dass der Unterrichtsverlauf nicht mit einem technologischen Zweck-Mittel-Schema erfasst werden kann, sondern als Prozess zunehmender Sinnerzeugung zu verstehen ist.

Beispiel: Ganzheitlich-analytische Methode

Verläuft der mit den Schülern bei der Re-Konstruktion des Gedichtes beschrittene Weg *vom Einzelnen zum Ganzen*, so muss der Leser bei der Interpretation der Kurzgeschichte »Das Trockendock« (s. drittes Kapitel) vom Ganzen ausgehen und die einzelnen Textelemente als sinnvolle Teile des Ganzen begreifen. Dieses Vorgehen kennzeichnet die *ganzheitlich-analytische Methode*. Im Vergleich zur elementenhaft-synthetischen Methode liegt hier (in der Regel) gleich zu Beginn *hypothetischer* Gesamt-Sinn vor. Als *ganzheitlicher* Zugriff auf den Text muss er dann laufend am Detail überprüft werden. Das wird in der Unterrichtspraxis allerdings oft genug zur Verwerfung von ersten Interpretationshypothesen führen.

Der Vergleich der Beispiele zeigt, dass sich beide Methoden im konkreten Unterrichtsprozess ergänzen, sie liegen also nie in »Reinheit« vor: Sobald *einzelne* Gedichtverse *synthetisiert* worden sind, werden Vermutungen auf den *gesamten* Textsinn möglich, der nun wiederum die weitere Koordination von Elementen leitet. Für sich genommen bilden die Teile Sinneinheiten, also ein »Ganzes«, das aber im weiteren Verlauf in Einheiten höherer Ordnung eingebracht werden muss. Umgekehrt gilt für das Interpretieren eines kompletten Textes, also beim ganzheitlich-analytischen Vorgehen, dass die ersten hypothetischen Zugriffe (vermuteter *Gesamt*sinn) scheitern können, weil sie nicht oder nur vage mit den *Elementen* des Textes zur Deckung zu bringen sind. Dann gilt das Interesse der Suche nach weiteren Elementen, die wiederum neue Möglichkeiten der sinnhaften Erfassung bieten usw. Dieses Prozedere drückt sich im Begriff des *hermeneutischen Zirkels* aus, der als Prozess ständiger Sinnpräzisierung bei jeder Textinterpretation (vielfach) zu durchlaufen ist.

Beispiel: Induktive Methode

Im Mathematikunterricht wird den Schülern ein Arbeitsblatt vorgelegt, auf dem eine Vielzahl verschiedener Dreiecke abgebildet ist. Die Aufgabe besteht darin, die Winkel der Dreiecke auszumessen und aufzuaddieren. Im anschließenden Vergleich der Ergebnisse stellt man fest, dass die ausgerechneten Summen um den Wert von 180° liegen. Alles spricht also dafür, eine allgemeingültige Erkenntnis gewonnen zu haben: »Die Winkelsumme im Dreieck beträgt immer 180°«. Der Erkenntnisweg verläuft bei diesem Vorgehen vom *Einzelnen,* vom *Besonderen zum Allgemeinen* und wird als *induktive Methode* bezeichnet (von lat. inducere: hineinführen).

Beispiel: Deduktive Methode

Beim induktiven Vorgehen bleibt allerdings prinzipiell eine gewisse Unsicherheit; man kann schließlich immer nur eine begrenzte Menge an Dreiecken ausmessen, so dass die gewonnene allgemeine Erkenntnis nur vorläufige Gültigkeit beanspruchen kann. Aus diesem Grunde wird im Mathematikunterricht oft auf die *deduktive Methode* zurückgegriffen (von lat. deducere: herabführen). Der Weg verläuft hier umgekehrt *vom Allgemeinen zum Besonderen*: Aus allgemeinen Sätzen werden durch logisches Schließen besondere Sätze hergeleitet. Der allgemeingültige Beweis für die Winkelsumme im Dreieck wird dann z.B. so geführt:

(1) Gegeben ist ein Dreieck mit den Winkeln α, β und γ.

(2) Eine durch den Punkt C gezogene Gerade bildet mit der Seite c zwei parallel verlaufende Geraden.

(3) Da die Seiten a und b diese Parallelen schneiden, ergeben sich entsprechende Wechselwinkel α/α' und β/β'.

(4) α' und β' bilden zusammen mit dem Winkel γ einen gestreckten Winkel von 180°.

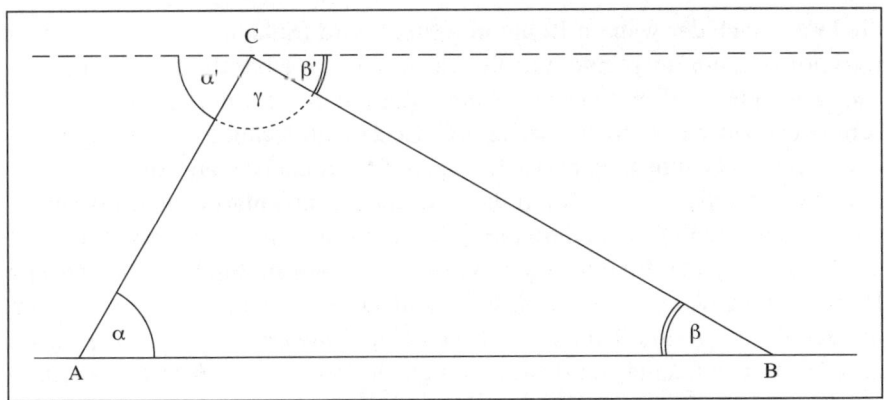

Abbildung 23: Dedeutive Herleitung der Winkelsumme im Dreieck

(5) Da $\alpha' = \alpha$ und $\beta' = \beta$ gilt folglich auch: $\alpha + \beta + \gamma = 180°$. (Quod erat demonstrandum.)

Beispiel: Abstrahierende Methode

Mit Hilfe der abstrahierenden Methode werden schrittweise aus einem konkreten Vorgang, Prozess oder Handlungsgeschehen abstraktere Sinneinheiten entwickelt. Auf diese Weise wird konkrete Fülle auf einige wenige, für den betreffenden Sachverhalt allerdings entscheidende Momente reduziert, so dass das »Wesentliche« erkennbar wird.

Wenn etwa im Deutschunterricht Lessings *Nathan der Weise* behandelt wird, dann ist es ein weiter Weg vom Verständnis der konkreten Handlung bis zur Formulierung der abstrakten Kernaussage dieses Dramas. Anfänglich sehen sich die Schülerinnen und Schüler einem verworren erscheinenden Handlungsverlauf gegenüber; zunächst unbekannte oder nicht mitgeteilte, der einsetzenden Handlung voraus liegende Tatbestände werden erst im Laufe des Dramas für den Leser plausibel. Aus den konkreten Handlungen und Aussagen heraus lässt sich allmählich die Handlungs*struktur* erkennen. Ort des Geschehens ist Jerusalem, die Stadt der Weltreligionen. Dort treffen Nathan, ein reicher Jude, der Sultan Saladin, ein mächtiger Muselmann, und ein junger Tempelherr, der einem christlichen Ritterorden angehört, aufeinander. Die vielfältigen Handlungen, in die sie gegenseitig und miteinander verstrickt sind und in denen sie die drei großen Weltreligionen stellvertretend repräsentieren, laufen auf eine Szene in der Mitte des Dramas zu, in der Nathan vom Sultan die Frage nach der wahren Religion gestellt wird (Saladin:»Von diesen drei Religionen kann doch eine nur die wahre sein.«). Über die von Nathan erzählte Ringparabel erkennt der Sultan, dass sich diese Religionen auf geschriebene oder mündlich überlieferte Geschichte gründen, dass sie durch einen Akt des Glaubens zwar Anerkennung finden können, aber dass für keine ein Absolutheitsanspruch durch theoretische Argumentation ausweisbar ist. Nicht die rechte Lehre, sondern die rechte *Tat*, die in die Welt hinein wirkt, ist das Entscheidende. Eine Religion muss sich demnach durch ihre *praktische* Humanität »beweisen«. Um diese entscheidende Einsicht zu erlangen, müssen die Schülerinnen und Schüler die *konkreten Elemente* der Gestaltung dieses aufklärerischen Dramas schrittweise durch ein *Netz immer abstrakter werdender Beziehungen* ersetzen.

Beispiel: Konkretisierende Methode

Die konkretisierende Methode soll gewährleisten, dass Abstraktes (Begriffe, Zusammenhänge, Gesetze, Formeln, Typiken, Strukturen) durch hinreichende Veranschaulichung verstehbar wird. Sie ist in allen Fächern unverzichtbar. Laufend kommen abstrakte Sachverhalte zur Sprache (im Unterrichtsgespräch, im Schulbuch, in den Medien), die nicht wirklich verstanden sind, wenn man mit ihnen keine konkreten Vorstellungen zu verbinden weiß. Welches *konkrete* physikalische Phänomen steht eigentlich hinter der *abstrakten* mathematischen Formel des Hebelgesetzes (zweiarmiger Hebel) ($F_1 \times l_1 = F_2 \times l_2$)? – Eine Tafelzeichnung (zweiarmiger Hebel mit verschiebbaren Gewichten) veranschaulicht das Gemeinte schon auf einer niedrigeren Abstraktionsstufe, noch konkreter wird der Sachverhalt, wenn man die entsprechenden Experimentiergeräte aus der Schülersammlung hervorholt, und noch konkreter steht der Sachverhalt vor Augen, wenn man mit einer Balkenwaage Obst abwiegt.

Für den Geschichtsunterricht hat die konkretisierende Methode eine ganz besondere Bedeutung, denn er hat es immer mit einer für ihn typischen, grundsätzlichen Schwierigkeit zu tun: Geschichte ist den Schülerinnen und Schülern nicht direkt verfügbar. Ihre eigene Lebenserfahrung reicht nicht weit zurück, und selbst die mitgeteilten Erlebnisse ihrer Eltern und Großeltern (oral history) erstrecken sich nur auf vergleichsweise kurze Zeiträume. Geschichte muss deshalb immer auf irgendeine Weise »erzählt« werden. Das ist nicht mit der bloßen Benennung abstrakter Sachverhalte erledigt, sondern muss mit hinreichender *Fülle an Konkretheit* geschehen.

Wenn die Schülerinnen und Schüler also im Zusammenhang mit der Frage »Woran scheiterte Weimar?« Begriffe wie Weltwirtschaftskrise, Inflation oder hohe Arbeitslosigkeit als wichtige Teilfaktoren des Niedergangs verstehen sollen, dann muss ihnen am konkreten Material demonstriert werden, was diese Begriffe meinen. Das können z.B. entsprechende Abbildungen im Geschichtsbuch leisten. Sie sehen dann etwa, was sich am Schwarzen Freitag (24. 10. 1929) in der New Yorker Börse abspielte oder dass sich 1932 lange Schlangen von Arbeitslosen auf dem Broadway bildeten. Wenn sie auf Bildern deutsche Händler oder Handwerker sehen, die ihre Dienste nur noch gegen Tausch von Lebensmitteln ausführten, oder einen 20-Mark-Schein, der mit dem Schriftzug »Fünf Milliarden Mark« überdruckt ist, dann verstehen sie allmählich, was sich hinter dem abstrakten Begriff »Inflation« verbirgt. Und wenn ihnen eine Tabelle mit konkretem Zahlenmaterial zeigt, dass die Zahl der Arbeitslosen zwischen 1929 und 1932 in den USA von 3,2 auf 23,6 Prozent und *im gleichen Zeitraum* in Deutschland von 8,5 auf 29,9 Prozent drastisch zunahm, dann können sie eine konkrete Vorstellung von dem entwickeln, was der Begriff »Weltwirtschaftskrise« meint.

3. Definition: Methode

Aus den vorgestellten Beispielen lassen sich nun die entscheidenden Merkmale der Unterrichtsmethode entwickeln:

1. Eine Methode soll von bestimmten Ausgangsbedingungen zu einem bestimmten Ziel führen.
   Das Ziel kann beispielsweise darin bestehen, aus Teilen etwas »Ganzes« zusammenzusetzen oder umgekehrt ein »Ganzes« zu analysieren, aus einzelnen Daten bzw. Feststellungen eine verallgemeinerbare Erkenntnis zu gewinnen oder aus allgemeinen Sätzen konkrete abzuleiten usw. Für den Einsatz einer Methode ist die Klärung der jeweiligen Ausgangsbedingungen wichtig, weil nicht jede Methode auf alle möglichen Ausgangsbedingungen anwendbar ist. Ein Gedicht läßt sich problemlos in »Streifen« zerschneiden und von den Schülern synthetisieren, aber ein 100seitiges Drama ist eine Ausgangsbedingung, bei der die elementenhaft-synthetische Methode nicht greifen kann.

2. Eine Methode umschreibt den Gang des Unterrichts in *allgemeiner Form.*

   Das damit gegebene *formale* Gerüst (etwa vom Allgemeinen zum Besonderen oder umgekehrt) muss aber in *spezifische* Inhalte bzw. Ziele übersetzt werden. Für die elementenhaft-synthetische Methode hieße das z.B.: Im Literaturunterricht kann man ein Gedicht aus einzelnen Versen zusammensetzen, im Technikunterricht baut man eine Brücke aus entsprechenden Teilen zusammen, und im Chemieunterricht synthetisiert man Kohlenstoff und Sauerstoff zu Kohlendioxid.

3. Eine Methode bildet den roten Faden des Unterrichtsverlaufes, der vom Ausgangspunkt bis zum Endpunkt gespannt ist.

   Sie verschafft dem Lehrenden also Klarheit über seine *Gesamtkonzeption* und damit über den *übergreifenden sachlichen Sinn*, der am *Ende* konstituiert sein soll. Der sachliche Sinn von Teiloperationen tritt daher zunächst in den Hintergrund. Er ergibt sich erst aus der konkreten Planung bzw. Realisierung von Zwischenschritten.

4. Die *praktische* Anwendung einer Methode wird durch den sukzessiven Vollzug dieser Zwischenschritte realisiert.

   Sie sind als Teilziele im Hinblick auf ein übergreifendes Lernziel zu verstehen. Entscheidend ist dabei: Das Erreichen eines Teilzieles ist die *Bedingung* zur Realisierung des jeweils nächsten Schrittes bzw. Teilzieles (s. dazu die Phasen im Unterrichtrsbeispiel »Frühe« im achten Kapitel).

4. Grenzen der Methodisierbarkeit

Die angeführten Beispiele für Unterrichtsmethode und die an ihnen entwickelten Definitionsmerkmale erwecken den Eindruck, dass das tägliche Unterrichtsgeschehen durch die Anwendung solcher Methoden in sicheren Bahnen verlaufe. Der durch sie vorgezeichnete Weg mit seinen Teilzielen, die ihrerseits wiederum die Bedingungen für das Erreichen weiterer Teilziele darstellen, festigt diesen Eindruck. Aber über diese treffenden Beispiele hinaus muss man auch nüchtern feststellen:

Unterricht ist nur bis zu einem gewissen Grade methodisierbar.

Die Grenzen der Methodisierbarkeit zeigen sich in mehrfacher Hinsicht:

1. Unterrichtsmethoden (das gilt nicht nur für die hier erläuterten, sondern für viele andere ebenso) sind *formal konstante* Beschreibungsmuster und insofern zunächst fächerübergreifend formuliert. Zur Anwendung müssen sie aber in fachspezifische Handlungsmuster umgesetzt und für den jeweiligen Unterrichtsverlauf auch thematisch, also *inhaltlich variiert* werden. Insbesondere die thematische Angleichung an das Verlaufsprofil der Methode zeigt dann sehr oft, das sich für die Behandlung des Themas keine etablierte Methode findet. Hier kann nur die *methodische Kreativität* des Lehrenden weiter helfen.
2. Bestimmte Unterrichtsfächer haben eine spezifische Affinität zu bestimmten Unterrichtsmethoden. Im Fach Mathematik wird sehr häufig *deduktiv* gearbeitet, bei der Herleitung von Beweisen liegt das »in der Natur der Sache«. Im Physikunterricht ist das *induktive* Vorgehen eine unverzichtbare Methode, weil fast jeder physikalische Sachverhalt sich an entsprechenden technischen Geräten oder an konkreten Abläufen erarbeiten lässt. Der Transfer der auf diesem Wege erworbenen physikalischen Einsicht bestätigt dann ihre Verallgemeinerbarkeit. Die Interpretation fiktionaler Texte wird im Deutschunterricht in der Regel *ganzheitlich-analytisch* durchgeführt; das deduktive und induktive Vorgehen machen hierbei keinen Sinn.
3. Je offener die Gestaltung des Unterrichts angelegt ist – das ist vor allem bei der Beteiligung der Schülerinnen und Schüler an seiner Planung und Durchführung der Fall –, desto unkalkulierbarer können die methodischen Wege werden. Die gemeinsame Unterrichtsplanung schließt zwar keineswegs den Rückgriff auf eine »etablierte« Methode aus, aber der größere Freiraum wird in der Regel auch mit erhöhter Spontaneität einhergehen und deshalb die Unterrichtsschritte nicht im Detail festlegen.

5. Der »immanent-methodische Charakter der Thematik«

Die durch diese Aspekte angesprochenen Grenzen der Methodisierbarkeit lassen sich aber in gewisser Weise hinausschieben bzw. flexibel halten, wenn man den zu behandelnden Inhalt genauer analysiert. Dann ist nämlich festzustellen, *dass der Unterrichtsinhalt aus seiner sachlichen Struktur heraus Hinweise für das methodische Vorgehen impliziert.* Die methodische Gestaltung muss den sachlichen Vorgaben keineswegs minutiös folgen, erhält von diesen aber doch ihre Grundstruktur. Das klingt kompliziert, stellt sich aber beim Betrachten konkreter Planungsbeispiele als evidenter Implikationszusammenhang dar.

a) Im Unterrichtsbeispiel »Frühe« vollziehen die Schüler aufeinander aufbauende Teilschritte und konstituieren letztlich den Gesamtsinn des Textes. Der Autor selbst wird den Text aller Wahrscheinlichkeit nach nicht auf diese Weise niedergeschrieben haben; er könnte spontan in »einem Guss« aus der Feder geflossen sein, ohne dass dem Autor die rational nachvollziehbare Struktur im Moment des Niederschreibens bewusst gewesen ist. Aber von solchen Spekulationen abgesehen, ist die Struktur des Textes ein Produkt, dessen Zustandekommen als Durchlaufen solcher Teilschritte rekonstruiert werden *könnte*. Unter dieser Voraussetzung ist der durch die Schüler vollzogene Syntheseprozess die *methodische* Abbildung der *Thematik*.

b) Das Unterrichtsbeispiel »Höhenlinien« zeigt den Zusammenhang von Methode und Thematik noch eindeutiger. Höhenlinien sind nichts anderes die Projektion von Linien, die man in der Wirklichkeit selbst abschreiten könnte. Diese immanente Struktur des Sachverhaltes »Höhenlinie« wird im Unterricht im Durchlaufen von Teilschritten *methodisch* realisiert (konkretes Legen der Höhenlinien, Projektion auf darüber liegende Fläche, Definition des Begriffes).

c) Die Funktion des Gleichstrommotors (s. zweites Kapitel) ergibt sich aus der Abfolge von aufeinander abgestimmten Teilprozessen: Gegenseitige Abstoßung der Magnetpole von Stator und Rotor, gegenseitige Anziehung, kurze Unterbrechung des Stromkreises, Zusammenbrechen des Magnetfeldes, erneuter Stromfluss bei fortgesetzter Drehung, Aufbau des Magnetfeldes, gegenseitige Abstoßung … Für die methodische Gestaltung des Unterrichts bietet es sich geradezu an, den Schülerinnen und Schülern einen primitiven Motor zu präsentieren, dem insbesondere der Kommutator fehlt. Ihre Aufgabe besteht in der Lösung des Problems, wie man den vorliegenden »Motor« technisch so verbessern kann, dass er sich permanent dreht. Dieses Problem wird letztlich nur lösbar, wenn die genannten Teilfunktionen erkannt und in Teilschritten realisiert werden. Das Durchlaufen dieser Teilschritte steht dann für den *methodischen* Gang des Unterrichts.

d) Bei der Analyse von Tageszeitungen im Deutschunterricht wird man ein besonderes Augenmerk auf die Komposition des Titelblattes legen. Als besonders augenfälliges Merkmal soll es dem Leser bzw. potentiellen Käufer die »wichtigsten« Themen des aktuellen Geschehens anzeigen. Diese erste Seite der Tageszeitung ist das Produkt eines Selektionsprozesses: Die Presseagenturen liefern den Redaktionen eine riesige Menge an Informa-

tionen, von denen nur ein sehr geringer Teil als besonders wichtig eingestuft und auf dem Titelblatt plaziert werden kann. Weitere Informationen
können in den folgenden Sparten untergebracht werden, der aller größte
Teil bleibt jedoch unpubliziert. Diesem Selektionsdruck gewinnen die Redaktionen aber auch etwas Positives ab, denn die *Notwendigkeit* der Auswahl fällt zusammen mit der *Möglichkeit* der Beeinflussung. Diese kommt
als weltanschaulich-politische Ausrichtung der einzelnen Tageszeitung in
der Gestaltung der Titelseite minutiös zum Ausdruck.
Notwendigkeit der Selektion einerseits und Einflussnahme auf die Mei-
nungsbildung andererseits stellen also Aspekte der Sachstruktur dar. Welche methodischen Gestaltungsmöglichkeiten ergeben sich daraus? – Um
Schülern diese Sachstruktur einsichtig zu machen, könnte man ihnen eine
Vielzahl aktueller Nachrichtentexte vorlegen und sie zur Gestaltung eines
Titelblattes in Gruppenarbeit auffordern. Während sie den Selektions-
druck unmittelbar im Vollzug der Aufgabe erfahren (der vorgegebene
Raum zwingt zur Auswahl), zeigt der anschließende Vergleich der unter-
schiedlichen Gestaltungsversuche, wie und in welchem Maße hierbei
Wertungen die Auswahl der Informationen bestimmt haben. Auf diese
Weise führt der *methodische* Weg – Herstellen der Titelseite – die Schüler
zur Einsicht in die Notwendigkeit der Auswahl und die Möglichkeit der
Beeinflussung.

Lösen wir uns nun von diesen einzelnen Beispielen und stellen wir den damit
intendierten allgemeindidaktischen Sachverhalt heraus. Die Sachstruktur
eines Unterrichtsthemas stellt das Ergebnis eines Prozesses dar; die Schritte
dieses Prozesses können im Unterricht durchlaufen werden und zeichnen
somit den methodischen Weg der Erarbeitung vor. Prinzipiell gilt dies für alle
Themen in allen Fächern. Wolfgang Klafki hat diese Möglichkeit der Herleitung methodischer Möglichkeiten aus der Struktur der Thematik als einen
zentralen Aspekt seines Planungsmodells herausgehoben:

»Unterrichtsthemen können … nicht als gleichsam in sich ruhende, vermeintlich ›an sich‹ seiende Objektivitäten verstanden werden: Sie sind entweder
selbst inhaltsbezogene Methoden, Verfahrensweisen, Gestaltungsformen –
von mathematischen Operationen bis zu bildnerischen Gestaltungsmöglichkeiten oder Diskussionsformen zur Bearbeitung von Konflikten in der Klasse
usw. –, oder sie sind Ergebnisse solcher Operationen, also Ergebnisse von
Problemlösungs- oder Gestaltungsprozessen, von ›Methoden‹ im weiteren
Sinne dieses Wortes. Das gilt für Ergebnisse wissenschaftlicher Forschung
oder technischer Konstruktion nicht weniger als etwa für die Struktur einer

turnerischen Bewegung oder für eine Regelung, die eine Klasse z.B. für die Organisation von Gruppenarbeit findet. Generell formuliert: Jedem Thema, das Gegenstand unterrichtlicher Auseinandersetzung wird, ist Methodisches immanent.« (Klafki [5]1996, S. 261f.)

Deshalb bezeichnet Klafki diesen allgemeindidaktischen Sachverhalt mit der treffenden Formel des »immanent-methodischen Charakters der Thematik« (ebd.).

Übungen

1. Unterrichtsmethoden lassen sich bis zu einem gewissen Grad allgemein darstellen (s. die oben angeführten Beispiele). Letztlich sind sie aber immer fachspezifisch zu konkretisieren. Machen Sie sich kundig, welche Unterrichtsmethoden in den von Ihnen unterrichteten Fächern präferiert werden. Ausführliche Hinweise wird man in entsprechenden fachdidaktischen Publikationen finden.

2. Die sogenannte Projektmethode wird häufig als fächerübergreifende Aktivität durchgeführt. Informieren Sie sich über diese Methode (z.B. Frey [10]2005)! – Inwiefern gelten auch für diese komplexe Unterrichtsmethode die oben angeführten Definitionsmerkmale von Methode?

3. Welcher immanent-methodischer Charakter ist mit den folgenden Themen verbunden? Welche Schritte der methodischen Umsetzung könnten sich deshalb daraus ergeben?
   a) Fach Musik: Dirigieren im Vier-Viertel-Takt
   b) Fach Sport: Delfinschwimmen
   c) Fach Chemie: Oxidation
   d) Fach Mathematik: Flächenberechnung von Rechtecken.

4. In den 50er und 60er Jahren hatten »Methodiken« des Unterrichts Hochkonjunktur. Eine zur damaligen Zeit bis weit in die 70er Jahre hinein verbreitete Methodik des Deutschunterrichts hatte Robert Ulshöfer verfasst. Das folgende Beispiel bezieht sich auf die Einführung der Fabel im *fünften* Schuljahr. Wenn man von der Zeitgebundenheit des konkreten Themas absieht und der Ansprechbarkeit damaliger Kinder, dann darf man dieses Beispiel als methodische Meisterleistung anerkennen. Ulshöfer geht dabei

nicht den üblichen Weg, durch den »klassische« Fabeln präsentiert und mit den Schülern analysiert werden. Er rekonstruiert eine Fabel als Ergebnis eines Textproduktionsprozesses und nutzt die Schritte dieses Prozesses zur methodischen Gestaltung der Unterrichtsstunde. Vergleichen Sie bitte das oben angeführte Klafkizitat mit der folgenden Zusammenfassung! Entdecken Sie den »immanent-methodischen Charakter der Thematik«?

»Bevor wir mit Kindern Fabeln lesen, verfertigen wir gemeinsam in einer Doppelstunde eine Fabel aus einem Alltagserlebnis: Wir wählen den induktiven Weg – vom Vorfall zur Fabel –, den auch die Fabeldichter beschreiten: Die Kinder nehmen an der Entstehung einer Fabel teil; sie schaffen aus dem Rohmaterial ihrer Erfahrung eine literarische Form.

1. Schritt. Die Geschichte aus dem Erfahrungsbereich der Kinder. Wir erzählen eine Geschichte, die antithetisch gebaut ist und in ihrem Aufbauschema der Grundfigur einer Fabel entspricht …

2. Schritt. Die Eigenschaften der beiden Hauptpersonen. Aufgabe der Klasse ist es, sämtliche Eigenschaften zu suchen. Wir ordnen sie antithetisch:

Martin	Helmut
guter Sportler	schlechter Sportler
keck	ängstlich
faul	fleißig
unbegabt	begabt
verwöhnt	bescheiden
reich	arm
gehässig	hilfsbereit

Diese Eigenschaften drängen wir auf zwei Gegensatzpaare zusammen: Welches sind die hervorstechendsten Eigenschaften der beiden Buben? Können wir sie in einem Satz kennzeichnen?

Martin ist ein guter Sportler, aber ein Taugenichts;
Helmut ist ein schlechter Sportler, aber hilfsbereit.

Daraus leiten wir die Überschrift für unsere Geschichte ab: ›Der nichtsnutzige Sportler und der hilfsbereite Schüchterne‹ oder ›Der sportliche Taugenichts und der hilfsbereite Schüchterne‹.

3. Schritt. Die Verallgemeinerung und Kürzung der Geschichte. Wir nennen Martin fortan den Taugenichts und Helmut den Ängstlichen. Aus unserer Erzählung streichen wir alles Überflüssige und lassen nur die spannenden Höhepunkte stehen. Soweit möglich, verwenden wir die direkte Rede …

4. Schritt. Die endgültige Fassung:
Unsere Geschichte lässt sich stärker zusammendrängen; die beiden Personen können mehr in Gegensatz zueinander treten. Überflüssiges streichen wir. Der Geschichte geben wir einen wirksamen Schluss.
Die Überschrift: Der Galgenstrick und der Angsthase
Wir beginnen mit der direkten Rede. Rede und Gegenrede, Handlung und Gegenhandlung stoßen hart aufeinander.

5. Schritt. Die Besinnung über unser Tun. Wir haben im 5. Schuljahr ohne Mühe aus einer Erzählung eine Fabel gemacht. Untersuchen wir nun, was Fabel und Erzählung voneinander unterscheidet. Aus einem Vergleich der Überschriften, der Länge und der Anordnung der beiden Texte lassen sich unsere vier Merkmale ableiten. Die Kinder erkennen, wie wir eine einmalige Geschichte zu einer typischen umstilisiert haben: Solche Galgenstricke gibt es viele …

6. Schritt. Wir bauen Fabeln nach dem gleichen Schema …«
(aus: Ulshöfer 1963, S. 227ff.)

Kapitel 10

Unterrichtsentwurf I: Der Luftdruck (Physik, Jahrgangstufe 6)

In diesem Kapitel sollen die zuvor erarbeiteten Planungskompetenzen insgesamt angewandt und zu einem schriftlichen Unterrichtsentwurf integriert werden. Der Entwurf hält sich insbesondere an die »Didaktische Analyse«, ergänzt sie aber auch um die *methodische* Umsetzung in einen Unterrichtsprozess. Die Form der Anordnung seiner Teile stellt nur *eine* Möglichkeit dar, die der Autor keineswegs als verbindliches Muster von Unterrichtsplanung versteht.

1. Einleitung: Der Beitrag des Physikunterrichts zur Allgemeinbildung

Unterricht am Gymnasium ist in erster Linie dem Prinzip der Allgemeinbildung verpflichtet; diese zielt auf die mündige Selbst- und Weltgestaltung in einer demokratisch verfassten Gesellschaft (vgl. Richtlinien und Lehrpläne Physik, S. 11). In diesem Sinne soll Unterricht den Schülerinnen und Schülern »helfen, die Wirklichkeit in ihren vielfältigen Dimensionen zu erschließen und es ihnen ermöglichen, sie zunehmend verantwortlich mitzugestalten. Eine solche Bildung wird in Auseinandersetzung mit den Phänomenen der Natur und der Gesellschaft, ihren Strukturen und Gesetzmäßigkeiten, den kulturellen Traditionen und der gegenwärtigen kulturellen Wirklichkeit entwickelt.« (Ebd.)

Diese *fächerübergreifende* Zielstellung kommt in den verschiedenen Unterrichtsfächern in *fachspezifischen* Zielstellungen zum Ausdruck. Der *Physikunterricht* soll Schülerinnen und Schülern »vertiefte Einsichten in Naturvorgänge« eröffnen und »für ein besseres Verständnis unserer natürlichen und technischen Umwelt« sorgen (ebd., S. 32). Das bedeutet im einzelnen:

»– Die Schülerinnen und Schüler sollen Gegebenheiten aus Natur und Technik wahrnehmen und beschreiben, sie physikalisch angemessen erklären und deuten sowie Zusammenhänge zwischen ihnen herstellen.
  – Die Schülerinnen und Schüler sollen Interesse für Naturvorgänge und für physikalisch-technische Fragestellungen entwickeln, physikalische Denk- und Sichtweisen aufbauen und zu selbstständigem Handeln fähig werden.
  – Die Schülerinnen und Schüler sollen in zunehmendem Maße urteils- und handlungsfähig werden in bezug auf die Auswirkungen physikalisch-technischer Anwendungen und sollen die Bereitschaft entwickeln, Verantwortung für Natur und Umwelt zu übernehmen.« (S. 33f.)

Zur Verwirklichung dieser fachlichen Ziele setzt der Physikunterricht bei wichtigen Phänomenen und Vorgängen an, um zur *Erkenntnis gesetzesmäßiger Zusammenhänge* zu führen. Die erkannten Gesetzmäßigkeiten sollen zwar auch quantitativ formuliert werden; insbesondere in den Klassen 5 und 6 ist aber dem qualitativen Zugang zu physikalischen und technischen Phänomenen der Vorrang einzuräumen.

Die Bildung physikalischer Begriffe (im folgenden: Luftdruck, Unter- und Überdruck) bereitet den Schülern oft Schwierigkeiten, weil die im Alltag für die betreffenden Phänomene geläufigen Begriffe nicht oder zumindest nicht direkt in die physikalische Fachsprache übersetzt werden können. Beim Beispiel Luftdruck zeigt sich das etwa darin, dass von »Sog« (abgeleitet von der Tätigkeit des Saugens) anstatt von Unterdruck die Rede ist. Der Physikunterricht muss deshalb zunächst an das Vorverständnis des Schülers anknüpfen und es erweitern, damit der Sinn der physikalischen Fachbegriffe verstanden wird.

Das Erkennen physikalischer Gesetzmäßigkeiten dient nicht nur dem Erwerb von Wissen, sondern hat auch handlungspropädeutische Funktion. Deshalb sollte der Unterricht in der Regel von Vorgängen und Geräten ausgehen, die die Schüler aus ihrem täglichen Leben kennen; die daran erworbenen physikalischen Erkenntnisse haben dann eine »aufschließende« Funktion (Transferfunktion), weil sie zum Verstehen weiterer technischer Geräte und ihrer sachgerechten Handhabung im *Alltag* befähigen.

2. Konzeption der Unterrichtsreihe »Der Luftdruck«

In dieser Unterrichtsreihe sollen die Schülerinnen und Schüler das Phänomen des Luftdrucks im allgemeinen verstehen und auf Vorgänge und technische Anwendungen im Alltag anwenden können.

Luft ist zunächst ein Körper wie jeder andere und besitzt daher eine Masse. Ihr Gewicht ist relativ gering (pro Liter ca. 1 Gramm) und wird im Alltag kaum wahrgenommen; die Schüler sprechen deshalb mit Selbstverständlichkeit etwa von einer »leeren« Flasche. Erst bei hinreichend großen Massen Luft ergeben sich spürbare Wirkungen. Das ist beim Luftdruck der Fall: Die Erde ist von einer etwa 100 km hohen Lufthülle umgeben, wobei die Gravitationskraft verhindert, dass sich die Luft in den Weltraum ausdehnen kann. Aus dem Gewicht der Luftsäule und der lockeren Verteilung der Bestandteile der Luft (im wesentlichen Sauerstoff- und Stickstoffmoleküle) resultiert die wichtige Eigenschaft der Kompressibilität; deshalb ist die Luft am Erdboden am dichtesten, während sie sich mit zunehmender Höhe immer weiter »verdünnt«. Entsprechendes gilt für die Stärke des Luftdrucks.

Das Phänomen des Luftdrucks spielt zum einen bei Wettererscheinungen eine große Rolle (Hoch- und Tiefdruckgebiete bestimmen die Wetterlage). Zum anderen macht man sich das Wechselspiel von Über- und Unterdruck in verschiedensten technischen Apparaturen zunutze: In Kompressoren, Luftpumpen, Luftdruckmessern, Beförderungseinrichtungen oder Absaugwagen erzeugt man durch spezifische Vorrichtungen ein effektives Zusammenspiel von Unter- und Überdruck. Solche Gerätschaften sind den Schülerinnen und Schülern aus ihrem Alltag zwar bekannt; sie kennen aber ihre Funktionsweise in der Regel nicht. Diese Unterrichtsreihe soll daher zunächst den Luftdruck als physikalisches Phänomen erklären und, auf diesem Verständnis aufbauend, die Vielfalt technischer Anwendungen durchschaubar machen. Im einzelnen sind für die Unterrichtsreihe folgende Themen vorgesehen, die jeweils eine Doppelstunde – beim abschließenden Üben und Anwenden eventuell auch mehr Zeit – in Anspruch nehmen:

1. Luft hat ein Gewicht
2. Die Kompressibilität der Luft
3. Der Luftdruck
4. Unter- und Überdruck
5. Technische Anwendungen

Aus diesen Themen ergeben sich die *(Grob-)Ziele der Unterrichtsreihe:*

Die Schüler sollen erkennen
- dass auch Luft aufgrund ihrer Masse ein Gewicht besitzt,
- dass die atmosphärische Luft (eine ca. 100 km hohe Luftsäule) aufgrund ihrer insgesamt großen Masse als Luftdruck wirkt und erfahren wird,
- dass Luft kompressibel ist

– dass in der Atmosphäre Unter- und Überdruckverhältnisse herrschen, die in entsprechenden Wetterverhältnissen zum Ausdruck kommen,
– dass die Funktion vieler technischer Geräte auf dem Zusammenwirken von Unter- und Überdruck beruht.

3. Zur Planung der Unterrichtsstunde

Thema der Unterrichtsstunde: Die Luftpumpe
Diese Unterrichtsstunde ist Teil des 5. Themenkomplexes »Technische Anwendungen«.

Ziele der Unterrichtsstunde:

a) Übergreifendes Ziel der Unterrichtsstunde:
Die Schüler sollen das Prinzip des Zusammenwirkens von Unter- und Überdruck auf das Beispiel der »Luftpumpe« anwenden.

b) Teilziele der Unterrichtsstunde:
Die Schüler sollen
LZ1: den Aufbau einer Luftpumpe (Zylinder, Kolben, konusförmige Gummidichtung, zwei »Öffnungen«) mit Hilfe einer Grafik beschreiben können,
LZ 2: die Form der Gummidichtung mit ihrer Funktion erklären (herrscht vor der Dichtung Überdruck, wird sie an die Zylinderwand angepresst, bei Unterdruck gibt sie nach und lässt Luft von außen in den Zylinder nachströmen),
LZ 3: die Luftdruckverhältnisse in der Pumpe mit Hilfe des ihnen bekannten »Teilchenmodells« zeichnersich darstellen (verdichtete Luft, »verdünnte« Luft)
LZ 4: das Wechselspiel von Über- und Unterdruck in einem knappen Text (Hausaufgabe) präzise beschreiben.

Lernvoraussetzungen

Um den Gegenstand Luftpumpe verstehen zu können, müssen die Schüler im vorangegangenen Unterricht entsprechende Erkenntnisse gewonnen haben; sie wissen,

– dass Luft ein Gewicht hat und kompressibel ist (das Ventil des Fahrradschlauches öffnet sich nur bei hinreichend großer Komprimierung der
   Luft),
– dass die unterschiedlich hohe Dichteverteilung von Luftteilchen einen
   Über- bzw. Unterdruck bewirkt,
– dass Unter- und Überdruck ein Zusammenwirken zweier Systeme (Körper)
   darstellen.

Exemplarizität

Die Luftpumpe ist einer von vielen Gegenständen, in denen das Zusammenspiel von Unter- und Überdruck als Mittel genutzt wird, um ein bestimmtes
Ziel zu erreichen, hier das Aufpumpen von Fahrrad- oder Autoreifen. Wenngleich es hier um ein spezifisches Ziel geht, steht der Gegenstand doch als
Fall für viele andere Anwendungen. Sie unterscheiden sich zwar durch das jeweils angestrebte Ziel und die entsprechende technische Ausführung, sind
aber in ihrer Konstruktion alle auf das Zusammenwirken von Unter- und
Überdruck ausgelegt. Insofern ist die Luftpumpe *Exemplum* für einen *allgemeinen* Sachverhalt.
   Zur Erschließung des allgemeinen Sachverhalts und zur Übung der Trans-
ferfähigkeit ist es notwendig, die an einem Exemplum erworbenen Kenntnisse und Fähigkeiten vielfach anzuwenden. Denn der erstmalige Erwerb ist
situativ bestimmt (hier der besondere Gegenstand Luftpumpe); Schüler sind
deshalb verständlicherweise oft noch nicht in der Lage, das Erlernte auf adäquate Fälle transferieren zu können. Sie sind fixiert auf das behandelte Beispiel und können noch nicht das Spezielle vom Allgemeinen trennen. Das
gelingt nur, wenn sie das Situative, Besondere, *den spezifischen Fall als
Variation des Allgemeinen* erkennen. Dazu ist es erforderlich, *unterschiedlichste* Anwendungen zu thematisieren, um an ihnen immer wieder das *gleiche*
Prinzip sichtbar zu machen. Die Erkenntnis wird dadurch situationsunabhän-
gig oder – wie die Psychologen treffend sagen – de-kontextualisiert.

Gegenwarts- und Zukunftsbedeutung

Die Gegenwarts- und Zukunftsbedeutung des Themas liegt auf der Hand. Es
gibt in Handwerk und Technik viele Anwendungen des Zusammenspiels von
Unter- und Überdruck; aber auch im privaten Bereich (Fahrradpumpe, Saug-
napf als Handtuchaufhänger, Gummistopfer zum Auflösen von Verstopfungen

in Abflüssen) findet man sie. Die physikalische Klärung des zugrundeliegenden Sachverhaltes erschließt den Schülerinnen und Schülern das Verständnis dieser Geräte und ermöglicht ihnen den sachgerechten Umgang damit. Auf diese Weise lernen sie Elementares, das im späteren Physikunterricht zur Einsicht in komplexere Sachverhalte dringend notwendig ist. Die hier gewonnenen Erkenntnisse über den Luftdruck sind z.b. notwendig, um Wetterbedingungen und -veränderungen – etwa das Entstehen von Winden – verstehen zu können. Die Kenntnis dieser Bedingungen sind wiederum Voraussetzung, um die Nutzung von Windenergie im Rahmen eines zukunftsfähigen und verantwortbaren Energiekonzeptes beurteilen zu können.

Sachstruktur

Das Verständnis des Zusammenwirkens von Unter- und Überdruck in der Luftpumpe setzt zunächst einmal die Kenntnis der Einzelteile voraus. Das Auseinanderschrauben der Luftpumpe zeigt, auf welche Elemente es ankommt. Sie besteht im wesentlichen aus dem Zylinder, der darin hin- und herschiebbaren Kolbenstange, der Gummimanschette und den beiden »Öffnungen« (einmal zum Fahrradventil hin und dann zum Handgriff hin, um neue Luft nachströmen zu lassen). Dabei ist es zu Beginn nicht wichtig, die Gummidichtung von ihrer Form und Materialbeschaffenheit her in Augenschein zu nehmen. Denn gerade weil die Schülerinnen und Schüler diese beiden Faktoren zunächst nicht genau zur Kenntnis nehmen, kann es zu produktiven Irrtümern und unangemessenen Erklärungen der Funktionsweise kommen, die die Schüler zu neuen, besseren Deutungsversuchen motivieren können.

Über die Kenntnis der Einzelteile wird deren spezifische Beziehung ersichtlich. Dabei geht es im wesentlichen um die Erfassung *kausaler* Zusammenhänge, die die Schüler in Wenn-Dann-Beziehungen formulieren sollen: Wenn die Luft im Kolben zusammengepresst wird, dann legt sich die Gummimanschette eng an die Zylinderwand an; sie dichtet dadurch den Zylinderraum nach außen ab. Wenn die Luft stark genug komprimiert ist, dann öffnet sich das Ventil des Fahrradschlauches; die Luft entweicht somit aus der Pumpe in den Schlauch. Wenn durch das Entweichen der Luft ein hinreichend großer Unterdruck entstanden ist, dann drückt der äußere Luftdruck auf die Gummidichtung; sie gibt nach und lässt Luft von außen in die Luftpumpe strömen.

Diese Formulierungen können erst am Ende des Lernprozesses stehen; in dessen Verlauf werden sich vermutlich einige Fragen und Schwierigkeiten stellen wie z. B. diese: Wenn die komprimierte Luft in den Fahrradschlauch gepresst worden ist, entsteht vor der Gummidichtung ein (fast) luftleerer Raum. Wie ist es möglich, dass sich dieser Raum wieder mit »neuer« Luft füllt? – Die Schülerinnen und Schüler müssen auch die zweite »Öffnung« erkennen. Sie ist nicht – wie die Öffnung zum Fahrradventil hin – klar erkennbar, weil sie zunächst wie selbstverständlich als notwendiger *Spielraum* zwischen Kolbenstange und Zylinder betrachtet wird. Diesen Zweck erfüllt die Öffnung zwar auch, sie ermöglicht aber zugleich das Nachströmen weiterer Luft. – Das Nachströmen der Luft wird zunächst auf die *Flexibilität* der Gummimanschette zurückgeführt. Diese Annahme trifft zu, aber die Gummidichtung müsste folglich auch schon bei der vorhergehenden Komprimierung der Luft nachgegeben haben; das ist aber offensichtlich nicht der Fall. Die Schüler müssen sich deshalb auch die *Form* der Dichtung genauer ansehen.

Zur Überprüfung der gewonnenen Einsichten verfassen die Schüler als Hausaufgabe einen Text, dessen Qualität in der nächsten Stunde gemeinsam nach den Kriterien der Genauigkeit, Folgerichtigkeit und Knappheit beurteilt wird.

Zugänglichkeit und Medieneinsatz

Die Luftpumpe ist gerade deshalb ein besonders geeigneter Gegenstand, weil sie von den Schülern selbst häufig benutzt wird. Trotz dieser Vertrautheit des Gegenstandes werden sich – wie im Rahmen der Sachstruktur beschrieben – allerdings auch entsprechende Verständnisschwierigkeiten ergeben. Diese können die Schüler mit Hilfe geeigneter Medien jedoch selbsttätig auflösen. Nach Jerome S. Bruner ([2]1988. S. 21ff.) sind drei mögliche Modi medialer Repräsentation zu unterscheiden, die er als enaktiv (innerhalb von Handlungen auftretend), ikonisch (abbildend) und symbolisch bezeichnet. Alle drei Ebenen der Repräsentation werden in dieser Stunde den Lernprozess des Schülers unterstützen können: Der *handelnde* Umgang mit dem Gegenstand (Auseinanderschrauben der Luftpumpe, Betrachten der Teile und Fühlen der Materialbeschaffenheit) zeigt, auf welche Elemente und Eigenschaften es ankommt; die *grafische* Darstellung (Schnittzeichnung; siehe die Grafik auf der folgenden Seite) verdeutlicht den Ablauf des physikalisch-technischen Prozesses und die Verteilung der Luftmoleküle »vor« und »hinter« der Gummidichtung; die begleitende und vor allem abschließende *sprachliche* Beschreibung (Hausaufgabe) verdichtet die Einzelheiten in ihrem komplexen Zusammenhang auf eine abstrakte, symbolische Struktur.

Die sich anschließenden Stunden dieses 5. Themenkomplexes »Technische Anwendungen« bieten weitere Übungs- und Transfermöglichkeiten, wenn etwa die Funktion eines Absaugwagens, des Saugnapfes (Handtuchhalters) oder des Gummistopfers thematisiert werden. Im Sinne immanenter Wiederholung werden dabei jeweils »neue« Sachverhalte zum Anlass genommen, um bereits erworbene Denkschemata (hier Zusammenspiel von Unter- und Überdruck) zu aktualisieren und zu festigen. Auf diese Weise erfolgt Üben sinnvoll und abwechslungsreich zugleich.

Arbeitsblatt/Folie

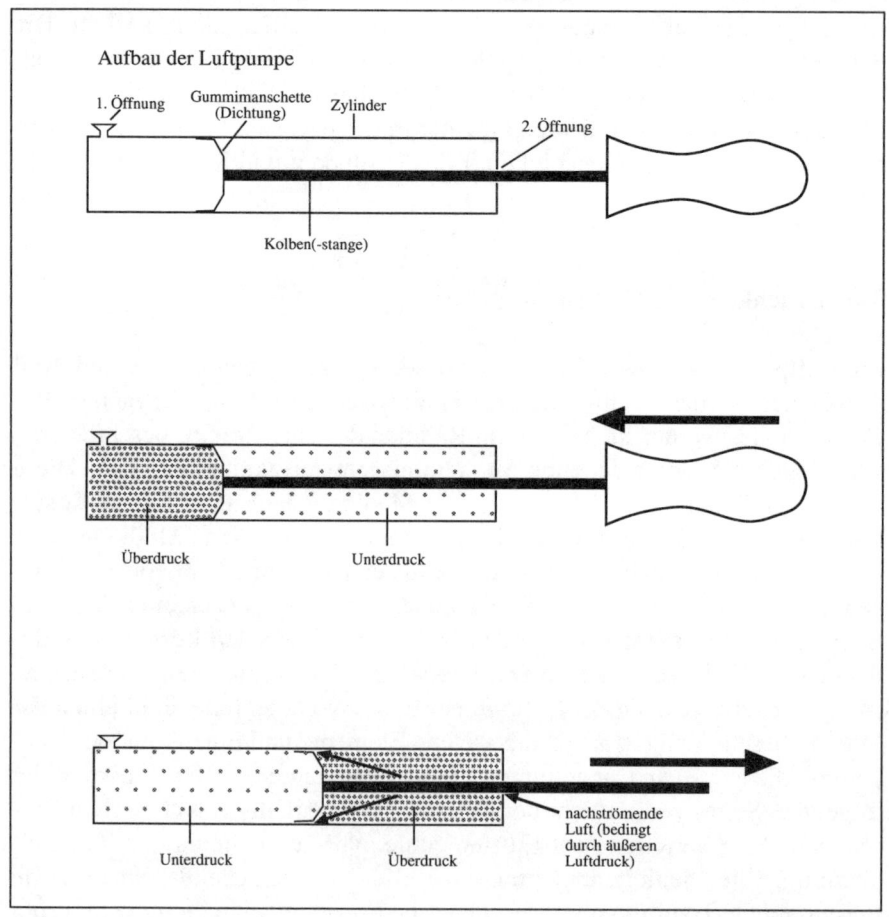

4. Geplanter Unterrichtsverlauf

Organisatorisches/ Kommentar	Geplante Lehrertätigkeit	Erwartetes Schülerverhalten
1. Problemstellung Luftpumpen Unterrichtsgespräch	L. schreibt an die Tafel: »Wie funktioniert eine Luft- pumpe?«	SuS haben ihre Luftpumpen mit in den Un- terricht gebracht; sie stellen Vermutungen über die Funktionsweise an. Erste Schwierigkeiten stellen sich ein.
2. Erarbeitung Unterrichtsgespräch	L. fordert Schüler auf, ihre Luftpumpen auseinander- zuschrauben.	SuS schrauben die Luftpumpen auseinan- der und beschreiben die Bauteile (Zylinder, Kolben(-stange), Gummidichtung).
Folie/Overheadpro- jektor LZ 1 Arbeitsblatt	L. projiziert Folie, die den Aufbau der Luftpumpe im Schnitt zeigt.	SuS benennen die Teile und tragen die Be- zeichnungen in die Grafik ihres Arbeits- blattes ein. Weitere Erklärungsversuche werden disku- tiert.
LZ 2	Falls notwendig, verweist L. auf die »seltsame« Form und das Material der Gummidichtung: »Warum ist sie konisch und aus Gummi gefertigt?«	SuS erläutern Form und Beschaffenheit der Gummimanschette und erkennen, dass die wechselnden Luftdruckverhältnisse durch ihre besondere Beschaffenheit (Form, Ma- terial) bedingt sind.
3. Vertiefung LZ 3 Einzelarbeit Arbeitsblatt	L. fordert SuS auf, die Luft- druckverhältnisse in der Grafik ihres Arbeitsblattes einzuzeichnen.	SuS verdeutlichen die Luftdruckverhält- nisse (Über- und Unterdruck) beim Herein- drücken und Herausziehen der Kolben- stange, indem sie »Luftteilchen« mit unter- schiedlicher Dichteverteilung einzeichnen.
4. Vergleich der Lösungen LZ 3 Folie/ Overheadprojektor Unterrichtsgespräch	L. fordert Schüler auf, ihre Lösungen vorzustellen.	SuS kommen vor die Klasse und erläutern ihre Lösungen a) beim Hereindrücken und b) beim Herausziehen der Kolbenstange. Mitschüler verbessern ggf. die vorgeschla- genen Lösungen.
5. Hausaufgabe LZ 4	L. stellt Hausaufgabe: SuS sollen einen möglichst kurzen und präzisen Text verfassen, der die Funkti- onsweise der Luftpumpe be- schreibt.	

Kapitel 11

Unterrichtsentwurf II: Schönheitsideale (Deutsch, Jahrgangstufe 10)

Die bisherigen Kapitel haben sich – was die begründete Auswahl von Unterrichtsinhalten anbetrifft – weitgehend auf die ältere Fassung der »Didaktischen Analyse« gestützt. Diese ist von Klafki mit Beginn der 80er Jahre weiterentwickelt worden und findet bis heute ihren Platz in der Ausbildung angehender Lehrerinnen und Lehrer. In diesem Buch ist nicht der nötige Raum für die Darlegung dieses Didaktikmodells gegeben; der Autor hat es detailliert an anderer Stelle dargelegt und seine Relevanz für die fachdidaktische Theoriebildung wie für die Unterrichtsplanung erörtert (s. Plöger 1999). Wenn diese Neukonzeption hier schon nicht näher erläutert werden kann, so soll sie doch zumindest an einem ausführlichen Planungsbeispiel konkretisiert werden. Derjenige Leser, der sich selbst mit den theoretischen Studien Klafkis vertraut gemacht hat (s. Klafki [5]1996), wird in diesem Entwurf die Intentionen unschwer wiedererkennen.

Einige wenige Hinweise zum Motiv der Neukonzeption seien diesem Entwurf aber doch vorangestellt. Bereits 1975 räumte Klafki im Vorwort zur 10. Auflage der »Studien zur Bildungstheorie und Didaktik« ein, dass er dieser nochmaligen Auflage nur mit großem Bedenken zustimmen könne. Er war sich der Notwendigkeit bewusst, »dass die Aufsätze dieses Bandes z.T. erheblich überarbeitet, z.T. grundsätzlich neu gefasst werden müssten«. (S. 3) Als entscheidenden Grund für die Neukonzeption der bildungstheoretischen Didaktik sah Klafki in erster Linie die Unzulänglichkeit der wissenschaftstheoretischen Fundierung der älteren Didaktikkonzeption an. Während diese aus der Perspektive geisteswissenschaftlicher Pädagogik entworfen war, galt es nun,

»ein neues wissenschaftstheoretisches Selbstverständnis zu entwickeln, in dem Grundmotive des früheren Ansatzes in veränderter Form in einen komplexeren, über den Problemhorizont der geisteswissenschaftlichen Pädagogik weit hinausreichenden Zusammenhang integriert werden. Jener größere Zusammenhang lässt sich durch die Frage nach der Funktion und den Möglichkeiten der Erziehung und der Erziehungswissenschaft – hier speziell: der Bildungstheorie und der Didaktik – im gesamtgesellschaftlich-politischen Zusammenhang andeuten, und zwar in dem Sinne, dass Gesellschaft und Politik wesentlich durch die in ihnen waltenden, nicht zuletzt ökonomisch begründeten Machtverhältnisse bestimmt, zugleich aber als veränderbar und veränderungsbedürftig in Richtung auf den Abbau gesellschaftlicher Klassenschranken und der sie hervorbringenden Ursachen, auf Demokratisierung und Humanisierung, auf Mitbestimmung, reale Sicherung der Chancengleichheit und soziale Solidarität hin verstanden werden.« (Vorwort, S. 3f.)

Neben der zur Notwendigkeit gewordenen Aufnahme der *gesellschaftskritischen* Position stellen sich für Klafki noch zwei weitere Aspekte als Probleme einer »Neukonzeption der Didaktischen Analyse« (Klafki 1976): Die zu revidierende ältere bildungstheoretische Didaktik muss sowohl »das Verhältnis von Ziel- und Inhaltsentscheidungen und Methoden- und Medienentscheidungen von vornherein in einen Gesamtzusammenhang bringen« (ebd., S. 105) als auch neben den ursprünglichen Grundfragen der »didaktischen Analyse« ergänzend »die Frage nach der Erweisbarkeit und Überprüfbarkeit der angestrebten Lernziele« (ebd., S. 112) aufnehmen.

Diese Revision der älteren Fassung schlägt sich in dem von Klafki entwickelten »Perspektivenschema« nieder, das sowohl die fünf Grundfragen der »Didaktischen Analyse« als auch die neu hinzugekommenen Reflexionsfelder (Bedingungsanalyse, Erweisbarkeit und Überprüfbarkeit, Lehr-Lernprozessstruktur) als Momente der Unterrichtsplanung umfasst.

Der in diesem Kapitel abgedruckte Unterrichtsentwurf unterscheidet sich von dem im vorangegangenen vorgestellten auf mehrfache Weise:

1. Er soll die stärkere Betonung der gesellschafts- bzw. ideologiekritischen Perspektive der neueren Fassung verdeutlichen.
2. Deshalb wird hier ein soziales Phänomen gewählt: die Entstehung, Verbreitung und Wirkung von Schönheitsidealen. Diese können das Handeln und Empfinden des Individuums sehr stark prägen, ohne dass ihm ihre maßgeblichen Ursachen und Wirkungen bewusst werden. Das macht den ideologischen Charakter dieses sozialen Phänomens aus.
3. Vom Umfang her ist der Entwurf wesentlich ausführlicher gestaltet. Für »normale« Unterrichtshospitationen wird dieser Aufwand nicht gerechtfertigt sein. Für die Verfassung einer zweiten Staatsexamensarbeit am Ende des Referendariats aber kann der Entwurf Anregungen für eine möglichst intensive Begründung didaktischer und methodischer Entscheidungen in Abstimmung mit den Lernvoraussetzungen der Schüler geben.
4. Formal gesehen lehnt sich dieser Entwurf explizit an das »Perspektivenschema« Klafkis an. Dadurch soll im Vergleich zum Entwurf im vorangegangenen Kapitel eine andere Möglichkeit der Darstellung gewählt werden und die schon mehrfach betonte Zweitrangigkeit der *Form* ge-

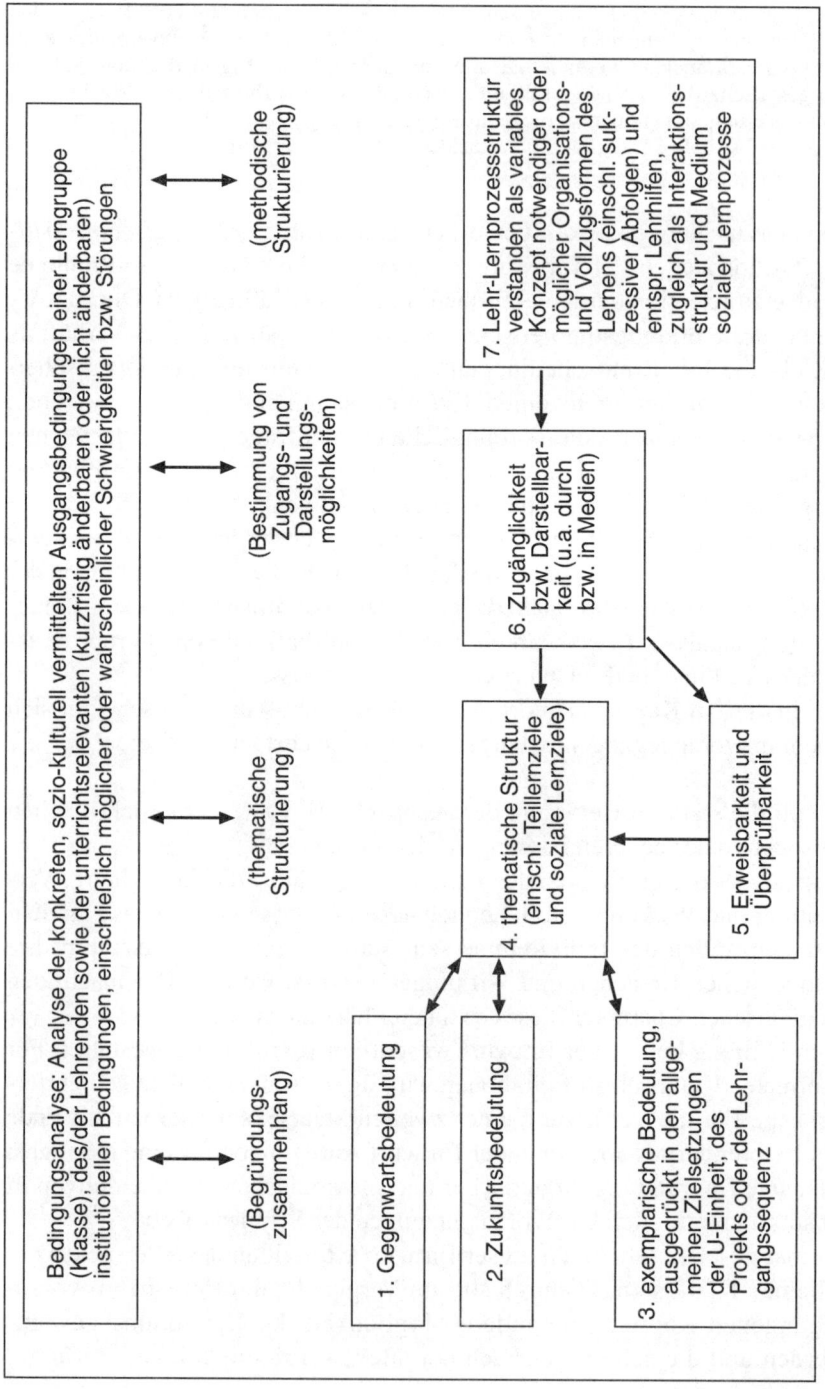

Abbildung 24: Perspektivenschema der Unterrichtsplanung, aus: Klafki ⁵1996, S. 272

genüber der Priorität der *inhaltlichen* Begründungen von Entscheidungen zum Ausdruck kommen.

5. Um den Umfang nicht noch weiter auszudehnen, wird bei diesem Entwurf auf die Einordnung der Stunde in eine Unterrichtsreihe und auf den Bezug zu den Richtlinien bzw. zum Lehrplan (Deutsch) verzichtet.

Stundenentwurf

Thema: Schönheitsideale als ideologische Konstrukte

Textgrundlage

Schlank und rank: Müssen wir alle so sein?
von Dipl. oec. troph. Sabine Reichelt

Kalorienzählen, auf Fettes und Süßes verzichten, regelmäßig trainieren und den Körper in Form bringen, so heißen die Zauberformeln zur Manipulation der eigenen Figur. Doch der Weg zum Optimalkörper, gepflastert mit unrealistischen Versprechungen aus der Werbung, ist dornig und oft erfolglos. Warum wollen Frauen und mittlerweile auch immer mehr Männer so aussehen, wie es dem allgemein anerkannten Schönheits- und Schlankheitsideal entspricht?

• Schönheitsideale – gestern und heute
Worte erfahren im Laufe der Zeit häufig einen Bedeutungswandel. Das Wort »Diät«, das eigentlich gesunde Lebensführung bedeutet, wird heute fälschlicherweise mit »Hungern« gleichgesetzt. Auch Schönheitsideale unterliegen einem Wandel: In der Antike z. B. wurde Dicksein von den Spartanern verachtet und bestraft. Während des Mittelalters gab es widersprüchliche Einstellungen zur Körperfülle. Einerseits wurde Gefräßigkeit genau wie Stolz und Lust als eine Sünde angesehen, andererseits galt jemand, der reichlich zu essen hatte, als »von Gott begnadet«. Im 17. Jahrhundert herrschte eine positive Einstellung zu üppigeren Körperformen, was Rubens in seinen Gemälden ausdrückte. In vielen Kulturen wurde die Fettleibigkeit der Frau mit Fruchtbarkeit und Schönheit, beim Mann mit Reichtum, Macht und Prestige in Verbindung gebracht. Wie sieht nun die Einstellung zum Dick- und Dünnsein in unserer heutigen westlichen Kultur aus?

Noch in den 50er Jahren waren Marilyn Monroe und Jane Mansfield mit ihren eher runden Formen begehrte Schönheiten. Dann kam eine Wende, und ein »neues« modisches Schönheitsideal wurde diktiert, das zu dieser Zeit auch von der medizinischen Fachwelt unterstützt wurde: Die Mediziner definierten anhand verschiedener Kriterien das »ideale«, gesunde und das zu hohe, risikobehaftete Gewicht anhand von Daten einer amerikanischen Lebensversicherung, die die Lebenserwartung ihrer Klienten bei unterschiedlichem Gewicht erfasst hatte. Gleichzeitig propagierten die Medien immer dünnere Stars und Models. In den 70er Jahren verkörperte beispielsweise die superdünne Kindfrau Twiggy das weibliche Schönheitsideal. Doch neuere Daten einer repräsentativen Erhebung zeigen, dass heute die »Twiggy-Figur« nur noch von wenigen Frauen und Männern als attraktivste Figur eingeschätzt wird. Die Frauenfigur, der zur Zeit die größte Attraktivität zugesprochen wird, ist die schlanke, jugendlich-sportlich wirkende Frau mit schmalem Becken und relativ breiten Schultern. Dieser Figurtyp wird auch von der Frauenmode durch die mit Schulterpolstern verstärkte Y-Form vieler Kleidungsstücke unterstützt, die eine eher androgyne, das heißt männliche Ausstrahlung hat.

• Dicksein ist nicht angesagt
Unverändert blieb in den letzten Jahren dagegen die Einstellung zur adipösen, sprich übergewichtigen Frauenfigur. Sie wird von den meisten Männern und Frauen als »am unattraktivsten« eingestuft, direkt gefolgt von der Ablehnung der molligen bis runden Frauenfiguren. Bei Männern finden beide Geschlechter die mäßig muskulöse, sportliche sowie die extrem muskulöse »Body Builder«-Figur besonders attraktiv. Dieser präferierte Figur-Typ beschreibt einen V-förmigen Körper: breite Schultern, eine schlanke Hüfte und kräftige Beine. Die Männerfigur mit den meisten Fettpolstern wird von beiden Geschlechtern – genau wie die entsprechende Frauenfigur – als »am unattraktivsten« bewertet. Frauen sowie auch in unerwartet hohem Maße Männer wünschen sich also für das eigene und auch jeweils für das andere Geschlecht ein Gewicht, das einer extrem schlanken Figur entspricht. Vor diesem Hintergrund wird deutlich, dass Schlanksein in unserer westlichen Kultur einen enorm hohen Stellenwert einnimmt.

• Das »unechte« Übergewicht und seine Folgen
Das echte Übergewicht … geht mit Risikofaktoren wie z. B. einem Herzinfarkt einher und bedarf einer medizinischen Kontrolle. Mit »unechten« Übergewichtigen sind die Personen gemeint, die normal- oder sogar untergewichtig sind, und sich aufgrund des Schönheitsideals dennoch für zu dick halten und Schlankheitskuren durchführen. … Angestrebt wird oft ein Gewicht, das noch unter dem Idealgewicht liegt, obwohl es sich dabei bereits um einen Zustand der Unterernährung handelt. Hinter dem Bestreben, ein möglichst niedriges Gewicht zu erreichen, steht selten ein gesundheitliches Motiv, um beispielsweise Risikofaktoren zu minimieren. Auch stellt es keineswegs die Erfüllung einer medizinischen Notwendigkeit dar. … Nach den inzwischen allgemein akzeptierten medizinischen Richtlinien sind jedoch sogar die Personen gesundheitlich nicht gefährdet, die bis zu 20 Prozent über dem Broca-Normalgewicht liegen.

• Bereits Kinder denken an Diät
Schon früh im Leben lernen wir, dass Übergewicht etwas ist, dessen man sich schämen muss. Deshalb fürchten Normalgewichtige nichts mehr, als dick zu werden. Bereits Kinder wachsen mit diesem Druck auf. Während sich in den frühen 70er Jahren nur 6 Prozent der Jugendlichen Gedanken über ihr Körpergewicht machten, zeigt eine neuere Studie, dass mittlerweile bereits 31 Prozent der Mädchen und Jungen mit ihrem Gewicht unzufrieden sind. Die Daten einer anderen repräsentativen Befragung weisen darauf hin, dass besonders jüngere Personen recht extreme Attraktivitätsvorstellungen haben. Diese Überbewertung der »Superschlankheit« ist insofern bedenklich, da gerade junge Leute eine Risikogruppe für die Entwicklung von Essstörungen darstellen. …

• Wer sind die Macher des Schlankheitswahnes?
Zwar war das Aussehen immer schon wichtig, und Schönheitsideale hat es zu allen Zeiten gegeben. Doch die heutige Situation nimmt Ausmaße an, die aus sozialer, moralischer und medizinischer Sicht bedenklich sind. Einen großen Einfluss haben dabei die Medien. Besonders die zunehmende Verbreitung der Massenmedien, wie z.B. das sich ständig ausweitende Angebot an Publikumszeitschriften und Fernsehkanälen, dürfte dazu beigetragen haben, das Schlankheitsideal im Sinne einer gesellschaftlichen Normvorgabe fest in unse-

ren Köpfen zu verankern. Ein Blick in diverse Zeitschriften zeigt dies deutlich: Die Mode wird präsentiert von superschlanken Models, für jeden Typ werden Diätkuren und Tips für gezieltes Körpertraining angepriesen sowie Versprechungen gemacht, wie das Wunschgewicht schnell und dauerhaft zu erzielen ist. Auch die Werbung bietet alle möglichen Mittel für das Erreichen der Idealfigur an. Alles zielt darauf ab, den Lesern/innen und Zuschauern/innen permanent vor Augen zu führen, dass schön, schlank, durchtrainiert und gepflegt zu sein, erstrebenswerte Ideale sind.

Diese durch Medien gesetzten Maßstäbe werden von vielen Firmen und Institutionen unterstützt: Kaloriendefinierte Drinks und Menüs sowie Appetitzügler oder Abführmittel sind im Handel in einem breiten Angebot erhältlich, zahlreiche Kliniken bieten das Fettabsaugen oder das Modellieren der Figur an, aber auch die Krankenkassen fördern diesen Trend, indem sie ihre Versicherten über Kurse oder Mitgliedszeitschriften zu einer »guten Figur« und »Schlanksein« motivieren. Diese breite Front, die das Thema Schlankheit darbietet, übt einen großen Druck auf die Selbstwahrnehmung eines jeden einzelnen in unserer Gesellschaft aus. Frauen, Männer sowie Kinder und Jugendliche werden mit den überall präsenten Bildern attraktiver Personen konfrontiert. Oft macht ein Vergleich mit der eigenen Figur unzufrieden, was dazu führt, dass die Selbsteinschätzung und das Selbstwertgefühl deutlich geringer werden. Insbesondere für Frauen scheint das Selbstwertgefühl überwiegend durch die Bewertung ihres Körpers bestimmt zu sein. Jedoch ist gerade die Wertschätzung und Akzeptanz des eigenen Körpers wichtig für ein positives Selbstbild. Dagegen wird die Selbsteinschätzung von Männern eher von der Beurteilung ihres Charakters und ihrer Intelligenz bestimmt. Aber auch bei ihnen wächst der gesellschaftliche Druck, seit die Werbung den männlichen Körper entdeckt hat.

• Mehr Erfolg mit schlankem Körper?
Schlankheit wird assoziiert mit Glück, Erfolg, Liebe und Gesundheit. Das vom ästhetischen Ideal der Gesellschaft abweichende Aussehen wird kritisiert, häufig sogar verachtet. Übergewichtige Menschen leben z. B. mit dem Risiko, ihren Job eher zu verlieren, haben geringere Chancen bei Bewerbungen, sind als Freund oder Freundin unbeliebter und müssen sich mit vielen an sich menschenunwürdigen Vorurteilen auseinandersetzen. Jedoch lässt zumindest eine repräsentative Untersuchung, die die Imageveränderung von Dicken und Dünnen erfragte, einen Hoffnungsschimmer erkennen. Im Laufe der 70er Jahre wurde das Dünnsein immer positiver angesehen, während sich das Image der Übergewichtigen derartig verschlechterte, dass es fast einer sozialen Diskriminierung glich. 60 Prozent der Befragten bevorzugten die sehr schlanke Figur. Eine Wiederholung der Image-Untersuchung im Jahre 1989 zeigte dagegen, dass inzwischen weder sehr dünn noch sehr dick, sondern ein normales Körpergewicht in der Bevölkerung bevorzugt wurde. Den sehr schlanken Typ präferierten nur noch 31 Prozent. Dennoch besteht nach wie vor bei vielen fast eine Besessenheit, um jeden Preis schlank zu sein. Die äußere Erscheinung, das gute Aussehen und Fitness sind heutzutage das Maß für den eigenen sozialen Wert geworden. Der Körper wird letztlich zum wesentlichen Kern der eigenen Identität erhoben. Das Interesse an dem wirklichen Ich verliert immer mehr an Bedeutung.

• »Kollektives Diätverhalten«
Dieser Schlankheitsdruck führt zu einem Essverhalten, das aufgrund der hohen Anzahl an Betroffenen mitterweile als »kollektives Diätverhalten« bezeichnet wird. Der Wunsch, das eigene Gewicht zu reduzieren, bewirkt, dass ständig Diät gehalten wird bzw. ein schlechtes Gewissen besteht, sobald nicht nach Diätplan gegessen wird. Werden jahrelang immer wieder Abnehmkuren durchgeführt, kommt es zu einem gestörten Sättigungsgefühl, zu Befindlichkeitsstörungen, reduziertem Grundumsatz, stagnierenden Gewichtsabnahmen und einer überproportionalen Zunahme des Fettgewebes, wenn das Startgewicht – wie sehr

häufig der Fall – wieder erlangt wird. Das gezügelte Essen wird auch für die Entstehung von verschiedenen Essproblemen verantwortlich gemacht, wie z. B. Anorexia nervosa (Magersucht) und Bulimia nervosa (Ess-Brechsucht). Neben den Störungen im Essverhalten ergeben sich auch Veränderungen im kognitiven, emotionalen und sozialen Bereich: Konzentrationsstörungen, verminderte Wahrnehmungsfähigkeit, sozialer Rückzug, Verlust sexuellen Interesses, Stimmungsschwankungen und Depressionen sind Folgen, die bei essgestörten Menschen auftreten können. Vor diesem Hintergrund stellt das soziokulturell vorgegebene Schönheitsideal einen bedeutenden Risikofaktor für die Gesundheit dar. ...

• Die Gesellschaft wandelt sich
Sicherlich hat auch der Wandel der Geschlechterrollen das Verhältnis der Männer sowie der Frauen zum eigenen Körper verändert. Dass die Bedeutung des Schönheitsideals für Fauen in dem Maße zugenommen hat, in dem sie immer mehr in erfolgreiche Männerdomänen eindringen, ist eine Ironie des Schicksals. Ist die Anpassung an das Schönheitsideal ein geeignetes Instrument für die Frauen, um ihren Erfolg in der Männerwelt zu gewährleisten? Ist die schlanke, eher männlich wirkende Figur ein Mittel, sich in der männerdominierten (Berufs-)Welt besser durchzusetzen? Aber auch für den Mann bringt der Wandel in der klassischen Rollenverteilung einige Veränderungen mit sich. Da Frauen ihr Leben zunehmend selbst in die Hand nehmen, sind sie unabhängiger und gehen immer seltener Bindungen ein, nur um sich versorgt zu wissen. Die Männer mussten daher noch nie auf so viel weibliche Zurückweisung gefasst sein wie heute. Neben vielen anderen Aspekten hat dies dazu geführt, dass auch Männer ihre körperliche Attraktivität mittlerweile immer wichtiger nehmen. Zeitgleich erobern auch die Modeschöpfer erfolgreich den männlichen Markt, und Werbebilder, die die gewünschte Attraktivität der Männer darstellen, kratzen nun auch an der Selbsteinschätzung der Männer.
Die Zeiten, in denen Übergewicht bei Männern, assoziiert mit Macht und Autorität, eher akzeptiert wurde als bei Frauen, sind vorbei. Doch mögen sich die Geschlechterrollen kulturell noch so sehr gewandelt haben, Frauen werden nach wie vor hauptsächlich nach ihrer Erscheinung beurteilt. Wird in den Medien über eine Persönlichkeit weiblichen Geschlechts berichtet, so wird zumeist auch angeführt, wie sie aussah oder welche Kleidung sie trug. Obwohl das männliche Körperbewusstsein gestiegen ist, werden ihre Leistungen keineswegs in dem Maße wie bei Frauen mit ihrem Körper gleichgesetzt.

• Dem Schlankheitsterror ein Ende setzen
Unsere Schlankheitsvorstellungen sind – trotz aller Bemühungen – mit unserem tatsächlichen Aussehen nicht in Einklang zu bringen. Wir sind eben keine beliebig form- und auswechselbaren »Modellpuppen«. Wir sollten erkennen, dass unsere Figur mit ihren individuellen Proportionen nicht über das Erreichen eines bestimmten Körpergewichts zu manipulieren ist. Ein niedriges Körpergewicht garantiert nicht automatisch die Traumfigur. Es wäre schön, wenn die ansonsten so kritische Gesellschaft auch das Schlankheitsdiktat hinterfragen würde und die Menschen nicht nur nach ihren (schlanken) Körperformen beurteilt. Gibt es statt des Strebens nach Schlankheit nicht effektivere Wege für ein gesundes Selbstbewusstsein? Denn ob dick oder dünn, Frau oder Mann: Jeder ist auf seine Weise schön und hat weit mehr vorzuweisen als nur ein äußeres Erscheinungsbild.

Quelle: http://www.ugb.de/e_n_1_139354_n_n_n_n_n_n_n.html
(letzter Zugriff: 09.11. 2007)

© UGB – Verband für Unabhängige Gesundheitsberatung e. V., Sandusweg 3, D–35435 Wettenberg; www.ugb.de

Bedingungsanalyse

Als besonders relevant für die Erschließung des vorliegenden Textes sind insbesondere drei Lernbedingungen hervorzuheben.

(1) Die Schülerinnen und Schüler der Jahrgangsstufe 10 sind es gewohnt, Sachtexte ebenso wie fiktionale Texte durch Fragen bzw. Aufgaben *geleitet* zu erschließen. In zunehmendem Maße müssen sie aber auch fähig werden, für das Verständnis komplexerer Texte *selbstständig* Fragen zu formulieren. Sie sollen den vorliegenden Text von Sabine Reichelt als Antwort auf die Fragen nach der Geschichtlichkeit von Schönheitsidealen, ihrer medialen Verbreitung und der dadurch entstehenden individuellen psychischen Wirkungen begreifen. Als vorbereitende Hausaufgabe sollen sie zwei ihnen bekannte Methoden des Texterschließens anwenden, indem sie zum einen *Schlüsselwörter* markieren und zum anderen Textteile mit Überschriften bzw. *zusammenfassenden Begriffen* kennzeichnen. Die Identifizierung von Schlüsselwörtern (Schönheitsideal, kollektives Diätverhalten, gesundheitliche Motive, soziale, moralische und medizinische Bedenklichkeit, Verankerung gesellschaftlicher Normvorgaben in unseren Köpfen, Druck auf Selbstwahrnehmung und Selbstwertgefühl, Körper als Kern der Identität, Geschlechterrollen usw.) stellt eine wichtige Vorleistung dar, um Textteile zu Sinneinheiten zu *verdichten* und dabei auf die drei entscheidenden Aspekte (Geschichtlichkeit, Verbreitung, Wirkung) aufmerksam zu werden. Die gestellte Hausaufgabe soll also die Voraussetzungen schaffen, im einleitenden Unterrichtsgespräch eine Struktur zu finden, die dann zur anschließenden Arbeit in Gruppen die weitere selbstständige Texterschließung ermöglicht.

(2) Der Text von Sabine Reichelt stellt einen Sachverhalt ins Zentrum, der eine hohe Sensibilität im Umgang mit diesem Thema erfordert, da sich Schülerinnen und Schüler des 10. Schuljahres entwicklungsbedingt intensiv mit ihrer eigenen Körperlichkeit auseinandersetzen. Die sachliche Sicht auf den Textinhalt wird sich deshalb immer mit der eigenen emotionalen Betroffenheit mischen. Mit dieser emotionalen Involviertheit hängen mehrere Aspekte zusammen: Die Schüler sprechen lieber *unter sich* über solche Probleme als mit Erwachsenen (hier der Lehrperson); die Wahrnehmung körperlicher Eigenschaften ist *individuell* sehr unterschiedlich geprägt; entsprechende *Bewertungen* oszillieren zwischen überheblicher Selbstsicherheit und bohrenden Selbstzweifeln; das Reden darüber kann für den einen eine Selbstbestätigung, für den anderen eine Peinlichkeit sein; *geschlechtsspezifische Stereotype* verstellen die Sicht auf eine realistische Wahrnehmung; in Klassen mit einer *heterogenen Zusammensetzung* können die kulturelle Herkunft und Prägung den Zugang zur Thematik erleichtern wie erschweren.

Will man diese Bedingungen berücksichtigen, so erscheint es sinnvoll, die ersten Erarbeitungsschritte in Gruppenarbeit erfolgen zu lassen, weil sich die Schülerinnen und Schüler vorerst im kleinen Kreise austauschen können. Das setzt allerdings wohl auch eine freie Wahl der Gruppenzusammensetzung voraus. In der Auswertung der Arbeitsergebnisse könnte man zunächst bei der Frage der Entstehung bzw. Geschichtlichkeit darauf eingehen, dass der Text die Körperwahrnehmung und -bewertung als von *außen* verursacht darstellt (durch Medien erzeugt und verbreitet, durch frühkindliche Erziehung vermittelt usw.). Diese Sichtweise entlastet die Schülerinnen und Schüler also zunächst von »Schuldzuweisungen« (unreflektierte Übernahme von Schönheitsidealen) und erleichtert ihnen den rationalen Zugang zum Textinhalt.

(3) Der ideologische Aspekt von Schönheitsidealen wird im Text nur indirekt erkennbar. Insofern müssen die Schüler sozusagen »zwischen den Zeilen« lesen und den konkreten Textinhalt auf einen abstrakten Zusammenhang bringen. Hilfreich könnte hier der Bezug zum vorangegangenen Geschichtsunterricht in der 9. Klasse sein. Im Rahmen der Unterrichtsreihe »Von der nationalen Emanzipation zur imperialistischen Europäisierung der Erde« (s. Richtlinien und Lehrpläne für das Gymnasium – Sekundarstufe I – Nordrhein-Westfalen, Frechen, 2000, S. 105) ist die nationalistische Integrationsideologie des deutschen Kaiserreiches nach 1871 behandelt worden. Die inneren Konfliktlagen des damaligen Kaiserreiches und die daraus resultierenden Integrationsprobleme wurden mit entsprechenden Ideologien verschleiert; aus diesem Kontext müssten den Schülerinnen und Schülern ideologische Mechanismen bekannt sein, also etwa »Konsensbildung durch Ausgrenzung von ›Reichsfeinden‹«, »nationalistische Massenleidenschaften« oder die »Erfüllung der deutschen Geschichte als Traum von Harmonie« (ebd.).

Gegenwarts- und Zukunftsbedeutung

Schülerinnen und Schüler des 10. Schuljahres stehen inmitten der Phase der Adoleszenz, die sich in etwa vom 10. bis zum 20. Lebensjahr erstreckt. In dieser Phase physischer und psychischer Reifung und Entwicklung setzen sich Jugendliche mit ihren körperlichen Veränderungen, mit der Positionierung im gesellschaftlichen Leben und dem Eintritt ins Berufsleben auseinander. Das sind Herausforderungen, die Jugendliche als persönliche Entwicklungsaufgaben annehmen und erfolgreich bewältigen müssen.

Der Zuwachs im geistigen Bereich befördert einerseits Urteilskraft und Phantasie, begünstigt andererseits aber auch Allmachtsphantasien, Tagträumereien und idealistische Einstellungen, deren Abgleich an der Realität mehr oder weniger große Schwierigkeiten bereiten kann. Die Steigerung des Autonomiestrebens geht einher mit zunehmender Ablösung vom Elternhaus und gleichzeitiger Zuwendung zu Gleichaltrigen und Gleichgesinnten. In der Kommunikation und Auseinandersetzung mit den Peers entwickeln Jugendliche ihre *eigenen* moralischen Vorstellungen und Werte. Dieses komplexe Zusammenwirken von Faktoren (wie z.B. Autonomiestreben, Orientierung an den Peers, moralisches Werten, aber auch die erhöhte Körperwahrnehmung) zentriert sich geradezu wie in einem Brennpunkt in der Frage der Auseinandersetzung mit Schönheitsidealen.

Prägnant formuliert findet man diesen Sachverhalt von den Entwicklungspsychologen Karina Weichold und Rainer Silbereisen:

»Körperliche Veränderungen, die in der Pubertät durch die Zunahme selbstbezogener Kognitionen ... fokussiert wahrgenommen werden, müssen von Jugendlichen akzeptiert und in das Selbstbild eingefügt werden. Bei Mädchen scheint die körperliche Entwicklung in der Pubertät im allgemeinen negativer belegt und die Adaptation an den reifen Körper problematischer zu sein als bei Jungen, was oft durch eine wahrgenommene Diskrepanz des eigenen Körpers mit dem über die Medien vermittelten Schönheitsideal westlicher Industrie-Kulturen erklärt wird.

Für Mädchen ist die Menarche meist verbunden mit höherem Prestige in der Peergruppe und Steigerungen des Selbstwerts .... Ebenso scheint die Entwicklung der Brüste ... mit eher positiven als negativen Gefühlen einher zu gehen .... Dem gegenüber lösen die weiblicheren Körperproportionen bei Mädchen eher negative Gefühle und Unzufriedenheit aus. Obwohl nur 10% der weiblichen Jugendlichen unter klinischen Essstörungen leidet, versucht mindestens jede Zweite, ihr Gewicht durch Diäten oder exzessive sportliche Betätigungen zu reduzieren ..., um so eher dem kulturell präferierten Körperideal für Frauen zu entsprechen. Besonders dann, wenn Freunde und Bekannte Schlankheit eine große Bedeutung beimessen oder die Mädchen wegen ihres Gewichts gehänselt werden, kommt es während der Pubertät zu ... Sorgen über das eigene Körpergewicht .... Mit dem eigenen Körper unzufrieden zu sein, stellt wiederum einen Risikofaktor für die Ausbildung eines negativen Selbstbilds sowie internalisierter Probleme wie depressivem Affekt, dessen Prävalenz besonders bei Mädchen in der Pubertät ansteigt, dar.«.

»Über psychologische Reaktionen von Jungen auf die physischen Veränderungen in der Pubertät weiß man wenig. Körperliche Reife und männlichere Proportionen, besonders der Zuwachs an Körperhöhe und Muskelmasse, erweckt bei Jungen insgesamt positive Reaktionen ..., begründet in den Vorteilen im Sport und bei sozialen Beziehungen.«

»Die Peergruppe wird im Ablösungsprozess von der Familie zu einer wichtigen Sozialisationsinstanz .... Freundschaften bieten die Möglichkeit, sich in der anderen Person zu spiegeln und Unterstützung bei der Bewältigung von Entwicklungsaufgaben wie der Veränderung des Körpers zu erfahren. Peers spielen eine Rolle in der Normierung der eigenen körperlichen Entwicklung an Altersgleichen: Akzeptanz oder Ablehnung können sich beispielsweise in Hänseleien oder dem individuellen Status in der Peergruppe spiegeln. Generell tendieren Jugendliche eher dazu, sich mit Peers zu umgeben, die ihrem eigenen körperlichen Entwicklungsstand entsprechen ....«

(aus: Weichold, K./Silbereisen, R. K. [2008/in press]: Pubertät und psychosoziale Anpassung. In R.K. Silbereisen/M. Hasselhorn (Hrsg.). (2008/in press). Enzyklopädie der
Psychologie: Themenbereich C Theorie und Forschung, Serie V Entwicklungspsychologie, Band 5 Entwicklungspsychologie des Jugendalters. Göttingen: Hogrefe.)

Wenn man diese *fachwissenschaftlichen* Fakten und Zusammenhänge auf
ihre *pädagogische* Bedeutung für die Entwicklung der *Selbstbestimmungs-
fähigkeit* der Schülerinnen und Schüler auslegt, dann wird deutlich, dass dem
Text von Sabine Reichelt eine entsprechende Gegenwarts- und Zukunftsbedeutung zukommt: Die Schüler durchlaufen eine für die Identitätsentwick-
lung entscheidende Phase; die diesem Entwicklungsabschnitt eigentümliche
Wahrnehmung der eigenen Körperlichkeit und die damit verbundene Ambivalenz zwischen Akzeptanz und Ablehnung wird sie mindestens noch einige
Jahre beschäftigen. In der Regel kommt es erst gegen Ende der Adoleszenz
zur Akzeptanz des eigenen Körpers, aus der Körperwahrnehmung resultierende negative Einstellungen können den einzelnen allerdings auch lebens-
lang begleiten. Der in der Folgezeit zunehmende Realismus wird es den
Schülerinnen und Schülern erleichtern, ihren eigenen Körper anzunehmen
und in der Welt der propagierten Schönheitsideale einen reflektierten Standpunkt zu finden.

Die Wahrnehmung des eigenen Körpers spiegelt sich in der heutigen, von
Medien bestimmten Informationsgesellschaft immer auch in den entspre-
chenden ikonischen und symbolischen Darstellungen von Körperlichkeit.
Hinter diesen Darstellungen stehen entsprechende ideologische Positionen
und Gruppeninteressen. Insofern verweist der im Text verhandelte *konkrete*
Inhalt (Schönheitsideal) hinsichtlich seiner Gegenwarts- und Zukunftsbedeu-
tung auf einen *allgemeinen* Sachverhalt und damit auf seine *exemplarische*
Bedeutung.

Exemplarische Bedeutung

Menschliche Wahrnehmung zeigt sich immer als aktive und selektive Tätigkeit des Individuums. Aus der reichen, potentiell unbegrenzten Menge an
visuellen, akustischen oder taktilen Reizen nimmt der Mensch lediglich einen
vergleichsweise kleinen Ausschnitt bewusst wahr. Was im einzelnen Fall jeweils aufgenommen werden kann, hängt im hohen Maße von den zur Verfügung stehenden Schemata ab. Politische Werte, ethische Überzeugungen, persönliche Einstellungen zu sich oder anderen, Alltagserfahrungen und -wissen,
allgemeiner gesprochen: der (mehr oder weniger von Werten und Einstellungen durchzogene) Wissensvorrat des Individuums ermöglicht und steuert die
Aufnahme von Informationen. Zugleich dient das verfügbare Wissen aber

auch als *Verarbeitungsmöglichkeit* von Informationen. Reibungsloses Verstehen lässt sich deshalb als ungestörter Kreislauf von Informationsaufnahme und -verarbeitung deuten. Das führt u.a. dazu, dass die individuellen Wissensschemata und Einstellungen sehr veränderungsresistent sein können.

Die Beziehungen, die der Einzelne auf diese Weise zur Welt, zu anderen und über Eigenreflexion auch zu sich selbst aufbaut, können allerdings durch solche Informationen gestört werden, die nicht mit den individuellen Schemata kongruent sind. Im privaten Bereich sind das z.B. Sachinformationen mit hohem Neuigkeitswert oder »Einsprüche« der anderen, die zu einer klareren Sicht führen oder zu einer Meinungsäußerung herausfordern können. Neben der unmittelbar wirksamen Interaktion sind es dann vor allem auch die weitaus indirekter verlaufenden Kommunikationsprozesse, die durch den täglichen Umgang mit (Massen-)Medien in Gang gesetzt werden.

Ob und inwiefern gerade die Massenmedien das psychische System des einzelnen erreichen, hängt in hohem Maße vom *Bewusstheitsgrad* ab, mit dem die entsprechenden Informationen zur Kenntnis genommen und dann verarbeitet werden. Im negativen Fall, also bei sehr geringem Bewusstheitsgrad, heißt das: Informationen der Umwelt können in das persönliche Wissen einfließen und nicht nur aufgrund ihres Sachgehaltes, sondern auch aufgrund ihrer Wertbestimmtheit das Selbst- und Weltbild des einzelnen erheblich mitbestimmen, und zwar ohne dass das Subjekt diese Prozesse und die durch sie transportierten Inhalte und Werte reflektiert und zu ihnen Stellung nimmt.

Informationsaufnahme bzw. -verarbeitung und der dabei jeweils aufgewandte Bewusstheitsgrad beschreiben Bedingungen, mit denen die menschliche Psyche operieren *muss*. Problematisch wird dieser *prinzipielle* Zusammenhang aber immer dann, wenn das von außen aufgenommene Wissen im Subjekt wirkt, aber das Subjekt nichts von den Wirkungen dieses Wissens weiß. Einstellungen, Überzeugungen, Handlungen, Haltungen und Emotionen werden dadurch sozusagen zu einer »zweiten Natur«, sie können als »objektiv richtig«, als »völlig natürlich« oder als »notwendig« erfahren werden. Die so unterstellte zeitlose Gültigkeit und normative Verbindlichkeit des betreffenden Phänomens verstellen die Sicht auf andere Perspektiven der Weltdeutung und des Selbstverständnisses und kanalisieren die Möglichkeiten selbstbestimmter Lebensführung.

Der im Schülertext beschriebene Zusammenhang steht stellvertretend für die Wirkung von *Ideologien*. Dabei handelt es sich um Systeme von politischen, ökonomischen, rechtlichen, künstlerischen, moralischen, philosophischen oder pädagogischen Überzeugungen und Anschauungen, die sich in bestimmten gesellschaftlichen Gruppen entwickelt haben und zur Durchsetzung ihrer Interessen dienen. Ideologien (wörtlich: Lehre von den Ideen) können explizit oder implizit formuliert sein. Wahlprogramme politischer Parteien sind beispielsweise explizit vertretene Ideologien, über Massenmedien inszenierte Werbung verschleiert dagegen die ökonomischen Interessen der Produktanbieter durch subtile sprachliche und bildliche Mechanismen.

Problematisch werden Ideologien immer dann, wenn die durch sie behaupteten Realitäts*vorstellungen* nicht der (sozialen) Realität entsprechen. Sie sichern und rechtfertigen dann Macht- und Abhängigkeitsverhältnisse etwa dort, »wo jemand die Herrschaft einer Gruppe von Menschen über andere Menschengruppen durch die falsche Annahme gerechtfertigt glaubt, dass die erste Gruppe ›von Natur aus‹ klüger, intelligenter, begabter sei, oder dort, wo Menschen der Überzeugung sind, dass Frauen ›von Natur aus‹ weniger begabt für Naturwissenschaften oder für Politik sind als Männer«. (Klafki, [5]1996, S. 111)

Indem Unterricht solche und ähnliche Fälle von ideologischer Verfälschung der Realität thematisiert, leistet er einen wichtigen Beitrag zur Förderung der Selbstbestimmungs- und Kritikfähigkeit der Schülerinnen und Schüler. Der hier ausgewählte Text steht *exemplarisch* für diese Intention, denn über das konkrete Thema lässt sich ein für moderne Gesellschaften typischer Wirkungsmechanismus transparent machen: Die Kopplung zwischen anonymisierter Beeinflussung und individueller Wahrnehmung spielt nämlich über die spezielle Frage der Schönheitsideale hinaus auch eine große Rolle bei der (unkritischen bzw. zu wenig reflektierten) Rezeption politischer Programme und Ideen, der Rezeption von Trends in der Kunst, Musik, Mode usw. Insofern ermöglicht der Text den Schülerinnen und Schülern auch den Transfer auf viele andere strukturverwandte Sachverhalte.

Als übergeordnetes Lernziel dieser Doppelstunde lässt sich daher zusammenfassend formulieren:

– Die Schülerinnen und Schüler sollen erkennen und in altersangemessener Sprache formulieren, dass die durch Medien und Öffentlichlichkeit erzeugten *ideologischen* Konstrukte vom einzelnen oft nur unzureichend reflektiert werden, es gerade deshalb leicht zur Übernahme gesellschaftlicher Normierungen in die eigene Identität kommen kann und dass diese unreflektierte Übernahme die rationale Selbstaufklärung und die aus ihr heraus zu entwickelnden Perspektiven *selbstbestimmter* Lebensführung stark beeinträchtigen kann.

Thematische Struktur

Der als Hausaufgabe zu lesende Text von Sabine Reichelt ist auf den ersten Blick ein für Schülerinnen und Schüler eines 10. Schuljahres relativ leicht verständlicher Text, der sich der Alltagssprache unter Verzicht auf umfangreicheres Fachvokabular bedient und durch Überschriften klar gegliedert ist. Aber die zu Beginn aufgeworfene Frage (»Warum wollen Frauen und mittlerweile immer mehr Männer so aussehen, wie es dem allgemein anerkannten Schönheits- und Schlankheitsideal entspricht?«) wird dennoch nicht einfach zu beantworten sein, weil das Erkennen des komplexen Zusammenhanges zwischen (a) der *Geschichtlichkeit* von Schönheitsidealen, (b) ihrer weitgehend anonymisierten *Verbreitung* durch Massenmedien und (c) ihrer *Wirkungen* auf individuelle Einstellungen und Lebenspraktiken eine hohe Abstraktionsleistung darstellt. Um so wichtiger wird es deshalb sein, die entscheidenden Aussagen des Textes von den beispielhaften Belegen und erläuternden Passagen abzuheben.

Der erste Textabschnitt (Schönheitsideale – gestern und heute) belegt die Geschichtlichkeit von Schönheitsidealen; sie spiegeln den Zeitgeist und die Mentalitätslage einer historischen Situation. Die Schnelligkeit des Wechsels solcher Ideale hielt sich in vergangenen Zeiten in Grenzen. Seit der Mitte des letzten Jahrhunderts aber haben gerade die ikonischen Darstellungsmöglichkeiten von Schönheitsidealen (Film, Fernsehen und Printmedien) für eine starke Beschleunigung ihres Wechsels gesorgt. Der Text selbst sagt nichts über die konkreten Bedingungen der Entstehung von Schönheitsidealen aus; solche Aussagen sind auch nicht leicht zu treffen, weil sich der Zeitgeist als ein von zeitlichen, lokalen, geographischen, politischen, künstlerischen oder philosophischen Aspekten geprägtes systemisches Zusammenspiel erweist.

Im zweiten bis vierten Textabschnitt wird die gegenwärtige Situation skizziert: Übergewichtige werden von Frauen wie Männern als sehr unattraktiv empfunden; sowohl für das eigene als auch für das andere Geschlecht wünscht man sich ein Gewicht, das einer extrem schlanken Figur entspricht. Das angestrebte Gewicht liegt z.T. sogar noch unter dem Idealgewicht, also bei einem Zustand der Unterernährung. Gesundheitliche Motive spielen bei diesen Bestrebungen fast keine Rolle. Diese Einstellungen sind nicht nur bei Erwachsenen anzutreffen, sondern auch bei Jugendlichen. Sie werden z.T. schon im Kindesalter erlernt und in die eigenen Attraktivitätsvorstellungen übernommen: 31 Prozent der Mädchen und Jungen sind mit ihrem Gewicht nicht zufrieden.

Der fünfte Textabschnitt beschreibt die *Verbreitung* der Schönheitsideale durch die Massenmedien. Insgesamt gesehen fällt dieser Abschnitt sehr kurz aus, zumal er auch schon auf die *Wirkungen* verweist. Um so wichtiger ist es, dass den Schülerinnen und Schülern die Anonymität und »sanfte Verführung« der Medieninszenierung klar wird: Sie transportiert Schönheitsideale, deren »Erfinder« für den Rezipienten gar nicht (mehr) sichtbar werden, und heuchelt Garantie für soziale Akzeptanz, Glück und Gesundheit. Die Wirkung dieser Anonymität liegt insbesondere darin, dass sie mit dem Anschein von Objektivität erfahren wird. Schönheitsideale erscheinen dann nicht mehr als menschliche, kontingente Artefakte, die heute so und morgen anders ausfallen können, sondern als hinzunehmende Gegebenheiten und ggf. auch als unausweichliches persönliches Schicksal. Insofern wirkt die Anonymität wahrscheinlich noch stärker als direkte Appelle durch andere Personen in konkreten Interaktionen.

Diese Anonymität ist dann auch im wesentlichen der Grund für die starken *Wirkungen* der Massenmedien, die in den folgenden Textabschnitten (sechs bis acht) beschrieben werden. Sie erzeugen insbesondere durch die *bildliche* Darstellung attraktiver Personen einen großen Druck auf die Selbstwahrnehmung des einzelnen. Die äußere Erscheinung wird zum Maß für den eigenen sozialen Wert, kollektives Diätverhalten führt nicht selten zu krankhaften Störungen im Essverhalten (Magersucht, Ess-Brechsucht) und zu Veränderungen im kognitiven und emotionalen Bereich. Im Zusammenhang mit dem Wandel klassischer Rollenverteilungen sind auch geschlechtsspezifische Wirkungen zu verzeichnen: Die Orientierung am schlanken, männlich wirkenden Ideal scheint Frauen in der männlich dominierten Berufswelt Zuversicht auf Durchsetzung zu geben; die größer gewordene materielle Unabhängigkeit von Frauen wirkt sich im Gegenzuge bei Männern in erhöhter Selbstwahrnehmung körperlicher Attraktivität aus.

Der letzte Textabschnitt fordert den Leser zur kritischen Hinterfragung der erläuterten Problematik und zur eigenen Stellungnahme auf: Ein gesundes Selbstbewusstsein ist gefordert, um suggerierten *Schein* von alltäglichem *Sein* und um die Träume von Schönheit vom tatsächlich Erreichbaren scheiden zu können.

Für die Erarbeitung der einzelnen Textabschnitte lassen sich im wesentlichen diese Teilziele formulieren:

Die Schülerinnen und Schüler sollen
– den Wandel von Schönheitsidealen in früheren Epochen ebenso wie in der gegenwärtigen Zeit als geschichtlich-gesellschaftlich vermittelte Normierungen erkennen,
– die Wirkungen der Medien (vor allem über die Werbung), hinter denen auch wirtschaftliche Interessen stehen, und die daraus resultierende Men-

talitätslage der Öffentlichkeit als sich mehr oder weniger verselbstständigte normative Vorgaben verstehen, die sich eine zeitlang hartnäckig halten, um dann von »neuen«, aber nicht minder wirkmächtigen Normierungen abgelöst zu werden,

– den *ideologischen* Charakter der durch Medien erzeugten normativen Muster verstehen; er besteht darin, dass die verselbstständigten Behauptungszusammenhänge (hier: Das gilt als »schön«!) vom einzelnen nicht (mehr) als bloße – gesellschaftlich vermittelte – Konstruktionen von Wirklichkeit verstanden, sondern als vermeintlich menschliche »Natur« und damit als unabdingbar hinzunehmendes Schicksal erfahren und übernommen werden,

– erkennen, dass die geschlechtsspezifische Dimension bzw. Problematik gesellschaftlicher Normierungen u.a. in der pauschalen und unreflektierten Zuschreibung körperlicher Attribute durch das jeweils andere Geschlecht liegt,

– die Gefahr sehen, dass normierte Schönheitsideale – u.a. vermittelt über Prozesse frühkindlicher Erziehung – einen großen psychischen Druck auf die Persönlichkeit ausüben können und es entgegen den geweckten Assoziationen von Glück, Liebe, sozialer Anerkennung oder Gesundheit oft zur Unzufriedenheit und sogar zu einer hohen gesundheitlichen Gefährdung kommen kann.

Erweisbarkeit und Überprüfbarkeit

Die genannten Teilziele stellen auf Seiten der Schülerinnen und Schüler anspruchsvolle Leistungen dar, die sich im Falle des vorliegenden Textes nicht einfach »testen« lassen. Zunächst wird sich im Verlauf des Unterrichts – insbesondere bei der Sicherung der Ergebnisse an der Tafel – zeigen, inwiefern den Schülern der ideologische Wirkungsmechanismus klar geworden ist. Eine Transferleistung müsste dann im Hinblick auf ähnlich gelagerte Phänomene gelingen. Aus der Werbung sind ihnen z.B. die unterschiedlichsten Frauen- und Männerbilder bekannt: der männlich-dominante Frauentyp in der Berufswelt, die fürsorgliche Hausfrau, die für das leibliche und seelische Wohlbefinden der Familienmitglieder sorgt, die unwiderstehlich wirkende Verführerin, der beim Auto-, Haus- oder Versicherungskauf durch bloße Sachargumente geleitete Männerverstand, der nach außen hin selbstsichere Macho, der Romantiker, der Draufgänger oder Abenteurer. Neben der Beschreibung solcher Klischees müssten die Schülerinnen und Schüler auch ihre *Wirkung* und *Verbreitung* erörtern können. Als Kernfragen für eine nachbereitende schriftliche Hausaufgabe würden sich anbieten: Sind Dir ähnliche Phänomene wie die im Text diskutierten Schlankheitsideale bekannt? Wie wird ihre Verbreitung durch Massenmedien gefördert? Welche Wirkungen können sie auf das Leben des einzelnen haben?

Als Alternative zu dieser schriftlich zu formulierenden Hausaufgabe wäre es auch denkbar, dass die Schüler Bilder sammeln, auf denen Schönheitsideale aus unterschiedlichen Zeiten/Epochen dargestellt werden, und aus diesen Bildern eine Collage erstellen. Allerdings erfordert das Sammeln solcher Bilder einen größeren zeitlichen Rahmen, so dass erst mit einem gewissen Abstand zu dieser Doppelstunde noch einmal der Zusammenhang der Geschichtlichkeit, Verbreitung und Wirkung reaktiviert werden müsste. Das wäre allerdings eine sinnvolle Möglichkeit des Wiederholens bzw. Übens. Graphisch Begabte könnten Karikaturen entwerfen, die die Fraglichkeit von Schönheitsidealen pointiert darstellen. Wenn Schüler mit Bildbearbeitungsprogrammen umgehen können, wäre es eine reizvolle Aufgabe, durch Bildretouchen, -manipulationen und -montagen Schönheitsideale der Zukunft zu kreieren.

Eine Überprüfung des Verständnisses kann auch durch Rollenspiele erfolgen, die die Schülerinnen und Schüler in Gruppen konzipieren und realisieren. So könnten beispielsweise geschlechtsspezifisch geprägte Klischees durch Kontrastierung entsprechender Charaktere dargestellt und reflektiert werden. Da die Schüler im vorausgegangenen Unterricht (z.T. bereits in der achten Klasse) im Zusammenhang mit dem Thema Tageszeitungen verschiedene Textsorten kennengelernt haben, wäre es hier im Sinne immanenter Wiederholung auch möglich, als Hausaufgabe einen erörternden Text zur Problematik der Schönheitsideale, einen Kommentar, eine Glosse oder eine Satire verfassen zu lassen.

Zugänglichkeit bzw. Darstellbarkeit (u.a. durch bzw. in Medien)

Der Zugang zur Thematik könnte den Schülerinnen und Schülern in dreifacher Hinsicht schwer fallen.

a) Zunächst einmal wird es für sie nicht einfach sein, die geschichtliche Bedingtheit von Schönheitsidealen zu erkennen. Mit Blick in die Zukunft muss den Schülerinnen und Schülern deshalb schon bei der Interpretation des ersten Textabschnittes deutlich werden, dass heutige Normvorstellungen demnächst mit hoher Wahrscheinlichkeit durch andere abgelöst sein werden. Diese Extrapolation in die Zukunft ist wichtig, damit die Schüler die »Zufälligkeit« (Kontingenz) und Offenheit der jetzigen Situation erkennen, die sie möglicherweise unbewusst als fest vorgegebene, unveränderliche Größe hinnehmen. Der Blick in die Zukunft ist zwar spekulativ, aber aufgrund ständig wechselnder Trends in der Modewelt den Schülern hinreichend bekannt. Diese Schwierigkeit ließe sich durch den Einsatz von geeigneten medialen Darstellungen in Grenzen halten: Das als Einstieg in die Unterrichtsstunde gezeigte Bild von Kate Moss könnte durch Projektion weiterer Bilder ergänzt werden, mit denen Schönheitsideale vergangener Zeiten dargestellt werden (antike Darstellungen, Frauendarstellungen in Rubensbildern, Marylin Monroe, Jane Mansfield, Twiggy usw.).

b) Eine weitere Schwierigkeit wird vermutlich auftreten, wenn die Schüler über die konkreten Textaussagen hinaus die Anonymität des ideologischen Wirkungsmechanismus erkennen sollen. Im Unterrichtsgespräch muss daher *zum einen* das komplizierte Zusammenwirken verschiedenster Teilsysteme und Aspekte erläutert werden (Ernährungsgewohnheiten und -möglichkeiten, Spiegelungen des Selbst im anderen, Phase der Pubertät, Verhältnis zum anderen Geschlecht, Anerkennung in der Gruppe durch Akzeptanz gemeinsamer Ideale, Zeitgeist, Mentalitätslage, häusliches Milieu, politisches Bewusstsein usw.). Diese Komplexität bringt es mit sich, dass nicht ein einzelner Aspekt als hervorstechender auszumachen ist, sondern viele in »irgendeiner«, empirisch nicht näher beschreibbaren Weise zur Entstehung von Schönheitsidealen beitragen. *Zum anderen* ist es wichtig, die mit den heutigen Massenmedien gegebenen Gestaltungs- und Verbreitungsmöglichkeiten, vor allem die Macht der Bilder, in ihrer spezifischen Wirksamkeit zu beschreiben: Es sind Formen von einseitiger Kommunikation, Formen von Einflussnahme ohne Rückkopplungsmöglichkeiten, durch die alle beliebigen Inhalte (so auch Ideologien) transportiert werden und besonders effektiv auf das Bewusstsein von Individuen wirken können.

Ein klar gegliedertes Tafelbild, das die drei Momente der Geschichtlichkeit, Verbreitung und Wirkungen als abstrakte Struktur der Thematik zur Darstellung bringt und zugleich hinreichende Konkretisierungen dieser Momente widerspiegelt, wird zur Überwindung dieser beiden Schwierigkeiten hilfreich sein.

c) Eine dritte Schwierigkeit ist in der subjektiven Betroffenheit der Schülerinnen und Schüler vor dem Hintergrund der eigenen pubertären Entwicklung zu sehen. Wie bereits angedeutet, könnte ihnen das öffentliche Sprechen über die eigentliche Problematik von Schönheitsidealen nicht einfach fallen. Deshalb sollen sie zunächst im Kreis der freiwillig zu wählenden Gruppe die Gelegenheit zur Auseinandersetzung mit der Thematik haben, um dann im anschließenden Unterrichtsgespräch freier argumentieren zu können.

Lehr-Lern-Prozessstruktur

Als Einstieg in die Unterrichtsstunde sollen zwei Bilder projiziert werden. Das eine zeigt das Model Kate Moss und das andere einen männlichen Jugendlichen, der sein Muskeltraining in einem Fitnessstudio absolviert. Parallel zur Projektion dieser beiden Bilder soll ein Schüler einen kurzen Text über die Karriere von Kate Moss vorlesen. Die Bilder werden ebenso wie der vorgelesene Text zu spontanen Schüleräußerungen reizen. Sie werden wohl auch eine direkte Verbindung zu den Aussagen des in der Hausaufgabe vorzubereitenden Textes anstoßen.

In dem sich aus diesem Einstieg entwickelnden Unterrichtsgespräch kommt es darauf an, die im Rahmen der Hausaufgabe gefundenen Aspekte (Schlüsselwörter, zusammenfassende Überschriften) zu sammeln und zu bündeln. Es ist dabei keinesfalls notwendig, dass die Schüler die drei entscheidenden Aspekte der Geschichtlichkeit, Verbreitung und Wirkung von Schönheitsidealen wörtlich nennen. Eigene äquivalente Begriffsvorschläge reichen in dieser Phase der Vorbereitung der Gruppenarbeit völlig aus, sofern sie dazu geeignet sind, die vielen konkreten informierenden wie appellativen Aussagen des Textes in einen konsistenten Zusammenhang zu bringen.

Die Herausstellung dieser Aspekte bildet die Grundlage für die dann erfolgende Gruppenarbeit und dient ebenso für die sich daran anschließende Auswertung der Arbeitsergebnisse im Unterrichtsgespräch.

In der Auswertung der Arbeitsergebnisse der Gruppen werden die beiden ersten Aspekte (Geschichtlichkeit und Verbreitung) relativ viel Zeit in Anspruch nehmen, während die Wirkungen ohne große Mühen aus dem Text zusammengestellt werden konnten. Bei der Erarbeitung des ideologischen Charakters von Schönheitsidealen wird den Schülern die Erinnerung an die erwähnten Parallelen zum Geschichtsunterricht im vorangegangenen Schuljahr (Behandlung der nationalistischen Integrationsideologie des deutschen Kaiserreiches nach 1871) hilfreich, wenn gleich auch nicht unbedingt mühelos verfügbar sein.

Da die Erarbeitung des Textes auf ein spezifisches Erkenntnisinteresse kanalisiert war, stellen sich hinsichtlich der nachbereitenden Hausaufgabe sinnvolle Möglichkeiten, den individuellen Interessen und Fähigkeiten der Schülerinnen entgegen zu kommen. Man könnte sie zur Vertiefung des erarbeiteten Sachverhaltes zwischen verschiedenen Möglichkeiten wählen lassen. Unter dem Stichwort Erweisbarkeit und Überprüfbarkeit sind oben bereits denkbare Alternativen genannt worden.

Übungen

1. Wenn Sie sich in die »Neuen Studien zur Bildungstheorie und Didaktik« von Wolfgang eingearbeitet haben, müsste Ihnen der theoretische Hintergrund der vorangestellten Planungsüberlegungen einsichtig sein.
   a) Inwiefern sind in dem hier entworfenen Unterricht die obersten Zielen der Selbst-, Mitbestimmungs- und Solidaritätsfähigkeit leitend?
   b) Handelt es sich bei dem Thema dieser Doppelstunde um ein »Schlüsselproblem« im Sinne Klafkis, so dass man sagen könnte, dieser Unterricht könnte auch einen Beitrag zur »Bildung im Medium des Allgemeinen« leisten?

2. Konstruieren Sie zu diesen ausführlichen Vorüberlegungen einen tabellarischen Verlaufsplan, wie er im achten Kapitel eingeführt worden ist!

Kapitel 12

Schüler an der Planung beteiligen

In den vorangegangenen Kapiteln wurde Unterrichtsplanung nahezu ausschließlich aus der Sicht des Lehrenden gesehen. Das ist auch zunächst einmal die Perspektive von Berufseinsteigern (Studierenden, Referendaren, jungen Lehrerinnen und Lehrern). Die Einarbeitung in das Thema, die Suche nach einem motivierenden Einstieg, nach geeigneten Medien, methodischen Zugangsweisen oder sinnvollen Übungs- und Anwendungsaufgaben sind eine zeitraubende Angelegenheit. Die Umsetzung der Planungsüberlegungen in realen Unterricht stellt eine zusätzliche Herausforderung dar, Schritt für Schritt muss sich erst die Sicherheit in der Interaktion mit Schülerinnen und Schülern aufbauen. In dieser Situation ist es geradezu verständlich, dass die Perspektive auf den Schüler häufig nur in der Frage zum Ausdruck kommt, ob die geplanten Schritte und Maßnahmen sein Lernen effektiv unterstützen können. Aber guter Unterricht zeigt sich u.a. auch darin, dass die Schüler einen Einfluss auf die Planung und Durchführung von Unterricht nehmen können.

In der didaktischen Literatur sind dafür unterschiedliche Bezeichnungen zu finden; so ist etwa von der »Beteiligung der Schüler an der Unterrichtsplanung«, von schülerorientiertem Unterricht, der sich bewusst vom lehrerzentriertem absetzen will, oder von »Offenem« Unterricht die Rede. Gerade hinsichtlich der letzten Variante (Offener Unterricht) trifft man auf eine große Anzahl von Veröffentlichungen, deren Quantität aber nur selten der begrifflichen Qualität und Klarheit entspricht. Die Vielfalt an Definitionsversuchen und genannten Kategorien (s. z.B. die Zusammenstellung von Brügelmann 2001, S. 137) belegt, dass man sich mit dieser chiffrenartigen Bezeichnung an einem überaus komplexen Phänomen abarbeitet und alles Mögliche darunter subsumiert. Abgesehen davon ist die Frage nach der Effektivität solcher Unterrichtsformen nur annähernd empirisch untersucht (s. z.B. Brügelmann 2000; Brunner/Schratz 2002, Hascher/Wehr 2005). Dem weit verbreiteten Optimismus im Hinblick auf individuelle Förderungsmöglichkeiten steht z.B.

die lange bekannte Tatsache entgegen, dass schwache Schülerinnen und Schüler offensichtlich eher stärker strukturierte Lernarrangements benötigen als schwache (s. z.B. Cronbach/Snow 1977).

Um solche Schwierigkeiten hier nicht unnötig zu reproduzieren, folgen wir in diesem Kapitel einem pragmatischen Verständnis von Schülerbeteiligung und rechtfertigen damit zugleich unser bisheriges Vorgehen. Es diente dazu, sich über wesentliche Begrifflichkeiten und Zusammenhänge der Unterrichtsplanung zu verständigen. Darauf aufbauend wollen wir im folgenden nun eine Antwort auf die Frage geben: Inwiefern können die in den vorangegangenen Kapiteln erläuterten Planungsaufgaben (also z.B. Inhalte wählen und klären, Ziele festlegen, Sozialformen wählen usw.) zur *gemeinsamen* Angelegenheit von Lehrern und Schülern gemacht werden?

Neben der Darstellung der Beteiligungs*möglichkeiten* wollen wir aber auch die realen Bedingungen und Schwierigkeiten, die sich bei der Umsetzung dieses Prinzips stellen, nicht aus dem Auge verlieren. Sie hängen z.B. vom Alter der Schüler, von ihren Vorerfahrungen im Hinblick auf eine Beteiligung, von ihren inhaltlichen Interessen, vom individuellen Lernverhalten und insbesondere auch vom jeweiligen Unterrichtsfach ab. Die Darstellung der Möglichkeiten leiten wir zunächst mit einem positiven Beispiel ein.

1. Beispiel Deutschunterricht: Literatur im Exil (Sekundarstufe II)

Das Beispiel stammt aus dem Buch »Unterrichtsplanung« von Wolfgang Schulz (^{3}1981). Er stellt es dem Leser selbst als eine gelungene Anwendung des von ihm vertretenen »Hamburger Modells« vor. Mit diesem Planungsmodell beansprucht Schulz, die Forderung der Beteiligung der Schülerinnen und Schüler an der Unterrichtsplanung einzulösen. Das Beispiel dokumentiert das Ergebnis einer Planungseinheit, entstanden im Deutschunterricht der Sekundarstufe II. Die Lehr-Lern-Gruppe hatte sich zunächst mit einer Vorgabe des Hamburger Rahmenplans auseinandergesetzt, nach dem Gedichte in ihren verschiedenen gesellschaftlichen Funktionen zu thematisieren sind. Man einigte sich auf die Beschäftigung mit Gedichten des 20. Jahrhunderts. Zum einen sollten mit Hilfe des Lehrers Gedichte ausgesucht werden, »die in der Zeit des Nationalsozialismus die Funktion hatten, die Herrschaft Hitlers mit poetischen Mitteln zu festigen oder, im Gegenteil, sie aus der Position des Widerstandes zu demaskieren«, zum anderen solche, die »von Schriftstellern aus der DDR verfasst worden waren und nur im Ausland veröffentlicht werden konnten, oder aus kritischer Haltung zur Bundesrepublik verfasst worden waren«. (Ebd., S. 92) Insgesamt kamen sechs Arbeitsgruppen zustande. Eine hatte sich mit dem Brechtschen Gedicht »Fragen eines lesenden Arbeiters« befasst; ihre Vorschläge lauteten:

»Vorschläge der Arbeitsgruppe ›Brecht‹ zur Behandlung des Gedichts ›Fragen eines lesenden Arbeiters‹. Auswahl und Ergänzung möglich.

– Wir könnten die Botschaft des Gedichts herauszuarbeiten versuchen und die Auffassung vom lesenden Arbeiter, an den Brecht sich wendet; wir könnten uns fragen, inwieweit sie eine Botschaft zum Widerstand gegen die nationalsozialistische Herrschaft ist [...]. Dazu muss der Text für alle Mitglieder vorliegen. Er sollte erst einzeln gelesen und dann in kleinen Kreisen besprochen werden, damit möglichst viele Meinungen zu Wort kommen können.
– Wir könnten mit Hilfe von Biografien und Selbstzeugnissen die Situation zu ermitteln versuchen, in der Brecht sich damals im Exil befand, und die Funktion, die seine Arbeit damals seiner Ansicht nach hatte. Einige könnten die Quellen einzeln durchsehen und uns mündlich oder auf einem Arbeitsblatt zusammenstellen, was sie gefunden haben.
– Wir könnten die sprachlichen Mittel, die Brecht zur Realisierung seiner Botschaft gebrauchte, herausarbeiten, mit seinen theoretischen Vorstellungen vergleichen und ihre Wirkung auf uns einschätzen. Dazu wäre Brechts Aufsatz über reimlose Lyrik in unregelmäßigen Rhythmen [...] ganz oder auszugsweise zu vervielfältigen. Wenn jeder Gedicht und Aufsatz gelesen hat, könnten wir in ein Gespräch eintreten, dessen Ergebnis schriftlich zusammengefasst und für alle vervielfältigt werden sollte. Mit Sondervoten.
– Wir könnten üben, das Gedicht seiner Botschaft und seinen sprachlichen Mitteln entsprechend vorzutragen, einzeln oder chorisch als eine Gruppe von Arbeitnehmern, wenn wir das Ergebnis aufnehmen, können wir die Wirkung auf andere (Eltern, Nachbarklassen, Bauarbeiter) erproben.
– Wir könnten untersuchen, welchen Eindruck das Gedicht heute auf Arbeitnehmer macht, oder auf Schüler (als künftige Arbeitnehmer), die sich noch nicht mit Brecht beschäftigt haben, und die Tonbandprotokolle für alle auswerten.
– Wir könnten prüfen, ob Brechts Einschätzung ›In den Büchern stehen die Namen von Königen‹ heute noch stimmt: Wir könnten in den Geschichtsbüchern nachlesen, die in unserer Schule gebräuchlich sind, und zu Hause in Lexika. Typische Beispiele könnten zusammengestellt und fürs Plenum vervielfältigt werden.
– Wir könnten einen Schallplattennachmittag für Interessenten veranstalten, weil es vielleicht Euch auch so geht wie uns in der Vorbereitungsgruppe: Wir denken bei Brecht an ›Dreigroschenoper‹, aber was außer Macky Messer darin vorkommt, wissen wir nicht genau. Es gibt verschiedene Aufnahmen [...].
– Alles könnten wir nur schaffen, wenn in Gruppen gearbeitet wird. In jeder Gruppe würde einer von den Vorbereitern mitmachen.«

(aus: Schulz [3]1981, S. 93f.)

Ein Blick auf dieses Beispiel zeigt, wie die Planungsaufgaben hier *gemeinsam* angegangen worden sind. Das Grobziel der Unterrichtseinheit besteht darin, die »gesellschaftliche Funktion« von Gedichten zu erarbeiten. Auf das Brechtsche Gedicht angewandt, ergeben sich daraus entsprechende Teilziele; so wurde etwa beschlossen, die Botschaft des Gedichtes zu identifizieren, den Vortrag des Gedichtes zu üben usw. Der Beschluss der Lehr-Lerngruppe, diese Ziele anzugehen, muss offensichtlich durch das Bedenken der eigenen Ausgangslage (= Lernvoraussetzungen der Schüler) zustande gekommen sein. Die Kursteilnehmer wussten um den Zusammenhang von sprachlichen Mitteln und Inhalt oder um die Bedeutung der biographischen Situation, in der Literatur entstanden ist, für deren Interpretation; sie hatten also im vorangegangenen Unterricht Vorerfahrungen gemacht, Einsichten gewonnen, die sie gemeinsam nutzen wollen. Hinsichtlich der »Vermittlungsvariablen« hat man sich zudem auf bestimmte Sozialformen und Medien geeinigt. Im Wechsel von Einzel- und Gruppenarbeit bzw. Unterrichtsgespräch sollen die Ziele in bestimmter Reihenfolge realisiert werden. Dazu werden der Gedichttext, Selbstzeugnisse des Autors, Geschichtsbücher oder Schallplatten als Medien eingesetzt. Im Sinne einer Erfolgskontrolle kann man schließlich davon ausgehen, dass die dargelegten Entscheidungen für bestimmte Ziele und Wege letztlich auch als Maßstab für deren Erreichen oder Verfehlen gesetzt worden sind.

Das von Schulz vorgestellte Planungsbeispiel dokumentiert also eindrücklich, wie eine Lehrplanvorgabe von Schülern und Lehrern sinnvoll diskutiert und gemeinsam in Unterrichtsplanung umgesetzt werden kann. Auch aus der Sicht der bildungstheoretischen Didaktik Klafkis wäre zuzugestehen, dass hier anspruchsvoller Unterricht in die Wege geleitet wird. Denn im Sinne kategorialer Bildung haben die Schüler sich im vorausgegangenen Unterricht ein Stück Wirklichkeit erschlossen, sie wissen beispielsweise um das Zusammenspiel von Form und Inhalt literarischer Texte und um die Methode der biographischen Interpretation. Zugleich sind sie damit für die Wirklichkeit erschlossen, indem sie diese Einsichten und Fertigkeiten nun auf ihnen unbekannte Texte anwenden können.

Diese Aufgabe gemeinsamer Planung hat ihren Reiz vor allem für solche Fächer, die einen mehrperspektivischen Zugriff auf den Gegenstand eröffnen. Im Bereich des Deutschunterrichts lässt sich das leicht nachweisen. Bei der Interpretation des Brechtschen Gedichtes beispielsweise, muss man nicht zwangsläufig für die biographische Interpretationsmethode votieren. Das vorgegebene Grobziel (gesellschaftliche Funktion von Literatur) legt diese Methode zwar nahe, denkbar wäre aber auch ein soziologischer Interpretationsansatz oder eine Kombination bzw. eine Ergänzung der beiden Methoden.

Darüber hinaus gäbe auch der textimmanente Interpretationsversuch aufgrund der eindeutigen Formulierungen Aufschluss über die Autorintention. Eine schlüssige Argumentation für die Bevorzugung der einen Interpretationsmethode gegenüber den anderen Perspektiven kann die Literaturwissenschaft nicht liefern. Insofern stehen die unterschiedlichen Ansätze mehr oder weniger gleichberechtigt nebeneinander. Echte Wahlmöglichkeiten für Schüler bietet dann in der Unterrichtspraxis diejenige Literatur, die für vielfältige Interpretationsmethoden zugänglich ist.

Über den Bereich des Deutschunterrichts hinaus darf man in fächerübergreifender Hinsicht verallgemeinern: Die Beteiligung von Schülern an der Planung erscheint in den Unterrichtsfächern möglich und relativ unproblematisch, die als Bezugsdisziplin auf eine Fachwissenschaft bzw. auf Fachwissenschaften rekurrieren, in der/denen kein Konsens über Gegenstand und Methode vorliegt. Gerade weil es nicht *den* Gegenstand und *die* Methode gibt, ist in diesen Disziplinen auf keine stringente Systematisierung, schon gar nicht auf eine Axiomatisierung von Aussagen zu hoffen. Das hat zur Folge, dass der Fachunterricht, der sich auf derartige Fachwissenschaften bezieht, nicht durchgehend auf eine bestimmte Reihenfolge in der Behandlung von Themen und in der Vermittlung von Arbeitstechniken und Methoden abgestimmt werden muss. Um so größer sind dementsprechend die Möglichkeiten, Schüler an der Auswahl von Themen, an der Festlegung der Reihenfolge und der Setzung von Schwerpunkten zu beteiligen.

Diese These lässt sich an mehreren Unterrichtsfächern verifizieren. Um zunächst einmal beim Deutschunterricht zu bleiben: Es gibt keine zwingende Reihenfolge für die Behandlung grammatischer Theorien (Dependenzgrammatik, generative Transformationsgrammatik) in der Sekundarstufe. Aus fachwissenschaftlicher Sicht allein liegen auch keine triftigen Gründe vor, die Themenschwerpunkte »Natur« oder »Gerechtigkeit« im Unterricht vorrangig anhand von Gedichten, Kurzgeschichten, Novellen (fiktionale Texte) oder anhand von Nachrichten- und Sachtexten (nicht-fiktionale Texte) zu behandeln.

Ähnliche Freiräume eröffnen sich auch für die Gestaltung des Religionsunterrichts; auch hier können Schüler bei der Wahl thematischer Schwerpunkte entsprechend beteiligt werden. So fordert etwa das fachdidaktische Korrelationsprinzip, wenn es ernst genommen wird, die Berücksichtigung der Wünsche, Bedürfnisse und Erfahrungen der Schüler geradezu heraus. Denn dieses Prinzip erfordert einen Unterricht, der Glaubensüberlieferung und Lebenssituationen miteinander verbinden soll. Aus dieser Sicht kommt es darauf an, den Schülern Gelegenheit zu geben, die für sie bedeutsamen Lebenssituationen mit in den Unterricht einbringen zu können.

Auch die Fächer Kunst und Musik bieten Möglichkeiten, das Planungsprinzip der Schülerbeteiligung im Fachunterricht umsetzen zu können. Für
den Kunstunterricht lassen sich z.B. keine exakten Regeln für die Reihenfolge
bestimmter Gestaltungstechniken aus der Disziplin selbst ableiten; verschiedene Techniken bieten verschiedene Zugriffsweisen, Wirklichkeit einzufan-
gen, wiederzugeben, und damit auch unterschiedliche Möglichkeiten, den
Sinn von Wirklichkeit zu konstruieren. Und im Fach Musik besteht im Themenbereich »Moderne Musik« keine zwingende Reihenfolge, nach der etwa
die Jazzmusik in ihren verschiedensten Versionen vor der Popmusik behandelt werden müsste. Zwar mag die geschichtliche Entwicklung dieser Musik-
stile für ein Nacheinander sprechen; die Analyse von Popmusik ist aber
prinzipiell auch dann zu leisten, wenn keine Kenntnisse der Jazzmusik vorliegen.

2. Grenzen der Schülerbeteiligung

Die gerade vorgebrachten Argumente und Perspektiven ließen sich auch für
die Fächer Sozialwissenschaften, Pädagogik, Politik, Geschichte und Geographie entsprechend fruchtbar machen. Die breite fachdidaktische Literatur
dokumentiert daher auch mehr oder weniger umfangreich entsprechende
Möglichkeiten der Schülerbeteiligung. Die entsprechenden Publikationen
verzichten allerdings auch nicht auf traditionelle Vermittlungs- und Pla-
nungsformen, dies aus guten Gründen: Denn über die vielfältigen positiven
Möglichkeiten hinaus muss man auch die Grenzen partizipatoprischer Unterrichtsplanung realistisch einschätzen.

Beginnen wir beim Problem der sachlichen Lernvoraussetzungen der
Schüler. Inwiefern bestimmen sie die Möglichkeiten der Beteiligung mit?
Diese Frage stellt sich vor allem für diejenigen Unterrichtsfächer, deren fachwissenschaftliche Bezugsdisziplinen eine eindeutige Strukturidentität zwischen Gegenstand und Methode aufweisen. Diese Disziplinen sind durch
ihren stringenten, zum Teil axiomatisierten Aufbau gekennzeichnet. In ihnen
greift man Sachverhalte auf, die nur im Zusammenhang mit anderen Sachverhalten hinreichend verstanden oder erklärt werden können. In der Organi-
schen Chemie benötigt man beispielsweise Begriffe und Gesetzmäßigkeiten,
die in der Allgemeinen und Anorganischen, zum Teil auch Physikalischen
Chemie, zugrundegelegt werden. Auch innerhalb eines Teilgebietes einer
Wissenschaft gibt es Sachverhalte, die terminologisch nur einwandfrei unter
Rückgriff auf andere Termini erfasst werden können. Dies drückt sich dann in

der Rede von sogenannten Grundgrößen und abgeleiteten Größen aus. So wird beispielsweise in der Physik im Teilbereich »Mechanik« der Terminus »Druck« zurückgeführt auf die Termini »Kraft« und »Fläche« und dabei als deren Quotient definiert, in der Elektrizitätslehre ist der Begriff »Stromstärke« durch den Quotienten der Grundgrößen »Ladungsmenge« und »Zeit« bestimmt.

Solche Beispiele zeigen, dass im Fachunterricht entsprechende Themen nur dann auf Wunsch der Schüler behandelt werden können, wenn spezifische Sachkenntnisse als Voraussetzung vorliegen. Heißt das nun, dass der Unterricht in den mathematisch-naturwissenschaftlichen Fächern keine Möglichkeiten partizipatorischer Unterrichtsplanung eröffnet? Zur Beantwortung dieser Frage kann noch einmal das skizzierte Beispiel aus dem Deutschunterricht (Behandlung eines Brechtschen Gedichtes) Aufschluss geben.

Das gemeinsam von Schülern und Lehrer erstellte Arbeitsprogramm erweist sich bei näherer Betrachtung keineswegs als ein »ad-hoc-Unterricht«, in dem beliebige Themen zu beliebigen Zeitpunkten auf Wunsch der Schüler behandelt werden könnten. Das geht nämlich aus den Lernvoraussetzungen hervor, über die die Schüler für ein derartiges Arbeitsprogramm verfügen müssen. Im vergangenen Unterricht – und dazu ist zumindest auch schon der Unterricht in der Sekundarstufe I, wenn nicht sogar der in der Primarstufe zu zählen – haben die Schüler eine breite Kompetenz erworben: Aufgrund der vielfachen und vielfältigen Beschäftigung mit Gedichten wissen sie, dass man deren »Botschaft« herausarbeiten kann, dass man die Botschaft durch einen mündlichen Vortrag angemessen zum Ausdruck bringen oder dass autobiographisches Material ein spezifischer Schlüssel zur Botschaft von Gedichten sein kann. All diese Vorkenntnisse sind in die gemeinsame Planung der Unterrichtseinheit eingeflossen. Die Schüler lernen hier also hinsichtlich des Sachaspektes eigentlich nichts Neues hinzu, sondern wenden ihre Kompetenz an, sie erschließen sich damit ein weiteres Stück literarischer Wirklichkeit. Als Ausnahme könnte allenfalls die Absicht gelten, die gesellschaftliche Funktion von Literatur zu durchleuchten. Aber diese Intention wurde ja durch den Rahmenplan bereits vorweggenommen, denn die Vorgabe diente gewissermaßen als noch zu verifizierende Hypothese (»Stimmt die Aussage des Rahmenplans, dass Literatur auch eine gesellschaftliche Funktion hat?«).

Die Tatsache, dass in dem von Schulz angeführten Planungsbeispiel lediglich bereits erworbene kognitive Strukturen zur Erschließung eines »neuen« Sachverhalts dienen, schmälert nicht die Bedeutung der dokumentierten dialogischen Unterrichtsplanung. Im Gegenteil: Schulz gibt Lehrerinnen und Lehrern mit seinem »Hamburger Modell« Anregungen, die in diesem Grad der Konkretheit in der Literatur zur Unterrichtsplanung Seltenheitswert haben.

Indirekt ergeben sich aus dem Modell dann auch Anregungen für den mathematisch-naturwissenschaftlichen Lernbereich. Es wird dort weniger Anregungen geben können für die *Erarbeitung* von Wissen, Erkenntnissen, Begriffen, Arbeitstechniken usw.; es leistet auch keine nennenswerte Hilfe für die unumgängliche Aufgabe, wie eine *angemessene Fachsystematik* und – damit zusammenhängend – ein Mindestmaß an Überblick über die Breite des Gegenstandsfeldes gewährleistet werden kann. Diese Aufgaben werden wohl zu einem großen Teil einem eher lehrergeführten Unterricht vorbehalten bleiben. Im Gegensatz zu diesen Einschränkungen besteht aber auch im mathematisch-naturwissenschaftlichen Lernbereich die Möglichkeit, die Schüler immer dann mit in die Planung einzubeziehen, wenn es um die *Anwendung* von Sachkenntnis geht. Es steht außer Frage, dass die mathematisch-naturwissenschaftlichen Fachdidaktiken diese Möglichkeit bisher nicht ausreichend genutzt haben. Schülerorientierung drückt sich aus ihrer Sicht in der Regel nur in der Frage aus, ob Schüler schon in der Lage sind, bestimmte Sachverhalte geistig bewältigen zu können und ob diese Sachverhalte bereits im Interessenhorizont der Schüler liegen oder noch zurückgestellt werden müssen. Schülerorientierung wird aber weniger als Chance wahrgenommen, Schüler mitwählen und mitplanen zu lassen.

3. Thematische, methodische und institutionelle Offenheit von Unterricht

In Ergänzung dieser Überlegungen zu den Grenzen der Schülerbeteiligung erscheint es wichtig, das erläuterte Planungsverständnis in einen weiter gefassten Kontext schulpädagogischer Argumentation einzustellen. Schulz legt mit seinem Modell ein idealtypisches Konzept vor, dem man sich in der Realität durchaus nähern kann, wie das diskutierte Beispiel zeigte. Es setzt aber auf Seiten der Schülerinnen und Schüler eine *sehr hohe* Planungskompetenz voraus: Was Studierende im Studium an theoretischer Planungskompetenz erwerben sollen, Referendare im Seminar in der praktischen Situation vielfach erproben und ständig verbessern müssen und Lehrerinnen und Lehrer in langer Berufserfahrung zu einer großen Professionalität weiter entwickeln können, wird im »Hamburger Modell« für Schüler ab der Grundschule (ebd. S. 119f.) und für deren Eltern »ohne Ausbildung« vorausgesetzt. Dieses idealtypische Modell bedarf deshalb aus *realistischer* Sicht einer entsprechenden Relativierung und aus *konzeptioneller* Sicht einer Erweiterung des zugrundeliegenden Verständnisses von Schülerbeteiligung.

Beide Forderungen (realistische Einschätzung der Grenzen, konzeptionelle Erweiterung der Schülerorientierung) sind in einem theoretischen Programm eingelöst, das Dietrich Benner und Jörg Ramseger unter der Bezeichnung »Öffnung von Unterricht« theoretisch hergeleitet und über begleitende Schulforschung in der Praxis im Bereich der Grundschule (!) implementiert haben (s. Ramseger [2]1985, Benner 1987). »Öffnung von Unterricht« zeigt sich für Benner und Ramseger in dreifacher Hinsicht, wenn sie von thematischer, methodischer und institutioneller Offenheit sprechen.

Diese Begründung zur Öffnung von Unterricht lässt sich zurückführen auf die Unterscheidung von vorneuzeitlichem und neuzeitlichem Wissen. War das vorneuzeitliche Wissen aus der Annahme einer fest vorgegebenen Ordnung von Welt und Natur heraus begründet worden, so liegt das Kennzeichen des neuzeitlichen Wissens darin, dass es immer eine *Konstruktion* ist, eine vom Menschen geschaffene (mögliche, aber nicht notwendige) Ordnung. Dieser perspektivische Wechsel hat Konsequenzen für die methodische, thematische und institutionelle Gestaltung von Unterricht:

- »In *methodischer Hinsicht* folgt die pädagogische Interaktion nicht mehr der alten Dialektik von Vormachen und Nachmachen, in welcher der Sinn des vom Heranwachsenden Nachgemachten im Horizont eines teils von der Natur, teils vom Lehrer Vorgemachten aufging. Vielmehr kommt es darauf an, Lernende zu Lernleistungen aufzufordern, die durch sie selbst erbracht werden müssen und als solche nicht schon in einer vorgegebenen Ordnung begründet sind.« (Benner 1989, S. 51)
- In *thematischer Hinsicht* ging die Einheit von Lernen und dem Sinn des Gelernten verloren. »Wer früher lesen und schreiben lernte, der lernte dies, um die Schrift beruflich zu gebrauchen und z.B. ein schreibender Mönch oder ein berufsmäßig schreibender Bürger zu werden. Heute lernen Kinder lesen und schreiben, um sich allgemein zur Mitwirkung an öffentlicher Kommunikation zu bilden. Dies aber hat zur Voraussetzung und zur Folge, dass die Einheit zwischen der zu erlernenden Sache und ihrem lebensbedeutsamen Gebrauch nicht mehr unmittelbar gegeben ist. Die Frage nach der Lebensbedeutsamkeit des Gelernten muss darum eigens im Unterricht und im Zusammenleben mit den Kindern thematisiert werden.« (S. 51f.)
- In *institutioneller Hinsicht* unterscheidet sich die heutige Situation von der vorneuzeitlichen dadurch, »dass in Schulen als vom sonstigen Leben abgesonderten Orten etwas gelernt wird, das ohne schulischen Unterricht gar nicht erlernt werden könnte, seinem theoretischen und praktischen Sinn nach aber im Horizont innerschulischer Lernprozesse gar nicht aufgeht, sondern erst außerhalb der Schule seine theoretische und praktische Relevanz gewinnt.« (Benner 1989, S. 52)

Aus diesem Verständnis von Methode, Thema und Institution ergeben sich dann die Möglichkeiten der Öffnung von Unterricht: *Methodisch* ist derjenige Unterricht offen, der den Schüler in die Lage versetzt, *selbsttätig* Ordnungen (sachliche, soziale, ästhetische usw.) mit zu konstruieren; *thematisch* offen ist derjenige, der diese Ordnungsversuche zwar als gegenwärtig plausible, aber als geschichtlich wandelbare und deshalb nur als mögliche Ordnungsversuche erscheinen lässt; und *institutionell* offen ist derjenige Unterricht, der das *in der Schule* Gelernte in Verbindung mit dem »Gebrauch« des Gelernten *außerhalb* der Schule zu verbinden vermag (Museumsbesuch, Exkursionen, Aufsuchen von Experten usw.).

Diese drei Möglichkeiten der Öffnung von Unterricht entfalten erst dann ihr ganzes Potential, wenn sie im konkreten Unterricht wechselseitig aufeinander bezogen und miteinander verwoben zum Einsatz kommen. Sie schließen *zum einen* die Beteiligung der Schüler an der Unterrichtsplanung nicht aus, sie verweisen *zum anderen* aber auch auf die Notwendigkeit, Unterricht zu öffnen, wenn *direkte* Partizipationsmöglichkeiten (im Sinne von Schulz) nicht oder nur sehr bedingt gegeben sind. Die Kompatibilität mit dem Ansatz von Schulz sieht man an dem erläuterten Unterrichtsbeispiel: Die Schüler haben über die thematischen Schwerpunkte (Exilliteratur, Brechtsches Gedicht), die methodischen Zugriffe (Analyse der sprachlichen Mittel, Quellenauswertung, Vortragen bzw. chorisches Sprechen des Gedichtes) und die institutionelle Öffnung (Schallplattennachmittag für Interessenten, Befragung von Arbeitern) mit entschieden. Das erweiterte, über diese Art der Schülerorientierung hinausgehende Konzept Benners verweist also zusätzlich auf die Möglichkeit, Unterricht auch dann zu öffnen, wenn die Schüler diese Öffnung nicht oder nicht durchgehend *diskursiv* mitbestimmen können. Im abschließenden Übungsteil dieses Kapitels wird ein Projekt dargestellt, das diese Möglichkeiten der Öffnung von Unterricht für den Bereich der Grundschule vielfältig einlöst.

4. »Moderne« Formen der Öffnung von Unterricht: Freiarbeit, Stationen lernen, Wochenplanarbeit

Eine weitere Relativierung erfährt das von Schulz vorgelegte Konzept zu einer anderen Seite hin. Offener Unterricht heißt heute vor allem auch, Lernformen und -materialien bereitzustellen, die auf den *einzelnen* Schüler abgestimmt sind, sich also *für ihn* öffnen. Diese Art von Öffnung ist in der partizipatorischen Unterrichtsplanung keineswegs gesichert, denn die gemeinsamen

Planungsentscheidungen spiegeln die individuellen Wünsche, Stärken und Schwächen des einzelnen Schülers nur mehr oder weniger stark im Kompromiss der Gruppe bzw. Klasse wider. Schulz scheint sich dieses Problems bewusst gewesen zu sein, wenn er z.b. mit der Forderung nach Binnendifferenzierung die subjektiven Lernbedürfnisse ernst nehmen und den *individuellen* Lernerfolg sichern will ([3]1981, S. 119f.).

Die Veranschaulichung solcher Formen der Individualisierung kann in diesem Kapitel keinen breiten Raum einnehmen. Deshalb beschränken wir uns auf drei solcher Unterrichtsformen: Freiarbeit, Stationenlernen und Wochenplanarbeit. Bei diesen Möglichkeiten der Öffnung von Unterricht geht es im wesentlichen *nicht* um die *Demokratisierung* des Unterrichtsgeschehens durch Schülerbeteiligung, wenn gleich diese Formen die Beteiligung der Schüler keineswegs ausschließen (z.b. gemeinsame Erstellung des Wochenplanes). Sie sollen die individuellen Stärken der einzelnen Schüler fördern und ihren Lernbedürfnissen gerechter werden, indem sie eine Individualisierung im Hinblick auf das Thema, den Aufgabenumfang, die Lernzeit, das Lerntempo und die Sozialform ermöglichen.

a) Freiarbeit
Als Freiarbeit bezeichnet man eine Arbeitsphase, in der die Schülerinnen und Schüler weitgehend selbstbestimmt tätig werden. Zwar wird durch das bereit gestellte Material ein ordnender Rahmen gesetzt, aber hinsichtlich der Wahl der Inhalte, Arbeitsmittel, Sozialformen und des Lerntempos können die Schüler *frei* entscheiden. Welche Materialien eingesetzt werden, hängt letztlich von dem zugrundeliegenden Verständnis von Freiarbeit ab.

In Schulen, in denen z.b. die Freiarbeit im Sinne der Montessoripädagogik erfolgt, wird auf ein definiertes Set von Aufgabenstellungen zurückgegriffen. Die Materialien sind in der Regel so ausgelegt, dass daran jeweils nur ein sachlicher Aspekt (Isolierung der Schwierigkeiten) erarbeitet werden kann und aufgrund dessen eine immanente Fehlerkontrolle für den Schüler gegeben ist. In den »offeneren« Formen von Freiarbeit ist die Vielfalt der Lernmittel größer (Bücher, Arbeitsblätter, Übungsmaterial), dafür ist aber auch die Kontrolle und Systematisierung der Lernergebnisse wieder in die Verantwortung des Lehrers zu legen.

b) Stationenlernen
»Die Schüler/innen erarbeiten das in verschiedene Teilaspekte differenzierte Thema im Rahmen von Lernstationen weitgehend selbstständig. Die für die verschiedenen Stationen vorgesehenen Lernziele sind so aufeinander abgestimmt, dass die übergreifenden Lernziele des Unterrichts erreicht werden

können. Jede Lernstation muss dazu neben den erforderlichen Arbeitsmaterialien auch die entsprechenden Arbeitsaufträge anbieten.« (Hegele 2006, S. 58) Stationenlernen könnte im Biologieunterricht zum Thema »Krebs« dann z.B. so aussehen:

- Einführung durch den Lehrenden
- Station 1: Was ist Krebs? Wie entsteht er?
- Station 2: Welche Warnzeichen deuten auf Krebs hin?
- Station 3: Was unterscheidet Krebszellen von gesunden Zellen?
- Station 4: Was ist ein gutartiger, was ein bösartiger Tumor?
- Station 5: Wie kann man sich die Entstehung von Krebs vorstellen?
- Station 6: Wie kann Krebs erfolgreich behandelt werden?
- Station 7: Kann man Krebs vorbeugen?

c) Wochenplanarbeit

Ein Wochenplan sieht Aufgaben aus verschiedenen Unterrichtsfächern bzw. Lernbereichen vor. In der Regel wird an jedem Tag der Woche eine Zeiteinheit (Unterrichtsstunde, längere Phase) für die Arbeit am Wochenplan vorgesehen. Auf diese Weise können die ansonsten zerstreuten Phasen von Einzel- oder Partnerarbeit zusammengelegt werden. Innerhalb eines vorgegebenen Rahmens von Pflicht- und Wahlaufgaben können die Schüler die Reihenfolge und die Zeiteinteilung selbst bestimmen.

Diese Form der Individualisierung eignet sich insbesondere für die Grundschule, weil sich dort der Fachlehrerwechsel in Grenzen hält. In den weiterführenden Schulformen ist Wochenplanarbeit aber auch geeignet für Übungs- bzw. Wiederholungsphasen. Im Mathematikunterricht könnten z.B. zum Thema Prozentrechnen entsprechende Aufgaben zusammengestellt werden:

- Darstellungsvarianten von Prozentwerten
- Verschiedene Schreibweisen: Prozent-/Bruch-/Dezimalschreibweise
- Grundaufgaben der Prozentrechnung
- Textaufgaben
- Zinsrechnen

5. Resümee: Unterricht zwischen den Polen von Offenheit und Geschlossenheit

Lehren, verstanden als Hilfe zum Lernen, verlangt die Schaffung solcher Situationen, die offen genug sind, um echtes Lernen in Gang zu bringen. Sobald die Lernschwierigkeiten der Schüler aber so groß werden, dass sie sie nicht mehr allein meistern können, müssen die Lernsituationen geschlossen und gezieltere Hilfen gegeben werden. Bildender Unterricht bewegt sich also ständig zwischen diesen Polen der Offenheit und Geschlossenheit.

Offener Unterricht ist (im Gegensatz zum geschlosseneren) durch den hohen Grad der Variabilität des Unterrichtsverlaufes geprägt. Welche Methoden oder Medien zum Einsatz kommen, wann Unterrichtsgespräche in Gruppenarbeit übergehen sollen, wieviel Zeit Schülern zur Bearbeitung einer Aufgabe zugestanden oder welche Frage zugelassen werden soll, ist nicht durch die vorhergehende Planung des Unterrichts seitens des Lehrers im Detail festgelegt. Derartige Aspekte sind zwar in der Planung zu bedenken, um mögliche Lernschwierigkeiten der Schüler zu antizipieren; entsprechende Entscheidungen können aber erst in Abhängigkeit vom konkreten Unterrichtsverlauf gefällt werden.

Offener bzw. geschlossener Unterricht sind idealtypische Konstruktionen, die in reiner Form in der Unterrichtsrealität nie vorliegen. Völlig offen kann Unterricht deshalb nicht sein, weil er seinem Hauptzweck nach institutionalisierte Lehre ist: Das Wissen der Erwachsenen repräsentiert ein mehr oder weniger großes Stück geronnener Kulturgeschichte und -aneignung, das nur durch organisierte Tradition weitergegeben und vom Schüler re-konstruiert werden kann. Wenn man die generelle Aufgabe von Unterricht in seinem Beitrag zur Förderung der Mündigkeit des Schülers sieht, dann muss man auch mit den knappen Zeitressourcen verantwortlich umgehen. Denn die Schüler sollen möglichst schnell zur Mündigkeit geführt werden. Das Gegenteil wäre nämlich, sie unnötig lange in geistiger Abhängigkeit zu halten. Systematisch arrangierter Unterricht versucht deshalb, gerade auch dem Zeitproblem gerecht zu werden.

Unterricht kann allerdings auch nie völlig geschlossen sein. Die Selbsttätigkeit des Schülers, seine Interessen, sein individuelles Wissens- und Handlungsrepertoire, aber auch seine Reflexivität, durch die er zum Lernprozess (wertend) Stellung nimmt, sind Größen, die einem linearen Verlauf von Unterricht entgegenstehen. Konsequenterweise sollte man daher nur im *Komparativ* von offeneren und geschlosseneren Lernsituationen sprechen, um deutlich zu machen, dass *konkreter* Unterricht auf einer Skala verortet werden kann, deren Pole Offenheit und Geschlossenheit heißen.

Übungen

1. Das folgende Unterrichtsbeispiel hat Hans-Dieter Bunk in seinem Buch »Zehn Projekte zum Sachunterricht« (1990, S. 48 ff.) sehr anschaulich dargestellt, im Schlussteil allerdings nur in sehr knapper Form unter schulpädagogisch relevanten Kategorien interpretiert.

   a) Inwiefern lassen sich die drei von Benner genannten Kriterien (thematische, methodische und institutionelle Öffnung des Unterrichts) in diesem Beispiel ausmachen?

   b) Realer Unterricht – so hatten wir gesagt – kann nie völlig offen bzw. nie völlig geschlossen sein, sondern realisiert sich *zwischen* den Polen von Offenheit und Geschlossenheit. Ist auch dieser Unterricht durch den wechselseitigen Bezug von offeneren und geschlosseneren Phasen gekennzeichnet?

   c) Offener Unterricht muss kein Gegenstück zum wissenschaftsorientierten Unterricht darstellen. Die subjektiven Interessen und Wünsche der Schülerinnen und Schüler müssen sich auch in diesem Beispiel die Konfrontation mit objektiven Tatsachen, (wissenschaftlich) gesicherten Erkenntnissen und verlässlichen Messinstrumenten gefallen lassen. Woran ist das zu erkennen?

Inhalt und Verlauf des Projektes, das den Titel »Unser Igelbuch« trägt, waren sicherlich in hohem Maße durch seinen Anlass mitbestimmt. Eine Schülerin (3. Schuljahr) hatte darüber berichtet, wie ein Igel nachts in den Kellereingang ihres Wohnhauses gefallen war und sich nicht mehr allein befreien konnte. Nachdem die Eltern des Mädchens anfangs entschlossen waren, den Igel wieder freizusetzen, wurde er dann doch zunächst in Pflege genommen. Durch den Bericht der Schülerin neugierig geworden, nutzten die Mitschüler aus ihrer Klasse die Gelegenheit, den Igel vor Ort zu bestaunen. Dieses anfängliche Staunen und die damit gekoppelte Sorge um das hilflose Tier wichen bald vielfältigen sich bei den Schülern einstellenden Fragen nach der Lebensweise und den Nahrungsgewohnheiten des Igels, so dass man übereinkam, diesen Fragen intensiv nachzugehen.

Damit begann zugleich die 2. Phase des Projektes. Die Kinder hatten sich Informationen aus den unterschiedlichsten Quellen besorgt. Nach deren ausführlicher Vorstellung beschlossen sie nach gemeinsamer Absprache, ein Igelbuch anzulegen. Über diese Aufgabe hinaus vergaß man aber nicht das weitere Schicksal des Igels. Unklar blieb in diesem Zusammenhang vor allem, ob man das Tier wieder aussetzen könne, ob es also in seiner gegenwärtigen Verfassung für den bevorstehenden Winter überlebensfähig sei.

Man holte daher Rat bei kompetenten Fachleuten eines nahegelegenen Tiergeheges ein, allerdings nicht unvorbereitet, denn zuvor wurden die dort zu stellenden Fragen an der Tafel fixiert. Die Auskünfte der Fachleute, die zur genauen Auswertung auf Tonband aufgenommen wurden, machten den Kindern u.a. deutlich, dass das Gewicht des Tieres die entscheidende Voraussetzung für dessen erfolgreiche Überwinterung sei. Unter den im Lehrmittelraum der Schule zur Verfügung stehenden Waagentypen hatte man bald den richtigen ausgewählt und festgestellt, dass der Igel Untergewicht besaß.

Der weitere Verlauf des Projektes lässt sich folgendermaßen zusammenfassen: Die Kinder besorgten die notwendige Nahrung, kontrollierten und registrierten regelmäßig das Gewicht des Igels und vervollständigten das »Igelbuch«. Es enthielt sachliche Informationen ebenso wie fiktionale Tiergeschichten, Rätsel, einen Comic, Witze, Buchempfehlungen und entsprechende, z.T. selbst angefertigte, Illustrationen, es wurde gemeinsam redigiert und verbessert und schließlich als 44-seitiges Buch vervielfältigt. Noch vor Einbruch des Winters konnte man den Igel in einem Schrebergarten aussetzen.

2. Überlegen Sie, welche Möglichkeiten sich für die methodische, thematische und institutionelle Öffnung von Unterricht bei den folgenden Themenvorschlägen ergeben und halten Sie Ihre Ideen in der Tabelle fest!

Fach	Thema	methodische Offenheit	thematische Offenheit	institutionelle Offenheit
Deutsch	Experimentelle Poesie			
Physik	Physik in Spielzeugen			
Chemie	Chemie im Haushalt			
Erdkunde	Klimawandel			
Sozialwissenschaften	Armut in Deutschland			
Kunst	Bilder von Krieg und Frieden			
Geschichte	Lokal- und Regionalgeschichte als Teil der eigenen Geschichte			
Musik	Mit Geräten Töne und Geräusche erzeugen			

Kapitel 13

Unterrichtsreihen konzipieren

Unterrichtsreihen umfassen mehrere Einzel- oder Doppelstunden. Indem jene diese zu größeren thematischen Einheiten verbinden und ihrerseits in Halbjahres- und Jahrespläne eingebettet sind, sichern sie in zeitlicher Hinsicht die *mittelfristige* Planung des Unterrichts.

Diese Aufgabe mittelfristiger Planung ließe sich nur in einem ausführlicheren Kapitel darstellen, das im Vergleich zum Umfang der anderen Kapitel in diesem Buch einen unverhältnismäßig großen Stellenwert einnehmen würde. Man müsste nämlich zur Vorstellung einer Unterrichtsreihe zumindest die thematische Struktur einzelner Unterrichtsstunden und die mit ihnen intendierten Ziele ausführlich erläutern und daraus dann übergreifende Perspektiven entwickeln. Wir werden diese Schwierigkeit der Darstellung umgehen, indem wir auf Schülertexte zurückgreifen, die in diesem Buch bereits zur Veranschaulichung bestimmter Planungskompetenzen herangezogen worden sind. Diese Texte sind nämlich von vornherein so ausgewählt worden, dass sie sich zu einer sinnvollen Unterrichtseinheit zusammenfügen lassen.

Beispiel Deutschuntericht

Für die hier zu konstruierende Unterrichtseinheit beziehen wir uns zunächst auf folgende Themen bzw. Texte:
Der Tunnel unter dem Nord-Ostseekanal (s. Kapitel 6)
Frühe (von Peter Huchel) (s. Kapitel 8)
Die Brück' am Tay (von Theodor Fontane) (s. Kapitel 7)
Das Trockendock (von Stefan Andres) (s. Kapitel 3)

Die Verbindung einzelner Unterrichtsstunden zu einer Unterrichtseinheit ergibt sich nicht von selbst, sondern ist immer Ergebnis einer didaktischen Konstruktion, die inhaltlich in den jeweils zugrunde gelegten Lehr-Lernabsichten ihren Ausdruck findet. Wir sehen hier von der Möglichkeit ab, die Texte in verschiedenen Jahrgangsstufen einzusetzen, obwohl das zweifelsohne eine sinnvolle und wahrscheinlich auch übliche Vorgehensweise ist, sondern behandeln diese Texte im Rahmen einer Unterrichtsreihe in einer 10. Klasse im Deutschunterricht.

– Man könnte an die Analyse dieser Texte dann z.B. die Intention binden, dass sich die Schülerinnen und Schüler daran bestimmte *Verfahren der Texterschließung* erarbeiten sollen: lautes Lesen, gliedern in Sinnabschnitte, ikonische Darstellungen des Inhaltes, formulieren von Leitfragen, zusammenfassen von Textabschnitten usw.
– Die Texte könnten auch für typische Vertreter von Textsorten stehen; unter dieser Perspektive wäre zu klären, wodurch lyrische Texte, Sachtexte, Kurzgeschichten und Balladen gekennzeichnet sind bzw. sich unterscheiden.
– Zusätzlich ließe sich an den Texten (schwerpunktmäßig in der Gegenüberstellung des ersten und des vierten Textes) der Unterschied zwischen nichtfiktionalen und fiktionalen Texten klären.

Ein erfahrener Deutschlehrer würde wahrscheinlich alle drei genanten Perspektiven in der Unterrichtsreihe berücksichtigen, aber darüber hinaus auch auf eine *inhaltliche* Verbindung der Texte schauen. Auf diese vierte Möglichkeit wollen wir uns hier konzentrieren und zugleich beschränken. Eine mögliche inhaltliche Verbindung dieser Texte lässt sich herstellen, indem man sie in eine Unterrichtsreihe mit dem Titel »Mensch – Natur – Technik« integriert. Die übergreifende Intention der Unterrichtsreihe liegt dann in der Frage, welche Möglichkeiten der Mensch hat, sich gegenüber der Natur zu verhalten, in sie einzugreifen und durch technische Mittel umzugestalten, und welche Folgen sich aus diesen Eingriffen ergeben könnten.

– Der erste Text (Tunnel unter dem Nord-Ostseekanal) steht dann exemplarisch für die prinzipielle Möglichkeit des Menschen, mittels Technik in die Natur zur Verbesserung seiner Lebensverhältnisse eingreifen zu können.
– In Kontrast zu diesem zweckrationalen Umgang mit Natur zeigt Huchels Gedicht »Frühe« die menschliche Möglichkeit *ästhetischer* Erfahrung. Natur kommt hier nicht aus der Distanz unter dem Aspekt der Verwertbarkeit in den Blick, sondern als sinnlich-leiblich erfahrbares Erlebnis, das zwar nur in der realen Situation unmittelbar gegeben ist (ästhetischer Genuss von Naturphänomenen), in der lyrischen Sprache allerdings durch eine entsprechende Metaphorik mittelbar ausgedrückt und nachempfunden werden kann.

– Während der erste Text ausschließlich die positive Seite menschlicher Technik darstellt, melden sich in Fontanes Ballade die Skeptiker zu Wort. Ihre emotional durchzogene Argumentation hinsichtlich der Grenzen technischer Machbarkeit findet ihre Bestätigung in der Bedrohung und Vernichtung technischer Werke durch die Naturgewalten. Der Mensch kann sich mittels Technik nicht von allen Zwängen der Natur entbinden, denn die in ihr wirkenden Kräfte sind im Extremfall unkalkulierbare Größen, denen er schutzlos ausgeliefert sein kann.

– In der Erzählung »Das Trockendock« wird die Frage der ungewollten und z.T. auch nicht vorhersehbaren Nebenwirkungen aufgeworfen. Technische Erfindungen sind hinsichtlich ihrer praktischen Umsetzungen prinzipiell ambivalent, sie können zu humanen wie inhumanen Zwecken eingesetzt werden. Aber selbst dann, wenn ihr Einsatz von ausschließlich positiven Absichten getragen ist, sind die Wirkungen nur in einem begrenzten Maße vorhersehbar. Das komplexe Zusammenwirken einzelner technischer Maßnahmen mit unterschiedlichsten (sozialen) Größen führt in der Regel zu weiteren Wirkungen, die niemand im Detail zu prognostizieren weiß.

– In der Erzählung von Stefan Andres wird das Problem der *Verantwortung im Umgang mit Technik* nur indirekt über die unbeabsichtigten Nebenfolgen thematisiert. Die Aufnahme dieser Perspektive als eigenes Thema würde deshalb eine wichtige inhaltliche Erweiterung dieser Unterrichtsreihe darstellen. Sie könnte z.B. mit dem folgenden Auszug aus einem von Max Born verfassten Text eröffnet werden. Born geht darin zwar von der Frage der Verantwortung des einzelnen Forschers aus, seine Überlegungen führen ihn aber zu der Erkenntnis, dass die Folgen von Technikeinsatz letztlich nur *kollektiv* von einer wachsamen *Öffentlichkeit* zu verantworten sind.

»Im Jahre 1938 entdeckten Hahn und Straßmann, dass ein Uran-Isotop durch Absorption eines Neutrons instabil wird und sich spaltet. Die genauere Erforschung des Vorgangs ergab, dass dabei mehrere Neutronen frei gemacht werden; wenn diese wieder auf Uran-Kerne treffen, entsteht eine Kettenreaktion, die ungeheure Energie entwickelt. Im Jahre 1942 gelang es einer Gruppe von Physikern unter der Leitung von Enrico Fermi, in Chicago einen Reaktor zu konstruieren, in dem dieser Vorgang in kontrollierbarer Weise abläuft.

Es ist verlockend, hier zu phantasieren: wie wäre das alles verlaufen, wenn nicht Krieg gewesen wäre? Ich vermute, es ware beträchtlich langsamer gegangen, aber im Grunde ebenso. Der erste Reaktor wäre vielleicht fünf oder zehn Jahre später gebaut worden, irgendwo in der zivilisierten Welt. Die Politiker und Militärs hätten natürlich Wind davon bekommen. Aber die Schwierigkeiten und Kosten der Herstellung einer Atombombe sind so gewaltig, dass man zweifeln mag, ob ohne eine akute Kriegsangst etwas zustande gekommen wäre; die westlichen Parlamente hätten jedenfalls gezögert, die nötigen Mittel für ein Projekt zu bewilligen, dessen Durchführbarkeit nur auf dem Papier bewiesen werden konnte. Man hätte Zeit gehabt, die Folgen zu bedenken und eine internationale Regelung zu betreiben, um die Gefahr eines Atomkriegs zu bannen.

Aber so war es eben nicht. Der Ablauf wurde durch einen historischen Zufall beschleunigt, wie eine chemische Reaktion durch einen Katalysator. Der Zufall bestand darin, dass die Entdeckung der Kernspaltung in Deutschland zur Zeit der nationalsozialistischen Herrschaft geschah.

Ich musste damals, wie viele andere, Deutschland verlassen und habe erlebt, welches Entsetzen die übrige Welt ergriff, als Hitlers Anfangserfolge es möglich erscheinen ließen, dass er alle Völker der Erde unterjochen könne. Wenn Deutschland die Atombombe zuerst herstellte, so gab es keine Rettung. Selbst Einstein, der sein Leben lang Pazifist gewesen war, teilte diese Furcht und ließ sich überreden, den Präsidenten Roosevelt zu warnen. Damit kam der Stein ins Rollen. Ungeheure Mittel wurden bewilligt, eine riesige Organisation geschaffen, die besten wissenschaftlichen und technischen Köpfe eingesetzt. Das Ergebnis war die erste Explosion einer Atombombe bei der Versuchsstation Alamogordo in den Vereinigten Staaten im Juli 1945.

Bis dahin ist alles, angesichts der politischen Situation, ganz zwangsläufig; die Politiker und Militärs handeln pflichtgemäß und umsichtig, die Physiker, Chemiker und Ingenieure absolvieren ihren Kriegsdienst da, wo sie am nützlichsten sind, haben zur Erforschung eines neuen, faszinierenden Gebiets der Wissenschaft ungeheure Mittel zur Verfügung und rücken auf in der sozialen Skala zu VIP's (very important persons, wie die Amerikaner sagen).

Die tragische Wendung war der Beschluss, von der neuen Waffe Gebrauch zu machen und zwei Bomben auf volkreiche japanische Städte abzuwerfen. Wer war dafür verantwortlich? Präsident Truman gab den Befehl nach Anhören vieler Berater. Unter diesen waren nicht nur Politiker und Militärs, sondern auch führende Wissenschaftler. Eine Gruppe von Atomforschern hat allerdings gewarnt und die Folgen richtig vorausgesagt in einem Bericht an den Kriegsminister ... Aber eine andere Gruppe von bedeutenden Physikern hat den Bombenabwurf empfohlen.

Ich habe das Wort Verantwortung gebraucht – nicht Schuld. Denn wer darf sich anmaßen, über Männer ein Urteil zu fällen, die in der Bedrängnis des Krieges nach bestem Wissen und Gewissen gehandelt haben? Wird doch der grausige Entschluss hauptsächlich damit gerechtfertigt, dass er dem Krieg ein schnelles Ende machte und Hunderttausenden von Soldaten, amerikanischen und japanischen, das Leben rettete. Nicht gezählt werden die Hunderttausende japanischer Zivilisten, Männer, Frauen und Kinder, die geopfert wurden. Oder wenn es zur Sprache kommt, so wird gesagt, das sei ja doch nichts anderes, als was im gewöhnlichen Bombenkrieg von allen Kriegführenden immerfort getan worden sei. In der Tat, das ist nicht zu leugnen. Aber wird ein großes Verbrechen dadurch gerechtfertigt, dass man erklärt, man sei ja gewohnt, viele kleinere zu begehen?

Ich scheue mich nicht, das Wort Verbrechen zu gebrauchen; um so weniger, als es sich in den letzten Jahren herausstellte, dass Japan schon vor dem Abwurf der Bomben Kapitulationsverhandlungen eingeleitet hat. Es war ein Verbrechen. Und doch will ich keinen einzelnen einen Verbrecher nennen. Es handelt sich um eine Gesamtschuld, um den Verfall des sittlichen Bewußtseins, an dem wir alle mitschuldig sind – auch ich selbst, obwohl ich nicht beteiligt war. Manche meiner Fachgenossen in allen Ländern würden mir zustimmen, aber viele würden scharf widersprechen: Das sei sentimentaler Unsinn, oder: man dient seinem Lande und fragt nicht weiter, oder: Du selbst glaubst, dass alles so kommen musste, also verschone uns mit moralischer Entrüstung.

Dieser letzte Einwand ist ernsthaft: Wie kann man von Schuld reden und kollektivem Verbrechen, wenn man sich von der Zwangsläufigkeit der Entwicklung vom Wilden mit Pfeil und Bogen bis zum Flieger mit Atombombe überzeugt hat?

(aus: Born, Max: Von der Verantwortung des Naturwissenschaftlers, Nymphenburger Verlagsbuchhandlung, München 1965, S. 29-33)
© by Nymphenburger Verlagsbuchhandlung mit freundlicher Genehmigung der F.A. Herbig Verlagsbuchhandlung GmbH

Im Vergleich zur hier dargestellten Unterrichtsreihe, in der die didaktische Kreativität und Erfahrung des Lehrers bei der Zusammenstellung entsprechender Texte gefragt ist, ist die Verbindung von Einzel- und Doppelstunden oft wesentlich einfacher zu konstruieren. Bei der Behandlung eines Romans oder umfangreicheren Dramas etwa ergibt sich der Verlauf der Unterrichtsreihe aus der sukzessiven Erschließung des Inhaltes (Handlungsebene, Raum- und Zeitperspektiven, Charaktere, Motive der Handelnden usw.). Im Geschichtsunterricht wird die Chronologie von Ereignissen eine dominante Rolle spielen, wenn gleich Themen (z.B. Emanzipation der Frau) auch über einen längeren Zeitraum hinweg schwerpunktmäßig erarbeitet werden können. Die folgenden Beispiele sollen abschließend zeigen, wie unterschiedlich die Konstruktion von Unterrichtsreihen in verschiedenen Fächern ausfallen kann.

Beispiel Geographieunterricht

Thema der Unterrichtseinheit: Fränkische Alb
1. Oberflächenform der Fränkischen Alb
2. Entstehung der Fränkischen Alb
3. Beziehung zwischen Oberflächenform und Bodennutzung
4. durch intensive Landwirtschaft und Viehhaltung verursachte Umweltprobleme
5. Übertragung der Erkenntnisse auf ähnliche Schichtstufenlandschaften
6. Einsatz für eine umweltfreundliche Nutzung der Fränkischen Alb
   (aus: Rinschede [3]2007, S. 428)

Beispiel Biologieunterricht

Thema der Unterrichtseinheit: Blut und Blutkreislauf
1. Zusammensetzung des Blutes: Blutzellen, Blutflüssigkeit
2. Eigenschaften des Blutes: Blutgerinnung und Wundverschluss
3. Blutgruppen: ABO-System, Rhesusfaktor
4. Blut als Lösungs- und Transportmittel: Transport von Blutzellen, Sauerstoff, Nährstoffen, Hormonen, Stoffwechselprodukten
5. Blutkreislauf: Bau und Funktion des Herzens, Kreislaufsystem, Puls- und Blutdruckmessung, Herz- und Kreislauferkrankungen, »Erste Hilfe«

Beispiel Chemieunterricht

Thema der Unterrichtseinheit: Chemische Reaktion

1. Gemische (feste und flüssige Gemische, Lösungen, Trennverfahren)
2. Elemente, Verbindungen
3. Schema einer chemischen Reaktion in Worten
4. Massenerhaltungsgesetz
5. exotherme und endotherme Reaktionen

Beispiel Mathematikunterricht

Thema der Unterrichtsreihe: Bruchrechnung

1. Brüche in der Umwelt
2. Erweitern und Kürzen
3. Bruchzahlen
4. Vergleichen
5. Addieren und Subtrahieren gleichnamiger Brüche
6. Addieren und Subtrahieren ungleichnamiger Brüche
7. Gemischte Zahlen
   (aus: Vollrath 2001, S. 191)

Übungen

Entwerfen Sie für eines der folgenden Themen eine Unterrichtsreihe!

Chemie: Das Periodensystem der Elemente
Geschichte: Absolutismus
Musik: Funktionale Musik
Sachunterricht: Zeit und Zeiteinteilung
Kunst: Surrealismus
Physik: Wirkungen des elektrischen Stromes

Kapitel 14

Hinweise zur schriftlichen Form der Unterrichtsplanung

Dieses abschließende Kapitel ist nicht als inhaltliche Kurzfassung der zuvor dargestellten Planungselemente zu verstehen. Es soll im wesentlichen die Koordination dieser Elemente zu einem *Gesamtplan* reflektieren, der seinen Ausdruck in der Form eines schriftlichen Unterrichtsentwurfes findet. Dessen inhaltliche und formale Gestaltung hat der Leser bereits an zwei beispielhaften Entwürfen zum Physik- und Deutschunterricht (s. Kapitel 10 und 11) kennengelernt. Die folgenden Überlegungen setzen voraus, dass man sich den Inhalt sämtlicher Kapitel erarbeitet und über die beiden Unterrichtsentwürfe eine erste Vorstellung von der notwendigen Integration der einzelnen Elemente erworben hat. Auf der Basis dieser Kenntnisse und der damit gewonnenen Planungskompetenzen sollen die Überlegungen nun auf einer höheren Reflexionsstufe fortgeführt werden.

In einem *ersten* Schritt geht es um die wesentlichen *Funktionen* und damit um den theoretischen und praktischen Sinn der schriftlichen Unterrichtsplanung. Diese stellt nur noch den *Abschluss* der Planungsüberlegungen dar, spiegelt also nicht den *Prozess* wider, der zu diesem Ergebnis geführt hat. Hinsichtlich dieses Prozesses muss man sich vor einem Missverständnis hüten. Er ist nicht nur von Stringenz und Linearität in dem Sinne geprägt, dass sich ein Schritt systematisch an den anderen anschließt und zu einem alternativlosen Ergebnis führt, sondern lebt im hohen Maße auch vom Einfallsreichtum und von der Intuition des Planenden. Aber nicht alle Ideen, die zunächst als geeignet erscheinen, werden letztlich in die Planung integriert. Es muss entschieden werden, ob sie zu einem möglichst stimmigen Gesamtbild weiter entwickelt werden können. Um diese *Balance zwischen Intuition und stringenter Entscheidung* offen zu halten, sollte sich die Planung des Unterrichts an drei bewährte *Prinzipien* halten. Sie werden in einem *zweiten* Schritt dargestellt und sind schon in der »Berliner Didaktik« explizit für die Planung, Durchführung und Analyse von Unterricht eingefordert worden: Interdependenz, Variabilität und Kontrollierbarkeit. In einem *dritten* Schritt werden die drei großen Aufgabenfelder der Unterrichtsplanung gekennzeichnet, indem *didaktische Entscheidungen* von *methodischen* unterschieden und in Relation zu den *Lernvoraussetzungen* der Schüler gesetzt werden. Sie lassen sich in weitere Teilaufgaben aufgliedern, die im Verlaufe dieses Arbeitsbuches separat in den einzelnen Kapiteln thematisiert wurden. Die Beschreibung dieser drei Aufgabenfelder zielt somit auf eine strukturelle Ordnung der einzelnen Planungselemente. In einem abschließenden *vierten* Schritt werden dann einige formale Aspekte der Unterrichtsplanung erörtert, deren Sinn sich aber erst im Zusammenhang mit den zuvor angestellten Überlegungen ergibt.

1. Funktionen schriftlicher Unterrichtsplanung

Die schriftliche Form der Unterrichtsplanung mag dem Berufseinsteiger als eine lästige Schreibübung erscheinen; oft genug hat man bei Hospitationsgelegenheiten im Praktikum oder im Referendariat gesehen, dass gestandene Lehrerinnen und Lehrer ohne solche Verschriftlichungen auskommen und allenfalls auf einen »Spickzettel« zurückgreifen. Das allein sind aber keine Indizien für eine nachlässige Vorbereitung. Erfahrene Lehrer unterscheiden sich nämlich im *Bewusstheitsgrad* ihrer didaktisch-methodischen Überlegungen und darauf abgestimmter Handlungen erheblich von Berufseinsteigern. Sie verfügen über differenziertere Wahrnehmungs-, Denk- und Evaluationsmuster, deren Ausprägung den Grad ihrer Professionalität erkennen lässt. Diese Professionalität ist Resultat eines langen Erfahrungsprozesses, der es einem ermöglicht, in seinen momentanen Handlungen nicht gänzlich verstrickt zu sein, sondern mit einem hinreichenden Maß an reflexiver Distanz ihren Erfolg oder Misserfolg schnell zu registrieren und dann flexibel zu reagieren. Im Rahmen der Entwicklung dieser Planungsprofessionalität sind die folgenden Funktionen der schriftlichen Unterrichtsplanung zu sehen.

Bewusstmachung der Planungselemente

Kompetenzunterschiede zwischen Berufserfahrenen und Berufsanfängern werden theoretisch im sogenannten *Expertenparadigma* modelliert und sind z.T. auch empirisch erfasst worden. Im Sinne dieses Ansatzes unterscheiden sich Experten und Nicht-Experten hinsichtlich des Inhaltes und der Struktur ihres Wissens; der Experte verfügt nicht nur über ein umfangreicheres Detailwissen, sondern sein Wissen ist auch besser strukturiert. In seiner Monographie »Der Lehrer als Experte« (Bromme 1992) gibt Bromme einen Überblick über verschiedene Expertenstudien mit Lehrern. »Dabei zeigten sich zwischen Experten und Anfängern deutliche Unterschiede in der kategorialen Wahrnehmung der Unterrichtsereignisse. Die Sicht der Experten war geprägt durch Konzepte über typische Unterrichtsereignisse und durch einen Begriff von der ganzen Klasse, während die Anfänger eher die einzelnen Schüler unabhängig voneinander im Blick hatten. Die Experten verfügten dabei über allgemeinere Begriffe als die Anfänger.« (Ebd., S. 68)

Diese Kompetenzunterschiede wirken über die Planung in die Durchführung des Unterrichts hinein. Experten sind z.B. bei der Einführung von neuem Stoff in der Lage, ein Unterrichtsziel stringent unter gleichzeitiger Wahrung von hoher Flexibilität bei unvorhersehbaren Ereignissen zeitökonomisch zu verfolgen und dabei zugleich weitere Rahmenbedingungen zu erfüllen: »den Unterricht in Gang halten, viele unterschiedliche Schüler aufrufen, die Schüler nicht in Verlegenheit bringen, Aufmerksamkeit und Mitarbeit aufrechterhalten, sowie Nachzügler entdecken und ihnen helfen.« (Ebd., S. 66) Selbst bei einer vermeintlich einfachen didaktischen Aufgabe wie dem Stellen und Besprechen von Hausaufgaben zeigen sich große Unterschiede: Die »Experten gaben nur Hausaufgaben zur Übung bereits behandelten Materials, die Anfänger auch solche Aufgaben, die den nicht abgeschlossenen Unterrichtsstoff fortführten.« (Ebd.) Dadurch potenzierte sich das Zeitproblem der Anfänger; denn ihr Unterricht verlief erwartungsgemäß wesentlich stockender und nahm daher für gleiche Ziele mehr Zeit in Anspruch als bei den Experten. Folglich meinten die Anfänger, die wegen Zeitmangels noch nicht erreichten Ziele über Hausaufgaben abdecken zu können. Die schwierigeren Hausaufgaben waren also ein Ergebnis ihrer Zeitprobleme, minimierten diese aber – wie zunächst angenommen – nicht, sondern führten im Gegenteil zu noch größeren Zeitproblemen, die sich aus der ausführlicheren Besprechung der schwierigeren Hausaufgaben ergaben. Solche Beispiele (s. ergänzend auch Berliner 1987) zeigen bis in die Details schulischen Denkens und Handelns hinein, dass eine Vielzahl von Aspekten wichtig ist und deshalb »gewusst« werden muss und dass diese Aspekte in ihrer gegenseitigen Bedingtheit aufeinander bezogen werden müssen, weil sich ansonsten die Ergebnisse bestimmter Handlungen auf andere kontraproduktiv auswirken können.

Für die Unterrichtsplanung des Berufsanfängers heißt das: Er muss sich die »verschiedenen Entscheidungsmomente zunächst einmal bewusst machen und sich darin üben, diese immer wieder zu durchlaufen« (Schlömerkemper 2007). Schriftliche Unterrichtsplanung ist also gerade zu Beginn der Ausbildung im Studium und im Referendariat eine unerlässliche Aufgabe. Die Ausführlichkeit der Darlegungen und ihre systematische Ordnung zu einer Gesamtkonzeption erfordern *hohe Bewusstheit* und *sprachliche Präzision*. Deshalb bewirkt die Verschriftlichung der Planung schon nach relativ wenigen Entwürfen eine differenziertere Wahrnehmungs- und Urteilsfähigkeit. Lernpsychologisch gesehen führt dieser Übungsprozess zur Verinnerlichung eines begrifflichen Kategoriensystems, das die Planungselemente von Unterricht umfasst; durch ständige Anwendung wird dieses Kategoriensystem variantenreich eingeübt, so dass es mit der Zeit stark überlernt ist und sozusagen »in Fleisch und Blut« übergegangen ist. Im Studium und Referendariat sollte die schriftliche Vorbereitung deshalb die Regel sein, nach Abschluss des 2. Staatsexamens wird sie im Umfang reduzierter ausfallen können und später eigentlich nur noch zu Beförderungsanlässen erforderlich sein.

Entscheidungszwang

Die bewusste Prüfung von Planungsvarianten geht mit *Entscheidungen* für und wider diese Möglichkeiten einher. Im Verlauf des Planungsprozesses könnten sich hinsichtlich der Auswahl eines Bildes beispielsweise solche Fragen gestellt haben: Setzt dieses Bildes einen hinreichenden Impuls, um die Schüler aus der Reserve zu locken? Führt der Einsatz des Bildes direkt zur Problemstellung oder stiftet er unnötige Komplikation und Verwirrung? Entspricht der dargestellte Sachverhalt den Lernvoraussetzungen der Schüler oder sind diese erst nach weiteren Informationen gegeben? Kann in den späteren Unterrichtsphasen nochmals auf dieses Bild zurückgegriffen werden, um die Einsicht des in Frage stehenden Zusammenhanges zu fördern? Durch solche Fragen werden die Leistungen und möglichen Denkwege der Schüler antizipiert. Ihre Beantwortung kann im Planungsprozess zu einer Vielzahl von Alternativen führen, zwischen denen man letztlich aber zu entscheiden hat. Dieser *Entscheidungszwang* wird gerade durch die schriftliche Form der Unterrichtsvorbereitung forciert, weil man sich damit auf einen bestimmten Weg der Unterrichtsgestaltung festlegen muss. Man darf die Reaktion auf diesen Entscheidungszwang allerdings nicht als Ausdruck fehlender Flexibilität missverstehen (s. dazu unten das Prinzip der Variabilität). Er ist aufgrund der jeweiligen Planungsbedingungen (insbesondere durch das begrenzte Zeitkontingent in der Planung) *prinzipiell* nicht zu umgehen; selbst bei der offeneren Unterrichtsplanung, an der Schülerinnen und Schüler beteiligt sind, müssen mit ihnen gemeinsam Entscheidungen zwischen Planungsvarianten herbeigeführt werden.

Transparenz und kriteriengeleitete Analyse von Unterricht

Entscheidungen für bestimmte Planungselemente (*bestimmte* thematische Aspekte, Lernziele, Medien, Sozialformen usw.) und deren Begründung lassen ein klares Bild vom möglichen Verlauf des Unterrichts entstehen. Dieses Bild grenzt sich auch deutlich von dem ab, was man nicht mehr will. Auf diese Weise entsteht eine hohe *Transparenz* des unterrichtlichen Handlungsprozesses nicht nur für den Planenden selbst, sondern auch für andere. Schriftliche Unterrichtsplanung leistet also zweierlei: Sie ist eine Form der *Selbstverständigung* und eine Form *adressatenbezogenen* Schreibens, durch die andere schnell und präzise in das Unterrichtsvorhaben eingeführt werden können (z.B. in »Prüfungssituationen«).

Der schriftliche Entwurf fixiert *Kriterien* als Resultat didaktisch-methodischer Entscheidungen, mit deren Hilfe sich der tatsächliche Verlauf des Unterrichts *analysieren* lässt. Der Sinn dieser Kriterien liegt nicht primär bzw. nicht allein darin, »Fehler« der Planung aufzudecken, sondern die angelegten Kriterien auf ihre Einlösung im Unterrichtsverlauf hin abzugleichen und zu fragen: Wie kann mein Unterricht *besser* werden? Studierende und Referendare berichten oft darüber, dass die Kriterien für die Analyse des hospitierten Unterrichts nicht eindeutig benannt sind und nicht konsequent genug zur Anwendung kommen. Der Beratende (Dozent, Fachleiter) hat deshalb nicht nur die Pflicht, die didaktisch-methodischen Kriterien gegenüber Studierenden bzw. Referendaren zu präzisieren, sondern im anschließenden Beratungsgespräch auch konstruktive Vorschläge zu machen, wie diese Kriterien praktisch besser hätten eingelöst werden können. Auf diese Weise wird der *Kreislauf von Planung, Durchführung und Analyse* von Unterricht sinnvoll und effektiv geschlossen.

Für den Lehrerberuf stellt das Fehlen eindeutiger Kriterien ein besonderes Problem dar. Lehrerinnen und Lehrer kommen nämlich im Vergleich zu anderen Berufsgruppen erst relativ spät zur Professionalität. Damit korrespondiert die Tatsache, dass es »keinen signifikanten Zusammenhang zwischen der Dauer der Berufstätigkeit von Lehrern, dem Niveau ihres Expertenwissens und ihrem Unterrichtserfolg« (Weinert/Helmke 1996, S. 232) gibt. Eine mögliche Ursache könnte darin liegen, dass sie Einzelkämpfer sind und ihnen nicht permanent von außen Kriterien entgegen gehalten werden, an denen man sich messen könnte bzw. müsste. Alltagsroutine, Zeit- und Handlungsdruck leisten ein übriges, indem sie die Bewusstheit handlungsleitender Kriterien erheblich mindern. Gerade deshalb ist es schon im Studium und Referendariat wichtig, sich selbst und anderen schriftliche Rechenschaft über seine pädagogischen und didaktisch-methodischen Maßstäbe abzulegen.

Kohärenz der Planungsebenen

Insbesondere im dritten und dreizehnten Kapitel wurde die Notwendigkeit inhaltlicher und zeitlicher Kohärenz der Unterrichtsplanung und -durchführung herausgestellt. Diese Forderung besagte: Schulisches Lehren und Lernen realisiert sich zwar im ständigen Wechsel von Unterrichtsstunden, aber die Abfolge dieser kurzen Lehr-Lerneinheiten muss mittel- und langfristig ein übergreifendes Konzept erkennen lassen, damit sich die vielen Einzelaktivitäten nicht in ein unverbundenes Nebeneinander verlieren. Die übergreifende Ordnung wird insbesondere durch Richtlinien und Lehrpläne formuliert. Richtlinien geben allgemeine Richtziele vor (z.B. Entwicklung von Mündigkeit in sozialer Verantwortung), die die fächerübergreifende Koordination unterrichtlicher Aktivitäten sichern sollen. In Lehrplänen sind diese Richtziele in fachliche Leitziele übersetzt, die ihrerseits wiederum ihren Beitrag zur Koordination der Aktivitäten in dem jeweiligen Fach leisten sollen.

Zur Realisierung dieser fachlichen Leitziele sind in den Lehrplänen obligatorische und fakultative Themeneinheiten vorgegeben bzw. vorgeschlagen. Sie können von Fachlehrerteams der einzelnen Schulen oder auch vom einzelnen Lehrer modifiziert, ergänzt und auf diese Weise zu Jahres- oder Halbjahresplänen fortgeschrieben werden. Diese pädagogischen Vor-Ordnungen (von den Richtzielvorgaben bis hin zur Entwicklung von Jahres- oder Halbjahresplänen) münden schließlich in die Konzeption von Unterrichtsreihen. Eine wichtige Aufgabe der schriftlichen Unterrichtsplanung muss darin bestehen, die *Köhärenz* dieser verschiedenen *Planungsebenen* zu reflektieren. Die Begründung setzt in der Planung dann »von unten« an: Indem man die geplante Unterrichtsstunde (Einzel- oder Doppelstunde) in den Kontext mehrerer thematisch zusammenhängender Stunden einbettet, entstehen Unterrichtsreihen, die Teil des jeweiligen umfassenderen Jahres- oder Halbjahresplans sind. Auf diese Weise wird von der einzelnen geplanten Unterrichtstsunde aus bis hin zu den fachlichen Leitzielen eine pädagogische Begründungskette entwickelt, die die *zeitliche* wie *inhaltliche Kohärenz* des alltäglichen Unterrichts sichern soll.

2. Prinzipien der Unterrichtsplanung

a) Das Prinzip der Interdependenz
Die Konsistenz eines Unterrichtsentwurfes ergibt sich aus der gegenseitigen Abstimmung einzelner Planungselemente. Das Bemühen um diese Art von Konsistenz haben Heimann, Otto und Schulz (1965) in der »Berliner Didak-

tik« im Prinzip der *Interdependenz*, »der widerspruchsfreien Wechselwirkung der Planungsmomente« (S. 45), eingefordert. Demnach müssen alle Planungsmomente (Thema, Lernziele, Medien, Methoden, Sozialformen usw.) in ihrer gegenseitigen Abhängigkeit gesehen werden.

Dieses Prinzip darf allerdings nicht in der Weise missverstanden werden, dass die einzelnen Momente gleichgewichtig sind. Um es an einem fiktiven Planungsbeispiel zu verdeutlichen: Mit der Behandlung eines bestimmten Romans werden bestimmte Intentionen bzw. Lernziele verfolgt. Wenn nun eine Zugriffsmöglichkeit auf eine Verfilmung dieses Romans besteht, so können durch die Wahl dieses *Mediums* Film inhaltliche Abweichungen oder besondere Akzentuierungen im Vergleich zum Originaltext herausgearbeitet werden. Es könnten sich dann zwei Möglichkeiten ergeben: Werden mit dem Film *zusätzliche* interpretative Gesichtspunkte erschließbar, so könnte man sich für eine *Erweiterung* der ursprünglichen Lernziele entscheiden. Die Medienwahl wirkt hier also modifizierend auf die zunächst intendierten Lernziele zurück. Bleiben die Abweichungen und Akzentuierungen dagegen mehr oder weniger weit hinter der Aussagekraft und Differenziertheit der Textversion zurück, würde man wohl an den ursprünglichen (umfassenderen) Lernzielen festhalten und ggf. auf die Filmvorführung verzichten. In diesem Fall entscheiden die Lernziele über den Einsatz des Mediums.

Im Durchspielen solcher Möglichkeiten wird deutlich: Es gibt keinen *strengen* wechselseitigen, interdependenten Bezug zwischen den einzelnen Planungsmomenten. Die Entscheidungsimpulse können theoretisch von allen Momenten ausgehen und im Einzelfall durchaus einseitig bleiben. Aber letztlich sind für die Planung und Durchführung von Unterricht immer die intendierten, an spezifische thematische Aspekte gebundenen *Lernziele* ausschlaggebend. Deshalb müssen sich alle andere Planungsüberlegungen in erster Linie an Lernzielen orientieren. Klafki spricht daher – unter grundsätzlicher Anerkennung des Prinzips der Interdependenz – vom *Primat der Zielentscheidungen*. Dieser »Primat der Zielentscheidungen im Verhältnis zu allen anderen Entscheidungsdimensionen des Unterrichts besagt: Sowohl die Entscheidungen darüber, *was* jeweils und in welcher Perspektive etwas Gegenstand, Thema des Unterrichts sein soll …, als auch Entscheidungen über Methoden und Medien des Unterrichts, weiterhin die Beurteilung der Bedeutung der jeweiligen soziokulturell vermittelten ›anthropogenen‹ sowie der institutionellen Bedingungen für Unterricht sind nur von den Zielsetzungen des Unterrichts her begründet möglich.« (Klafki [5]1996, S. 259) Dieses modifizierte Verständnis von Interdependenz gilt in der heutigen Diskussion immer noch als unbestritten.

b) Das Prinzip der Variabilität

Variabilität heißt, sich während des Planungsprozesses offen für andere Möglichkeiten der Unterrichtsgestaltung zu halten. Von der Befolgung dieses Prinzips hängt der Erfolg des Unterrichts in hohem Maße ab. Denn nur im Durchspielen hinreichend vieler Alternativen können effektive von weniger effektiven Handlungsmöglichkeiten geschieden werden. Wie lässt sich dieses Prinzip der Variabilität realisieren?

Es ist um so weniger gesichert, wenn man seinen vorschnellen Ideen rigide folgt, alle anderen Planungsentscheidungen darauf einseitig bezieht und damit das Prinzip der Interdependenz auflöst. Man kann z.b. eine geschichtliche Quelle als *Medium* auf den ersten Blick für besonders wertvoll erachten, aber ihr Einsatz sollte u.a. davon abhängig sein, dass ihre Verstehbarkeit für die Schülerinnen und Schüler als *Lernvoraussetzung* gesichert ist. Oder: Die Schülerdiskussion mag man anfangs für eine besonders geeignete *Sozialform* für eine Stunde halten, aber in den weiterführenden Planungsüberlegungen kann sich die Hypothese bestätigen, dass das *Thema* gar nicht genügend Diskussionspotential für die Schüler bietet. Es braucht also etwas Muße und Geduld, um verschiedenste Möglichkeiten des Unterrichtsverlaufes durchzuspielen, sie zu variieren und schließlich über sie zu entscheiden.

Voraussetzung zum Durchspielen solcher Möglichkeiten ist allerdings das Vorliegen von inhaltlichen und methodischen Alternativen. Man sollte deshalb nicht nur auf eigene Ideen setzen, sondern sich zusätzlich von anderen anregen lassen. Schon der Blick in den Lehrplan oder in Schülerbücher eröffnet viele thematische Perspektiven. Durch regelmäßige Lektüre fachdidaktischer Literatur verschafft man sich einen Überblick über inhaltliche wie methodische Realisierungsmöglichkeiten. Diese Möglichkeiten müssen zwar mit den Bedingungen des eigenen Unterrichts abgeglichen und deshalb *variiert* werden, können sich dabei aber als perspektivische Ergänzungen zu eigenen Planungsvarianten erweisen. Unverzichtbar erscheint vor allem der kollegiale Austausch; er ist zwar nicht leicht zu realisieren, denn die grundsätzlich vorliegende Bereitschaft zur Kooperation wird nur selten in die Tat umgesetzt; zur Furcht vor der möglichen Abqualifizierung der eigenen Arbeit gesellt sich ein »Konglomerat aus kooperationsfernen Berufseinstellungen, mangelndem Professionswissen, zellularen Arbeitstrukturen, einengenden Rahmenbedingungen (wie z.B. fehlenden Zeitbudgets) und Kultureigenheiten des jeweiligen Kollegiums« (Schönig 2003, S. 456f.). Man wird diesen Schwierigkeiten Rechnung tragen müssen, sollte über sie hinweg aber vor allem die Chance sehen, dass sich sie Zusammenarbeit lohnt, »weil sie mittelfristig Arbeitserleichterungen erbringt« (Terhart 2001, S. 101) und die Qualität des eigenen Unterrichts erhöhen kann.

Variabilität der Planung ist schließlich am Grad der Beteiligung der Schüler an der Unterrichtsplanung zu bemessen. Möglichkeiten und Grenzen der Schülerbeteiligung sind im zwölften Kapitel bereits ausführlich zu Wort gekommen, so dass sich hier eine Rekapitulation erübrigt.

c) Das Prinzip der Kontrollierbarkeit
Kontrollierbarkeit setzt die möglichst explizite und eindeutige Formulierung der Planungsentscheidungen voraus. Erst dadurch wird der durchgeführte Unterricht analysierbar. Ein Soll-Ist-Vergleich zwischen Planung und erfolgtem Unterrichtsverlauf gibt Aufschlüsse über das Erreichte oder (noch) nicht Erreichte und erlaubt Rückbezüge auf die in der Planungsphase in Erwägung gezogenen Alternativen: Hatte man für die Phase der Erarbeitung genügend Zeit einkalkuliert oder sind zum Schluss der Stunde ausschließlich die besseren Schüler zu Worte gekommen, um das Stundenergebnis noch schnell zu sichern? Auf welche inhaltlichen Elemente hätte man mit Hilfe einer grafischen Darstellung stärker fokussieren können, um die Aufmerksamkeit der Schüler gezielter auf die »kritischen« Merkmale des Sachverhaltes zu richten? Sind die nicht zufriedenstellenden Ergebnisse der arbeitsteiligen Gruppenarbeit auf mangelnde Klarheit der Arbeitsaufträge oder auf die Lückenhaftigkeit des zur Verfügung gestellten Materials zurückzuführen?

Wer sich dieses Prinzip der Kontrollierbarkeit zu eigen macht, entwickelt und festigt im Laufe der Zeit eine selbstkritische Haltung zu seinem Unterrichtserfolg. Die empirische Studie von Weinert und Helmke über »gute« Lehrerinnen und Lehrer stützt deutlich die These, »dass quasi-experimentelle Einstellungen zur eigenen Unterrichtspraxis ... von großer Bedeutung für den Erwerb professionellen Wissens und Könnens sind« (Weinert/Helmke 1996, S. 232). »Quasi-experimentell« soll dabei heißen, dass realer Unterricht aufgrund seiner Komplexität zwar nicht mit experimentellen Situationen gleichzusetzen ist, die Lehrperson aber im Rahmen ihrer Möglichkeiten versucht, den *Wirkungszusammenhang* zwischen »Mitteln« (Medien, Methoden, Sozialformen) und erreichten »Zwecken« (Lernzielen) unter den gegebenen Bedingungen (Lernvoraussetzungen) zu *kontrollieren*.

Auch hinsichtlich dieses Prinzips der Kontrollierbarkeit lassen sich die Schülerinnen und Schüler entsprechend beteiligen. Allerdings gilt auch hierfür, dass die Kriterien der Erfolgsüberprüfung in der gemeinsamen Planung *explizit* herausgestellt werden müssen. Dies ist eine anspruchsvolle Herausforderung für die Schüler, die sich aber positiv auf die Einschätzung der eigenen Leistungsfähigkeit auswirken dürfte.

3. Die Begründung didaktischer und methodischer Entscheidungen unter Berücksichtigung der Lernvoraussetzungen

Die schriftliche Fassung eines Unterrichtsentwurfes erfordert eine Vielzahl begründeter Entscheidungen, die sich in *drei großen Aufgabenfeldern* zusammenfassen lassen; wir beginnen zunächst damit, zwei dieser Aufgaben ins Verhältnis zueinander zu setzen: *didaktische* und *methodische* Entscheidungen. *Didaktische* Entscheidungen sollen eine Antwort auf die Frage geben: *Welche* Inhalte sollen *warum* gelehrt werden? Sie zielen also auf die begründete Auswahl von Inhalten. *Methodische* Entscheidungen beziehen sich dagegen auf die Frage: *Wie* kann Unterricht *gestaltet* werden, um Lernprozesse optimal zu unterstützen und zu fördern. Hier steht also die Frage der Unterrichtsgestaltung im Vordergrund.

Während der Begriff *methodisch* in der Literatur einhellig für Fragen der Unterrichtsgestaltung reserviert ist, differieren die mit dem Begriff *didaktisch* verbundenen Bedeutungen nicht unerheblich. Die Gründe für solche Abweichungen können hier nicht näher erörtert werden. Wir verwenden im folgenden das Attribut *didaktisch* in der Weise, indem wir uns Klafkis bildungstheoretischer Position anschließen. Klafki will mit dem Terminus »Primat der Didaktik« (Klafki [5]1996, S. 116) – er korrespondiert mit dem oben eingeführten Begriff »Primat der Zielentscheidungen« – die Abhängigkeit methodischer Entscheidungen von den inhaltlichen (= didaktischen) hervorheben. Die Frage *Welche Inhalte warum gelehrt werden sollen?* ist für ihn also eine genuin *didaktische* Angelegenheit, der sich die methodische Gestaltung des Unterrichts unterzuordnen hat.

Zur Verwendung des Begriffes »Methodik« bzw. »methodisch« sei eine ergänzende Anmerkung hinzugefügt. Methodik ist ein Sammelbegriff, der z.B. die Wahl der Medien, Sozialformen und auch die der Unterrichts*methoden* umfasst. *Methoden* des Unterrichts stehen also nur für einen *Teil der Methodik*; insofern ist es wichtig, diese Begriffe nicht synonym zu gebrauchen, sondern sorgfältig zu unterscheiden.

Der Einteilung in *didaktische* und *methodische* Entscheidungen der Unterrichtsplanung liegt im wesentlichen auch die Abfolge der einzelnen Kapitel dieses Buches zugrunde (s. Tabelle). Zwischen die Darstellung dieser beiden Aufgabenfelder ist ein dritter Baustein der Unterrichtsplanung eingeschoben worden, die Beschreibung des Planungskomplexes »Lernvoraussetzungen« (s. Kap. 5). Die Summe der Kapitel spiegelt somit die drei großen *Bausteine der Unterrichtsplanung*: *didaktische* und *methodische* Entscheidungen in Abhängigkeit von den *Lernvoraussetzungen* der Schüler.

Didaktische Entscheidungen	*Methodische* Entscheidungen
(Leitende Frage bei den Planungsüberlegungen: *Welche* Inhalte werden *warum* gelehrt?)	(Leitende Frage bei den Planungsüberlegungen: *Wie* kann Unterricht *gestaltet* werden, um die Lernprozesse der Schüler optimal zu unterstützen?)
Die leitende Frage wird durch die »Didaktische Analyse« geklärt: – Gegenwartsbedeutung (Kap. 1) – Zukunftsbedeutung (Kap. 1) – Struktur des Inhaltes; Lernziele (Kap. 2, 3) – Exemplarizität des Inhaltes (Kap. 4) – Zugänglichkeit (Kap. 4)	Die leitende Frage wird im Durchspielen verschiedener Planungsvarianten geklärt; sie beziehen sich auf: – die Medien (Kap. 6) – die Sozialformen (Kap. 7) – die Artikulation des Unterrichts (Kap. 8) – die eingesetze(n) Unterrichtsmethode(n) (Kap. 9).

Aufgabe

Vergleichen Sie dieses abstrakte, die einzelnen Aufgaben der Unterrichtsplanung stark verdichtende bzw. zusammenfassende Schema mit dem auf S. 204 dargestellten Perspektivenschema der Unterrichtsplanung nach W. Klafki!

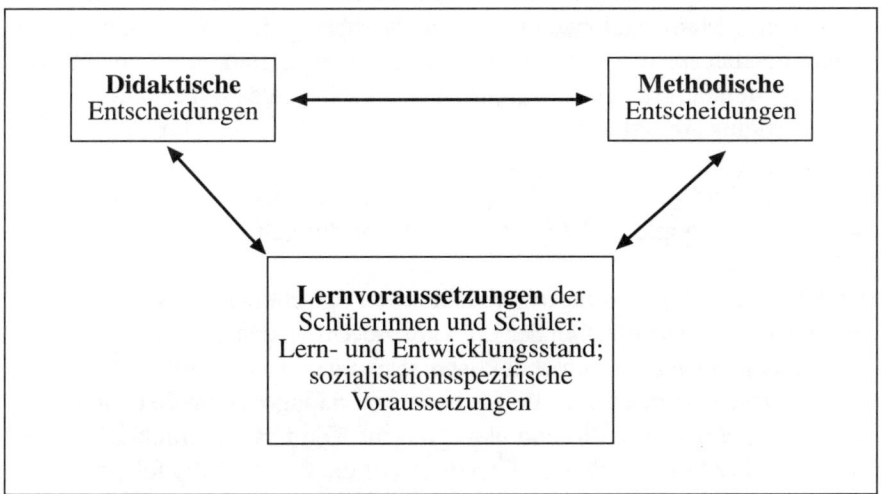

Abbildung 25: Die drei großen Bausteine der Unterrichtsplanung

Diese drei Bausteine (didaktische Entscheidungen, methodische Entscheidungen, Lernvoraussetzungen) sind konstituitv für jegliche Unterrichtsplanung. Entscheidend ist nicht, in welcher *Form* sie im Entwurf aufgeführt
werden. Sie müssen den Entwurf z.B. nicht als Gliederungspunkte formal
bestimmen (das ist auch in den beiden exemplarischen Entwürfen in diesem
Buch nicht bzw. nur bedingt der Fall; s. S. 193ff. und 202f.). Abgesehen
davon darf die schriftliche Fassung eines Unterrichtsentwurfes auch das persönliche Engagement des jeweiligen Verfassers inhaltlich und formal durch
entsprechende Schwerpunktsetzungen zum Ausdruck bringen. Wer seine ersten Planungsversuche im Studium oder Referendariat unternimmt, sucht allerdings gerne nach einer Schablone zur Verfertigung von Entwürfen; das ist
ein überaus verständlicher Wunsch, der sich aber vor dem Hintergrund der
zuvor inhaltlich begründeten drei Bausteine schnell relativiert. Entscheidend
ist also, *dass* die drei Bausteine möglichst vollständig repräsentiert sind, weil
sie Frageperspektiven darstellen, die in den Planungsüberlegungen und -ent-
scheidungen einer Antwort zugeführt werden müssen, in welcher Form dann
auch immer.

Zur Verdeutlichung dieser Perspektiven werden die drei Bausteine der Unterrichtsplanung im folgenden deshalb durch Fragen konkretisiert, die als Erinnerungshilfen die Planung reflexiv leiten sollten. Sie sollen die einzelnen
Planungsmomente unter Maßgabe der Prinzipien der *Interdependenz*, der
Variabilität und der *Kontrollierbarkeit* auf die spezifischen Lernvoraussetzungen der Schüler abstimmen. Und schließlich sollen sie die Einlösung der
oben erläuterten Funktionen der schriftlichen Planung erleichtern, indem sie
die einzelnen Momente bewusst machen, durch sorgfältige Reflexion die Entscheidung über diese Momente vorbereiten, Transparenz des Planungskon-
zeptes herstellen und eine kriteriengeleitete Analyse des später durchgeführ-
ten Unterrichts ermöglichen.

a) Zur Begründung der *didaktischen* Entscheidungen

Den Fragen zur Begründung von didaktischen Entscheidungen sei ein wichtiger Hinweis vorangestellt. In der Literatur zur Unterrichtsplanung werden im
Zusammenhang mit diesen didaktisch relevanten Fragen oft Begriffe wie
Sachanalyse, vor-pädagogische Sachanalyse, pädagogische Bedeutung des
Themas, didaktische Reduktion usw. genannt. Die Uneinheitlichkeit im Gebrauch solcher Begriffe lässt sich letztlich auf die Frage zurückführen, ob das
im Unterricht behandelte Thema zunächst aus rein sachlicher Perspektive zu
betrachten oder ob es direkt auf seine pädagogische Bedeutung für die betref-

fenden Schüler auszulegen ist. Im ersten Fall ist der Stand der Wissenschaft die entscheidende Bezugsgröße, im zweiten Fall werden die thematischen Überlegungen und Entscheidungen unter Maßgabe pädagogischer Zielsetzungen legitimiert.

Wer zu der Ansicht neigt, die »Sache« (das Unterrichtsthema) könne aus rein wissenschaftlicher Perspektive betrachtet werden, erliegt einem Missverständnis, dass sich hartnäckig – gerade auch im fachdidaktischen Diskurs – hält und aus einer unterstellten Korrespondenz von Wissenschaftsdisziplin und Unterrichtsfach resultiert. Diese Unterstellung erweist sich bei näherer Betrachtung aber als unhaltbar. Unterrichtsfächer entsprechen – wenn überhaupt – nur sehr bedingt wissenschaftlichen Disziplinen. Sie sind in erster Linie aufgrund bestimmter geschichtlich-gesellschaftlicher Konstellationen in die Schule aufgenommen worden. Im Laufe der Zeit haben sich dann früher oder später zwar auch Bezüge zu bestimmten wissenschaftlichen Disziplinen ergeben; sie sind aber nicht von Dauer gewesen und haben sich inhaltlich oft genug geändert. Von dieser historischen Tatsache abgesehen sind es vor allem *strukturelle Unterschiede* zwischen Schulfach und Wissenschaft, die die Zweifel an der Korrespondenzthese stützen. Während es in einem Schulfach immer um eine *pädagogisch* begründete Auswahl von Inhalten geht, hat eine Wissenschaft kein immanentes Auswahlkriterium, mit dem sie die Fülle ihrer Erkenntnisse auf die Belange des Schulunterrichts reduzieren könnte. Allein schon die Frage der Verstehbarkeit des Gegenstandes für Schüler entsprechender Altersstufen setzt ein entwicklungspsychologisches Kriterium voraus. Grundsätzlicher erscheint zudem die Tatsache, dass Wissenschaften heute hoch komplexe Gebilde darstellen, deren Aussagen nicht zu einem stringenten Ganzen zusammenfügbar sind. Im mathematischen und naturwissenschaftlich-technischen Bereich ist das noch ansatzweise möglich. Im geistes- und sozialwissenschaftlichen Bereich wird man ernsthaft jedoch nicht von einer Einheit sprechen können.

Diese strukturellen Gründe haben in den letzten Jahrzehnten bis in die gegenwärtige Diskussion um Bildungsstandards offensichtlich wenig an der Popularität der Korrespondenzthese rütteln können. Als Folge hat sich die Wissenschaftsorientierung zum einen als unverzichtbar erscheinendes didaktisch-methodisches Prinzip von Unterricht etabliert, zum anderen aber als terminologisch sehr vages Phänomen gehalten, deren tiefere Klärung bis heute aussteht. Der legitime Ort der Wissenschaftsorientierung, aber auch die Grenzen dieses Prinzips sind deshalb in den weiteren Überlegungen kenntlich zu machen sein.

Um die mit der Korrespondenzthese gegebenen Missverständnisse zu vermeiden, werden wir im folgenden hinsichtlich der Begründung didaktischer

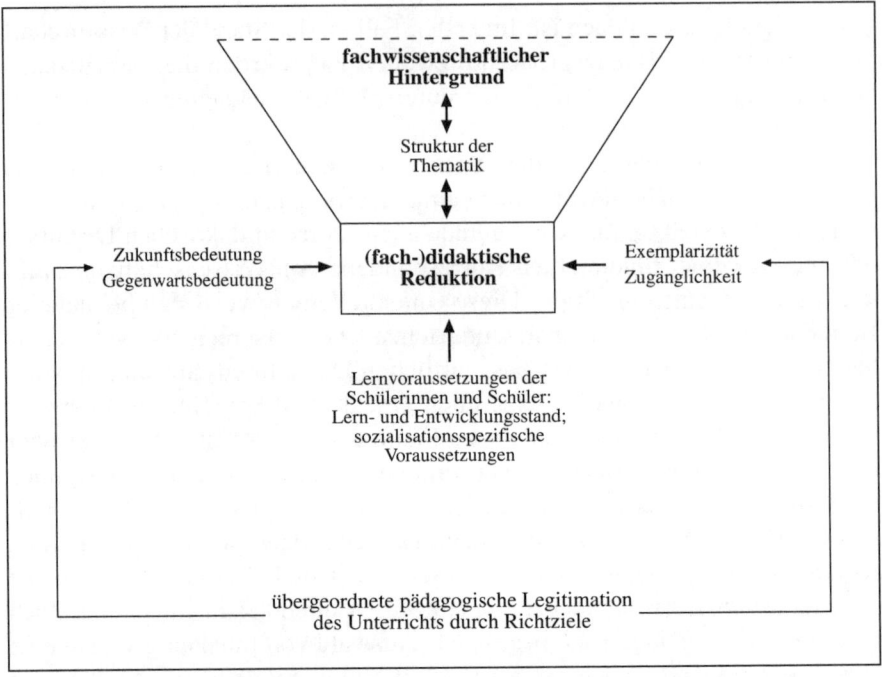

Abbildung 26: Didaktische Reduktion

Entscheidungen den Begriff der (fach-)*didaktischen Reduktion* wählen und mit ihm den Fokus benennen, auf den hin sich alle didaktischen Entscheidungen hin zentrieren müssen. Die oben stehende Grafik soll die Bezugsgrößen verdeutlichen, die die didaktische Reduktion herbeiführen können. Es ist im wesentlichen der Bezug zur Wissenschaft, zu den Grundfragen der »Didaktischen Analyse« (Gegenwarts-, Zukunftsbedeutung, Exemplarizität, Zugänglichkeit und Struktur der Thematik) und zu den Lernvoraussetzungen der Schüler.

Im oberen Teil der Grafik wird die Aufgabe der (fach-)didaktischen Reduktion in ein Spannungsverhältnis zum fachwissenschaftlichen Hintergrund gesetzt. Dieser fachwissenschaftliche Hintergrund ist offen in dem Sinne, dass sich die Erkenntnisse in den Wissenschaften permanent mehren und verändern. Der Lehrer hat sich deshalb auch ständig fachwissenschaftlich fortzubilden. Um die Struktur des Themas zu bestimmen, leistet die Wissenschaft wertvolle Hilfe; sie soll garantieren, dass im Unterricht nichts gelehrt wird, was dem state of the art widerspricht. Problematisch ist dabei allerdings, dass die Wissenschaft zwar vieles lehren könnte, was nach ihrem gegenwärtigen Stand »wahr« ist, aber keine innerwissenschaftlichen Kriterien hat, die eine Auswahl aus dem reichen Wissensreservoir ermöglichen.

Die Grenzen der Wissenschaftsorientierung sind damit aber noch nicht vollständig umrissen. Wir greifen zur Ergänzung noch einmal auf das im zweiten Kapitel herangezogene Unterrichtsbeispiel »Der propre Ganter« zurück. Bei der Behandlung dieser Fabel geht es im Sinne von *Gegenwarts-* und *Zukunftsbedeutung* um die Entstehung, Verbreitung und Wirkung von Vorurteilen im privaten und öffentlichen Leben und aus handlungspropädeutischer Sicht auch darum, Vorurteile zu erkennen, sie nicht weiter zu verstärken, sondern möglichst abzubauen. Will man diese Fabel in einem 8. Schuljahr thematisieren, dann wird bei der Frage nach der Entstehung von Vorurteilen z.B. der psychoanalytische Sachverhalt der *Projektion* oder der kognitions- und sozialpsychologische Zusammenhang von *Selbst-* und *Fremdattribuierung* nicht (explizit) zum Zuge kommen können, weil Schüler dieser Altersstufe nicht in der Lage sind, diese *fachwissenschaftlichen* Begrifflichkeiten zu verstehen. Zwar sind ihnen aus der eigenen Lebenswelt entsprechende Phänomene (Suche nach einem »Sündenbock«, Selbstzweifel, Außendarstellung) vertraut, aber diese beruhen auf mehr oder weniger subjektiven Erfahrungen und entsprechen nur sehr bedingt den jeweiligen *wissenschaftlichen Konstrukten*.

Man sieht an der Analyse dieses Beispiels also: a) Der fachwissenschaftliche Hintergrund findet nur *begrenzt* Eingang in die thematische Struktur der Stunde bzw. Unterrichtsreihe; nur ein *Teil* dessen, was die verschiedenen Richtungen bzw. Teildisziplinen der Psychologie zu dem Thema Vorurteil beizutragen hätten, kann berücksichtigt werden. b) Die *Verstehbarkeit* der thematischen Aspekte ist insbesondere vom Entwicklungsstand der Schüler (Verständnis von Vorurteilen) und von ihren sozialisationsspezifischen *Lernvoraussetzungen* (Umgang mit Vorurteilen) abhängig. c) Und im Sinne einer *pädagogischen Legitimation* (s. unterer Teil der Grafik) müsste die Frage nach der Gegenwarts- und Zukunftsbedeutung im Zusammenhang mit der Frage der Exemplarizität und Zugänglichkeit klären, inwiefern diese Fabel einen reflektierteren Umgang mit Vorurteilen ermöglichen kann.

In Abhebung von diesem Beispiel lässt sich die Funktion der (fach-)*didaktischen Reduktion* verallgemeinernd so beschreiben:

– Ihr zentraler Sinn liegt darin, den möglichen Bildungswert eines Themas zu bestimmen. Dazu ist es notwendig, den Bezug zur übergreifenden pädagogischen Legitimation herzustellen, wie er sich in Form von Richtzielen (z.B. »Entwicklung von Mündigkeit in sozialer Verantwortung«)

oder in expliziteren bildungstheoretischen Reflexionen (z.B. im bildungstheoretischen Verständnis W. Klafkis) und schließlich in den fachlichen
Leitzielen zeigt.
– Der auf diese Weise unterstellte Bildungswert wird aber nur dann im Lernprozess wirksam, wenn die Lernvoraussetzungen adäquat eingeschätzt
   werden. Deshalb ist in der (fach-)didaktischen Reduktion auch der jeweilige Lern- und Entwicklungsstand der Schüler in Abhängigkeit von ihren
   sozialisationsspezifischen Bedingungen zu reflektieren.
– Erst von diesen beiden Polen aus (pädagogische Legitimation einerseits,
   Lernvoraussetzungen andererseits) ergibt sich dann *zusammen* mit der
   fachwissenschaftlichen Klärung der »Sache« eine hinreichende Entschei-
   dungsgrundlage für Umfang und Struktur der in Betracht kommenden
   Aspekte.

Die mit dieser Reihung vorgenommene theoretische Gewichtung wird verständlicherweise nicht die Praxis des Planungsprozesses stringent leiten, denn
auch für die didaktische Reduktion – als *Teil* der Unterrichtsplanung – gilt,
dass die Überlegungen *wechselseitiger Ergänzung* bedürfen und bis zur vorläufigen Entscheidung oftmals *variiert* und am möglichen Erfolg *kontrolliert*
werden müssen.
   Mit Blick auf diese begrifflichen Differenzierungen sollten sich die Entscheidungen in den drei Aufgabenfeldern insbesondere an folgenden Fragen
orientieren:

(1) Thema
– Wie lautet das Thema der Unterrichtsstunde?
– Welche Struktur weist das Thema auf (Oberflächen- und Tiefenstruktur,
   kausale Zusammenhänge, zeitliche Abfolgen, Sinn- und Bedeutungs-
   schichten usw.)?
– Welche Gegenwarts- und Zukunftsbedeutung hat das Thema für die
   Schüler?
– Anhand welcher Aufgabenstellungen (bei der Erarbeitung bzw. Übung und
   Anwendung) können sich die Schüler von dieser Gegenwarts- und Zu-
   kunftsbedeutung überzeugen?
– Ergeben sich aus der sachlichen Eigenart des Themas bereits indirekte Auf-
   schlüsse über das methodische Vorgehen in der Stunde (immanent-methodischer Charakter der Thematik)?
– In welcher Weise können die Schüler Einfluss auf die Behandlung von the-
   matischen Teilaspekten nehmen (thematische Offenheit des Unterrichts)?

(2) Ziele
- Welches übergreifende Ziel lässt sich für diese Stunde formulieren?
- Welche *Kategorie* (Regel, Gesetzmäßigkeit, Typ, Form, Struktur, Wir kungszusammenhang, Symbol, Methode usw.) sollen sich die Schüler im Sinne exemplarischen Lehrens und Lernens erschließen?
- Handelt es sich bei den Zielen im wesentlichen um kognitive, ästhetische, affektive, soziale oder motorische Ziele?
- Welche Teilziele konstituieren das übergreifende Stundenziel?
- Was wird als eigentlicher Lernzuwachs für diese Stunde definiert?
- Welche »Indikatoren« dienen zur Überprüfung des Lernzuwachses?
- Durch welche Übungs- und Transferaufgaben kann das Erarbeitete gefestigt werden?

(3) Einordnung der Stunde in die Unterrichtsreihe
- Wie lautet das Thema der Unterrichtsreihe?
- Welche Ziele werden mit dieser Unterrichtsreihe verfolgt?
- Wie fügen sich das Thema und die Ziele der Einzel-/Doppelstunde strukturell und zeitlich in die Unterrichtsreihe ein?
- Welche besondere Perspektive kann dieses Thema im Gesamtzusammenhang der Unterrichtsreihe bevorzugt verdeutlichen (ästhetische, kognitive, pragmatische, soziale, ethisch-moralische, weltanschauliche Dimension der Thematik)?
- Ergeben sich aus dem Zusammenspiel verschiedener Perspektiven geeignete Möglichkeiten für eine fächerübergreifende Bearbeitung des Reihenthemas (Kooperation mit anderen Fächern, evtl. in einem projektartigen Verbund)?
- Weist der Lehrplan verbindliche inhaltliche Aspekte aus, die in der Unterrichtsreihe zu berücksichtigen wären?
- In welchem Zusammenhang stehen die Ziele der Unterrichtsstunde und die der Unterrichtsreihe zu den leitenden Zielen des Unterrichtsfaches?

b) Zur Begründung der *methodischen* Entscheidungen

Während die didaktischen Entscheidungen die sachliche Ordnung des Unterrichts konstituieren und begründen, sollen die *methodischen* Entscheidungen die Umsetzung der didaktischen in einen sukzessiven Prozess realisieren. Dieser Prozess ist als Summe von Lehrhilfen zu verstehen, durch den die sachliche Vor-Ordnung in eine zeitliche und soziale Ordnung des Unterrichts überführt wird.

(1) Methodeneinsatz
- Wie lässt sich die methodische Konzeption der Stunde insgesamt charakterisieren? Dient sie vorwiegend zur *Einführung* in ein Themengebiet (Sammeln von Aspekten, Wecken von Interesse usw.), zur *Erarbeitung* von Begriffen, Zusammenhängen, Operationen usw. oder zur *Übung, Festigung* und zum *Transfer* bereits erworbener Erkenntnisse?
- Erscheint für einzelne oder aufeinander folgende Phasen eine bestimmte Unterrichtsmethode prädestiniert (induktive, deduktive Methode, abstrahierende Methode usw.)?
- Ist die gewählte Methode zielführend in dem Sinne, dass sie stringent auf das Stundenziel hinführen kann?
- Sind die Schritte der Methode so aufeinander bezogen, dass der jeweils vorhergehende Schritt die Bedingung für das weitere Voranschreiten im Lernprozess bildet?

(2) Gliederung des Unterrichts in Phasen (Artikulation)
- In welche Sinnabschnitte lässt sich das Unterrichtsgeschehen gliedern?
- Wie können diese Sinnabschnitte als aufeinanderfolgende Phasen zeitlich strukturiert und aufeinander abgestimmt werden?
- Welche Funktion hat die Eingangsphase des Unterrichts (Motivation, Wiederholung, Hinführung zum Thema)?
- Welche Teilziele sind den einzelnen Phasen zuzuordnen?
- Welche der Phasen bildet den Schwerpunkt der Stunde? Ist dafür der zeitliche Umfang im Vergleich zu den anderen Phasen adäquat bemessen?
- Welche Phasen sollten eher lehrerzentriert, welche können offener gestaltet werden.
- Stellen die Hausaufgaben eine sinnvolle inhaltliche und zeitliche Vor- und Nachbereitung des im Unterricht Erarbeiteten dar?

(3) Medieneinsatz
- Inwiefern kann der Medieneinsatz an die Alltagserfahrungen der Schüler anknüpfen und diese erweitern?
- Unterstützt das Medium das Erreichen der Teilziele bzw. des Gesamtziels der Unterrichtsstunde?
- Welcher Repräsentationsmodus ist mit dem gewählten Medium verbunden (enaktive, ikonische oder symbolische Darstellung bzw. Kombinationen dieser Modi)?
- Ist der Einsatz des Mediums so auf die einzelne Phase abgestimmt, dass dadurch der jeweils intendierte Lernschritt Unterstützung findet? Sichert das Medium die Motivation (z.B. Karikatur), die Erarbeitung (z.B. Experi-

ment), die Ergebnissicherung (z.B. Tafelbild) oder die Festigung des Gelernten (z.B. Übungsmaterial, Verständnisfragen im Schülerbuch)?
– Erlauben die Medien eine mehrperspektivische Darstellung des Sachverhalts?
– Wird der Medieneinsatz durch Mehrfachkodierungen (sprachlich, visuell, taktil, akustisch) dem individuellen Lerntypus einzelner Schüler gerecht?
– Wie lassen sich die Schüler an der Auswahl von Medien beteiligen?

(4) Sozialformen
– Inwiefern hilft die gewählte Sozialform, die soziale Ordnung des Unterrichts zu sichern?
– Welche Sozialform kann eher die gemeinsame, welche die individuelle Bearbeitung von Aufgaben unterstützen?
– Entspricht die Sozialform der inhaltlichen Ausrichtung des Unterrichts (Diskussion: Austausch und kritische Prüfung von Argumenten und Gegenargumenten; Unterrichtsgespräch: Initiation einer Problemstellung; Frontalunterricht: Systematisierung von (Teil-)Ergebnissen)?
– Erfordert ein Phasenwechsel (z.B. von der Erarbeitung zur Übung) auch den Wechsel der Sozialform (z.B. vom Unterrichtsgespräch zur Einzel- oder Partnerarbeit)?
– Fördert die jeweilige Sozialform die Selbsttätigkeit bzw. Aktivität der Schüler in genügendem Maße?
– Ist der Schwierigkeitsgrad der Aufgabenstellung für die gewählte Sozialform angemessen?
– Welche sozialen Kompetenzen können mit dieser Sozialform vorrangig gefördert werden?
– Unterstützt die Sozialform zudem die Verbindung von sozialem und sachlichem Lernen?
– Gibt die Sozialform dem Schüler Gelegenheit zum »Lehren« und damit zur intensiveren Auseinandersetzung mit der Sache?
– Ist der Einsatz der Sozialform auf die zur Verfügung stehende Zeit abgestimmt?

c) Zur Erfassung der *Lernvoraussetzungen*

– Setzt das gewählte Thema bei den Schülern genügend Motivation frei, sich damit intensiv auseinanderzusetzen?
– Welche Alltagserfahrungen und Interessen werden den Schülern den Zugang zum Thema erleichtern bzw. erschweren?

- Sind die geplanten Schüleraktivitäten so bemessen, dass sie den Lernprozess selbsttätig mitgestalten können.
- Was muss sachlich vorausgegangen sein, über welche spezifischen Kenntnisse müssen die Schüler verfügen, damit sie den Inhalt verstehen können?
- Müssen die Schüler bestimmte Arbeitstechniken, Verfahren und Methoden beherrschen, um das Thema selbsttätig bearbeiten zu können?
- Müssen die in den Lernzielen für alle Schüler zum Ausdruck kommenden Anforderungen in besonderer Weise an die individuelle Leistungsfähigkeit einzelner Schüler angepasst werden (Maßnahmen innerer Differenzierung, Wochenplanarbeit usw.)?
- Sind die sozialen Kompetenzen der Schüler zur Durchführung bestimmter Sozialformen (arbeitsteilige Gruppenarbeit, Diskussion usw.) gegeben?
- Welche Maßnahmen erleichtern den Schülern, den »roten Faden« der Unterrichtsreihe zu erkennen (Zusammenfassungen, graphische Darstellungen, Verlaufsskizzen, Rückschau, Reflexion und Beurteilung des Vorgehens, Vorausdeutungen, gemeinsame Planung des weiteren Unterrichts)?
- Ist die mögliche Schülerbeteiligung an der Planung angemessen auf die entsprechenden Voraussetzungen der Schüler ausgelegt?

4. Hinweise zur formalen Gestaltung von Unterrichtsentwürfen

Die abschließenden Hinweise zur formalen Gestaltung von Unterrichtsentwürfen sind mit Bedacht sehr spärlich gehalten. Das mag Studierende oder Referendare zunächst enttäuschen, denn die Erfahrungen in Planungsseminaren zeigen immer wieder den starken Wunsch nach Orientierungsmustern. So verständlich solche Wünsche sind, so sehr sind sie aber auch Ausdruck noch fehlender Souveränität. Die formale Gestaltung von Unterrichtsentwürfen ist keineswegs nebensächlich, aber Priorität müssten immer die sachlichen Gesichtspunkte haben. Auf die Darlegung und Übung dieser Aspekte zielten die einzelnen Kapitel dieses Buches. Wenn dem Leser der Sinn der Planungsaspekte klar geworden ist und dieses letzte Kapitel nun eine Vorstellung ihrer Komposition zu einem gedanklich geordneten Entwurf hat entstehen lassen, dann müsste die äußere Gestaltung des Unterrichtsentwurfes nur noch eine »Formsache« sein.

Die Form für »Prüfungssituationen« könnte dann so aussehen:

A. Thema der Unterrichtsstunde

B. Ziele der Unterrichtsstunde

C. Thema der Unterrichtsreihe

D. Ziele der Unterrichtsreihe

E. Begründung der didaktischen Entscheidungen (anhand der oben aufgeführten Fragen)

F. Begründung der methodischen Entscheidungen (anhand der oben aufgeführten Fragen)

G. Reflexion der Lernvoraussetzungen (anhand der oben aufgeführten Fragen)

H. Geplanter Unterrichtsverlauf

Literatur

Aebli, H. ([7]1993): Zwölf Grundformen des Lehrens. Eine Allgemeine Didaktik auf psychologischer Grundlage. Stuttgart.

Artelt, C./Stanat, P./Schneider, W./Schiefele, U. (2001): Lesekompetenz: Testkonzeption und Ergebnisse. In: Baumert u.a. (Hrsg.): PISA 2000. Basiskompetenzen von Schülerinnen und Schülern im internationalen Vergleich. Opladen, S. 69-137.

Artikel »Voruteil« (2003). In: Meyers Grosses Taschenlexikon in 26 Bänden, Band 25, Mannheim, S. 8130.

Baurmann, J. (2000): Förderung und Entwicklung schriftsprachlicher Fähigkeiten. Der Beitrag der Schreibforschung. In: Witte, H. u.a. (Hrsg.): Deutschunterricht zwischen Kompetenzerwerb und Persönlichkeitsbildung. Hohengehren, S. 149-159.

Benner, D. (1987): Allgemeine Pädagogik. Eine systematisch-problemgeschichtliche Einführung in die Grundstruktur pädagogischen Denkens und Handelns. Weinheim/München.

Berliner, D.C. (1987): Der Experte im Lehrerberuf: Forschungsstrategien und Ergebnisse. In: Unterrichtswissenschaft, S. 295-305.

Blömeke, S. (2000): Medienpädagogische Kompetenz. Theoretische und empirische Fundierung eines zentralen Elements der Lehrerausbildung. München.

Borries, Bodo v. u.a. (1995): Das Geschichtsbewußtsein Jugendlicher. Erste repräsentative Untersuchung über Vergangenheitsdeutungen, Gegenwartswahrnehmungen und Zukunftserwartungen in Ost- und Westdeutschland. Weinheim/München.

Bromme (1979): Das Denken von Lehrern bei der Vorbereitung von Unterricht – eine empirische Untersuchung zu kognitiven Prozessen von Mathematiklehrern. Diss. Univ. Oldenburg.

Bromme, R. (1992): Der Lehrer als Experte. Zur Psychologie des professionellen Wissens. Bern.

Brügelmann, H. (2001): Wie verbreitet ist Offener Unterricht? In: Jaumann-Graumann, O./ Köhnlein, W. (Hrsg.): Lehrerprofessionalität – Lehrerprofessionalisierung. Bad Heilbrunn, S. 133-143.

Bruner, J.S. ([2]1988): Über kognitive Entwicklung. In: Bruner, J.S./R.R. Olver/P.M. Greenfield: Studien zur kognitiven Entwicklung. Eine kooperative Untersuchung am »Center für Cognitive Studies« der Harvard-Universität (am. Orig. 1966). Mit einer Einführung v. H. Aebli. Stuttgart.

Brunner, H./Schratz, M. (2002): Was wissen wir über die Wirksamkeit von Unterricht? Evaluation von Unterrichtsqualität als zentrales Thema von Lehrerausbildung. In: Brunner, H./Mayer, E./ Schratz, M./Wieser, I. (Hrsg.): Lehrerinnen- und Lehrerbildung braucht Qualität. Und wie!? Innsbruck, S. 321-341.

Brüning, L./Saum, T. (2006): Erfolgreich unterrichten durch Kooperatives Lernen. Strategien zur Schüleraktivierung. Essen.

Bunk, H.-D. (1990): Zehn Projekte zum Sachunterricht. Frankfurt/Main.

Cronbach, L.J./Snow, R.E. (1977): Aptitudes and instructional methods: A handbook for research on interactions. New York.

Dale, E. (1969): Audio-visual Methods in Teaching. New York.

Dann, H.-D. (1983): Subjektive Theorien: Irrweg oder Forschungsprogramm? Zwischenbilanz eines kognitiven Konstrukts. In: Montada, L./Reusser, K./Steiner, G. (Hrsg.): Kognition und Handeln. Stuttgart, S. 77-92.

Dann, H.-D./Tennstädt, K.-C./Humpert, W./Krause,F. (1987): Subjektive Theorien und erfolgreiches Handeln von Lehrern/innen bei Unterrichtskonflikten. In: Unterrichtswissenschaft 15, S. 306-320.

Dichanz, H. u.a. (^{2}1979): Medien im Unterrichtsprozeß. München.

Diderot, D./d'Alembert, J.B. (1967): Encyclopédie ou Dictionnaire raisonné des sciences, des arts et des métiers. Volume 28. Stuttgart/Bad Canstatt (erste Auflage 1751. Paris).

Diederich, J. (1979: Verlaufsformen des Unterrichts. In: Pädagogische Beiträge 31, S. 431-433.

Eckhardt, Th. (2003): Pädagogische Prüfungsarbeit zur Zweiten Staatsprüfung. Durchführung eines Amerika-Projekts mit einer 8. Klasse – Wie Hauptschüler im Englischunterricht auf Projektabschlussprüfungen vorbereitet werden können. http://hauptschule.bildung.hessen.de/pruefung/material/ExamensarbeitProjektprufungen_Eckhardt.pdf; letzter Zugriff: 09.11. 2007.

Focus Biologie (2007). Gymnasium, Bd. 1. Berlin.

Frey, K. (^{10}2005): Die Projektmethode. Der Weg zum bildenden Tun. Weinheim/Basel.

Garbe, C. (2002): Geschlechterspezifische Zugänge zum Lesen. In: Bonfadelli, H./Bucher, P. (Hrsg.): Lesen in der Mediengesellschaft. Stand und Perspektiven der Forschung. Zürich, S. 215-234.

Geschichte und Geschehen A 4 (1997). Geschichtliches Unterrichtswerk für die Sekundarstufe I. Hrsg. von K. Bergmann u.a. Stuttgart/München/Düsseldorf/Leipzig.

Götz, T., Lohrmann, K., Ganser, B. & Haag, L. (2005): Einsatz von Unterrichtsmethoden – Konstanz oder Wandel? Empirische Pädagogik, 19 (4), 342-360.

Groeben, N./Hurrelmann, B. (2004) (Hrsg.): Lesesozialisation in der Mediengesellschaft. Ein Forschungsüberblick. Weinheim/München.

Groeben, N./Scheele, B. (1982) Einige Sprachregelungsvorschläge für die Erforschung subjektiver Theorien. In: Dann, H.-D./Humpert, W./Krause, F./Tennstädt, K.-C. (Hrsg.): Analyse und Modifikation subjektiver Theorien von Lehrern. Ergebnisse eines Kolloquiums. Konstanz, S. 13-39.

Grunder, H.-U./Ruthemann, U./Scherer, S./Singer, P./Vettiger, H. (2007): Unterricht. Verstehen – Planen – Gestalten – Auswerten. Hohengehren.

Gudjons, H. (2003): Frontalunterricht – neu entdeckt. Integration in offene Unterrichtsformen. Bad Heilbrunn.

Haag, L. (2006): Erfolgreicher Gruppenunterricht auf der Basis von Lehrerwissen und Lehrerhandeln. In: Plöger, W. (Hrsg.): Was müssen Lehrerinnen und Lehrer können? Paderborn, S. 179-192.

Haag, L./Dann, H.-D. (2001): Lehrerhandeln und Lehrerwissen als Bedingungen erfolgreichen Gruppenunterrichts. In: Zeitschrift für Pädagogische Psychologie 15, S. 5-15.

Hage, K., Bischoff, H., Dichanz, H., Eubel, K., Oehlschläger, H. & Schwittmann, D. (1985): Das Methodenrepertoire von Lehrern. Eine Untersuchung zum Unterrichtsalltag in der Sekundarstufe I. Opladen.

Hamm, I./Langen, C. (2002): Das Lesebarometer – Lesen und Umgang mit Büchern in Deutschland. In: Bonfadelli, H./Bucher, P. (Hrsg.): Lesen in der Mediengesellschaft. Stand und Perspektiven der Forschung. Zürich, S. 43-56.

Hascher, T./Wehr, S. (2005): Offener Geografie-Unterricht. Wirkungen und Probleme aus der Sicht von Lehrpersonen. Projektbericht, Universität Bern, Forschungsstelle für

Schulpädagogik und Fachdidaktik. http://www.sla.unibe.ch/fsf/offener_unterricht.pdf (letzter Zugriff: 09.11.2007).

Hegele, I. (2006): Stationenarbeit. Ein Einstieg in den offenen Unterricht. In: Wicch mann, J. (Hrsg.): Zwölf Unterrichtsmethoden. Vielfalt für die Praxis. Weinheim/Basel, S. 58-71.

Heimann, P./Otto, G./Schulz, W. (1965): Unterricht – Analyse und Planung. Hannover.

Hoffmann, K.H./Hottinger, R. (2006):»Nach der Flut ist vor der Flut!« Gruppenarbeit zum Thema »Nachhaltiger Hochwasserschutz«. In: Praxis Geographie, S. 13-19.

Hurrelmann, B. (2004a):Bildungsnormen als Sozialisationsinstanz. In: Groeben, N./Hurrel-mann, B. (Hrsg.): Lesesozialisation in der Mediengesellschaft. Ein Forschungsüberblick. Weinheim/München, S. 280-305.

Hurrelmann, B. (2004b): Informelle Instanz Familie. In: Groeben, N./Hurrelmann, B. (Hrsg.): Lesesozialisation in der Mediengesellschaft. Ein Forschungsüberblick. Wein-heim/München, S. 169-201.

Impulse Physik 1 für die Mittelstufe der Gymnasien (1997), hrsg. von Bredthauer, W./ Klar, G./Lichtfeldt, M./Reimes, J./Schmidt, M. und P. Wessels. Stuttgart/Düsseldorf/Ber-lin/Leipzig.

Klafki, W. (1959): Kategoriale Bildung. In: Zeitschrift für Pädagogik 5, S. 386-412.

Klafki, W. (1963): Das Problem der Didaktik. In: Das Problem der Didaktik, 3. Beiheft der Zeitschrift für Pädagogik, S. 19-64.

Klafki, W. ([10]1969): Didaktische Analyse als Kern der Unterrichtsvorbereitung. In: Roth, H./Blumenthal, A. (Hrsg.): Auswahl, Bd. 1. Hannover, S. 5-34.

Klafki, W. ([10]1975): Studien zur Bildungstheorie und Didaktik. Weinheim.

Klafki, W. (1976): Probleme einer Neukonzeption der Didaktischen Analyse. In: Landesin-stitut für schulpädagogische Bildung Nordrhein-Westfalen (Hg.): Probleme stufenbezo-gener Didaktik – Grundfragen (I), Tagungsberichte, Heft 64. Düsseldorf, S. 103-124.

Klafki, W. ([5]1996): Neue Studien zur Bildungstheorie und Didaktik. Zeitgemäße Allge-meinbildung und kritisch-konstruktive Didaktik. Weinheim.

Klaus, G./Buhr, M (1976): Philosophisches Wörterbuch, Band 2. Leipzig.

Klieme, E. u.a. (2003): Zur Entwicklung nationaler Bildungsstandards. Eine Expertise, vor-gestellt am 18. Februar 2003 in Berlin.

Koch-Priewe, B. (1986): Subjektive didaktische Theorien von Lehrern. Tätigkeitstheorie, bildungstheoretische Didaktik und alltägliches Handeln im Unterricht. Frankfurt/M.

Kolb, E (1988): Die Weimarer Republik, 2. durchgesehene und ergänzte Auflage, München.

Langen, C./ Bentlage, U. (2000) (Hrsg.): Das Lesebarometer – Lesen und Mediennutzung in Deutschland. Eine Bestandsaufnahme zum Leseverhalten. Gütersloh.

Mager, R.F. (1974): Lernziele und Unterricht. Weinheim.

Maier, G./Müller, H.-G. (1980): Stundenblätter. Die Weimarer Republik. Stuttgart.

Mandl, H./Huber G.L. (1983): Subjektive Theorien von Lehrern. In: Psychologie in Erzie-hung und Unterricht 30, S. 98-112.

Meyer, E. (1983): »Frontalunterricht«. Frankfurt/M.

Meyer, H. (1987): Unterrichtsmethoden. I: Theorieband; II Praxisband. Frankfurt/M.

Möller, Ch. ([4]1973): Technik der Lernplanung. Methoden und Probleme der Lernzielerstel-lung. Weinheim/Basel.

Mutzek, W. (1988): Von der Absicht zum Handeln: Rekonstruktion und Analyse subjekti-ver Theorien zum Transfer von Fortbildungsinhalten in den Berufsalltag. Weinheim.

Nürnberger Projektgruppe (2001). Erfolgreicher Gruppenunterricht. Stuttgart: Klett.

Otto, G./Heimann, P./Schulz, W. (1965): Unterricht – Analyse und Planung. Hannover.

Peterßen, W.H. (1983): Lehrbuch: Allgemeine Didaktik, München.

Peterßen, W.H. ([9]2000): Handbuch Unterrichtsplanung. Grundfragen – Modelle – Stufen – Dimensionen. München.

Peukert, D.J.K. (1987): Die Weimarer Republik, Frankfurt a.M.

Piaget, J./Inhelder, B. (^{5}1993): Die Psychologie des Kindes. Stuttgart.

Pieper I./Rosenbrock, C. u.a. (2004): Lesesozialisation in schriftfernen Lebenswelten. Lektüre und Mediengebrauch von Hauptschülern. Weinheim/München.

PISA 2000 (2001): Basiskompetenzen von Schülerinnen und Schülern im internationalen Vergleich. Hrsg. von Jürgen Baumert u.a., Opladen.

Plöger, W. (1999): Allgemeine Didaktik und Fachdidaktik. München.

Prenzel, M. u.a. (2001): Naturwissenschaftliche Grundbildung: Testkonzeption und Ergebnisse. In: Baumert, J. u.a. (Hrsg.): PISA 2000. Basiskompetenzen von Schülerinnen und Schülern im internationalen Vergleich. Opladen, S. 191-248.

Raithel, Th. (2005): Funktionsstörungen des Weimarer Parlamentarismus. In: Föllmer, M./Graf, R. (Hrsg.): Die »Krise« der Weimarer Republik. Zur Kritik eines Deutungsmusters, Frankfurt a.M./New York.

Ramseger, J. (^{2}1985): Offener Unterricht in der Erprobung. Erfahrungen mit einem didaktischen Modell. München.

Reimitz, Klaus (1994): Einführung der Höhenlinien mit dem Sandkasten. In: Praxis Geographie, S. 14-16.

Renkl. A. (2001): Üben. In: Einsiedler, W./Götz, M./Hacker, H./Kahlert, J./Keck, R.W./Sandfuchs (Hrsg.): Handbuch Grundschulpädagogik und Grundschuldidaktik. Bad Heilbrunn, S. 361-367.

Richtlinien und Lehrpläne für das Gymnasium – Sekundarstufe I – in Nordrhein-Westfalen (1993/unveränderter Nachdruck 2000). Erdkunde. Frechen.

Richtlinien und Lehrpläne für das Gymnasium (1993): – Sekundarstufe I – in Nordrhein-Westfalen. Biologie. Hrsg.: Kultusministerium des Landes Nordrhein-Westfalen. 4/1993. Düsseldorf.

Richtlinien und Lehrpläne für die Sekundarstufe I – Gymnasium/Gesamtschule in Nordrhein-Westfalen (1999). Physik. Frechen.

Richtlinien und Lehrpläne für die Sekundarstufe II – Gymnasium/Gesamtschule in Nordrhein-Westfalen (1999). Chemie. Frechen.

Richtlinien und Lehrpläne für die Sekundarstufe II – Gymnasium/Gesamtschule in Nordrhein-Westfalen (1999). Biologie. Frechen.

Richtlinien und Lehrpläne für die Sekundarstufe II – Gymnasium/Gesamtschule in Nordrhein-Westfalen (1999). Englisch. Frechen.

Richtlinien und Lehrpläne für die Sekundarstufe II – Gymnasium/Gesamtschule in Nordrhein-Westfalen (1999). Geschichte. Frechen.

Richtlinien und Lehrpläne für die Sekundarstufe II – Gymnasium/Gesamtschule in Nordrhein-Westfalen (1999). Philosophie. Frechen.

Richtlinien und Lehrpläne. Schule in NRW, Nr. 3411. Sekundarstufe I. Gymnasium in Nordrhein-Westfalen (1993, unveränderter Nachdruck 2005). Physik. Frechen.

Rinschede, G. (^{3}2007): Geographiedidaktik. Paderborn.

Rotering-Steinberg, S. (2000): Untersuchungen zum sozialen Lernen in Schulen. In C. Dalbert & E. J. Brunner (Hrsg.). Handlungsleitende Kognitionen in der pädagogischen Praxis. Baltmannsweiler, S. 119-137.

Rotering-Steinberg, S./Kügelgen, T. (1986): Ergebnisse einer schriftlichen Befragung zum Gruppenunterricht. Erziehungswissenschaft-Erziehungspraxis, 2, S. 26-29.

Schlömerkemper, J. (2007): Zur Planung von Lernprozessen. In: www.schloem-home.de/texte-planung-lernprozesse.doc. Letzter Zugriff 09. 11. 2007.

Schönig, Wolfgang (2003): Lehrer und Lehrerinnen im Prozess der Schulentwicklung. Von der Formung des Verhältnisses zwischen Subjekt und Schule. In: Die Deutsche Schule 95, S. 452-465.

Schulz, W. (^{3}1981): Unterrichtsplanung. Mit Materialien aus Unterrichtsfächern. München/ Wien/Baltimore.

Seiler, Bernd (1982): Vom Recht des naiven und von der Notwendigkeit des historischen Verstehens literarischer Texte. In: Diskussion Deutsch 13, S. 25f.

Sime, M. (1978): So sieht ein Kind die Welt. Piaget für Eltern und Erzieher. Freiburg.

Stiftung Lesen, Spiegel Verlag (2001) (Hrsg.):Leseverhalten in Deutschland im neuen Jahrtausend. Eine Studie der Stiftung Lesen. Hamburg.

Sustek, H. (1989): Die Übung als Lernabschnitt des Unterrichts. In: Die Realschule 97, S. 20-26.

Terhart, E. (^{2}1997): Lehr-Lern-Methoden. Eine Einführung in Probleme der methodischen Organisation von Lehren und Lernen. Weinheim/München.

Terhart, E. (2001): Lehrerberuf und Lehrerbildung. Forschungsbefunde, Problemanalysen, Reformkonzepte. Weinheim.

Tulodziecki, G./Herzig, B. (2004): Medien in Lehr- und Lernprozessen. Mediendidaktik, Band 2. Stuttgart.

Tütken, H./Spreckelsen, K. (1973) (Hg.): Konzeptionen und Beispiele des naturwissenschaftlichen Unterrichts. Frankfurt a.M.

Ulshöfer, R. (1963): Methodik des Deutschunterrichts. Bd. 1: Unterstufe. Stuttgart.

Vollrath, H.-J. (2001): Grundlagen des Mathematikunterrichts in der Sekundarstufe. Heidelberg/Berlin.

von Martial, I./Ladenthin, V. (2002): Medien im Unterricht. Grundlagen und Praxis der Mediendidaktik. Hohengehren.

von Reeken, D. (1999): Wer hat Angst vor Wolfgang Klafki? Der Geschichtsunterricht und die»Schlüsselprobleme«. In: Geschichte in Wissenschaft und Unterricht 50, S. 292-304.

Wagenschein, M. (1965): Ursprüngliches Verstehen und exaktes Denken. Stuttgart.

Wagenschein, M. (1975): Natur physikalisch gesehen. Didaktische Beiträge zum Vorrang des Verstehens. Braunschweig.

Wagenschein, M./Banholzer, A./Thiel, S. (^{2}1997): Kinder auf dem Wege zur Physik. Weinheim.

Wahl, D. (1988): Realitätsadäquanz: Falsifikationskriterium. In: Groeben, N./Wahl, D./ Schlee, J./Scheele, B. (Hrsg.): Das Forschungsprogramm Subjektive Theorien. Eine Einführung in die Psychologie des reflexiven Subjekts. Tübingen, S. 180-205.

Wahl, D. (1991): Handeln unter Druck. Weinheim.

Wahl, D. (2002): Mit Training vom trägen Wissen zum kompetenten Handeln. In: Zeitschrift für Pädagogik 48, S. 227-241.

Wasmuth, K. (2006): Unterrichtsmethodik. In: Beyer, K./Wisbert, R./Plöger, W./Wasmuth, K.-U./Anhalt, E.: Schulpraktikum. Einführung in die theoriegeleitete Planung, Durchführung und Reflexion. Hohengehren, S. 103-138.

Wege in die Physik (1977). Hrsg. von G. Amberger u.a. Kombinierter Lehrer- und Schülerband. Stuttgart.

Weinert, F.E./Helmke, A. (1996): Der gute Lehrer: Person, Funktion oder Fiktion? In: Zeitschrift für Pädagogik, 34. Beiheft: Die Institutionalisierung von Lehren und Lernen. Beiträge zu einer Theorie der Schule, hrsg. von Achim Leschinksky. Weinheim/Basel, S. 223-233.

Wiechmann, J. (2006): Frontalunterricht. In: Ders. (Hrsg.): Zwölf Unterrichtsmethoden. Vielfalt für die Praxis. Weinheim/Basel, S. 20-34.

Zimmermann, E. (1978): Die Weimarer Republik. Informationen zur politischen Bildung, 109/110. Wiesbaden.

Danksagung

Der Autor bedankt sich bei folgenden Personen und Verlagen für die freundliche Unterstützung und die Erteilung von Abdruckgenehmigungen:

Bayerischer Rundfunk

Hogrefe

Irene Maria Röhrscheid, Kelkheim, und Hans-Joachim Klapperich-Andres, Krailing

nymphenburger Verlagsbuchhandlung

picture-alliance/dpa/dpaweb

Rowohlt Verlag GmbH

Suhrkamp Verlag

Thomas Eckhardt, Ehringshausen

UGB – Verband für Unabhängige Gesundheitsberatung e.V.

Ullsteinbuchverlage

Verlagsgruppe Beltz

Westermann Schulbuchverlag